COMENTARIOS BÍBLICOS CON APLICACIÓN

2 PEDRO
JUDAS

del texto bíblico
a una aplicación
contemporánea

COMENTARIOS BÍBLICOS CON APLICACIÓN

2 PEDRO JUDAS

del texto bíblico
a una aplicación
contemporánea

DOUGLAS J. MOO

NVI

La misión de Editorial Vida es ser la compañía líder en satisfacer las necesidades de las personas, con recursos cuyo contenido glorifique al Señor Jesucristo y promueva principios bíblicos.

COMENTARIO BÍBLICO CON APLICACIÓN NVI: 2 PEDRO Y JUDAS
Editorial Vida–©2015
Publicado en Nashville, Tennessee, Estados Unidos de América.

Este título también está disponible en formato electrónico

Originally published in the U.S.A. under the title:
   The NIV Application Commentary: 2 Peter and Jude
   Copyright © 1996 by Douglas J. Moo
Published by permission of Zondervan, Grand Rapids, Michigan.
All rights reserved.

Editor de la serie: *Dr. Matt Williams*
Traducción: *Dorcas González Bataller*
Edición: *Loida Viegas Fernández*
Diseño interior: *José Luis López González*

Reservados todos los derechos. A menos que se indique lo contrario, el texto bíblico se tomó de la Santa Biblia, Nueva Versión Internacional® NVI © 1999 por Bíblica, Inc.® Usado con permiso. Todos los derechos reservados mundialmente.

Esta publicación no podrá ser reproducida, grabada o transmitida de manera completa o parcial, en ningún formato o a través de ninguna forma electrónica, fotocopia u otro medio, excepto como citas breves, sin el consentimiento previo del publicador.

ISBN: 978-0-8297-5963-1

CATEGORÍA: Comentario bíblico / Nuevo Testamento

Contenido

6
Introducción a la serie CBA NVI

11
Prefacio del editor general

13
Abreviaturas

15
Introducción a 2 Pedro y a Judas

32
Bibliografía comentada

35
Texto y comentario sobre 2 Pedro

263
Texto y comentario sobre Judas

Introducción a la serie CBA NVI

Los comentarios bíblicos con aplicación, serie NVI son únicos. La mayoría de los comentarios bíblicos nos ayudan a recorrer el trecho que va desde el siglo XXI, al siglo I. Nos permiten cruzar las barreras temporales, culturales, idiomáticas, y geográficas que nos separan del mundo bíblico. Sin embargo, solo nos ofrecen un billete de ida al pasado y asumen que nosotros mismos podemos, de algún modo, hacer el viaje de regreso por nuestra cuenta. Una vez nos han explicado el *sentido original* de un libro o pasaje, estos comentarios nos brindan poca o ninguna ayuda para explorar su *significado contemporáneo*. La información que nos ofrecen es sin duda valiosa, pero la tarea ha quedado a medias.

Recientemente, algunos comentarios han incluido un poco de aplicación contemporánea como *una* de sus metas. No obstante, las aplicaciones son a menudo imprecisas o moralizadoras, y algunos volúmenes parecen más sermones escritos que comentarios.

La meta principal de los comentarios bíblicos con aplicación: serie NVI es ayudarte con la tarea, difícil pero vital, de trasladar un mensaje antiguo a un contexto moderno. La serie no se centra en la aplicación solamente como un producto acabado, sino que te ayuda también a pensar detenidamente en el *proceso* por el que se pasa del sentido original de un pasaje a su significado contemporáneo. Son verdaderos comentarios, no exposiciones populares. Se trata de obras de referencia, no de literatura devocional.

El formato de la serie ha sido concebido para conseguir la meta propuesta. El tratamiento de cada pasaje se lleva a cabo en tres secciones: *Sentido Original*, *Construyendo Puentes*, y *Significado Contemporáneo*.

Esta sección te ayuda a entender el significado del texto bíblico en su contexto del siglo I. En este apartado se tratan de manera concisa todos los elementos de la exégesis tradicional, a saber, el contexto histórico, literario, y cultural del pasaje. Los autores analizan cuestiones relacionadas con la gramática, la sintaxis, y el significado de las palabras bíblicas. Se esfuerzan asimismo en explorar las principales ideas del pasaje y el modo en que el autor bíblico desarrolla tales ideas.[1]

Tras leer esta sección el lector entenderá los problemas, preguntas y preocupaciones de los *primeros receptores* y el modo en que el autor bíblico trató tales cuestiones. Esta comprensión es fundamental para cualquier aplicación legítima del texto en nuestros días.

Como indica el título, en esta sección se construye un puente entre el mundo de la Biblia y el de nuestros días, entre el contexto original y el moderno, analizando tanto los aspectos circunstanciales del texto como los intemporales.

La Palabra de Dios tiene un aspecto *circunstancial*. Los autores de la Escritura dirigieron sus palabras a situaciones, problemas, y cuestiones específicas. Pablo advirtió a los gálatas sobre las consecuencias de circuncidarse y los peligros de intentar justificarse por la ley (Gá 5:2-5). El autor de Hebreos se esforzó en convencer a sus lectores de que Cristo es superior a Moisés, a los sacerdotes aarónicos, y a los sacrificios veterotestamentarios. Juan instó a sus lectores a «probar los espíritus» de quienes enseñaban una forma de gnosticismo incipiente (1 Jn 4:1-6). En cada uno de estos casos, la naturaleza circunstancial de la Escritura nos capacita para escuchar la Palabra de Dios en situaciones que fueron *concretas* y no abstractas.

No obstante, esta misma naturaleza circunstancial de la Escritura también crea problemas. Nuestras situaciones, dificultades, y preguntas no siempre están relacionadas directamente con las que afrontaban los primeros receptores de la Biblia. Por tanto, la Palabra de Dios para ellos no siempre nos parece pertinente a nosotros. Por ejemplo, ¿cuándo fue la última vez que alguien te instó a circuncidarte, afirmando que era una parte necesaria de la justificación? ¿A cuántas personas de nuestros días les inquieta la cuestión de si Cristo es o no superior a los sacerdotes aarónicos? ¿Y hasta qué punto puede una «prueba» diseñada para detectar el gnosticismo incipiente, ser de algún valor en una cultura moderna?

---

1. Obsérvese que cuando los autores tratan el sentido de alguna palabra en las lenguas bíblicas originales, en esta serie se utiliza el método general de transliteración en lugar del más técnico (utilizando los alfabetos griego y hebreo).

Afortunadamente, las Escrituras no son únicamente documentos circunstanciales, sino también *intemporales*. Del mismo modo que Dios habló a los primeros receptores, sigue hablándonos a nosotros a través de las páginas de la Escritura. Puesto que compartimos la común condición de humanos con las gentes de la Biblia, descubrimos una *dimensión universal* en los problemas a los que tenían que hacer frente y en las soluciones que Dios les dio. La naturaleza intemporal de la Escritura hace posible que nos hable con poder en cualquier momento histórico y en cualquier cultura.

Quienes dejan de reconocer que la Escritura tiene una dimensión circunstancial y otra intemporal se acarrean muchos problemas. Por ejemplo, los que se sienten apabullados por la naturaleza circunstancial de libros como Hebreos o Gálatas pueden soslayar su lectura por su aparente falta de sentido para nuestros días. Por otra parte, quienes están convencidos de la naturaleza intemporal de la Escritura, pero no consiguen percibir su aspecto circunstancial, pueden «disertar elocuentemente» sobre el sacerdocio de Melquisedec ante una congregación muerta de aburrimiento.

El propósito de esta sección es, por tanto, ayudarte a discernir lo intemporal (y lo que no lo es) en las páginas del Nuevo Testamento dirigidas a situaciones temporales. Por ejemplo, si la principal preocupación de Pablo no es la circuncisión (como se nos dice en Gá 5:6), ¿cuál es entonces? Si las exposiciones sobre el sacerdocio aarónico o sobre Melquisedec nos parecen hoy irrelevantes, ¿cuáles son los elementos de valor permanente en estos pasajes? Si en nuestros días los creyentes intentan «probar los espíritus» con una prueba diseñada para una herejía específica del siglo I, ¿existe alguna otra comprobación bíblica más apropiada para que podamos cumplir hoy este propósito?

No obstante, esta sección no solo descubre lo intemporal de un pasaje concreto, sino que también nos ayuda a ver *cómo* lo hace. El autor del comentario se esfuerza en tornar explícito lo que en el texto está implícito; toma un proceso normalmente intuitivo y lo explica de un modo lógico y ordenado. ¿Cómo sabemos que la circuncisión no es la principal preocupación de Pablo? ¿Qué claves del texto o del contexto nos ayudan a darnos cuenta de que la verdadera preocupación de Pablo se halla a un nivel más profundo?

Lógicamente, aquellos pasajes en que la distancia histórica entre nosotros y los primeros lectores es mayor, requieren un tratamiento más extenso. Por el contrario, aquellos textos en que la distancia histórica es más reducida o casi inexistente demandan menos atención.

Una clarificación final. Puesto que esta sección prepara el camino para tratar el significado contemporáneo del pasaje, no siempre existe una distinción precisa o una clara división entre esta y la siguiente. No obstante, cuando ambos bloques se leen juntos, tendremos la fuerte sensación de haber pasado del mundo de la Biblia al de nuestros días.

Significado Contemporáneo

Esta sección permite que el mensaje bíblico nos hable hoy con el mismo poder que cuando fue escrito. ¿Cómo podemos aplicar lo que hemos aprendido sobre Jerusalén, Éfeso, o Corinto a nuestras necesidades contemporáneas en Los Ángeles, Lima o Barcelona? ¿Cómo podemos tomar un mensaje, que se expresó inicialmente en griego y arameo, y comunicarlo con claridad en nuestro idioma? ¿Cómo podemos tomar las eternas verdades que en su origen se plasmaron en un tiempo y una cultura distintos, y aplicarlos a las parecidas pero diferentes necesidades de nuestra cultura?

Para conseguir estas metas, la presente sección nos ayuda en varias cuestiones clave.

En primer lugar, nos permite identificar situaciones, problemas, o preguntas contemporáneas verdaderamente comparables a las que la audiencia original hubo de hacer frente. Puesto que las situaciones de hoy rara vez son idénticas a las que se dieron en el siglo primero, hemos de buscar escenarios semejantes para que nuestras aplicaciones sean relevantes.

En segundo lugar, esta sección explora toda una serie de contextos en los que el pasaje en cuestión puede aplicarse en nuestro tiempo. Buscaremos aplicaciones personales, pero también nos veremos estimulados a pensar más allá de nuestra situación personal, considerando cuestiones que afectan a la sociedad y la cultura en general.

En tercer lugar, en esta sección tomaremos conciencia de los problemas o dificultades que pueden surgir en nuestro deseo de aplicar el pasaje. En caso de que existan varias maneras legítimas de aplicar un pasaje (cuestiones en las que no exista acuerdo entre los cristianos), el autor llamará nuestra atención al respecto y nos ayudará a analizar a fondo las implicaciones.

En la consecución de estas metas, los colaboradores de esta serie intentan evitar dos extremos. El primero, plantear aplicaciones tan específicas que el comentario se convierta rápidamente en un texto arcaico. El segundo, evitar un tratamiento tan general del sentido del pasaje que deje de conectar con la vida y cultura contemporáneas.

Por encima de todo, los colaboradores de esta serie han realizado un diligente esfuerzo para que sus observaciones no suenen a perorata moralizadora. Los comentarios bíblicos con aplicación: serie NVI no pretenden ofrecerte materiales listos para ser utilizados en sermones, sino herramientas, ideas, y reflexiones que te ayuden a comunicar la Palabra de Dios con poder. Si conseguimos ayudarte en esta meta se habrá cumplido el propósito de esta serie.

Los editores

Prefacio del editor general

"Las cartas de 2 Pedro y de Judas nos advierten de las tendencias que le quitan importancia al pecado, que asumen que se puede llevar un estilo de vida inmoral sin ninguna consecuencia". Así resume Douglas Moo en este excelente comentario la relevancia que estas dos cartas breves tienen para los cristianos en la actualidad.

Un mensaje importante. Un mensaje que necesitamos escuchar. Por un lado, es triste que se nos tenga que advertir que la consecuencia lógica de hacer cosas malas es que nos ocurran cosas malas. Atrás quedó el tiempo en que los padres consideraban que su tarea sagrada era enseñar a sus hijos esa lección. Por otro lado, dado que las estructuras familiares y culturales ya no enfatizan esta importante verdad, al menos de forma tan clara como antaño, somos afortunados por tener estas dos cartas bíblicas que nos la recuerdan.

Merece la pena preguntarnos por qué el mensaje sobre las consecuencias del pecado no está muy presente en nuestra cultura hoy en día. Nuestro sobrecargado sistema judicial está lleno de gente que intenta evitar (a menudo con éxito) las consecuencias de sus "pecados". Nuestro sistema educativo se levanta sobre el supuesto inválido de que todos los valores son temporales, condicionados únicamente por factores culturales e históricos, un supuesto que hace que el pecado sea más una cuestión de malas decisiones que de ofensas. Incluso las iglesias se ponen a la defensiva cuando se habla de pecado. ¿Cuánto hace que escuchaste un buen sermón sobre este tema?

¿Cómo hemos llegado a esta crítica situación? Creo que existe una buena explicación. La causa es, al menos en parte, que la generación actual ha rechazado la autoridad. Este rechazo no es un intento exabrupto de autopromoción o una reacción adolescente inmadura en contra de la autoridad de los padres. Es más bien una respuesta a un siglo en el que los líderes mundiales han abusado de la autoridad. Las "estrellas" del siglo XX —Hitler, Stalin, Amin, Pol Pot, Saddam Hussein, etcétera— acabaron con la relación centenaria entre la verdad y la autoridad, y pusieron la autoridad por encima de todo lo demás. "El poder otorga el derecho" era su lema, y lo ejecutaban de forma implacable.

No hacía falta ser un genio para ver que algo iba mal, que nuestros líderes políticos estaban embriagados de poder pero faltos de verdad. Sin embargo, en lugar de recuperar el equilibrio entre la verdad y la autoridad, la generación de los años 60 decidió mantener la separación, con una diferencia importante: en lugar de enfatizar la autoridad a expensas de la verdad, liberaron a la verdad de la autoridad. En lugar de una verdad, cada uno tiene su propia verdad, sistemas de valores que son "verdad para mí" pero no necesariamente verdad para ti. Esta actitud hace que sea casi imposible hablar de valores universales, porque en cuanto hablas de valores que se aplican a todo el mundo, estás de nuevo hablando de autoridad.

Irónicamente, el resultado es que ante tal vacío de autoridad, son los peores líderes los que se apresuran a llenar ese vacío. Las personas de buena voluntad intentamos vivir el ideal anti-autoridad, adoptando una especie de pragmatismo o de personalismo tolerante, mientras que los peores ejemplares de la raza humana se abren camino hacia el poder con el mismo totalitarismo que ya conocíamos. Quizá lo hacen de forma sutil, "despreciando la autoridad" en público y "blasfemando en asuntos que no entienden" (2P 2:10, 12). Pero su meta es sustituir la verdad y la autoridad bíblica por la suya propia.

La Biblia enseña que la verdad y la autoridad van de la mano. La verdad, por su naturaleza universal y singular, tiene su propia autoridad. Lo que ocurre es que la autoridad bíblica es una autoridad tejida con hilos de amor y de gracia, y por eso el resultado es un tapiz exquisito y suave pero firme como el hierro ante las falsas enseñanzas del mundo.

El mensaje de 2 Pedro y de Judas dice que hay enseñanzas verdaderas y enseñanzas falsas. Debemos resistir con todas nuestras fuerzas a los falsos maestros, sin adoptar las metodologías antibíblicas y egoístas que ellos adoptan. No podemos recurrir a un falso dogmatismo que contradiga el mensaje de amor del evangelio. Debemos recurrir a las torres gemelas de la verdad y la autoridad, al mensaje del evangelio de Jesucristo.

Terry C. Muck

Abreviaturas

AB	Anchor Bible
ASV	American Standard Version
BAGD	Bauer, Arndt, Gingrich, and Danker, *A Greek-English Lexicon of the New Testament and OtherEarly Christian Literature*
BBR	*Bulletinfor Biblical Research*
CBC	Cambridge BibleCommentary
CBQ	*Catholic Biblical Quarterly*
EBC	*Expositor's Bible Commentary*
HNTC	Harper New TestamentCommentary
HUT	Hermeneutisches Untersuchungen zur Theologie
ICC	International Critical Commentary
ISBE	*International Standard Bible Encyclopedia*
JB	Jerusalem Bible
KJV	King James Version
LBLA	La Biblia de las Américas
LBP	Living Bible Paraphrased
LBT	La Biblia Textual
LCL	Loeb Classical Library
LXX	Septuagint (traducción griega del Antiguo Testamento)
MeyerK	Meyer Kommentar
NASB	New American Standard Bible
NEB	New English Bible
NIBC	New International BibleCommentary
NICNT	New International Commentary on the New Testament
NIGTC	New International Greek Testament Commentary
NIV	New International Version
NJB	New Jerusalem Bible
NRSV	New Revised Standard Version

NTD	Das Neue Testament Deutsch
NVI	Nueva Versión Internacional
RV60	Biblia Reina-Valera 1960
REB	Revised English Bible
RSV	Revised Standard Version
SBLDS	Society of Biblical Literature Dissertation Series
TDNT	*Theological Dictionary of the New Testament*
TEV	Today's English Version
TNTC	Tyndale New Testament Commentary
TrinJ	*Trinity Journal*
TS	*Theological Studies*
WBC	Word Biblical Commentary
WTJ	*Westminster Theological Journal*
WUNT	Wissenschaftliche Untersuchungen zum Neuen Testament

Introducción
a 2 Pedro y a Judas

A la mayoría de nosotros no nos gusta centrarnos en lo negativo. Y quizá esa es la razón por la que 2 Pedro y Judas siempre aparecen al final de la lista cuando preguntamos a la gente cuáles son sus libros favoritos del Nuevo Testamento. Ambas cartas, aunque Judas más que 2 Pedro, tienen muchas cosas negativas que decir. Judas y Pedro no nos hablan mucho de las maravillosas bendiciones que Dios ha dado a su pueblo; en cambio, nos hablan mucho de las prácticas y de las enseñanzas peligrosas de algunos falsos maestros. Pero aunque no sean nuestra primera elección, todo sabemos que a veces es necesario hablar de las cosas negativas. Cuando jugaba al baloncesto (la edad y una lesión en la espalda me obligaron a colgar las botas), me encantaba escuchar a los aficionados cuando lograba hacer un mate. No me gustaba tanto escuchar la reprimenda de mi entrenador cuando no alcanzaba a hacer un bloqueo. Sin embargo, para convertirme en un mejor jugador, la represión era igual de importante que los gritos de los fans.

Lo mismo ocurre en la vida cristiana: necesitamos escuchar lo negativo de vez en cuando para estar alertas ante los peligros y así alejarnos de ellos. Pedro (en su segunda carta) y Judas, se encontraban con situaciones en las que era necesario escuchar lo negativo. Como Judas dice claramente (v. 3), él quería escribir un una carta positiva y de ánimo sobre "la salvación que tenemos en común". Pero la necesidad del momento le llevó a escribir una carta muy diferente. Por tanto, Judas, y también Pedro, escribieron sobre los falsos maestros. Sin pelos en la lengua, tacharon a dichos maestros de individualistas, egoístas, avaros, sarcásticos, escépticos y destructivos. Si nos dan la opción de escoger el tipo de sermón que oiremos el domingo por la mañana, pocos de nosotros escogeríamos "Denuncia de falsos maestros". Pero tal vez sería el mensaje que necesitamos escuchar. Estamos rodeados de enseñanzas supuestamente cristianas de todo tipo; y la mentalidad pluralista de nuestra era nos anima a ser tolerantes con este gran abanico de enseñanzas. En medio de este ambiente de tolerancia despreocupada, la preocupación por la *verdad* se pierde con demasiada facilidad. Esa fue la inquietud que motivó a Judas y a Pedro a escribir como lo hicieron. Sabían que algunas cosas eran verdad y otras falsas. Creyeron en el Señor que dijo: "La verdad os hará libres" (Jn 8:32). Por tanto, hicieron uso de toda su energía para rogar a sus lectores que siguieran aferrados a la verdad y que rechazaran la mentira, sabiendo que la decisión de sus lectores significaría, literalmente, el cielo o el infierno.

La falsa enseñanzas entonces y en el presente

Uno se puede preguntar por qué en esta serie hay un volumen que recoge 2 Pedro y Judas, en lugar de uno que recopile 1 y 2 Pedro. Lo más natural sería agrupar los libros escritos aparentemente por el mismo autor, ¿no? La razón por la que presentamos 2 Pedro y Judas juntos en este volumen es bien sencilla: estamos ante dos cartas que presentan una gran similitud. Ambas se escribieron en reacción a una falsa enseñanza; la falsa enseñanza que ambas describen parece casi la misma; y denuncian a los falsos maestros usando términos muy similares. A continuación vemos algunos de los paralelismos más sorprendentes:

Judas		2 Pedro
4	la "condenación" de los falsos maestros desde el pasado	2:3
4	"niegan" al "Soberano y Señor"	2:1
6	ángeles encarcelados para el juicio: "tenebrosas cavernas" (Pedro) y "oscuridad" (Judas) son, en el original, la misma palabra (*zophos*)	2:4
7	Sodoma y Gomorra como ejemplos de juicio del mal	2:6
8	"desprecian la autoridad"	2:10
	"maldicen [Pedro]/insultan [Judas] a los seres celestiales"	
9	los ángeles no pronuncian "juicio de maldición"	2:11
12	[los falsos maestros] son "manchas"	2:13
12	Judas: "Son nubes sin agua, llevadas por el viento"	2:17
	Pedro: "Son fuentes sin agua, niebla empujada por la tormenta"	
18	"burladores" que siguen "sus propias pasiones impías [Pedro]/sus malos deseos [Judas]"	3:3

Estos paralelismos, aunque no son extensos, sí son sorprendentes; muchos contienen palabras y expresiones que no aparecen en ningún otro lugar de la Biblia y, como puede verse, aparecen en el mismo orden en ambas cartas. Y hay otros paralelismos no tan vistosos que no hemos incluido en la lista anterior.

¿Cómo podemos explicar esta increíble similitud? Algunos intérpretes creen que los paralelismos entre estas dos cartas revelan simplemente que Pedro y Judas utilizaron la misma tradición oral.[1] Pero la mayoría de los estudiosos están convencidos de que estos paralelismos apuntan de forma natural a algún tipo de relación *literaria*. Una forma de entender esta relación es pensar que detrás de ambas cartas hay un mismo autor. Una hipótesis atractiva, por ejemplo, dice que Judas fue el escriba (o amanuense) que Pedro usó para escribir su carta, y que Judas añadió su propio toque a las advertencias de Pedro.[2] Pero la mayoría de los estudiosos creen que Pedro y Judas tomaron prestado material para incluirlo en sus cartas. Hay tres formas diferentes en las que eso podría haber ocurrido: (1) Pedro podría haber tomado prestado de la carta de Judas; (2) Judas podría haber tomado prestado de la carta de 2 Pedro; o (3) tanto Pedro como Judas podrían haber tomado prestado de un documento que no conocemos.

La mayoría de los especialistas prefieren la primera opción. Dicen que tiene mucho sentido pensar que Pedro quiso elaborar la carta de Judas, mientras que es difícil imaginar qué necesidad había de una carta como Judas si 2 Pedro ya existía. No obstante, este argumento no es nada convincente. Es fácil imaginar una situación en la que un autor quisiera extraer ciertos puntos contenidos en otra carta, porque estos tenían una relevancia especial para una situación concreta. Los que abogan por la anterioridad de Judas también dicen que una comparación detallada de las dos cartas muestra que Pedro es el que tomó prestado de Judas.[3] Pero esa es una evaluación subjetiva. Además, por estar ya convencidos de la dirección en la que va el préstamo, los especialistas miran las

---

1. Ver, p. ej., Carroll D. Osburn, "Discourse Analysis and Jewish Apocalyptic in the Epistle of Jude", 311 (Nota: todas las obras sin información bibliográfica aparecen en la lista de bibliografía comentada).
2. J. A. T. Robinson, *Redating the New Testament* (Londres: SCM, 1976), 193-99; R. Riesner, "Der Zweite Petrus-Brief und die Eschatologie", en *Zukunftserwartung in biblischer Sicht: Beiträge zur Eschatologie*, ed. Gerhard Maier (Giessen: Brunnen, 1984), 130-31.
3. Ver la detallada comparación que aparece en Duane F. Watson, *Invention, Arrangement, and Style: Rhetorical Criticism of Jude and 2 Peter*, 163-87.

evidencias desde una única dirección y nos explican la forma en la que Pedro "editó" Judas. Normalmente no tienen en cuenta las evidencias de la otra dirección. Los otros argumentos que se suelen mencionar para defender la dependencia de 2 Pedro en relación con Judas no son más convincentes.[4] En la actualidad, pocos estudiosos defienden la primacía o anterioridad de 2 Pedro. Los que abogaban por ella en el pasado, con frecuencia apelaban al apostolado de Pedro. Pensaban que era muy poco probable que un apóstol del rango de Pedro tomara prestado material de alguien que no era apóstol. Pero creo que esta objeción responde a una visión errónea de los apóstoles: aunque eran figuras importantes y con autoridad, no desarrollaron sus ideas desligadas de la enseñanza y la tradición cristiana temprana. Los estudiosos que defienden la primacía de 2 Pedro también apelan a la comparación de los detalles de los textos; y tienen tanto éxito como los que defienden la postura contraria.

Al detectar este punto muerto y viendo que se han presentado evidencias que apuntan tanto en una dirección como en la otra, unos cuantos estudiosos han sugerido que tanto Judas como 2 Pedro, cada uno por su lado, tomaron prestado material de una misma fuente.[5] Pero a falta de evidencias que respalden esta teoría, se cae por tierra si pensamos además en el principio de "la navaja de Ockham": las teorías sencillas son preferibles a las teorías más complicadas.

La conclusión a la que yo llego es que ninguna de las tres teorías más comunes cuenta con suficientes evidencias como para aceptarlas tan siquiera como hipótesis de trabajo. No obstante, si me viera obligado a optar por una de ellas, probablemente me decantaría por la teoría que dice que Judas tomó prestado material de Pedro,[6] principalmente por la enorme similitud que hay entre dos textos:

---

4. Otras razones para pensar que 2 Pedro tomó prestado de Judas son: (1) que 2 Pedro no incluya las referencias a los libros no canónicos que aparecen en Judas parece sugerir que fue escrita posteriormente, cuando la iglesia ya tenía una "conciencia del canon" más fuerte; (2) la estructura concisa de Judas hace pensar que fue elaborada de forma libre, sin estar atada a ningún otro documento; y (3) la falsa enseñanza de la que habla 2 Pedro probablemente sea posterior a la falsa enseñanza de la que habla Judas. En cuanto a estos argumentos, ver esp. Werner Georg Kümmel, *Introduction to the New Testament* (ed. rev.; Londres: SCM, 1975), 430-31; Bauckham, *Jude, 2 Peter*, 141-43.
5. Michael Green (*The Second Epistle General of Peter and the General Epistle of Jude*, 50-55) ofrece una sólida defensa de esta opción.
6. En cuanto a esta perspectiva, ver especialmente Theodor Zahn, Introduction to the New Testament (Grand Rapids: Kregel, 1953; reeditado), 2.238-55; Bigg, The Epistles of St. Peter and St. Jude, 216-24. Ver también Donald Guthrie, New Testament Introduction (Downers Grove: InterVarsity, 1990), 924.

Introducción a 2 Pedro y a Judas

> Ante todo, debéis saber que en los últimos días vendrá gente burlona que, siguiendo sus malos deseos, se mofará (2P 3:3).

> Queridos hermanos, recordad el mensaje anunciado anteriormente por los apóstoles de nuestro Señor Jesucristo. Ellos os decían: "En los últimos tiempos habrá burladores que vivirán según sus propias pasiones impías" (Jud 17-18).

El texto de Judas es muy similar a la cita de 2 Pedro 3:3. Si esa teoría fuera cierta, la situación que se habría dado sería algo así: Pedro, después de escribir una carta en la que denuncia a los falsos maestros de una comunidad concreta, compartió los contenidos de dicha carta con Judas. Entonces, Judas tomó prestadas aquellas porciones de 2 Pedro que eran relevantes para la situación similar de falsa enseñanza que se estaba dando en su comunidad. Pero soy el primero en admitir que no hay pruebas fehacientes de que esta identificación sea cierta.[7] Por eso, quiero afirmar de nuevo mi escepticismo ante las teorías mencionadas hasta aquí. Y también por esta razón, no usaré ningún escenario literario como base para explicar el texto. Cuando sea relevante y ayude a la interpretación, mencionaré los paralelismos existentes entre Judas y 2 Pedro. Pero no haré ningún tipo de suposiciones en cuanto a si uno se ha basado en el otro o *vice versa*.

Cualquiera que sea la explicación que demos, las similitudes entre 2 Pedro y Judas sugieren que se están enfrentando a una falsa enseñanza muy similar. Dado que ambos autores se muestran más interesados en condenar la falsa enseñanza que en describirla, no tenemos mucha información explícita sobre qué decían estas. Ambos dejan claro que esa gente está intentando convencer a los demás de su posición (*cf.* 2P 2:1-3; Jud 19). Pero la única clara referencia a un error doctrinal la encontramos en la advertencia de Pedro en cuanto a los "burladores", que están cuestionando si el Señor Jesús realmente volverá para juzgar al mundo (2P 3:3-4). Pedro y Judas no se centran en lo que esa gente está *enseñando*, sino que se enfocan en la forma en la que están *viviendo*. Obviamente les preocupa que estos falsos "conductistas" lleven a otros cristianos a mantener también un estilo de vida pecaminoso y destructivo.

---

7. Dos de los problemas con esta identificación son: (1) Judas hace referencias a los "apóstoles", en plural; y (2) los burladores de 2 Pedro cuestionan la segunda venida de Cristo, un tema que no está claramente presente en Judas. Pero Judas podría estar usando el texto de Pedro como un resumen de la enseñanza apostólica en general; y Judas también podría estar haciendo referencia a la gente que se burlaba de la idea del juicio final.

¿Cómo es ese estilo de vida? En una sola palabra, esos falsos maestros son unos libertinos. Asumen que la gracia de Dios revelada en Cristo les da la "libertad" de hacer lo que quieran (2P 2:19-20; Jud 4). No aceptan ningún tipo de autoridad (en especial la autoridad espiritual, como los ángeles; *cf.* 2P 2:10-11; Jud 8-9). Y por eso se entregan a todo tipo de "pecados de la carne": sexo ilícito, que quizá incluía la homosexualidad, beber y comer en exceso, y la avaricia por el dinero (2P 2:13-16, 18-20; Jud 16, 19). Lo realmente chocante es que tanto Pedro como Judas dejan claro que esos derrochadores dicen ser cristianos (2P 2:1, 21-22; Jud 4).[8] Lo que están haciendo es "negar al Señor" y por tanto su destino es la condenación que está reservada para aquellos que se rebelan contra el Señor.

Este breve perfil de los falsos maestros lo he extraído de ambas cartas; y, ciertamente, como ya hemos visto, Judas y Pedro los describen usando términos similares. Pero existe una clara diferencia: Pedro es el único que menciona su escepticismo ante la segunda venida de Cristo. Eso podría significar que quizá estemos equivocados al poner a los falsos maestros de Judas y de 2 Pedro en el mismo saco.[9] Pero las similitudes entre ambas descripciones son más que esta única diferencia. Además, que Judas también use la palabra "burladores" (v. 18) podría sugerir que está al tanto de que los falsos maestros se burlan de la idea de la segunda venida del Señor. No deberíamos cometer el error de ver en Judas cosas que solo Pedro dice, y vice versa. Y podría ser que Judas y Pedro se están enfrentando a enseñanzas diferentes. Pero, aún en el caso de que las falsas enseñanzas no fueran exactamente iguales, lo que está claro es que sí son muy similares.

¿Podemos identificar de forma más precisa en qué consistía esa falsa enseñanza? Muchos lo han intentado, pero sin éxito alguno. La sugerencia más popular dice que Judas y Pedro están condenando a los gnósticos. A estos les costaba creer que hubiera interacción entre el mundo espiritual y el mundo material. Por tanto, decía que Jesús no podía haber sido humano y divino a la vez. Además, normalmente no daban importancia a los pecados "de la carne", porque lo que una persona hacía con su cuerpo tenía poco o nada que ver con su existencia espiritual. La descripción

---

8. También es esa la implicación de Judas 5-6, donde Judas argumenta que los falsos maestros tendrán el mismo destino que los del pueblo de Dios en el Antiguo Testamento, que se rebelaron después de haber sido liberados de Egipto, y que "los ángeles que no mantuvieron su posición de autoridad" (Jud 6).
9. Ver esp. Bauckham, *Jude, 2 Peter*, 154-57.

que Pedro y Judas hacen de la inmoralidad de aquellos falsos maestros ciertamente encaja con los gnósticos.¹⁰ Pero la descripción es tan vaga que también encaja con cualquier otro grupo que combinara el escepticismo sobre el juicio venidero con un estilo de vida inmoral. Y ni Pedro ni Judas mencionan la doctrina más características de los gnósticos: el dualismo. Además, el gnosticismo como tal no existió hasta el siglo II, después de que se escribieran las cartas de 2 Pedro y de Judas (ver más adelante sobre la autoría y la fecha).¹¹

Así, lo que Pedro y Judas tienen que combatir es la aparición de una falsa enseñanza que veía el perdón gratuito del evangelio como una oportunidad para satisfacer los deseos pecaminosos y egoístas (*cf.* 2P 2:19; Jud 4). Encontramos el mismo tipo de situación en la iglesia de Corinto (1 Corintios) justo en la misma época o un poco antes; y algo después, en algunas iglesias de Asia Menor.¹²

Dado que sabemos tan poco sobre la herejía que estas cartas buscan combatir, no podemos pretender encontrar un equivalente exacto en nuestros días. Pero eso no quiere decir que las cartas de 2 Pedro y de Judas no tengan nada que decirnos hoy. ¡Al contrario! La expresión "no hay nada nuevo bajo el sol" también se puede aplicar a las falsas enseñanzas. Las perversiones de la verdad cristiana suelen seguir unos patrones bastantes reconocibles. Y el patrón que podemos ver en Judas y en 2 Pedro podemos verlo claramente en la iglesia de hoy.

Algunas de las personas que asisten a la iglesia no entienden la verdad sobre el retorno de Cristo en gloria, y atribuyen esas ideas a los "extremistas lunáticos". La mayoría de nosotros sí confesamos que el Señor va a regresar y que tendremos que presentarnos delante de él para responder por nuestra vida. Pero qué fácilmente ponemos esa verdad sobre el juicio venidero en un futuro lejano, casi teórico; y de ese modo, tiene muy poco que ver con la forma en la que vivimos. Incluso podemos llevar una pegatina en el coche que anuncie el retorno de Cristo, y que pasen los días, meses y años sin haber llegado a entender las implicaciones de

---

10. Entre los que hacen esta identificación están Kümmel, *Introduction to the New Testament*, 426, 432; Ernst Käsemann, "An Apologia for Primitive Christian Eschatology", en *Essay on New Testament Themes* (Londres: SCM, 1964), 171-72.
11. Por esta razón algunos estudiosos piensan que Pedro y Judas podrían estar combatiendo un "gnosticismo incipiente" (*cf.* Kelly, *The Epistles of Peter and of Jude*, 227-31). Es posible.
12. Ver las referencias que hay sobre los "nicolaítas» de la iglesia de Éfeso y de Pérgamo (Ap 2:6, 15) y sobre los seguidores de Balaam en la iglesia de Pérgamo (2:14-15).

esa verdad. Y algunas tendencias dentro de la iglesia también desvían nuestra atención de ese juicio que un día va a llegar. Si miramos algunos acercamientos a la consejería hoy, la tendencia es ayudar a los cristianos a "sentirse bien" consigo mismos. Como resultado, puede darse una falta de equilibrio en nuestra percepción de dos verdades clave: que Dios perdona nuestros pecados a través de su Hijo y que nos pedirá cuentas de nuestra conducta. Como la gente a la que Judas denuncia, en la práctica podemos acabar cambiando "en libertinaje la gracia de nuestro Dios" (Jud 4). "Dios perdonará; ese es su trabajo", decía Voltaire para excusar su pecado.

Las cartas de 2 Pedro y de Judas nos advierten de las tendencias que le quitan importancia al pecado, que asumen que se puede llevar un estilo de vida inmoral sin ninguna consecuencia. Quizá pensamos que los problemas con los que nos encontramos en la actualidad no son tan graves como los que había en tiempos de Judas y de Pedro. Pero cuando oímos con demasiada frecuencia de pastores que se han acostado con mujeres de su iglesia y de creyentes que mienten para evadir impuestos, deberíamos preguntarnos si hoy estamos mejor que en aquellos tiempos. La denuncia que Pedro y Judas hacen de las falsas enseñanzas de aquella época a nosotros nos sirve de advertencia sobre el peligro que supone empezar siquiera a andar por esa senda. Y nos enseñan la forma de evitar ese camino destructivo: "recordar" (interiorizar) el mensaje de Cristo y sus apóstoles.

Ahora que tenemos una idea general de los problemas a los que Pedro y Judas se enfrentan, hemos aprendido qué es importante a la hora de trasladar el significado de estas cartas a nuestros días. Pero cuanto más sepamos sobre cada una de estas cartas y su contexto, mejor podremos aplicar sus enseñanzas. Por lo tanto, ahora veremos algunos detalles de estas cartas con más detenimiento.

Pedro y su carta

Cuando abrimos el libro de la Biblia que lleva por título 2 Pedro, de inmediato encontramos una declaración sobre dicho libro: que fue escrito por "Simón Pedro, siervo y apóstol de Jesucristo" (1:1). Pocos lectores habrá que no reconozcan este nombre. Simón era uno de los primeros apóstoles a los que Jesús llamó (Mr 1:16-18 y textos paralelos; cp. Juan 1:40-42). Junto a Santiago y a Juan, formaba parte del "círculo cercano" de Jesús (*cf.* Mr 5:37 y textos paralelos; 9:2 y textos paralelos). Simón es

Introducción a 2 Pedro y a Judas

el que, dirigido por Dios, reconoció que Jesús era el Mesías prometido, el Hijo de Dios; y, como resultado, Jesús le asignó el nombre de "Pedro" (que significa roca) (Mt 16:13-18; cp. Jn 1:42).

Simón Pedro representa a los apóstoles y también destaca como su líder. Su negación antes de la muerte y resurrección de Jesús reveló la inevitable debilidad de los seguidores de Jesús antes de la venida del Espíritu; y su valiente predicación de Cristo en Jerusalén después de pentecostés lo puso al frente de los primeros líderes del cristianismo (*cf.* Hch 2-5). La persecución le obligó a dejar Jerusalén (12:7), aunque regresó para el concilio apostólico unos años después (cap. 15). Después de eso, a Pedro no se le menciona mucho más, aunque al parecer pasó un tiempo considerable en Corinto (*cf.* 1Co 1:12; 9:5[13]).

Luego, en torno al año 60 A.D., parece ser que Pedro estaba en Roma; y desde allí escribió una carta a los cristianos en el norte de Asia Menor: la carta canónica que hoy conocemos como 1 Pedro.[14] Para reconstruir los últimos años del apóstol, solo contamos con leyendas posteriores. Pero, además de 1 Pedro, existen evidencias de que Pedro ministró durante un tiempo en Roma.[15] No obstante, es imposible que fuera, tal como afirma Ireneo (finales del siglo II),[16] cofundador junto a Pablo de la iglesia en Roma. Lo sabemos, porque Pablo deja claro en su carta a los cristianos en Roma que él no fundó la iglesia; y la afirmación de "no edificar sobre fundamento ajeno" (Ro 15:20) apunta a que es poco probable que Pedro tuviera mucho que ver con aquella iglesia. La tradición temprana, fiable en términos generales, recoge que Pedro murió, con Pablo, en la persecución del emperador Nerón en Roma (64—65A.D.).[17] Pero la tradición que dice que Pedro murió crucificado boca abajo es tardía y poco fiable.[18]

Sin duda, este es el Simón Pedro cuyo nombre encontramos en 2 Pedro 1:1, una suposición confirmada por la mención del autor a la predicción que el Señor hizo de su muerte (1:13-14; *cf.* Jn 21:20-23) y a la

---

13. La palabra "Cefas" que aparece en estos versículos es una transliteración de la palabra aramea "roca" y, por tanto, equivalente de "Pedro" (gr. *petros*).
14. Pedro envía saludos de "la iglesia que está en Babilonia" (1P 5:13), probablemente una referencia a la iglesia en Roma.
15. Ver Eusebio, *Historia de la Iglesia*, 2.25.8.
16. Ireneo, *Contra las herejías*, 3.1.1.
17. Ver *1 Clemente* 5-6; *cf.* Tácito, *Anales*, 15.44.
18. Esta tradición aparece en el libro apócrifo *Los Hechos de Pedro*. Sobre la vida y la muerte de Pedro, ver R. P. Martin, "Peter", en *The International Standard Bible Encyclopedia*, ed. G. W. Bromiley (4 vols.; Grand Rapids: Eerdmans, 1979–88), 3.802-7.

transfiguración (2P 1:16-18). Entonces, ¿por qué al hacer un rápido recorrido por los comentarios más recientes vemos que más de la mitad de los comentaristas no cree que el apóstol Pedro sea el autor de esta carta? Los estudiosos citan principalmente seis razones. (1) La carta contiene un lenguaje y unos conceptos extraídos del mundo helenista. (2) La falsa enseñanza que denuncia es el gnosticismo del siglo II. (3) La suposición que hay en la carta de que las epístolas de Pablo formaban parte de las Escrituras (*cf.* 3:15-16) no pudo haberse dado en tiempos de los apóstoles. (4) Las referencias a la tradición apostólica (*cf.* 3:2, 16) apuntan a una fecha tardía, cuando ya existía una autoridad eclesiástica fijada (lo que algunos eruditos han llamado "el catolicismo temprano"). (5) La iglesia temprana expresó muchas dudas sobre si 2 Pedro debía ser aceptada en el canon o no. (6) La carta sigue el formato de un "testamento", en el que una persona escribía en nombre de un gran héroe de la fe después de la muerte de este.[19]

Los estudiosos que, convencidos por estos argumentos, creen que Pedro no pudo escribir esta carta, concluyen que es *pseudónima*. En los siglos justo antes y justo después de Cristo, los judíos escribieron muchos libros de este tipo, libros que decían haber sido escritos por Adán, Enoc, Moisés o Abraham. Estos comentaristas creen que alguien de la iglesia primitiva continuó esa tradición y escribió una carta en nombre del apóstol Pedro, después de que este muriera. El autor no estaría engañando a nadie; simplemente habría adoptado un recurso literario popular que la gente reconocía como tal, del mismo modo en que no tenemos ningún problema con entender lo que está ocurriendo cuando el pastor de nuestra iglesia se viste al estilo de Oriente Medio y hace como si fuera Elías[20] para una predicación.

---

19. En cuanto a estos puntos, ver espacialmente Kümmel, *Introduction*, 430-33; Mayor, *The Epistle of St. Jude and the Second Epistle of St. Peter*, cxv-cxlv; Bauckham, *Jude, 2 Peter*, 158-62; Käsemann, "Apologia", 169-77.
20. En un reciente monográfico, David Meade ha sugerido una perspectiva diferente. Afirma que las referencias a personas como Pedro, que aparecían al principio de muchos libros, no pretendían decir nada sobre la autoría del libro, sino que solo informaban de que el documento en cuestión daba continuidad a la tradición asociada con el autor mencionado (David G. Meade, *Pseudonymity and Canon: An Investigation Into the Relationship of Authorship and Authority in Jewish and Earliest Christian Tradition*, WUNT 39 [Tübingen: Mohr, 1986]). Pero la cuestión es que sabemos a ciencia cierta que, al menos en lo que al género epistolar se refiere (tanto bíblico como extrabíblico), el nombre que aparecía en el saludo inicial sí se tomaba como el autor del documento.

Visto así, es posible creer a la vez que Pedro no escribió la carta de 2 Pedro y que la Biblia no contiene ningún error. Y, por tanto, en los últimos años unos pocos estudiosos evangélicos se han mostrado abiertos ante la idea de que 2 Pedro y otras cartas del Nuevo Testamento podrían ser pseudónimas.

Pero creemos que esa es una idea desafortunada. Aceptar que 2 Pedro es tanto pseudónima como inerrante nos obliga a concluir que en aquel entonces 1:1 no se habría entendido como una referencia al autor, lo cual es muy poco probable. Tenemos muchos ejemplos de ciertos tipos de libros que se escribían en nombre de otras personas; sobre todo los libros apocalípticos. Y tenemos evidencias de que algunas personas, incluso en la iglesia primitiva, escribieron *cartas* en nombre de otras (*cf.* 2Ts 2:2). Pero lo que también sabemos es que a esos libros y cartas siempre se les miró con recelo. L. R. Donelson concluye después de un completo estudio: "No parece que nadie haya aceptado jamás un documento religioso o filosófico como prescriptivo si había sospecha de que fuera falso. No conozco ni un solo ejemplo".[21]

Por tanto, que 2 Pedro fuera aceptada como libro canónico nos hace suponer que los cristianos que tomaron esa decisión estaban convencidos de que Pedro la escribió.[22] Lo que pensaban que Pedro no era el autor, no la querían en el canon por esa precisa razón. Dicho de otro modo, tenemos que elegir entre las siguientes dos opciones: (1) considerar que 2 Pedro es falsa, firmada por alguien que quizá quería hacerse pasar por Pedro, y por tanto omitirla del canon; y (2) considerar que 2 Pedro es auténtica, es decir, que está escrita por el apóstol Pedro. Todo parece apuntar a que la teoría de una carta pseudoepigráfica y a la vez canónica no es una opción.

Pero de hecho, las razones que los estudiosos presentan para cuestionar la autoría del apóstol Pedro no son nada convincentes. Brevemente comentaré cada una de las seis objeciones mencionadas arriba.

---

21. L. R. Donelson, *Pseudepigraphy and Ethical Argument in the Pastoral Epistles*, HUT 22 (Tübingen: Mohr-Siebeck, 1986), 11. Tenemos buenas razones para pensar que los primeros cristianos también condenaban *cualquier* tipo de libro que era pseudónimo; Green menciona la fuerte reacción en contra del *Evangelio de Pedro* y *Los Hechos de Pablo y Tecla* (ver *The Second Epistle General of Peter and the General Epistle of Jude*, 32).
22. El artículo de Stanley E. Porter "Pauline Authorship and the Pastoral Epistles: Implications for Canon", *BBR* 5 (1995): 105-23, pone todo el peso en la conexión entre la autoría y la canonicidad.

(1) El griego de 2 Pedro tiene un sabor innegablemente literario y filosófico, bastante diferente del griego de 1 Pedro. Pero (a) en la carta no hay nada que Pedro no hubiera podido escribir, ya que estuvo tantos años ministrando en el mundo heleno; (b) Pedro podría haber elegido ese estilo por las necesidades de sus lectores; y (c) el griego más común de 1 Pedro podría deberse a la ayuda de un amanuense (¿Silvano?; *cf.* 1P 5:12).

(2) Nada de lo que los falsos maestros propagaban era desconocido para la iglesia del siglo I.

(3) Otros textos del Nuevo Testamento sugieren que las palabras del Señor y algunos libros del Nuevo Testamento ya eran considerados como parte de las Escrituras desde bien temprano.

(4) Aunque algunos cristianos expresaron sus dudas respecto a 2 Pedro, muchos otros aceptaron el libro desde el principio. La gente probablemente dudaba, porque este libro no se conocía tanto y porque sí había muchos otros documentos falsamente atribuidos a Pedro.

(5) En 2 Pedro no hay nada que sugiera la existencia de una organización o jerarquía eclesiástica; así que el llamado "catolicismo temprano" es en sí un concepto dudoso.

(6) No hay duda de que hay parecidos entre 2 Pedro y el formato del "testamento". Pero el uso de ese formato dentro de una carta hace que la comparación con otros "testamentos" no tenga mucho sentido.[23] Deberíamos aceptar las palabras con las que esta carta empieza y aceptarla como una carta auténtica, es decir, una carta escrita por el apóstol Pedro.

Si el apóstol escribió 2 Pedro, debió escribirla antes del 65 A.C., pues fuentes fiables fechan por entonces la muerte del apóstol Pedro, que murió como mártir durante la persecución de los cristianos en Roma, bajo el mandato de Nerón. Y probablemente la escribió poco antes de morir. Lo sugiere el mismo Pedro cuando, haciendo referencia a las palabras con las que Jesús profetizó sobre su muerte (Jn 21:18-19), dice que el momento de partir de esta vida está cerca (2P 1:13-14). Pedro probablemente se basa en los antiguos "testamentos" judíos, en los que un líder espiritual usaba la cercanía de su muerte para darle más fuerza

---

23. Encontrará una revisión de todos estos argumentos en Guthrie, *Introduction*, 805-42; Bigg, *The Epistles of St. Peter and St. Jude*, 199-247.

Introducción a 2 Pedro y a Judas

a sus advertencias y amonestaciones.[24] Por tanto, Pedro probablemente escribió desde Roma,[25] quizá cuando ya había empezado la persecución por orden de Nerón. El apóstol quizá presiente que el cumplimiento de la profecía del Señor sobre su muerte ha llegado, y por eso escribe una nota de advertencia y de cautela antes de que le llegue el final.

No sabemos mucho más sobre las circunstancias en torno a esta carta. Pedro la dirige "a los que por la justicia de nuestro Dios y Salvador Jesucristo habéis recibido una fe tan preciosa como la nuestra" (2P 1:1). Esta descripción tan vaga ha llevado a los cristianos en el pasado a considerar 2 Pedro como una carta "católica" (en el sentido de "universal") o "general", es decir, una carta escrita a la iglesia cristiana en general. Pero en la propia carta encontramos indicativos de que fue escrita para un grupo específico de cristianos, que estaban siendo molestados por una serie de falsos maestros y que ya habían recibido al menos una carta del apóstol Pablo (3:15). Sabríamos de forma más concreta dónde vivían estos cristianos si en 3:1, donde Pedro alude a su misiva como "la segunda carta que os escribo, se está dando a entender que esta segunda carta se escribió a las mismas personas que 1 Pedro. Y es que 1 Pedro va dirigida concretamente a cristianos que vivían en varias provincias del norte de Asia Menor (la actual Turquía).[26] Pero no podemos saberlo con certeza; Pedro también podría estar refiriéndose a una carta que no se ha conversado.[27]

Por tanto, lo único que podemos decir es que los cristianos a los que Pedro escribe vivían probablemente en Asia Menor, Macedonia o Grecia, dado que esas son las regiones en las que Pedro sirvió y a las que dirigió sus cartas. Por esta misma razón, también podemos suponer que al menos la mayoría de los cristianos a los que Pedro se dirige con esta carta eran gentiles. Los versículos introductorios de la carta podrían apuntar también a una audiencia gentil. Pedro dice que estos cristianos han

---

24. El mejor ejemplo bíblico de un "testamento" así son las palabras de Jacob a sus hijos en Génesis 49:1-28. Varios libros judíos del periodo intertestamentario usaron esa misma forma, sobre todo *Los Testamentos de los Doce Patriarcas*.
25. Pedro escribió su primera carta desde Roma (= "Babilonia" en 1P 5:12) poco antes de que eso ocurriera; y sabemos que murió como mártir en Roma.
26. Ver, p. ej., Bigg, *The Epistles of St. Peter and St. Jude*, 288-89. Los académicos que piensan que 2 Pedro es pseudónima suelen pensar también piensan que es una referencia a 1 Pedro, y que el autor anónimo estaría dándole a su carta un toque más de autenticidad (ver, p. ej., Neyrey, *2 Peter, Jude*, 229).
27. Ver, p. ej., Green, *The Second Epistle General of Peter and the General Epistle of Jude*, 123-24.

"recibido una fe tan preciosa como la nuestra" (2P 1:1), donde "nuestra" probablemente hace referencia a los judíos cristianos. Y la advertencia de Pedro que anima a "escapar de la corrupción que hay en el mundo debido a los malos deseos" (1:4) encaja mejor con cristianos de trasfondo gentil que con cristianos de trasfondo judío. Es cierto que algunos estudiosos dicen que debemos estar ante unos destinatarios judíos, porque en el capítulo 2 aparecen muchas alusiones al Antiguo Testamento y a tradiciones judías.[28] Pero sabemos que los gentiles convertidos al cristianismo se familiarizaban con el Antiguo Testamento rápidamente, ya que para alguien con ese tipo de conocimiento, todas las alusiones que Pedro hace serían perfectamente comprensibles.

El lenguaje de la carta apunta en la misma dirección. Muchos estudiosos dicen que es difícil creer que Pedro, un pescador galileo, usara la terminología filosófica y religiosa que aparece en 2 Pedro. Pero deberíamos verlo como evidencia de que Pedro ha adaptado su mensaje a sus destinatarios. Al usar un lenguaje "religioso" con el que sus lectores estarían familiarizados, Pedro "contextualiza" el evangelio para atender sus necesidades.

Bosquejo de 2 Pedro

I. **Introducción** (1:1-15)

   A. Saludos (1:1-2)

   B. "Luchad" por crecer en el conocimiento de Cristo (1:3-11)

   C. El peso de las palabras de Pedro como de quien está cercano a la muerte (1:12-15)

II. **El cuerpo de la carta** (1:16—3:13)

   A. Ciertamente Cristo volverá, como está prometido (1:16-21)

      1. Pedro mismo vio la gloria final de Cristo (1:16-18)

      2. Las profecías son completamente fiables (1:19-21)

   B. El crecimiento en Cristo demanda que reconozcamos y resistamos a los falsos cristianos (2:1-22)

      1. Pedro advierte sobre la llegada de falsos cristianos (2:1-3)

      2. Pedro recuerda a sus lectores que los falsos creyentes serán condenamos, pero los verdaderos creyentes serán salvos (2:4-10a)

      3. Pedro describe los pecados de los falsos cristianos (2:1-3)

---

28. P. ej., Zahn, *Introduction*, 2.194-209.

4. Pedro advierte a sus lectores recogiendo que los falsos cristianos sufrirán por haberse apartado de la verdad (2:17-22)
C. Debemos asirnos firmemente a la promesa de la segunda venida de Cristo (3:1-13)
 1. Los falsos cristianos niegan la segunda venida de Cristo (3:1-7)
 2. Cristo ciertamente volverá y con él vendrá el fin del mundo (3:8-10)
 3. A la luz de la llegada del fin del mundo, Pedro insta a sus lectores a llevar una vida santa (3:11-13)
III. **La conclusión: Luchad por crecer en el conocimiento de Cristo** (3:14-18)

Judas y su carta

Tanto cristianos como no cristianos saben quién fue el apóstol Pedro (aunque su conocimiento y comprensión puedan ser distorsionados o incompletos). Pero no ocurre lo mismo con Judas. En el Nuevo Testamento, el nombre en griego (*Ioudas*) aparece cuarenta y tres veces aparte de la única vez que se menciona en la carta (v. 1). Normalmente se traduce por "Judá" (haciendo referencia al patriarca del Antiguo Testamento o al territorio que lleva su nombre) o "Judas". Este último nombre suele hace referencia a Judas Iscariote, el discípulo que traicionó a Jesús, pero también encontramos otros cuatro hombres que respondían al mismo nombre: "Judas el galileo", un infame revolucionario (Hch 5:37); "Judas hijo de Jacobo", uno de los doce apóstoles (Lc 6:16; Hch 1:13); "Judas, también llamado Barsabás", un profeta cristiano (Hch 15:22, 27, 32); y un hermano de Jesús llamado "Judas" (Mr 6:3).

Cualquiera de los tres últimos podría haber escrito esta carta. Pero en el inicio de esta, Judas se describe a sí mismo como "siervo de Jesucristo y hermano de Jacobo" (v. 1). Todo cristiano podría autodescribirse como "siervo de Jesucristo", pero el Jacobo que Judas menciona es, casi con toda seguridad, el hombre que llegó a ser un líder prominente de la iglesia primitiva (*cf.* Hch 15:13-21; 21:18; Gá 2:9) y que escribió la carta de Santiago que aparece en el Nuevo Testamento. Y ese Jacobo o Santiago era "hermano del Señor" (Gá 1:19; *cf.* también Mr 6:3/Mt 13:55; Jn 7:5).[29]

---

29. En el Nuevo Testamento aparecen al menos tres hombres más que responden al nombre de Jacobo: (1) Jacobo, el hijo de Zebedeo, uno de los doce (Mr 1:19, etc.); (2) Jacobo, hijo de Alfeo, otro de los doce (Mr 3:18 y textos paralelos); y (3) Jacobo, el padre de

Pero si Judas era el hermano del Señor Jesús, ¿por qué no lo menciona cuando se describe a sí mismo? Un teólogo cristiano temprano, Clemente de Alejandría, escribió que Judas podría haber evitado deliberadamente el título de "hermano del Señor" que le daban los creyentes, para utilizar un título que se centraba en un punto más relevante para su ministerio y para su derecho de dirigirse a otros cristianos: "siervo del Señor".[30] Y probablemente tenía razón. Como Santiago en su propia carta, Judas no ve la necesidad de mencionar la relación carnal con Jesús, relación que no le aportaba ningún beneficio espiritual y que no le daba ninguna autoridad especial.[31]

Aunque podemos estar bastante seguros de que la carta de Judas fue escrita por un hermano de Jesús que respondía a ese nombre, la verdad es que no sabemos mucho más de esta epístola. Podemos decir que se compuso entre el año 40 A.D. (tiempo suficiente para que se desarrollara una enseñanza falsa) y el 80 A.D. (momento en el que un hermano de Jesús ya tendría al menos setenta años). Pero no es fácil determinar una fecha precisa. Muchos estudiosos datan esta epístola en función de quiénes creen que son los falsos maestros. Pero, como hemos visto, tampoco sabemos a ciencia cierta de quién se trataba. Otros la fechan basándose en su relación con 2 Pedro. Este planteamiento tiene más sentido. Es verdad que hemos concluido que no podemos asegurar que haya una

---

Judas (Lc 6:16). Ver Douglas J. Moo, *Comentario de la Epístola de Santiago* (Miami: Vida, 2009), 19-20.

30. Ver Bigg, *The Epistles of St. Peter and St. Jude*, 318; ver también Bauckham, *Jude, 2 Peter*, 23-24.
31. Muchos estudiosos (p. ej., Kelly, *The Epistles of Peter and of Jude*, 233-34) creen que Judas es una carta pseudónima, es decir, que está escrita por otra persona en nombre de Judas. Dicen que el contexto histórico de la carta es demasiado tardío como para estar escrita por un hermano del Señor. Pero esta objeción, como veremos, es infundada. Y la idea de que para los autores antiguos era normal escribir cartas en nombre de otras personas tiene serios problemas (ver lo comentado arriba en la sección sobre la autoría de 2 Pedro). Algunos cristianos de la iglesia primitiva tenían problemas para creer que Jesús tuviera hermanos, en particular a partir del desarrollo de la doctrina sobre la virginidad perpetua de María. Así, Jerónimo y otros padres de la iglesia sugirieron que Santiago, Judas y los demás no eran *hermanos* de Jesús, sino *primos* (lo que pasó a conocerse como la "teoría jerónima"). Por otro lado, otros pensaban que los hermanos de Jesús eran hijos de José y de una mujer anterior a María (la "teoría epifaniana"). Pero (1) la palabra griega que traducimos por "hermano" casi siempre hacía referencia a ese tipo de relación; y (2) no se da ningún problema doctrinal al decir que José y María tuvieron otros hijos después de Jesús. La explicación más sencilla, por tanto, es la "helvidiana" o de Helvidio: Santiago, Judas y los demás tenían los mismos padres carnales que Jesús: José y María.

conexión literaria entre ambas cartas. No obstante, el grado de similitud sí sugiere que se encontraban ante una enseñanza falsa similar y, probablemente, en la misma época. Como ya hemos visto, 2 Pedro se escribió hacia el final de la vida del apóstol, a mediados de la década de los 60. Quizá deberíamos fechar la carta de Judas en torno a la misma época.

¿A quién le estaba escribiendo Judas? La evidencia indica que la destinataria era una "una comunidad judeocristiana en una sociedad gentil".[32] Las citas que Judas incluye de libros judíos no canónicos sugieren que los receptores tenían un trasfondo judío. Pero el estilo de vida libertino de los falsos maestros tiene más que ver con un estilo de vida gentil que con uno judío. Así, lo más probable es que esos falsos maestros fueran gentiles o hubieran estado fuertemente influenciados por estos. ¿Dónde estaba ubicada esa comunidad judía? Sencillamente no lo sabemos. La referencia de Pablo a "los hermanos del Señor" en 1 Corintios 9:5 sugiere que Judas habría viajado por todo el Mediterráneo oriental; y hay muchos lugares que encajan con las circunstancias que se describen en la carta.

Bosquejo de Judas

I. **Introducción** (1-2)

II. **Situación y tema: luchad por la fe** (3-4)

III. **Descripción y condena de los falsos maestros** (5-16)

    A. Los falsos maestros tienen un destino: la condenación (tres ejemplos de las Escrituras) (11-13)

    B. Los falsos maestros viven vidas vergonzosas (tres ejemplos de las Escrituras) (11-13)

    C. Los falsos maestros tienen un destino: la condenación (una ilustración de la tradición) (14-16)

IV. **Llamamiento final: manteneos asidos firmemente a la fe** (17-23)

V. **Doxología final** (24-25)

---

32. Bauckham, *Jude, 2 Peter*, 16.

Bibliografía comentada

Comentarios técnicos

Balz, Horst y Wolfgang Schrage. *Die "katholischen" Briefe: Die Briefe des Jakobus, Petrus, Johannes, und Judas. NTD. 12a ed.* Göttingen: Vandenhoeck & Ruprecht, 1973. Una exposición técnica y breve que asume que 2 Pedro es una carta pseudónima.

Bauckham, Richard. *Jude, 2 Peter*. WBC. Waco, Tex.: Word, 1983. El comentario conservador más importante sobre estas cartas durante décadas; puede decirse que es el mejor comentario técnico disponible en la actualidad. Es rico en referencias a materiales extrabíblicos y su único defecto es que da por sentado que 2 Pedro es una carta pseudónima.

Bigg, Charles. *A Critical and Exegetical Commentary on the Epistles of St. Peter and St. Jude*. ICC. Nueva York: Scribners, 1903. Un acercamiento clásico, orientado a cuestiones históricas y gramaticales.

Huther, J. E. *Critical and Exegetical Handbook to the General Epistles of James, Peter, John, and Jude*. Nueva York: Funk and Wagnalls, 1887. Se centra en el texto griego.

Mayor, Joseph B. *The Epistle of St. Jude and the Second Epistle of St. Peter: Greek Text with Introduction, Notes and Comments*. Grand Rapids: Baker, 1979 (= 1907). Extenso, centrado especialmente en cuestiones históricas y lingüísticas.

Neyrey, Jerome H. *2 Peter, Jude: A New Translation with Introduction and Commentary*. AB. Nueva York: Doubleday, 1993. El comentario técnico en lengua inglesa más reciente. Incorpora los acercamientos de la crítica social y literaria.

Paulsen, Henning. *Der zweite Petrusbrief und der Judasbrief*. Meyer Kommentar. Göttingen: Vandenhoeck&Ruprecht, 1992. Interpretación sin rodeos.

Otros comentarios y exposiciones

Blum, Edwin A. "2 Peter". In *The Expositor's Bible Commentary*, vol. 12, ed., por Frank E. Gaebelein. Grand Rapids: Zondervan, 1981. Exposición sólida.

Calvino, Juan. *The Epistle of Paul the Apostle to the Hebrews and the First and Second Epistles of St. Peter*. Grand Rapids: Eerdmans, 1963. Reflexiones teológicas y literatura recomendables, de la pluma del príncipe de los comentaristas de la Reforma. [En español, en dos volúmenes: *Comentario de Judas y 2da. Epístola de Pedro* (CLIR) y *Comentario a la Epístola a los Hebreos* (Libros Desafío)].

Green, Michael. *The Second Epistle General of Peter and the General Epistle of Jude*. TNTC. Grand Rapids: Eerdmans, 1968. Una exposición clara y práctica, escrita con un tono mordaz. Excelente defensa de la autoría petrina de 2 Pedro.

Hillyer, Norman. *1 and 2 Peter, Jude*. NIBC. Peabody, Mass.: Hendrickson, 1992. Exposición útil y accesible.

Kelly, J. N. D. *A Commentary on the Epistles of Peter and of Jude*. HNTC. San Francisco: Harper & Row, 1969. Un tratamiento cuidadoso del texto.

Lloyd-Jones, D. M. *Expository Sermons on 2 Peter*. Londres: Banner of Truth, 1983. Aplicación teológica y práctica del texto o de elementos concretos del texto.

Monográficos y artículos importantes

Bauckham, Richard J. *Jude and the Relatives of Jesus in the Early Church*. Edinburgh: T. & T. Clark, 1990. La exploración más completa disponible en la actualidad del trasfondo y del lugar de Judas en la historia de la iglesia.

Charles, Daryl. *Literary Strategy in the Epistle of Jude*. Londres: Associated University Presses, 1993. Un monográfico excepcional que se centra en la estructura de la carta, pero que trata también muchas otras cuestiones.

Green, E. M. B. *2 Peter Reconsidered*. Londres: Tyndale, 1961. Excelente defensa de la autoría petrina de 2 Pedro.

Osburn, Carroll D. "Discourse Analysis and Jewish Apocalyptic in the Epistle of Jude," en *Linguistics and New Testament Interpretation: Essays on Discourse Analysis*, ed. David Alan Black (Nashville: Broadman, 1992), 287-319.

Watson, Duane F. *Invention, Arrangement, and Style: Rhetorical Criticism of Jude and 2 Peter*. SBLDS 104. Atlanta: Scholars, 1988. Interesante visión sobre los argumentos de las cartas a la luz del contexto grecorromano.

2 Pedro 1:1-2

Simón Pedro, siervo y apóstol de Jesucristo, a los que por la justicia de nuestro Dios y Salvador Jesucristo habéis recibido una fe tan preciosa como la nuestra. ² Que abunden en vosotros la gracia y la paz por medio del conocimiento que tenéis de Dios y de Jesús nuestro Señor.

Segunda de Pedro empieza con los elementos que esperaríamos encontrar al principio de una carta y que, de hecho, son típicos de las cartas del Nuevo Testamento: (1) identificación del autor de la carta; (2) identificación de los receptores de la carta; (3) saludo introductorio.

Al principio ya vemos que el autor de la carta es "Simón Pedro, siervo y apóstol de Jesucristo". Los nombres dobles como el de "Simón Pedro" eran muy comunes en el antiguo Oriente Próximo. Como el griego se había extendido por todo lugar, mucha gente usaba el nombre que le habían puesto en su lengua materna y un nombre griego. Así, "Simón", uno de los nombres judíos más comunes en aquel tiempo, viene del hebreo, mientras que "Pedro" viene del griego. En el Nuevo Testamento, este nombre doble aparece con frecuencia. Pero solo aquí y en Hechos 15:14 Simón se deletrea *Symeon* en lugar de *Simon*. Esta forma de escribir el nombre es una transliteración casi exacta del hebreo y, dado que es una forma poco común, sería muy extraño que alguien que supuestamente escribió en nombre de Pedro lo escribiera así. No obstante, para Pedro, escribirlo así sería lo más natural del mundo, pues lo habría hecho así toda su vida.[1]

Al autodefinirse como "siervo... de Jesucristo", Pedro está mostrando un sentido de humildad en relación a su Señor. La palabra que traducimos "siervo" no es el término griego *diakonos*, "siervo del hogar", sino *doulos*, que también se puede verter "esclavo". Pedro no posee en sí mismo ninguna autoridad particular; su autoridad proviene completamente del señor al que sirve. Pero el título "siervo" también es un título con honor. Grandes figuras de la historia de Israel habían sido llamados

---

1. Ver, p. ej., Bigg, *The Epistles of St. Peter and St. Jude*, 248-49.

"siervos" de Dios, en especial Moisés (p. ej., Jos 14:7; 2R 18:12) y David (p. ej., Sal 18:1; Ez 34:23). Por tanto, al autodenominarse "siervo" Pedro también trasmite a sus lectores que él se haya igualmente en la línea de las figuras importantes de la historia religiosa de Israel.

El segundo término, "apóstol", enfatiza el derecho de Pedro a hablar a aquellos cristianos con autoridad. Esta palabra (en griego *apostolos*) puede significar simplemente "mensajero", como vemos en algunos pasajes del Nuevo Testamento (p. ej., 2Co 8:23; Fil 2:25). Pero por lo general, esta palabra tiene un sentido técnico y se refiere a aquellos hombres elegidos especialmente por el Señor para ser sus representantes. Como afirma Pablo, junto con los profetas conforman "el fundamento" de la iglesia (Ef 2:20). Dios no solo les encargó la proclamación de las buenas nuevas, sino también desarrollar y garantizar la verdad del mensaje del evangelio. Pedro fue uno de los apóstoles más famosos. Con Juan y Jacobo, eran los apóstoles más cercanos a Jesús (*cf.* Mr 5:37; 9:2; 14:33). Pedro fue el portavoz más destacado del mensaje cristiano durante los primeros días de la iglesia, como recoge Lucas en Hechos 2—12. Ser apóstol le dio a Pedro el derecho de decirle a estos cristianos —¡y a nosotros!— qué debían creer y cómo debían vivir.

Si la descripción que Pedro hace de sí mismo deja claro desde el principio su derecho a escribir a aquellos creyentes como les escribe, la descripción que hace de ellos también señala algunos de los puntos que tratará en la carta. En primer lugar, aquellos cristianos que, como hemos indicado, son gentiles han "recibido una fe tan preciosa como la nuestra". Pedro podría estar contrastando la fe de aquellos cristianos con la suya propia fe y la de los apóstoles.[2] Cierto es que en 1:16-18, donde Pedro describe la transfiguración, distingue entre los apóstoles ("nosotros") y los cristianos a los que escribe ("vosotros"). Pero aquí el énfasis no está en la revelación (como ocurre en los vv. 16-21), sino en la fe. Y, por ello, lo más probable es que Pedro quiera asegurar a aquellos cristianos gentiles que el estatus que tienen en la nueva comunidad de creyentes es exactamente igual al suyo propio y al de otros judeocristianos.[3] Al tirar por tierra todas las barreras étnicas, el mensaje del evangelio ha permitido que los gentiles, antes "ajenos a los pactos

---

2. *Ibíd.*, 249.
3. Ver, por ejemplo, Mayor, *The Epistle of St. Jude and the Second Epistle of St. Peter*, 81. Los que piensan que 2 Pedro es una carta pseudónima suelen decir que el autor está contrastando la fe de los primeros cristianos con la de los de una generación posterior (ver Kelly, *The Epistles of Peter and of Jude*, 296-97).

de la promesa" (Ef 2:12), crean ahora en Jesucristo y sean salvos de sus pecados. En el reino del los cielos, los cristianos gentiles no son ciudadanos de segunda clase.

Es muy probable que, para aquellos cristianos gentiles, fuera importante subrayar esa certeza, para poder estar confiados en que ciertamente eran hijos de Dios, y no dejaran que los falsos maestros sembraran dudas al respecto. Por tanto, sugerimos que la palabra "fe" en este texto tiene su sentido más usual, el sentido activo que denota la acción de creer.[4] Ciertamente, hablar de fe como algo que "hemos recibido" no es usual y, por ello, muchos comentaristas creen que Pedro se refiere a la fe en su sentido pasivo: aquello que los cristianos creen, es decir, la doctrina o verdad cristiana.[5] Pero la palabra que traducimos "habéis recibido" (*lanchano*) habla de una asignación o distribución sin favoritismos. La fe es un regalo de Dios, distribuida por igual a judíos y a gentiles.

Además, Pedro describe a los cristianos a los que se dirige como aquellos que han obtenido esa fe "por la justicia de nuestro Dios y Salvador". (*N. de la T.* Durante todo el párrafo, la palabra que traducimos por "justicia" es el término inglés "righteousness"). En la Biblia, "justicia" (*dikaiosyne*) tiene muchos significados. Uno de ellos es "imparcialidad" o "ecuanimidad", y algunos comentaristas creen que ese es el sentido en este pasaje: es gracias a la ecuanimidad de Dios que los cristianos gentiles pueden disfrutar como los judíos de los beneficios de la obra de Cristo.[6] Pero la palabra griega que aquí vertimos "justicia" suele referirse al acto por el que Dios hace justos a los pecadores para que puedan acercarse a él. Y aquí parece que ese sentido encaja mucho mejor.[7] No obstante, lo inusual de esta expresión es que este es el único lugar del Nuevo Testamento en el que se habla de "la justicia... de Jesucristo". En todos los demás lugares, la justicia siempre se atribuye a Dios Padre. Pero esta referencia a Cristo está en consonancia con toda la carta, en la que una y otra vez se pone a Cristo al mismo nivel que Dios.

---

4. Como dicen, p. ej., Green, *The Second Epistle General of Peter and the General Epistle of Jude*, 60; Bauckham, *Jude, 2 Peter*, 168.
5. Ver Kelly, *The Epistles of Peter and of Jude*, 296.
6. Green, *The Second Epistle General of Peter and the General Epistle of Jude*, 60; Kelly, *The Epistles of Peter and of Jude*, 297; Bauckham, *Jude, 2 Peter*, 168.
7. Ver Calvino, *Hebrews and 1 and 2 Peter*, 327-28; Mayor, *The Epistle of St. Jude and the Second Epistle of St. Peter*, 81.

El final de la expresión lo deja aún más claro. Al traducir "nuestros Dios y Salvador Jesucristo", la NVI deja claro que ambos títulos, el de "Dios" y el de "Salvador", se aplican a Jesucristo y, casi con toda seguridad, es la traducción más exacta.[8] (Las versiones que traducen "de Dios y nuestro Salvador Jesucristo" o "de nuestro Dios y el Salvador Jesucristo" no son tan acertadas.) Por tanto, aquí tenemos uno de los pocos versículos del Nuevo Testamento donde a Jesús se le llama "Dios" explícitamente. Claro que eso no significa que, para Pedro, Jesucristo haya tomado el lugar del Dios del Antiguo Testamento que él adoraba desde niño. Lo que significa es que ahora entiende que Jesús, junto con el Padre, es Dios. Tampoco significa que al afirmarlo Pedro esté abandonando el monoteísmo y que vea a Jesús como otro Dios además de Dios Padre. Aunque sería un anacronismo decir que el apóstol ha desarrollado una comprensión trinitaria de Dios, lo que aquí asevera junto con otros versículos similares del Nuevo Testamento supone el fundamento de la posterior elaboración de esa doctrina cristiana tan central.

El versículo 2, que sigue el saludo típico neotestamentario, continúa apuntando a temas que oiremos en el resto de la carta. En el Nuevo Testamento, "gracia" y "paz" son palabras recurrentes en este tipo de saludos. Pero esta es la única carta en la que se incluye una oración pidiendo que "abunde... el conocimiento" en los lectores. En esta epístola, el "conocimiento" es una idea clave. Por algo será que Pedro abre y cierra la misiva con una referencia al conocimiento de Dios y de Cristo (*cf.* también 3:18). Vuelve a mencionar ese conocimiento en 1:3 y 8 como fundamento de la experiencia cristiana de sus lectores. De forma similar, afirma que el destino de los falsos maestros será peor, porque habiendo conocido a Cristo abandonaron ese conocimiento (2:20-21). En su contexto bíblico, "conocimiento" implica "relación" (ver la sección Significado contemporáneo). Y el tema central de 2 Pedro es, precisamente, esa relación con Cristo. El propósito central de Pedro en esta carta es instar a los cristianos a que el "conocimiento de Dios y de nuestro Señor Jesucristo" sea útil y fructífero (*cf.* 1:8).

---

8. Ver especialmente Murray J. Harris, *Jesus as God: The New Testament Use of Theos in Reference to Jesus* (Grand Rapids: Baker, 1992). El libro ofrece pruebas exegéticas convincentes de que el autor neotestamentario llama "Dios" a Jesús.

No podemos aplicar el mensaje bíblico hasta que no lo entendamos. Pero no podemos entenderlo hasta que no tengamos en cuenta el escenario original del mensaje. En esta sección, queremos cubrir dos cuestiones que nos ayudarán a trasladar a nuestros días el mensaje de 2 Pedro 1:1-2.

La primera cuestión tiene que ver con la forma literaria o género. Cuando Dios decidió comunicar el mensaje del evangelio al mundo, escogió como instrumentos a seres humanos. Y, a su vez, estas personas usaron los medios de comunicación usuales en sus días. Si Dios hubiera enviado a su Hijo en la actualidad, los encargados de propagar las buenas nuevas las transmitirían por radio, televisión e Internet. En el siglo I, los embajadores del evangelio hicieron uso de sermones en las sinagogas, de grupos de debate en los mercados y lugares públicos, y de las formas de escritura más usuales, como la carta.

El género epistolar era un medio de comunicación muy popular en el mundo antiguo e iban desde una breve nota que los hijos enviaban a sus padres pidiendo dinero hasta tratados bien elaborados escritos con el objetivo de ser publicados. Las cartas del Nuevo Testamento están más o menos en la mitad de ese espectro. Quizá con la excepción de Filemón, son más que notas privadas, puesto que están escritas por figuras públicas (apóstoles y otros mensajeros acreditados) para (normalmente) un colectivo de personas o iglesias. Pero a diferencia de la mayoría de las cartas de la antigüedad escritas a modo de tratado, las cartas neotestamentarias no tienen tanta brillantez literaria y están dirigidas a unos destinatarios en particular.

Podemos ubicar la segunda carta de Pedro en esta categoría epistolar que acabamos de definir. Como el resto de las epístolas neotestamentarias, hace uso de muchas de las formas habituales en las cartas en aquel entonces. Hoy estamos acostumbrados a que en el encabezado de una carta aparezca el nombre y la dirección del remitente, seguido del nombre y la dirección del receptor, y seguido por último por un breve saludo: "Querido Dough". En la antigüedad no existían los códigos postales, y normalmente el comienzo de las cartas era más breve: "X a Y, saludos". Este es el formato que encontramos al principio de la carta que el concilio apostólico envió a las iglesias de Siria y del sur de Asia Menor: "Los apóstoles y los ancianos, vuestros hermanos, a los creyentes gentiles en

Antioquía, Siria y Cilicia: Saludos" (Hch 15:23). (*N. de la T.* Hemos seguido la versión utilizada por el autor, y por eso traducimos "vuestros hermanos" en lugar de "a nuestros hermanos" como aparece en la NVI.)

Pero aunque los autores de las cartas neotestamentarias seguían el patrón establecido, lo adaptaban a sus necesidades. Identifican al remitente y al receptor, pero en lugar de usar la palabra "saludos" (gr. *chairein*), usan una palabra cercana, pero que encaja mejor con el mensaje del evangelio: "gracia" (gr. *charis*). Y desarrollan un poco ese tipo de palabras para empezar a transmitir el mensaje sobre el que van a escribir ya desde el principio de la carta. La cuestión es que comentemos un grave error cuando nos saltamos estos versículos como si no fueran más que una formalidad. Al mencionar algunas de las experiencias fundamentales que el autor y los destinatarios tienen en común, estos versículos anuncian cuál será el tono de la carta. Están unidos por la "gracia" revelada en Cristo, y ese es el contexto en el que tienen que entender la carta.

La segunda cuestión que hemos de mencionar para entender mejor la fuerza de estos versículos es la relación que había en el siglo I entre los judíos y los gentiles. Hacía mucho tiempo que Dios había escogido a Israel como su pueblo, y ese era un privilegio único que los judíos atesoraban con mucho celo. Durante el periodo intertestamentario, los judíos hacían un especial énfasis en prácticas como la circuncisión, la observancia del sábado y la dieta judía con tal de diferenciarse de los gentiles. La mayoría de los judíos en tiempos de Jesús esperaban la instauración de un reino mesiánico en el que los judíos ocuparían las posiciones de poder y los gentiles quedarían excluidos o, como mucho, recibirían las posiciones más bajas. Pero, como sabemos, Dios envió a su Hijo al mundo para formar a un pueblo que le honrara como Señor tomándolo de "todas las naciones, tribus, pueblos y lenguas". Lucas nos cuenta en Hechos 6—15 la forma paulatina en la que los primeros cristianos fueron aceptando esta idea del reino.

No obstante, la aceptación de los gentiles como miembros del pueblo de Dios junto a las condiciones que debían cumplir para ser aceptados fue la discusión teológica por excelencia en los inicios del cristianismo (ver, por ejemplo, la carta a los Gálatas). Por tanto, cuando Pedro les recuerda brevemente a sus lectores gentiles que disfrutan de "una fe tan preciosa" como la de los cristianos judíos, está tocando un tema que la mayoría de nosotros da por sentado pero que para sus lectores y para él mismo era una novedad revolucionaria. Y no deberíamos olvidar que fue Pedro a quien Dios usó para incluir a los gentiles de forma definitiva. Dios le envió una visión para ayudarle a entender que no podían excluir a los gentiles; y Dios usó le usó también para llevar a la fe al primer converso gentil (Hch 10). Y fue Pedro, alguien de credenciales judías impecables, quien defendió ante el concilio que la fe era el único requisito que los gentiles debían cumplir para formar parte del pueblo de Dios (15:7-11). Podemos apreciar mucho más la fuerza de la frase "a los que... habéis recibido una fe tan preciosa como la nuestra" cuando tenemos en cuenta el contexto y la encendida discusión que se vivían en aquel momento.

Significado Contemporáneo

De estos versículos, las palabras más relevantes para nosotros hoy son las que hablan sobre "el conocimiento que tenéis de Dios y de Jesús nuestro Señor" como el medio por el cual podemos disfrutar "la gracia y la paz en abundancia". No es casualidad que Pedro vuelva a este mismo concepto del conocimiento al final de su carta (3:17-18):

> Así que vosotros, queridos hermanos, puesto que ya *sabéis* esto de antemano, manteneos alerta, no sea que, arrastrados por el error de esos libertinos, perdáis la estabilidad y caigáis. Más bien, creced en la gracia y en el *conocimiento* de nuestro Señor y Salvador Jesucristo. ¡A Él sea la gloria ahora y para siempre! Amén.

Los autores bíblicos ponen a menudo énfasis en una idea o palabra en particular usándola como "marco" de su argumentación (la palabra técnica es *inclusio*). En 2 Pedro, "crecer en conocimiento" es una idea clave de la carta. En la Biblia, "conocer" es una actividad muy personal. Los autores del Antiguo Testamento usan esta palabra para describir una relación íntima entre dos personas, y para describir incluso las relaciones sexuales. En el Nuevo Testamento también se usa esta palabra de ese modo, por ejemplo cuando Pablo afirma que "Jesús no conoció pecado" (2Co 5:21).[9] Por tanto, cuando Pedro empieza su carta haciendo referencia al "conocimiento que tenéis de Dios y de Jesús nuestro Señor",

---

9. La NVI traduce "no cometió pecado", pero el verbo griego es *ginosko*, "conocer".

está diciendo que los lectores de la carta solo disfrutarán de "la gracia y la paz en abundancia" si crecen en su relación con Dios y con Jesús.

Pero procuremos no vaciar el concepto bíblico de "conocer" de su valor cognitivo. Es cierto que "conocer a Dios" significa tener una relación estrecha y afectuosa con nuestro Creador; pero también significa entender quién es él, con todas sus implicaciones. Recordemos que Pedro está advirtiendo a sus lectores de la presencia de falsos maestros. Para no dejarse llevar por sus errores, Pedro les advierte a sus lectores que tener una relación con Dios basada en los sentimientos no es suficiente; también necesitan conocer algunas cosas específicas sobre Dios, lo que él ha hecho y lo que demanda de nosotros. Pedro apunta a que una de las cosas que deben saber es que Jesús es Dios (v. 1; ver la explicación más arriba).

Hoy se nos anima, y con razón, a no caer en una fe estéril, en un conocimiento puramente intelectual que nunca llega al corazón. Pero del mismo modo, ¡no podemos caer en un conocimiento puramente basado en los sentimientos que nunca llega a nuestras mentes! Hay muchos cristianos que *conocen* muy poco su fe; por ello, en numerosas ocasiones no estamos preparados para explicar de qué modo nuestro "Dios" difiere del "Dios" del mormonismo o de los testigos de Jehová. Una otra y vez el Nuevo Testamento deja claro que nuestra salvación puede depender de confesar la verdad sobre Dios y su revelación a través de su Hijo. Los autores bíblicos demandan un "conocimiento de Dios" que una la mente y el corazón. Hemos de tener cuidado y no sacrificar la mente en favor del corazón.

2 Pedro 1:3-11

Su divino poder, al darnos el conocimiento de aquel que nos llamó por su propia gloria y potencia, nos ha concedido todas las cosas que necesitamos para vivir como Dios manda. ⁴ Así Dios nos ha entregado sus preciosas y magníficas promesas para que vosotros, después de escapar de la corrupción que hay en el mundo debido a los malos deseos, lleguéis a tener parte en la naturaleza divina. ⁵ Precisamente por eso, esforzaos por añadir a vuestra fe, virtud; a vuestra virtud, entendimiento; ⁶ al entendimiento, dominio propio; al dominio propio, constancia; a la constancia, devoción a Dios; ⁷ a la devoción a Dios, afecto fraternal; y al afecto fraternal, amor. ⁸ Porque estas cualidades, si abundan en vosotros, os harán crecer en el conocimiento de nuestro Señor Jesucristo, y evitarán que seáis inútiles e improductivos. ⁹ En cambio, el que no las tiene es tan corto de vista que ya ni ve, y se olvida de que ha sido limpiado de sus antiguos pecados. ¹⁰ Por lo tanto, hermanos, esforzaos más todavía para consolidar el llamamiento de Dios, que fue quien os eligió. ¹¹ Si hacéis estas cosas, no caeréis jamás, y se os abrirán de par en par las puertas del reino eterno de nuestro Señor y Salvador Jesucristo.

Sentido Original

La mayoría de las epístolas del Nuevo Testamento, siguiendo el modelo epistolar secular, presentan unas palabras de agradecimiento inmediatamente después del saludo introductorio. En este caso, Pedro no lo hace. No pierde el tiempo con palabras preliminares, sino que va directamente a aquello que quiere transmitir a sus lectores. Hemos visto en 1:2 que Pedro subraya la idea del "conocimiento". Esa es también la idea central de 1:3-11 que, de hecho, es en sí un "minisermón".[1] El tema que aborda es la necesidad que tienen los cristianos de crecer en su conocimiento de Jesucristo (*cf.* vv. 3 y 8). Como muchos buenos sermones, tiene tres apartados:

---

1. El texto griego del v. 3 empieza con una conjunción, *hos* ("como"), que no se suele usar para introducir un nuevo párrafo. Por tanto algunos comentaristas piensan que los versículos 3-4 debería ir con los versículos 1-2, y el siguiente párrafo debería iniciarse con el versículo 5 (Mayor, *The Epistle of St. Jude and the Second Epistle of St. Peter*, 83).

(1) Dios ha dado a los cristianos todo lo que necesitan para ser maduros espiritualmente hablando (vv. 3-4).

(2) Los cristianos deben buscar activamente la madurez espiritual (vv. 5-9).

(3) Los cristianos deben buscar la madurez espiritual si quieren ser recibidos en el reino eterno de Dios (vv. 10-11).

La provisión de Dios (vv. 3-4)

La madurez espiritual empieza con la provisión de Dios (vv. 3-4). Es "su divino poder" el que nos ha dado a los cristianos todo lo que necesitamos tanto para tener nueva vida espiritual como para vivir como Dios manda. Normalmente pensaríamos que el determinante "su" en "su divino poder" hace referencia a Dios el Padre.[2] Pero Pedro ya ha llamado Dios a Jesús en el versículo 1. Y Pedro usa la palabra "poder" (*dynamis*) más adelante en este mismo capítulo para describir la apariencia de Cristo en la transfiguración. Aunque no es fácil tomar una decisión, y probablemente no tiene una importancia mayor, yo tiendo a pensar que Pedro se está refiriendo al poder divino de Cristo.[3] Este poder no es tanto el poder intrínseco de Cristo, el poder que tiene por el hecho de ser Dios; es más bien el poder que tiene para recuperar a los pecadores perdidos, desatado gracias a su muerte y resurrección. En cuanto a esta idea, ver especialmente Romanos 1:4 y compararlo con 1:16:

> quien [Cristo] a través del Espíritu de santidad fue designado para ser "Hijo-de-Dios-con-*poder*" por su resurrección de los muertos (1:4).[4]

> No me avergüenzo del evangelio, porque es *poder* de Dios para la salvación de todos los que creen (1:16).

La "piedad" es una idea prominente en este sermón introductorio de 2 Pedro. Es la traducción de la palabra griega *eusebeia*, que significa literalmente "buena adoración". Se trata de una palabra poco común en el Nuevo Testamento, pues solo aparece una vez en Hechos (3:12; curiosamente, en un discurso de Pedro), diez veces en las cartas pastorales (1Ti 2:2; 3:16; 4:7, 8; 6:3, 5, 6, 11; 2Ti 3:5; Tit 1:1) y tres veces

---

2. Kelly, *The Epistles of Peter and of Jude*, 300.
3. Ver p. ej., Green, *The Second Epistle General of Peter and the General Epistle of Jude*, 62-63; Bauckham, *Jude, 2 Peter*, 177.
4. Traducción propia, reflejando, a mi entender, una interpretación más exacta del versículo que la que aparece en la NVI, que une la expresión "con poder" al verbo "designar".

más en 2 Pedro (1:6, 7, 11). La palabra tiene un toque helenista y con frecuencia se traduce por "piedad". Es una palabra general, y los autores bíblicos la usan para resumir la conducta esperada de los cristianos que han conocido al Dios de las Escrituras. Así, nos recuerda Pedro, Dios ha puesto a nuestra disposición todo lo que necesitamos para llevar vidas que le agraden.[5]

Pero Dios ha puesto su poder a nuestra disposición de un modo concreto: "por medio del conocimiento de aquel que nos llamó". Como en el versículo 2, "conocimiento" hace referencia a una relación estrecha basada naturalmente en el conocimiento, que es el producto de la conversión al evangelio. Según la enseñanza bíblica general, lo normal es pensar que "aquel que nos llamó" hace referencia a Dios, dado que a quien se suele describir como aquel que "llama· a las personas para que tengan una relación con él (*cf.* Ro 8:28-29; 9:12; Ef 1:18). Pero ya hemos visto (2P 1:1-2) cuánto hincapié hace Pedro en esta carta en el papel de Jesucristo; y en casi toda la epístola, el apóstol pone como objeto del conocimiento a Cristo, y no a Dios el Padre (*cf.* 1:8; 2:20; 3:18; en 1:2, aparece tanto "Dios" como "Jesús nuestro Señor"). Por tanto, lo más probable es que "aquel que nos llamo" esté haciendo referencia a Jesús.

Unos pocos comentaristas creen que aquellos a los que Cristo ha llamado son los apóstoles (= "nosotros").[6] Pero no hay nada en el texto que sugiera una referencia tan restringida. Aunque es algo inusual en el Nuevo Testamento, Pedro otorga a Cristo junto con el Padre, la función de llamar a los cristianos para salvación.[7] Este llamado no es, como algunos prefieren entenderlo, una invitación general (como si Pedro se estuviera limitando a decir que Cristo invita a la gente a aceptar el evangelio y ser salvos). Este llamado hace referencia a un llamamiento eficaz, a la acción por la cual Dios (o Cristo) reconcilia a la gente consigo mismo para que tengan una relación con él. Nótese cómo Pedro, en su primera carta, usa esa palabra y otras derivadas para describir a los cristianos (1P 1:15; 2:9, 21; 3:9; 5:10; *cf.* también Ro 1:7; 8:28; 1Co 7:17-24). De hecho, el llamado es otra forma de hablar de la elección de Dios, puesto que sendas palabras griegas están estrechamente relacionadas (*kaleo* y *ekloge*, que provienen de la misma raíz).

---

5. Muchos comentaristas (p. ej., Bauckham, *Jude, 2 Peter*, 177) creen que el "divino poder" hace referencia aquí a Jesús, y no a Dios el Padre.
6. P. ej., Kelly, *The Epistles of Peter and of Jude*, 300-301.
7. Ver, p. ej., Mayor, *The Epistle of St. Jude and the Second Epistle of St. Peter*, 85; Bigg, *The Epistles of St. Peter and St. Jude*, 253-54; Bauckham, *Jude, 2 Peter*, 178.

Pedro añade que Dios nos llama "por su propia gloria y bondad". (*N. de la T.* Aunque en la NVI traduce "por su propia gloria y potencia", ponemos "bondad" porque es lo que aparece en la NVI inglesa que el autor ha utilizado). En su primera carta, Pedro recoge que Dios "dio gloria [a Cristo]" (NVI "lo glorificó", 1P 1:21); y, de nuevo, en 2 Pedro 1:17, haciendo referencia a la transfiguración, Pedro dice que Cristo "recibió honor y gloria de parte de Dios el Padre". La palabra griega que traducimos "gloria" (*doxa*) significaba originalmente "reputación" o "fama". Pero el uso que se hace de la palabra en el Nuevo Testamento está claramente influenciado por la Septuaginta (la traducción griega del Antiguo Testamento), donde se utiliza esta palabra griega para traducir la palabra hebrea *kabod*. Este término se refiere a la presencia majestuosa de Dios. Es esa la gloria de Dios que Isaías ve en el templo y le lleva a caer de rodillas lleno de temor y a adorar a Dios (Is 6). Cristo, porque es Dios, participa de esa misma gloria (p. ej., 2Co 4:4; Ef 1:12; Fil 3:21; Heb 1:3; 2:7; 1P 1:21).

La gloria de Cristo normalmente se asocia a su resurrección (*cf.* 1P 1:21), y aquí, Pedro podría estar haciendo esa conexión también. Pero Cristo no solo nos llama por medio de la potencia del poder divino. Para que los pecadores estén en la posición de poder relacionarse con el Dios santo, es necesario un acto de redención, una acto que solo podía realizar alguien fuera moralmente perfecto. De ahí que Pedro escriba que Cristo también nos llama "por su propia... bondad". Algunos estudiosos piensan que la palabra griega que se usa aquí (*arete*) significa "poder", pero el uso que Pedro hace de ella en este contexto (v. 5) apunta a que el significado es "virtud", "excelencia de carácter". Cristo vivió una vida sin pecado y fue a la cruz por obediencia al Padre. Fue por medio de esta obediencia "activa" y "pasiva" (como la llaman los teólogos) que estuvo cualificado para ofrecerse como sacrificio en nuestro lugar.

La conexión entre los versículos 3 y 4 no está del todo clara. La NVI inglesa mantiene la ambigüedad del texto griego, porque traduce "por medio de estos" (*N. de la T.* "Así" en la NVI). ¿Pero cuál es el antecedente de "estos"? ¿"Dios y Jesús nuestro Señor" (v. 2)? ¿O "todas las cosas que necesitamos para vivir como Dios manda"? ¿O "su propia gloria y bondad"? Probablemente este último, porque está más cerca y porque tiene sentido.[8] Esos dos atributos de Cristo, su majestad divina y su bondad

---

8. Estoy de acuerdo, por tanto, con Mayor, *The Epistle of St. Jude and the Second Epistle of St. Peter,* 87; Bigg, *The Epistles of St. Peter and St. Jude,* 255; Green,

moral, han sido claves para dar a los creyentes no solo lo que necesitan para llevar una vida como Dios manda (v. 3), sino también "sus preciosas promesas" que nos permiten tener parte en la "naturaleza divina".

El lenguaje que Pedro usa aquí es críptico: al decir "así Dios nos ha entregado sus preciosas y magníficas promesas", realmente está diciendo que a través de esos atributos, Cristo ha provisto lo necesario para que se diera el *cumplimiento* de esas promesas. Como explica Phillips: "Las promesas más preciosas y grandiosas de Dios han sido puestas a nuestra disposición". Pedro no añade ninguna otra información sobre esas promesas, pero probablemente está pensando en las muchas promesas del Antiguo Testamento sobre una nueva era de salvación y de bendición que Dios iba a instaurar por medio del Mesías. Ahora, los cristianos experimentan el cumplimiento de aquellas promesas y, por tanto, tienen el enorme privilegio de disfrutar de una relación estrecha con el Dios de este universo. O, como Pedro dice, pueden "tener parte en la naturaleza divina".

El lenguaje que Pedro usa en esta expresión es contundente y controvertido. Tanto en nuestros días como en los suyos, "naturaleza divina" suena un poco místico y panteísta. Parece querer decir que los creyentes tienen parte en algunas cualidades esenciales que son características de Dios mismo. Pero Pedro aquí no dice cuáles son exactamente esas características, y es necesario realizar una búsqueda cuidadosa en el resto del Nuevo Testamento para determinar a qué cualidades se refiere (¡e igual de importante es determinar a cuáles *no* se refiere!). Sin embargo, podemos decir simplemente que Pedro debe de tener en mente las cualidades divinas que capacitan a los creyentes para "escapar de la corrupción que hay en el mundo debido a los malos deseos".

La Biblia deja claro que nuestra liberación definitiva de la "corrupción" (*phthora*) solo tendrá lugar con la resurrección del cuerpo. Pedro usa esta palabra con ese sentido escatológico en 2 Pedro 2:10; y puede que eso sea a lo que se refiere cuando dice "escapar la corrupción que hay en el mundo".[9] Pero la mención de "los malos deseos" al final del versículo, junto con el énfasis que Pedro hace en la piedad en este pasaje, sugiere que escapar de la corrupción tiene que ver más bien con renunciar al pecado.[10] Nótese que Pedro también usa *phthora* con ese

---

The Second Epistle General of Peter and the General Epistle of Jude, 64.
9. Ver, p. ej., Bauckham, *Jude, 2 Peter*, 183.
10. Ver Mayor, *The Epistle of St. Jude and the Second Epistle of St. Peter*, 88.

sentido moral (2:20). Por tanto, creo que para él, la participación en la naturaleza divina consiste especialmente en la nueva capacidad para resistir el pecado que recibimos por medio de nuestra unión con Cristo y de la morada del Espíritu Santo en nosotros.[11]

La responsabilidad del creyente (vv. 5-9)

En los versículos 3-4, Pedro ha puesto el fundamento para su exhortación principal recordando a sus lectores que Dios ha otorgado a los cristianos el poder de vivir vidas piadosas. En los versículos 5-9 recoge precisamente la idea principal de su exhortación: *los cristianos deben vivir vidas piadoras*. Y, por si acaso pasamos por alto la relación que hay entre ambas secciones, Pedro la deja clara empezando el versículo 5 con la expresión "precisamente por eso", es decir, precisamente porque Dios nos da todo lo que necesitamos, tenemos que buscar la madurez o crecimiento espiritual.

Pedro usa un lenguaje muy contundente para enfatizar la intensidad o tenacidad con la que debemos perseguir ese objetivo. "Esforzaos". La palabra "esfuerzo" también se puede traducir "seriedad" o "sinceridad", "solicitud" o "diligencia", "celo". A Pedro le gusta esta palabra; la vuelve a usar en 1:10, 15 y 3:14. El último versículo es especialmente interesante, porque repite la exhortación básica que tenemos aquí y se logra así un cierre redondo de la carta: "Por eso, queridos hermanos, mientras esperáis estos acontecimientos, *esforzaos* para que Dios os halle sin mancha y sin defecto, y en paz con él". La idea que Pedro quiere transmitir está clara: el crecimiento espiritual no es un tema que los cristianos puedan tomarse a la ligera; es un objetivo para el que se tienen que entregar en cuerpo y alma, cada día de sus vidas.

En lugar de resumir ese objetivo o meta con una sola palabra, Pedro escoge describirlo como una serie de escalones ascendentes. Los versículos 5b-7 describen, como los escalones de una escalera, ocho virtudes cristianas que debemos ir añadiendo a medida que avanzamos hacia la madurez espiritual. Algunos comentaristas, y especialmente algunos autores y conferenciantes populares, se centran demasiado en el orden en el que aparecen estas virtudes, como si solo pudiéramos ir añadiéndolas exactamente en el orden que aparecen en el pasaje. Pero esta interpretación del texto, aunque puede sonar convincente al principio, no

---

11. Comentaremos más el tema de tener parte en la naturaleza divina en las secciones "Construyendo Puentes" y "Significado Contemporáneo".

tiene en cuenta la forma literaria que Pedro está usando (ver la sección "Construyendo Puentes"). Una vez vemos que Pedro está usando un recurso literario popular de su tiempo, vemos también que el orden en el que menciona estas virtudes es aleatorio. Todas ellas son importantes; pero dudamos mucho de que el mensaje de Pedro sea que debemos añadirlas exactamente en ese orden.

No obstante, es significativo que Pedro empieza de la forma que lo hace (con "fe") y acaba como acaba (con "amor").[12] La fe, claro está, es la virtud cristiana fundamental (o mejor dicho, el *don* cristiano fundamental; *cf.* v. 1); con ella respondemos al llamado de Dios y podemos conocerle a él y a su Hijo, el Señor Jesús (v. 3). Pero la fe cristiana verdadera, como nos recuerda sobre todo Santiago (Stg 2:14-26), siempre lleva a la acción. Por eso, Pedro nos exhorta a añadir "bondad" o "virtud" (*arete*), que es la misma palabra que Pedro usa en el versículo 3 para describir la excelencia moral de Dios, a la respuesta inicial ante el llamado divino. De nuevo, el apóstol toma prestada una palabra muy utilizada en el mundo heleno, un término que en su sentido más amplio significaba "virtud" (en el Nuevo Testamento solo aparece aquí, en Filipenses 4:8 y en 1 Pedro 2:9).

El tercer término de la lista también es una palabra cuyo uso estaba muy extendido. El vocablo "entendimiento" o "conocimiento" se puede aplicar a cualquier ámbito de la vida. Aquí, obviamente, tiene connotaciones religiosas. Dado que no aparece al principio de la lista, lo más probable es que no se refiera al encuentro o conocimiento personal de Dios que define quiénes somos en Cristo (*cf.* vv. 2 y 3). Podemos decir casi con toda seguridad que aquí se refiere a la habilidad de discernir la voluntad de Dios y a dirigir nuestra vida de acuerdo a esa voluntad.[13]

En esta lista de virtudes cristianas, la siguiente es el dominio propio (v. 6). Los filósofos griegos apreciaban mucho el dominio propio, porque para ellos era la habilidad humana de actuar de forma totalmente libre, sin dejarse llevar por los deseos o la presión de otros, por

---

12. Ver también Bauckham, *Jude, 2 Peter*, 185.
13. Vale la pena destacar que la palabra que aquí traducimos "conocimiento" es *gnosis*, mientras que en los vv. 2 y 3 Pedro ha usado la forma compuesta *epignosis*. Aunque en el Nuevo Testamento muchas veces se usan de forma indistinta, podría ser que Pedro sí estuviera haciendo una distinción entre estas dos palabras (ver Bauckham, *Jude, 2 Peter*, 186).

otras filosofías o por las emociones.[14] Pero Pedro y los demás autores del Nuevo Testamento (*cf.* también Hch 24:25; Gá 5:23) no usan esta palabra en este sentido filosófico. Para ellos, el dominio propio, un aspecto del fruto del Espíritu (Gá 5:23) capacita a los creyentes para no caer presa de las tentaciones (sobre todo la tentación sexual) que son tan difíciles de evitar en el mundo en el que vivimos.

Pero tan constante como el aliciente del placer pecaminoso es el dolor que proviene con todo tipo de aflicción. Y si el "dominio propio" ayuda al creyente en la batalla contra la tentación, la "constancia", que es la siguiente virtud de la lista, ayuda al creyente en la batalla en medio de la dificultad. La constancia es la capacidad de "soportar bajo" (la palabra griega *hypomone* proviene de dos palabras griegas que significan "bajo" y "mantenerse"). En el Nuevo Testamento esta palabra se suele usar para describir la capacidad del cristiano para mantenerse firme en la fe en tiempo de la prueba (*cf.* Ro 5:3-4; 2Co 1:6; 6:4; 2Ts 1:4; Stg 1:3-4; 5:11; 1P 1:6). Así, no nos sorprende encontrar esta palabra en Apocalipsis, en pasajes como por ejemplo 13:10: "¡En esto consisten la perseverancia y la fidelidad de los santos!" (*cf.* también 1:9; 2:2, 3, 19; 3:10; 14:12). Las pruebas pueden venir en cualquier momento y de muchas formas diferentes: enfermedad, amigos que te abandonan, dificultades económicas, muerte. Los autores neotestamentarios con frecuencia hablan de la presión constante a la que este tipo de dificultades nos somete; por eso, también insisten en la necesidad de cultivar la perseverancia.

"Devoción de Dios" o "piedad" ya apareció en el versículo 3 junto a la palabra "vida", donde Pedro explica que el conocimiento de Dios nos permite llevar una vida piadosa. Así, no debería sorprendernos que el término vuelva a aparecer aquí, como la sexta de las virtudes que debe caracterizar a los cristianos. Aunque Dios nos da lo que necesitamos para poder ser personas piadosas, es nuestra responsabilidad usar el poder que ha puesto a nuestra disponibilidad y trabajar para llegar a ser personas que agradan a Dios en todas las áreas de sus vidas.

Se ha escrito mucho sobre las palabras griegas que aparecen en el Nuevo Testamento para referirse al "amor". Muchos cometen el error de pensar que cada una de esas palabras griegas siempre tiene el mismo

---

14. Ver especialmente la descripción que Aristóteles hace del dominio propio (*enkrateia*) en su Ética a Nicómaco 7.1-11. Filón, el filósofo judío influenciado por el pensamiento griego, también da mucha importancia al dominio propio. Ver, en general, W. Grundmann, «ἐγκράτεια, κτλ,», *TDNT*, 2.339-42.

significado y que en todas las ocasiones es diferente de los demás términos que se refieren al amor.[15] Por ejemplo, a menudo oímos que *eros* hace referencia al amor sexual, *philia* al amor en la familia, y ágape al amor cristiano. El texto más citado para respaldar esa explicación es Juan 21:15-17, donde Jesús le pide tres veces a Pedro que confirme su «amor» por él. Desafortunadamente, la realidad no es tan sencilla. El significado de las palabras griegas que se refieren al amor no es invariable y, de hecho, a veces se usan de forma indistinta. Además, la palabra *agape* no es un término exclusivamente cristiano. De hecho, es imposible diferenciar de forma clara entre los términos que aparecen en Juan 21; lo más probable es que Jesús usara esas palabras con casi el mismo significado.[16] Y lo mismo ocurre en el resto del Nuevo Testamento.

Con todo y con eso, hemos de decir que hay ocasiones en las que sí es posible diferenciar entre las distintas palabras. ¿Cuándo? *Cuando el contexto lo deja claro*. Y el contexto del versículo 7 sugiere que Pedro sí hace una distinción. La primera palabra que usa es *philadelphia*, "amor de hermano", o, como traduce la NVI, "afecto fraternal". A diferencia de *agape*, es decir, la segunda palabra, es probable que *philadelphia* se refiera al amor expresado entre los hermanos en la fe, entre los creyentes.[17] Por tanto, *agape* no es un tipo de amor diferente, sino que engloba el "amor a los hermanos" como una faceta del amor cristiano en su expresión más amplia, ese acto de la voluntad producido por el Espíritu por el cual tratamos a los demás con una benevolencia activa. Obviamente no es por casualidad que el amor, la corona de las virtudes cristianas (*cf.* 1Co 13), aparece como el clímax de la lista que Pedro elabora. Ver también Colosenses 3:14: "Por encima de todo, vestíos de amor, que es el vínculo perfecto". El amor no solo es la virtud por excelencia, sino que también es el "pegamento" que une a todas las demás, es la cualidad sin la cual las demás no serán lo que deben ser.

La forma en la que Pablo empieza su lista de virtudes podría sugerir que cree que sus lectores solo poseen la fe y que tienen que añadir todas las demás virtudes. Pero Pedro mismo aclara que no es así. En el versículo 8 da a entender que ya "poseen" esas virtudes. Como hemos

---

15. Ver, por ejemplo, Richard C. Trench, *Synonyms of the New Testament* (reed.; Grand Rapids: Eerdmans, 1953), 41-44.
16. Ver, p. ej., D. A. Carson, *The Gospel According to John* (Grand Rapids: Eerdmans, 1991), 676-77.
17. *Cf.* Mayor, *The Epistle of St. Jude and the Second Epistle of St. Peter*, 93.

visto con anterioridad, muchas de ellas son dones del Espíritu que están presentes en mayor o menor grado en todos los cristianos. Así que no se trata de si las tienen o no las tienen, sino más bien si están creciendo en ellas y poniéndolas en práctica. Pedro sugiere que no podemos contentarnos con sacar un notable en "virtud" o "entendimiento" o "dominio propio" o "devoción a Dios". Nuestro objetivo debería ser sacar en cada una de ellas un sobresaliente.

Ahora bien, esta es una meta que, evidentemente, ninguno de nosotros logrará alcanzar. Pero lo que Pedro quiere transmitir es que debemos avanzar constantemente por el camino que lleva a ese objetivo, acercarnos más y más a ella todo el tiempo. Y es que solo si vamos progresando por este camino conseguiremos evitar ser "inútiles e improductivos" en nuestro caminar cristiano. De todo el Nuevo Testamento, la palabra griega que traducimos "inútil" solo aparece aquí y en otras tres ocasiones. Dos de ellas figuran en la parábola de Jesús sobre los viñadores, donde se usa para hablar de los obreros "desocupados" de la viña (Mt 20:3, 6). Por eso, algunas traducciones convierten la idea negativa en positiva, animando a los cristianos a ser "activos". "La palabra que traducimos "improductivos" significa, literalmente, "no dar fruto". Al leer esto uno piensa en el episodio en que Jesús maldice a la higuera (que representa a Israel) por no dar fruto (Mr 12:12-14, 20-26 y textos paralelos). Muchos cristianos se contentan con saber que son salvos, felices de saber que no van a ir al infierno. Pero el verdadero cristiano nunca se contenta con ese nivel tan elemental (¡aunque importante!) de la experiencia cristiana. El verdadero "conocimiento de nuestro Señor Jesucristo" (final del v. 8) siempre debería encender en nosotros un deseo insaciable de conocerle mejor y de querer usar ese conocimiento al servicio de los demás. Ciertamente, como Pedro sugerirá en esta carta, uno no puede ser un verdadero cristiano si no muestra el efecto de su relación con Cristo, que es un estilo de vida renovado.

En el versículo 9 Pedro menciona por primera vez la razón por la que, en el caso de sus lectores, este crecimiento en el conocimiento de Cristo es tan importante: la presencia de falsos maestros. Pedro debe tener a esas personas en mente, a las que describirá de forma detallada en el capítulo 2, cuando les advierte sobre el tipo de persona que "no las tiene" [es decir, las virtudes de los vv. 5-7]". Y las describe como personas "tan cortas de vista que ya ni ven". Esta combinación de palabras es un tanto extraña. Si una persona ya no ve o es ciega, ¿cómo puede ser corta de vista? En el texto griego, esta última palabra es un participio (*myopazon*) y se puede traducir "porque cierran los ojos" (otras versiones, "obstinadamente ciegos").[18] Esta traducción encaja muy bien con la descripción final de este ejemplo de cristiano: "Se olvida de que ha sido limpiado de sus antiguos pecados".

Muchos piensan que "limpiado de sus pecados" se refiere al bautismo.[19] Es posible, pues en el Nuevo Testamento el bautismo tiene que ver con el perdón de pecados y se ve como una parte esencial del paso de fe. Pero la Biblia utiliza mucho la metáfora de "limpiar" o "purificar" para describir el perdón de pecados. Y probablemente eso es lo que tenemos aquí. Como es habitual en la Biblia, la idea de "olvidar" no es un proceso mental, sino que consiste en no tener en cuenta, en términos prácticos, el verdadero significado e importancia de algo. Como Pablo dejará aún más claro en 2:20-22, estos falsos cristianos son personas que dicen haber sido perdonados de sus pecados, pero que están viviendo como si eso no significara nada. Ese es el peligro que correrán los lectores que no crezcan en las virtudes cristianas, porque en la vida cristiana uno no se queda estancado: o avanza, o se queda atrás.

La importancia de la piedad (vv. 10-11)

En la última parte de su breve sermón, Pedro hace lo que los buenos predicadores siempre hacen: motiva a sus oyentes a que lleven a la práctica la verdad que han escuchado en el mensaje. Por tanto, Pedro elabora la advertencia que ha expresado de forma implícita en el versículo 9, y ahora lo hace diciendo lo que sí deben hacer. La expresión "por lo tanto" podría referirse al peligro de la ceguera espiritual (v. 9),[20] pero lo más probable es que se refiera al bloque entero, a los versículos 3-9.[21] "Esforzaros más todavía" retoma la exhortación del versículo 5 "esforzaos".[22] Y ese esfuerzo tiene que estar dirigido a consolidar el "llamamiento y elección" de parte de Dios.

---

18. *Cf.* Green, *The Second Epistle General of Peter and the General Epistle of Jude*, 72-73. Esta es la única vez en toda la Biblia griega que aparece este verbo.
19. P. ej., Mayor, *The Epistle of St. Jude and the Second Epistle of St. Peter*, 87.
20. *Ibíd.*, 87.
21. *Cf.* también Green, *The Second Epistle General of Peter and the General Epistle of Jude*, 73.
22. En el texto griego, la relación queda bien clara, porque en ambos lugares se usa una forma de la palabra *spoude*.

En griego, las palabras "llamamiento" y "elección" están relacionadas (*klesis* y *ekloge* respectivamente), y probablemente aparecen juntas para enfatizar un solo concepto: la acción por la cual Dios, o Cristo, atrae a los pecadores hacia sí para salvación (*cf.* v. 3). El cristiano debe buscar activamente el crecer en cuanto a las virtudes cristianas se refiere para "validar" ese llamamiento de Dios. Algunos teólogos no se sienten cómodos con la idea de que los cristianos deben trabajar para validar su elección y para asegurarse de no quedar atrás. Y es cierto que debemos explicar de forma detallada lo que esto significa; y, aún más importante, explicar también lo que no significa (ver la sección Significado Contemporáneo). Pero no podemos pasar por alto la fuerza y la seriedad del lenguaje de Pedro: para el creyente, esforzarse por crecer espiritualmente no es una opción.

Pedro menciona dos razones por las que es importante para los cristianos "consolidar el llamamiento de Dios, que fue quien os eligió": una negativa y una positiva. La negativa es que los cristianos deben actuar así para "no caer jamás". Santiago usa la palabra que aquí traducimos por "caer" para referirse a "pecar" (Stg 2:10; 3:2; la NVI usa "fallar"). Pero es muy poco probable que Pedro esté sugiriendo que los creyentes pueden llegar a vivir sin pecar jamás; Santiago mismo afirma que "todos fallamos mucho" (3:2). Lo que Pedro podría estar diciendo es que el cristiano que da fruto "será librado de caer en una situación de dolor y desastre",[23] es decir, que en su camino hacia la gloria no encontrará interrupciones importantes. Teniendo en cuenta el término en cuestión, este significado es posible, porque Pablo hace una diferencia en Romanos 11:11 entre "tropezar" o "caer", y "caer de tal modo que no hay recuperación posible". Pero la mayoría de comentaristas cree que la palabra "caer" aquí tiene un sentido definitivo, refiriéndose a una caída que le impide a uno entrar en el cielo. Probablemente estén en lo cierto. "Caer" en este texto es lo opuesto a "se os abrirán de par en par las puertas del reino eterno de nuestro Señor y Salvador Jesucristo" (v. 11) y parece ser equivalente a la "caída" de la que Judas habla, que es lo opuesto a ser presentados sin mancha y ante la gloriosa presencia del Señor en el día final (Judas 24).

Así, esto nos lleva a la otra razón por la que los cristianos deben "consolidar su llamamiento y elección", a la razón positiva: encontrar "abiertas de par en par las puertas del reino eterno de nuestro señor y Salvador

---

23. Green, *The Second Epistle General of Peter and the General Epistle of Jude*, 74.

Jesucristo". Jesús proclamó la llegada del reino, un reino que, según el Nuevo Testamento, se hizo real gracias a la muerte y la resurrección de Cristo. Ahora, los cristianos experimentan el reino de Dios (*cf.* Col 1:13; 2Ts 1:5). Pero el Nuevo Testamento asimismo deja claro que este reino también es futuro; oramos "venga tu reino", porque no estamos contentos con la realidad que nos rodea y soñamos con el día en que nuestro pecado y las pruebas que nos sobrevienen ya no existan (*cf.* también 1Co 6:9-10; Gá 5:21). Saber que vamos a tener el privilegio de entrar en ese reino eterno debería motivarnos a avanzar en la vida cristiana.

El breve sermón de Pedro que encontramos en 1:3-11 está dirigido, claro está, a cristianos del siglo I. Y es natural que, para transmitir su mensaje, Pedro use recursos de comunicación habituales en aquel tiempo y lugar. La mayoría de ellos son similares a los que usamos hoy. A excepción, probablemente, de las estrategias que Pedro utiliza.

En primer lugar, en los versículos 5-7 Pedro usa una "forma literaria" o "recurso retórico" específico. Reconocer las formas literarias que los autores utilizan es clave para entender bien el mensaje que quisieron transmitir. Todos nosotros sabemos que es importante ser conscientes de la "forma literaria" o "género" que estamos leyendo, pero como la mayoría de los géneros que nos encontramos son bien conocidos, los identificamos casi inconscientemente. Hace algunos años, mis hijos me regalaron por Navidad un libro sobre la historia de Estados Unidos. En la página 72 decía:

> La familia de Lincoln era pobre. Nació en una "cabaña de tronco". Y cuando decimos "cabaña de tronco", queremos decir que la cabaña estaba hecha con *un solo tronco*. Así de pobre era la familia de Lincoln. Cuando llovía, todos se acostaban debajo del tronco, y por eso Lincoln se convirtió en un chico largo y delgado, que resultó ser el físico ideal para cortar troncos.

Ahora bien, mucho antes de llegar a este pasaje, ya sabía qué tipo de libro estaba leyendo. Escrito por un humorista muy conocido, Dave Barry, el libro es una parodia en la que el autor añade a los hechos reales mucha ficción en clave humorística.²⁴ Pero la cuestión es que yo necesitaba conocer el género de aquel libro si quería entenderlo y disfrutarlo. Probablemente, una persona de otra cultura o de otra época no reconocería el género y entonces tomaría el contenido del libro como un relato histórico fehaciente.

Del mismo modo, los autores del Nuevo Testamento usaron formas y géneros de su tiempo y cultura y los usaron para transmitir las buenas nuevas de Jesucristo a sus contemporáneos. Una de las formas que usaron se llama *sorites*. Esta forma o recurso consiste en tomar virtudes o vicios unirlos en una serie. Encontramos un buen ejemplo en Romanos 5:3-4: "Y no sólo en esto, sino también en nuestros sufrimientos, porque sabemos que el sufrimiento produce perseverancia; la perseverancia, entereza de carácter; la entereza de carácter, esperanza".²⁵ Lo que importante destacar sobre las *sorites* es que el escritores de la antigüedad no pretendían que el orden en el que ponían los vicios o las virtudes era el orden en que siempre debían aparecer. En el texto de Romanos que hemos citado arriba es posible, a juzgar por la secuencia lógica de los versículos, que Pablo sí espera que los creyentes muestren esas virtudes en ese orden. Pero en 2 Pedro 1:5-7 no está tan claro que tengamos una secuencia lógica: por ejemplo, ¿por qué debería la "virtud" preceder al "afecto fraternal", en lugar de suceder a la inversa? Y es obvio que Pedro no está sugiriendo que no podemos mostrar afecto fraternal hasta que no hayamos desarrollado el dominio propio.

Por tanto, una vez que reconocemos la "forma" de los versículos 5-7, ya no insistiremos diciendo que el orden en que llevemos a la práctica estas virtudes debe corresponderse con el orden en el que Pedro las enumera. Pedro sabe que todas ellas son importantes y que la entrada en el reino de Dios presupone que estas cualidades "abundarán en nosotros".

En segundo lugar, otra estrategia retórica que encontramos en estos versículos tiene que ver, no con el orden en el que las palabras aparecen, sino más bien con las palabras que Pedro escoge. En tiempos de

---

24. El título es *Dave Barry Slept Here: A Sort of History of the United States* (Nueva York: Ballantine, 1989). La razón por la que mis hijos me regalaron un libro tan frívolo es una cuestión en la que no voy a entrar.
25. En libros extrabíblicos también encontramos ejemplos, como en el libro intertestamentario de Sabiduría 6:17-20; el libro cristiano temprano *Pastor de Hermas, Mandatos* 5.2.4 y *Visiones* 3.8.7; y el tratado mishnáico rabínico *Sotah* 9:5.

Pedro, lo que dominaba era la cultura y las ideas originadas durante el auge de la cultura griega clásica, en los siglos IV y V A.C. Cuando entre los años 333—323 A.C. Alejando Magno conquistó gran parte del Oriente Próximo, llevó con él todas esas ideas. El resultado fue que el pensamiento griego y las instituciones culturales griegas se instauraron en aquella parte del mundo. Usamos el término helenismo (que procede de la palabra griega que significa "griego", *hellen*) para describir esta cosmovisión. El helenismo tenía tanto peso que no fue desbancado por los romanos cuando conquistaron gran parte de ese territorio en el siglo anterior al nacimiento de Cristo. Aunque Roma conquistó Grecia militarmente hablando, podemos decir que culturalmente fue a la inversa. Por eso, cuando los historiadores hablan de la "era helenista", se refieren al periodo comprendido entre el 300 A.C. y el 300 A.D.

En 2 Pedro, el apóstol usa muchos términos populares de la religión y la filosofía helenísticas. Muchos de ellos son palabras semitécnicas, como lo son hoy "deidad" o "nueva era". Merece la pena mencionarlo porque 1:3-4 contiene algunos de los términos religiosos helenísticos más sorprendentes. Veamos la palabra "conocimiento", en la frase "el conocimiento de aquel que nos llamó" (v. 3). Sabemos que la raíz de la expresión "conocer a Dios" está claramente en la Biblia y en el pensamiento judío. Pero pocas palabras o conceptos estaban tan extendidos en el mundo heleno como la palabra "conocimiento". En el siglo II, la herejía más potente la adoptó como su consigna y por eso la conocemos como gnosticismo (de la palabra griega *gnosis*, "conocimiento").

Pero es probable que la expresión helena más llamativa que encontramos en 2 Pedro está en el versículo 4, donde Pedro dice que los cristianos tienen parte en "la naturaleza divina". La palabra griega que traducimos por "divina" (*theios*) era común en el mundo griego, pero no es una palabra común en la Biblia. De hecho, en el Nuevo Testamento solo aparece una vez más, justamente en el discurso que Pablo hace ante los filósofos atenienses (Hch 17:29). Esa palabra griega era de uso tan generalizado como la palabra "divino" hoy. La usaban para hablar de cualquier tipo de "dios" que la gente de la época pudiera imaginar.

Pero aún más sorprendente son las expresiones que Pedro usa al hablar de los cristianos: "tienen parte en la naturaleza divina" y así "escapan de la corrupción que hay en el mundo". Estas ideas eran características de algunas tradiciones místicas del mundo griego, que predicaban que el ser humano tenía que llegar a ser "divino" para evitar el contagio del mundo material (véase la similitud que guarda con las enseñanzas de algunas religiones orientales contemporáneas). En esta cita del filósofo judío Filón, podemos comprobar el tinte filosófico de este lenguaje:

> ¿Cómo habría podido el alma concebir a Dios, si él no le hubiera dado aliento y le hubiera dado el poder de hacerlo? Porque la mente del ser humano nunca se habría aventurado a elevarse hasta el punto de comprehender la naturaleza de Dios, si Dios mismo no la hubiera atraído elevándola hacia Sí, tanto como fuera posible elevar la mente del ser humano, y si no le hubiera infundido el poder de comprensión del que disfruta dentro de su alcance.[26]

¿Cómo interpretar este lenguaje? Como ya dijimos en la Introducción, algunos estudiosos están convencidos de que la presencia de este lenguaje en 2 Pedro son una evidencia de que Pedro, el pescador de Galilea, no puede ser el autor de esta carta. Otros creen que este lenguaje sugiere que Pedro es culpable de expresar ideas no demasiado cristianas. Pero no hay necesidad de llegar a conclusiones tan extremas. Un buen comunicador conoce a sus receptores y escoge la forma en la que transmite su mensaje en función de sus receptores. Eso es exactamente lo que Pedro hace. Podemos suponer que sus lectores usaban ese tipo de términos o que los falsos maestros estaban usando ese lenguaje para convencerles. Así que Pedro se acomoda a sus lectores, adoptando su forma de hablar para transmitir su mensaje de una forma más eficaz.

Por ejemplo, se sabe que algunas de las ideas que acabaron dando forma al gnosticismo ya existían en tiempo de Pedro. Y sospechamos que la frecuencia con la que usa la palabra «conocimiento» en 2 Pedro debe responder al hecho de que Pedro sabía que sus lectores estaban usando mucho esa palabra. Así que toma ese término, pero lo llena de contenido cristiano. De igual modo, «tener parte en la naturaleza divina» no significará la fusión de alguien con el Dios trino. Teniendo en cuenta la cosmovisión cristiana, esa expresión es una forma muy gráfica de recordar a los creyentes que tienen al Espíritu Santo viviendo en sus corazones y que por eso pueden manifestar algunas de las cualidades que son características de Dios mismo: santidad, amor, compasión, bondad.

---

26. *Allegorical Interpretation* 1.38 (vol. 1 de *Filón* de la Loeb Classical Library, trad. F. H. Colson y G. H. Whitaker [Cambridge, Mass.: Harvard University Press, 1949]).

Por tanto, cuando interpretamos este tipo de lenguaje o expresiones, podemos cometer un serio error si asumimos que tienen el mismo significado técnico que tenía en el contexto en el que se originó. Muchas veces, hay palabras y expresiones técnicas que en ciertos ámbitos se usan a diario y pasan a tener un sentido más general. Las expresiones que Pedro usa encajan en esta categoría. Estaríamos malinterpretando el mensaje de Pedro si dijéramos que el lenguaje que usa debe significar lo que significa en esas otras fuentes. Por ejemplo, cuando enseño, de forma deliberada utilizaré la expresión «nueva era» para conectar con los oyentes que simpaticen de alguna forma con ese movimiento amorfo. Pero le daré a esa expresión todo su sentido bíblico (el tiempo del cumplimiento que se inició con la venida de Cristo).

Sabemos que los misioneros tienen que hacer ese trabajo de contextualización todo el tiempo. Veamos el uso que Don Richardson hizo de la analogía «hijo de paz» para transmitir el evangelio al pueblo sawi de Papúa Nueva Guinea.[27] Richardson encontró en aquella cultura una tradición que podía usar para transmitir la idea central del evangelio. Pero sus oyentes no iban a entender dicho evangelio de forma completa si se quedaban con la idea de que todo lo que rodeaba a su tradición del "hijo de paz" encajaba con el mensaje cristiano. Así que, al leer 2 Pedro, es importante preguntarnos cómo entender a la luz del mensaje cristiano el lenguaje que Pedro toma prestado de su tiempo. Debemos esforzarnos por detectar dónde está contextualizando el evangelio para que los oyentes de su tiempo lo entendieran, para poder "recontextualizarlo" a nuestros días.

En este texto encontramos otra cuestión de interpretación que hemos de considerar. Como dijimos en el comentario del versículo 7, muchos comentaristas, maestros y predicadores han "sobreinterpretado" las diferentes palabras que aparecen en el Nuevo Testamento para referirse al amor. El error que cometen es pensar que todas las palabras griegas tienen un significado invariable que siempre es diferente al de otras palabras que tienen aproximadamente el mismo significado. De hecho, como nos dicen repetidamente los expertos de la semántica léxica, en cualquier lenguaje hay muy pocas palabras que tengan un significado tan específico e invariable como este tipo de interpretación nos sugiere. Entre otras razones, las palabras pierden rápidamente el significado técnico que tenían originalmente. Cuando interpretamos textos antiguos, a menudo olvidamos que existe tanta distancia en el tiempo entre Aristóteles y el

---

27. Ver su libro *Hijo de Paz* (Miami: Vida, 1981).

apóstol Pedro como, por ejemplo, entre Shakespeare y T. S. Eliot. Y sin embargo, ¿quién asegura que una palabra con un significado específico en *Hamlet* continúa teniendo el mismo significado en *La tierra baldía*?

Otra consideración a tener en cuenta es el estilo. Cuando los autores varían de palabras, a menudo lo hacen debido al tipo de construcción o por amor a la variedad. Es decir, no necesariamente porque quieran sugerir un significado un tanto diferente. Por ejemplo, mientras escribo este comentario, a veces uso la palabra "erudito", otras "estudioso", y otras "comentarista". En la mayoría de ocasiones, la razón por la que varío de palabra es puramente una razón de estilo; no quiero aburrir a los lectores limitándome a usar un solo término. Pero eso no quiere decir que nunca usaré esas palabras de forma deliberada. Yo podría, por ejemplo, estar a punto de usar la palabra "erudito" para referirme a un autor, y recordar de repente que la baja calidad de la obra en cuestión podría argumentar que no es una designación adecuada del autor; en ese momento cambiaría de idea y optaría por la palabra "comentarista". Pero lo que quiero decir es que nunca podemos dar por sentado que, en un contexto concreto, los autores bíblicos siempre usarán dos palabras con un significado similar para transmitir un sentido diferente. Tenemos que ser responsables, y mirar cuidadosamente cómo ha usado las palabras en otras ocasiones, y prestar atención al contexto en las que estas aparecen. Habiendo dicho esto, la buena interpretación de la Biblia es, al final, una cuestión de sentido común: tenemos que interpretar el texto que tenemos delante como haríamos con un artículo del periódico o una columna de una revista deportiva.

Significado Contemporáneo

Participación en la naturaleza divina. En la sección anterior analizamos algunos elementos del lenguaje que Pedro usa en 1:3-11, y vimos la importancia de identificar correctamente el significado con el Pedro lo usa en aquel contexto para "recontextualizarlo" adecuadamente a nuestro tiempo y situación. El significado contemporáneo de todo este pasaje quedará aún más claro si miramos con más detenimiento la afirmación de Pedro cuando dice que los cristianos tienen "parte en la naturaleza divina".

Hace unos diez años, me invitaron a predicar en una iglesia que estaba a punto de dividirse por una interpretación concreta de un aspecto de la vida cristiana que un miembro estaba propagando. Esa persona enfatizaba en exceso las palabra de Pedro cuando dice que los cristianos tenemos "naturaleza divina". Insistía en que eso significaba que el cristiano recibía una nueva naturaleza, que no puede pecar. Después de todo, argumentaba, la "naturaleza" de Dios es sin pecado; si nosotros somos de esa misma índole, ¡entonces la conclusión lógica es que no podemos pecar! Al final, el asunto estalló en la iglesia cuando le aconsejó una mujer cristiana que se "sometiera" a la petición de su marido no cristiano: tener relaciones sexuales con él y con otro hombre a la vez; después de todo, ¡ella tenía una "naturaleza divina" que no iba a verse afectada por aquel pecado!

Como la mayoría habréis visto, ese maestro cometió dos errores a la hora de interpretar 2 Pedro 1:4. En primer lugar, no prestó suficiente atención al contexto. Pedro no dice que *tenemos* una naturaleza divina; dice que *participamos* de la naturaleza divina.[28] Dicho de otro modo, los cristianos en un sentido experimentan una cualidad o cualidades que Dios tiene, ¡pero hay muchas cualidades de Dios que los cristianos no tienen! En este texto no queda del todo claro cuáles son esas cualidades de Dios de las que participamos. Algunos comentaristas creen que Pedro podría tener en mente la inmortalidad divina, argumentando que eso es lo que el apóstol quiere decir cuando a continuación dice que los cristianos "escapan de la corrupción que hay en el mundo". En virtud de su unión con Cristo los cristianos tienen la seguridad de que sus cuerpos resucitarán y que vivirán por siempre con cuerpos incorruptibles.[29] Otros comentaristas piensan que participar de la naturaleza divina significa que los cristianos participan del carácter santo de Dios. Así, "escapar de la corrupción que hay en este mundo" hará referencia a la necesidad de separarse de la corrupción moral tan habitual en nuestro mundo caído. El contexto parece respaldar este segundo significado. Aquí, Pedro está hablando del crecimiento en santidad y no de la liberación escatológica. Pero, cualquiera que sea el sentido de esta expresión, lo que está claro es que Pedro no dice que poseemos "la naturaleza divina" en su totalidad y que, por tanto, estamos libre de pecado.

El segundo error de ese falso maestro de nuestros días fue no tener en cuenta lo que explicamos en la sección "Construyendo Puentes". Allí

---

28. De hecho, en el texto griego hay un sustantivo, en lugar de un verbo. Dice que somos "participantes" (*koinonoi*) de la naturaleza divina.
29. Ver la sección "Sentido Original".

explicamos que para transmitir una verdad sobre Dios, Pedro usa una expresión común en su contexto, una expresión que sus lectores del siglo I podrían entender. Como dijimos, no debemos pensar que el apóstol está usando esa expresión exactamente con el mismo significado que tenía en su contexto original. Sin duda, algunos filósofos y maestros religiosos en tiempos de Pedro creían que "tener parte en la naturaleza divina" significaba convertirse realmente en dios. Pero no hay razón para pensar que eso era lo que Pedro quería decir, y sí hay mucha evidencia para demostrar que no es eso lo que quería transmitir.

Por tanto, "tener parte en la naturaleza divina" es un enorme privilegio: a través de nuestra unión con Cristo y de la morada del Espíritu Santo en nosotros, tenemos parte de la naturaleza santa de Dios, separada o diferente al mundo corrupto en el que vivimos. Y es "precisamente por eso" (v. 5) por lo que somos llamados a crecer en santidad y en piedad. Pero el hecho de que Pedro nos anime a crecer, demuestra que participar de la naturaleza divina no significa que ya no tengamos pecado ni que podamos relajarnos y simplemente disfrutar de ese nuevo estado.

Muchas descripciones de la vida cristiana asumen que la Biblia ve al ser humano en términos "ontológicos". Es decir, asumen que términos como cuerpo, alma, espíritu, carne, etcétera hacen referencia a "partes" concretas del ser humano. Así, cuando la Biblia dice que los cristianos son "una nueva creación" en Cristo (2Co 5:17) o que participan de "la naturaleza divina", inmediatamente concluyen que los cristianos se convierten, en un sentido total, en una nueva creación o que ya poseen una naturaleza divina que ha sustituido por completo a la vieja naturaleza pecaminosa. De ese modo, enseñan que los cristianos ya no pueden pecar o que lo único que los cristianos tienen que hacer en la lucha contra el pecado es hacer aquello que "nos nace de forma natural". En realidad, en la Biblia, la mayoría de estos términos no se usa en un sentido ontológico, sino en un sentido relacional. Ser una nueva creación no significa que un nuevo ser ha sustituido al ser antiguo, sino que el creyente tiene una nueva relación con Cristo, una relación vital y determinante. Los autores bíblicos, incluido Pedro, saben que los cristianos siguen pecando aún; por eso escriben muchos mandamientos para luchar contra el pecado. No caigamos en el error de deshacernos del lenguaje de transformación que el Nuevo Testamento usa.

Después de analizar una aplicación concreta de este pasaje, volvamos ahora al pasaje como un todo. Como dijimos en la sección "Sentido

Original", Pedro usa la introducción de esta carta (vv. 3-11) para transmitir la idea central. Haciendo uso de una estrategia homilética eficaz, (1) recuerda a sus lectores que Dios ha puesto a sus disposición un poder espiritual extraordinario (vv. 3-4); (2) los exhorta a usar esos recursos para crecer en santidad (vv. 5-9); y (3) y les promete que esa búsqueda de la piedad les abrirá las puertas del reino eterno de Dios (vv. 10-11). Anima a sus lectores a que busquen la piedad, porque le preocupa la influencia que los falsos maestros puedan ejercer sobre ellos, esos falsos maestros cuyo estilo de vida es un estilo de vida impío (*cf.* cap. 2).

La aplicación contemporánea de esta preocupación que Pedro tiene es obvia y directa. Como en días de Pedro, en la iglesia hay mucha gente que no muestra el tipo de comportamiento piadoso que Dios desea. Esa actitud apática hacia la piedad puede contagiar al creyente más comprometido. Es fácil dar por sentada la gracia de Dios y confiar en que una ya es "salvo". Muchos cristianos empiezan a caer en la actitud que el escéptico francés Voltaire expresó muy bien: "Dios perdonará; ese es su trabajo". Pedro quiere dejar una advertencia en cuanto a esa pereza espiritual.

Equilibrio en la búsqueda de la piedad. El énfasis que Pedro hace con su exhortación suscita dos cuestiones relacionadas entre sí, que son cuestiones tanto teológicas como prácticas. En primer lugar, ¿cómo encaja el énfasis que Pedro hace en nuestro propio esfuerzo para ser santos (v. 5) con el énfasis neotestamentario en el Espíritu como aquel que nos santifica? ¿No dice Pablo que las cualidades de la piedad las produce la obra del Espíritu en nosotros (*cf.* Gá 5:22-23)? En términos teológicos, ¿nuestra santificación no es algo que Dios hace en nosotros por su Espíritu? Entonces, ¿cómo puede Pedro decir que nuestro esfuerzo es crucial?

La respuesta a estas preguntas la hallamos en el equilibrio bíblico entre la contribución de Dios y nuestra propia contribución al proceso de hacernos santos. El Nuevo Testamento deja claro que ambas son necesarias si queremos avanzar hacia la santidad. Así, por un lado el nuevo pacto de Dios con su pueblo está caracterizado por encima de todo por la presencia y el poder del Espíritu. Derramado en Pentecostés en los primeros creyentes, el Espíritu de Dios viene a residir en el corazón de todo aquel que reconoce a Jesús como Señor y Salvador. Todos los creyentes experimentan el cumplimiento de la profecía de Jeremías sobre el nuevo pacto: Dios escribe su ley en sus corazones (Jer 31:31-34; *cf.* Heb 8:8-12). Eso significa que la obediencia a Dios, a diferencia de lo que ocurría bajo el antiguo pacto, es una cuestión del corazón y de la obra de Dios, que produce esa obediencia en nosotros. La contribución de Dios en nuestro crecimiento hacia la santidad es esencial, y el Nuevo Testamento así lo repite una y otra vez:

"Las justas demandas de la ley se cumplen en nosotros, que no vivimos según la naturaleza pecaminosa sino según el Espíritu" (Ro 8:4);
"Dios es quien produce en vosotros tanto el querer como el hacer para que se cumpla su buena voluntad" (Fil 2:13);
"Tanto el que santifica como los que son santificados tienen un mismo origen, por lo cual Jesús no se avergüenza de llamarlos hermanos" (Heb 2:11).

Algunos maestros cristianos hacen mucho hincapié en estos y otros pasajes. Según ellos, la santidad es esencialmente la obra de Dios y nuestro papel es pasivo: "dejarlo todo en manos de Dios y dejar a Dios hacer su obra".

Pero hay otra cara de la moneda. Como hemos visto ya, Pedro hace hincapié en nuestro esfuerzo, en la necesidad de esforzarnos; y dice lo mismo en otros lugares:

"Como hijos obedientes, no os amoldéis a los malos deseos que teníais antes, cuando vivíais en la ignorancia. Más bien, sed santos en todo lo que hagáis, como también es santo quien os llamó; pues está escrito: «Sed santos, porque yo soy santo»" (1P 1:14-16). Pedro no es el único que habla del lado humano de la santificación. El mismo Pablo que escribió las palabras que acabamos de citar, también dijo:

"Por tanto, hermanos, tenemos una obligación, pero no es la de vivir conforme a la naturaleza pecaminosa. Porque si vosotros vivís conforme a ella, moriréis; pero si por medio del Espíritu dais muerte a los malos hábitos del cuerpo, viviréis" (Ro 8:12-13)
"Se os enseñó que debíais quitaros el ropaje de la vieja naturaleza... y poneros el ropaje de la nueva naturaleza" (Ef 4:22-24).

Otros autores cristianos se aferran a estos textos y entonces su tendencia es presentar la vida cristiana como un campamento de entrenamiento militar. Lo que los creyentes tenemos que hacer es disciplinarnos, trabajar duro, cumplir órdenes y, automáticamente lograremos ser santos.

Deberíamos darnos cuenta de que, si tenemos en cuenta *toda* la Escritura, la santificación se da tanto por la contribución divina como por la contribución humana. Debemos entender que Dios, por su Espíritu, es el que nos hace santos, y a la vez, que nosotros tenemos la tarea de trabajar para ser santos. Pedro enfatiza la responsabilidad humana porque está escribiendo en una situación en la que los creyentes corrían el peligro de relajarse en cuanto a la santidad. Pero obviamente él no querría que entendiéramos sus palabras en estos versículos como toda la verdad. Él sería el primero en insistir en que nuestro "esfuerzo" por ser santos sería un fracaso si Dios por su Espíritu no estuviera obrando en nosotros para producir esa santidad.

Por tanto, en términos prácticos, en cuanto al mandato de Pedro a crecer en santidad, podemos concluir con varias sugerencias. (1) Para empezar, debemos asegurarnos de que somos cristianos y recordar que tenemos a nuestra disposición al Espíritu Santo que nos capacita para crecer. Algunas personas se engañan a sí mismas, pensando que son cristianas porque crecieron en una familia cristiana o levantaron la mano en una campaña evangelística. Se frustran cada vez que intentan vivir como Dios quiere, ¡y no es de extrañar! Intentar ser santo si uno no tiene el Espíritu Santo de Dios es igual que intentar usar un electrodoméstico si no está enchufado.

(2) Tenemos que usar todos los medios a nuestro alcance para cultivar el poder del Espíritu en nuestras vidas: el estudio bíblico, la oración, la adoración y la comunión cristianas, etcétera. Alguien puede nacer con una habilidad natural para el deporte, pero si no la trabaja durante un tiempo, no podrá correr una maratón. Como dice Richard Foster:

> Hoy en día no tenemos una teología del crecimiento. Y tenemos que aprender cómo "crecer en la gracia y en el conocimiento de nuestro Señor y Salvador Jesucristo" (2P 3:18). En concreto, tenemos que aprender a cooperar con "los medios de la gracia" que Dios ha ordenado para la transformación del ser humano. Nuestra participación en esos "medios" ordenados por Dios nos capacitarán cada vez más para tomar del carácter de Cristo y vivir como Él".[30]

(3) Es nuestra responsabilidad asegurarnos de que nuestras vidas están de acuerdo con la imagen piadosa que se nos presenta en las Escrituras. Sabemos que no lo hacemos con nuestras fuerzas, pero aún así tenemos

---

30. Richard J. Foster, "Becoming Like Christ: What Is Supposed to Happen in the Christian Life", *Christianity Today* (Feb. 5, 1996), 28.

que esforzarnos. Hay muchas cosas prácticas que podemos hacer cada día para poder reflejar las virtudes cristianas.

Consolidar nuestro llamamiento y elección. La segunda cuestión tanto teológica como práctica que Pedro incluye en su introducción aparece especialmente en los dos últimos versículos (vv. 10-11). Aquí, parece que Pedro dice que nuestra elección depende de nuestros propios esfuerzos y que, si no somos suficientemente diligentes, Dios no nos recibirá en la salvación final.

A muchos cristianos, aunque sí les choque la forma directa en la que lo he expresado, no les preocupará en exceso lo que Pedro parece decir. Pero a otros sí; estoy pensando concretamente en los calvinistas, los que creen que el reformador Juan Calvino expresa de forma más clara que ningún otro teólogo la soberanía de Dios en la salvación. Los calvinistas dicen que Dios escoge a los que serán salvos en base a su decisión eterna, y citan textos bíblicos para respaldar su opinión. Por ejemplo, en Romanos 11:5-6, Pablo afirma: "Así también hay en la actualidad un remanente escogido por gracia. Y si es por gracia, ya no es por obras; porque en tal caso la gracia ya no sería gracia". Si lo que Pablo está diciendo aquí es que la elección depende enteramente de Dios y de su gracia, ¿cómo puede ser que Pedro nos exhorte a nosotros, sus lectores, a "hacer firme vuestra vocación y elección" (RVR60)? Los calvinistas también creen que las Escrituras enseñan lo que algunos llaman "la seguridad eterna": que una persona que ha sido salva de forma genuina siempre seguirá siendo salva, es decir, nunca perderá la salvación. Pero, de nuevo, ¿no dice Pedro que si no hacemos las cosas que enumera en los versículos 5-9, podríamos "caer" y entonces "no entraríamos por las puertas del reino eterno de nuestro Señor y Salvador Jesucristo"?

No vamos a entrar en profundidad en las diferencias entre los calvinistas y los arminianos. Pero sí haremos una pequeña pausa, no solo porque el texto suscita estas cuestiones, sino porque me gustaría defender el calvinismo que yo mismo profeso. Calvino intentó que 2 Pedro 1:10 no fuera un problema para su teología, y lo hizo diciendo que "hacer firme su elección" simplemente significaba "asumir la certeza de la elección". Según Calvino, Pedro no estaba pensando en el *estatus* objetivo de la persona, sino en el *conocimiento* subjetivo que esa persona tenía de su estatus. El problema con esa explicación es que el lenguaje que Pedro usa no sugiere esa perspectiva subjetiva. Voy a sugerir otra forma de entender esta cuestión, una forma que retoma el equilibrio bíblico del que hablábamos cuando tratamos la primera cuestión.

Como ya hemos dicho, las Escrituras sí enseñan lo que normalmente llamamos la visión "calvinista" de la salvación; que Dios, por decisión eterna y libre, llama a algunas personas para que sean salvas; que por su gracia, las alcanza y les da entrada en su salvación; y que se asegura de que aquellas personas a las que ha salvado al final alcancen el cielo. Pero los calvinistas han caído en el error de enfatizar tanto estos puntos que a veces pierden de vista el énfasis que la Biblia también pone en la respuesta humana. Dios elige; pero nosotros tenemos que creer. Dios me mantiene firme hasta el final; pero yo debo "dar muerte a los malos hábitos del cuerpo" si quiero alcanzar la vida eterna (Ro 8:13, citado arriba). En la Escritura encontramos las dos enseñanzas, y si queremos ser bíblicos, debemos afirmar ambas.

Así, creo que en 2 Pedro 1:9-10 Pedro simplemente nos está recordando el lado humano de la salvación. Ese esfuerzo por nuestra parte para responder a la gracia de Dios es esencial si queremos confirmar que Dios realmente nos ha escogido y para que nos reciba en el cielo. Como calvinista, añadiría que aquellos a los que Dios realmente ha escogido siempre responderán de forma positiva, ya que Dios nos da su Espíritu, y de ese modo confirmarán que han sido elegidos y entrarán en el cielo. Si somos fieles a las Escrituras, nos encontramos aquí con lo que algunos llaman una "antinomia": verdades que no son contradictorias, pero que son fáciles de reconciliar. Dios nos elige y se asegura de que lleguemos al cielo. Nosotros tenemos que elegir a Dios y vivir vidas piadosas para poder alcanzar el cielo.

La situación en la que Pedro se halla le lleva a enfatizar el lado humano de la salvación. Así que antes de dejar este texto, debemos observar ese énfasis concreto. Sea que optemos por un marco calvinista o por un marco arminiano una vez analizadas las Escrituras, no podemos perder de vista el énfasis que Pedro hace en este texto: si queremos encontrar abiertas las puertas del reino eterno, debemos buscar la santidad. ¡No nos aprovechemos de la gracia!

2 Pedro 1:12-15

Por esto, yo no dejaré de recordaros siempre estas cosas, aunque vosotros las sepáis, y estéis confirmados en la verdad presente. ¹³ Pues tengo por justo, en tanto que estoy en este cuerpo, el despertaros con amonestación; ¹⁴ sabiendo que en breve debo abandonar el cuerpo, como nuestro Señor Jesucristo me ha declarado. ¹⁵ También yo procuraré con diligencia que después de mi partida vosotros podáis en todo momento tener memoria de estas cosas.

Sentido Original

Este párrafo sirve de transición. Pedro ha introducido la carta (1:1-2) y el propósito principal de esta (vv. 3-11). En los versículos 16-21, empezará a explorar de forma más específica las cuestiones que le han llevado a escribir la carta, es decir, las ideas y las prácticas erróneas de algunos que falsamente se llaman cristianos. Pero antes de eso, Pedro hace dos cosas: (1) alaba a sus lectores por su madurez espiritual (v. 12), y (2) les hace saber que les escribe como alguien que está cercano a la muerte (vv. 13-15). Estas dos cosas dan mayor fuerza a su llamamiento. La primera elimina la posibilidad de que sus lectores se ofendan al leer todas las advertencias que les hace, y la segunda otorga a su mensaje el peso y la seriedad de las palabras pronunciadas en el lecho de muerte.

El "por eso" que aparece al principio del versículo 12 sirve de conexión entre los versículos 3-11 y los versículos 12-15. Pedro parece sugerir que si les va a seguir "recordando estas cosas" es porque la recompensa última de los creyentes (v. 11) depende de ese esfuerzo por buscar la piedad (vv. 5-9). La idea de "recordar" envuelve todo este pasaje, pues vuele a aparecer en la conclusión: "para que... podáis recordar todas estas cosas en todo momento" (v. 15b).[1] Pedro se da cuenta de que lo que está diciendo a estos creyentes no es nuevo. Los misioneros que les llevaron el evangelio ya les habrían dicho que debía notarse que Cristo ahora era el Señor de sus vidas. Y Pedro mismo, fuera o no uno de aquellos primeros misioneros, también les había insistido en la misma idea (quizá en persona, quizá también en una carta anterior a esta

---

1. Ver Bauckham, *Jude, 2 Peter*, 195.

[*cf.* 3:1]). Es un tanto extraño que hable de recordarles esto como algo que ocurrirá en el futuro ("aún después de mi partida podáis recordar").[2] Sin embargo, como ocurre también al final del párrafo, probablemente Pedro está haciendo referencia al efecto permanente que espera que tengan las palabras que escribe en esta carta.

Sus lectores no solo han oído sobre la importancia de buscar la piedad; también ha sido obedientes a la exhortación. Como Pedro mismo dice, están "afirmados en la verdad". Sin embargo, Pedro sabe muy bien lo fácil que es que los creyentes perdamos el celo por la piedad, pues el mundo intenta que "nos amoldemos" a su antojo (*cf.* Ro 12:2), y los falsos cristianos propagan su propio "producto" alejado de la fe y el fervor que la verdadera fe produce. Es por eso que en el versículo 13 Pedro dice que seguirá exhortando a sus lectores "mientras viva en esta habitación pasajera que es mi cuerpo". Esta última expresión, "esta habitación pasajera que es mi cuerpo" es la forma en la que la NVI traduce y parafrasea lo que en griego es una única palabra: *skenoma*, "tienda". Esta traducción da por sentado que la palabra "cuerpo" define la palabra "tienda": esta tienda, es decir, mi cuerpo. La palabra griega tiene este sentido metafórico, sobre todo cuando un autor quiere hacer una distinción entre el cuerpo físico y el alma o espíritu de una persona.[3] Pablo, por ejemplo, usa un término cercano en un contexto similar: "De hecho, sabemos que si esta tienda de campaña [*skenos*] en que vivimos de deshace, tenemos de Dios un edificio, una casa eterna en el cielo, no construida de manos humanas... Realmente, vivimos en esta tienda de campaña, suspirando y agobiados..." (2Co 5:1, 4a). Así, se trata de una palabra adecuada para usarla en este contexto (Pedro también la usa en el v. 14, aunque en la NVI aparece sustituida por un pronombre: abandonar*lo*), dado que el apóstol está pensando en su muerte, momento en el que "abandonará" su cuerpo terrenal.

Pero lo que Pedro realmente quiere enfatizar en este párrafo es que el tiempo que le queda para llevar a cabo su ministerio de exhortación

---

2. En el texto griego aparece el tiempo futuro de *mello* con el infinitivo *hypomimneskein*, cuya traducción literal sería: "Os voy a recordar" o "Estoy a punto de recordaros". Algunos comentaristas creen que esa construcción habla de estar preparado (como alguna traducción inglesa indica: «Estaré listo para...»), pero es muy poco probable (ver *ibíd.*, 195).
3. En el resto del Nuevo Testamento, esta palabra griega solo aparece en Hechos 7:56, donde tiene un sentido literal y hace referencia al "tabernáculo" que los israelitas montaban en el desierto.

es limitado. Sabe que pronto abandonará su cuerpo terrenal.[4] ¿Cómo lo sabe? Porque "me lo ha manifestado nuestro Señor Jesucristo". Los comentaristas especulan sobre el momento y el lugar en el que Cristo pudo mencionarle esto a Pedro. Algunos piensan que debió comunicárselo en una profecía o visión de la que no ha quedado ningún registro (al menos, un registro que haya sobrevivido hasta nuestros días). Unos pocos creen que Pedro se podría estar refiriendo a la leyenda llamada *"Quo Vadis"* que aparece en el libro apócrifo *Los Hechos de Pedro*. Según esta historia, Pedro, al marchar de Roma para evitar que le arrestaran, se encuentra con Jesús, quien lo confronta. Pedro le pregunta al Señor, "¿Dónde vas?" (en latín, *quo vadis*), a lo que el Señor le responde que va a Roma para ser crucificado. Por tanto, Pedro regresa a Roma para ser crucificado. Pero la fecha más temprana que se le da a esta historia está en torno al año 180 A.D.; y decir que esta historia es lo que hay detrás de 2 Pedro 1:14 es lo mismo que decir, básicamente, que Pedro no es el autor de esta carta.

Por tanto, es mucho más sencillo concluir que Pedro se refiere a la profecía sobre su muerte que encontramos al final del Evangelio de Juan. Jesús, después de forzar a Pedro a afirmar tres veces su amor por él, le dice: "De veras te aseguro que cuando eras más joven te vestías tú mismo e ibas adonde querías; pero cuando seas viejo, extenderás las manos y otro te vestirá y te llevará a donde no quieras ir. Esto lo dijo para dar a entender la clase de muerte con que Pedro glorificaría a Dios" (Jn 21:18-19a). Las palabras de Jesús apuntan a que la muerte del apóstol será por crucifixión, como mártir.[5] Algunos comentaristas no creen que Pedro tuviera en mente esta profecía, pues no es más que una referencia vaga a su muerte como consecuencia de su edad avanzada. ¿Y cómo iba a saber por esas palabras que ahora esa muerte era inminente?[6] Pero podemos suponer que Pedro se encontró en una situación de persecución creciente y llegó a la conclusión de que la profecía del Señor

---

4. Algunos comentaristas (p. ej., Green, *The Second Epistle General of Peter and the General Epistle of Jude*, 79) creen que la palabra griega *tachine* podría significar "de repente" en lugar de "pronto" o "dentro de poco". Pero es muy poco probable.
5. "Extenderás las manos" probablemente hace referencia a la costumbre de forzar a los prisioneros condenados a muerte a cargar el madero horizontal de la cruz en la que los iban a ejecutar (ver D. A. Carson, *The Gospel According to John* [Grand Rapids: Eerdmans, 1991], 679.
6. Por tanto, Mayor (The Epistle of St. Jude and Second Epistle of St. Peter, 101-2) piensa que Pedro está haciendo referencia a otra declaración que Jesús le haría en otro momento, una declaración que nunca nos llegó.

sobre su muerte estaba cercana a cumplirse. Además, la palabra griega que conecta la afirmación de Pedro sobre su muerte inminente con la referencia a Cristo (*kathos*) normalmente indica una correspondencia ("tal como") más que una causa ("porque").[7] Así que Pedro quizá solo está explicando que su percepción de que la muerte está cercana concuerda con la predicción que Jesús hizo sobre su final.

Así, frente a una muerte inminente, Pedro hace un llamamiento final a sus lectores. Pero confía que su llamamiento seguirá teniendo fuerza "después de [su] partida" (v. 15).[8] ¿Por qué espera que eso sea así? Pedro podría estar refiriéndose al Evangelio de Marcos, puesto que la tradición fiable nos dice que Marcos puso por escrito la predicación de Pedro. O podría estar pensando en la enseñanza que aún espera impartirles, bien en persona o a través de otra carta. Pero lo más lógico es pensar que tiene en mente la propia carta de 2 Pedro. Al dejar sus exhortaciones y advertencias por escrito, Pedro espera que lo que ha dicho tendrá una repercusión duradera en las vidas de esos cristianos.

Construyendo Puentes

De nuevo, este pasaje saca a relucir la cuestión de la forma literaria de 2 Pedro. Como ya mencionamos en la Introducción, muchos eruditos la describen como un "testamento" o dicen que al menos tiene muchas de las características de un testamento. El sentido literario de esta palabra le viene dado por su sentido en el ámbito legal: un "testamento" (del latín *testamentum*) hace referencia a los arreglos que uno hace sobre la disposición de sus propiedades después de su muerte. Luego, los académicos modernos han usado esta palabra para describir un libro, o parte de un libro, en el que se recoge el último discurso que una persona hace desde su lecho de muerte. El ejemplo bíblico más conocido es el discurso en el que Jacob bendice a sus hijos, pronunciando una bendición que va acompañada de predicción (Gn 48:8-49:27). Pero fue concretamente en el periodo intertestamentario que los judíos empezaron a usar esta forma o género de forma

---

7. Sobre esto, ver Bauckham, *Jude, 2 Peter*, 199.
8. "Partida" es la traducción de la palabra griega *exodos*, que Lucas usa para describir la muerte de Jesús en el relato de la transfiguración (Lucas 9:31). Dado que Pedro a continuación describirá la transfiguración, algunos creen que el apóstol está aludiendo a dicho texto. Pero de que eso plantea un problema en cuanto a la datación, la palabra es demasiado común para defender que estamos ante una alusión (Bauckham, *Jude, 2 Peter*, 202).

más amplia. Así, entre los libros judíos encontramos los libros llamados pseudoepigráficos, como un "Testamento de Job", un "Testamento de Moisés", un "Testamento de Salomón", un "Testamento de Adán" y, el más conocido e influyente, un "Testamento de los Doce Patriarcas". Las características típicas de los testamentos son las siguientes:

(1) El emisor sabe (a veces de por medio de profecía) que está a punto de morir.

(2) El emisor reúne en torno a su persona a sus hijos o a una audiencia similar.

(3) El emisor normalmente recalca ante su audiencia la necesidad de que sus oyentes recuerden sus enseñanzas y su ejemplo.

(4) El emisor hace predicciones sobre el futuro.

(5) El emisor pronuncia exhortaciones morales.

En 2 Pedro encontramos todas estas características. Pedro anuncia que está cercano a la muerte (1:12-15); se dirige a unos lectores próximos a él; les pide que recuerden su ejemplo y su enseñanza (1:12-15; *cf.* 3:1-2); predice el futuro (*cf.* 2:1-4; 3:··); hace exhortaciones morales (a lo largo de toda la carta). Por tanto, no debería sorprendernos de que los estudiosos describan 2 Pedro como un testamento.

Sin embargo, existe una diferencia importante entre 2 Pedro y esos testamentos judíos que hemos mencionado. Como los títulos de esos libros indican, se presentan como discursos de despedida de figuras conocidas de la historia de Israel. No obstante, como todos reconocen, se escribieron entre el 200 A.C. y el 300 A.D. Dicho de otro modo, los testamentos son claramente obras pseudónimas, escritas por un autor desconocido en nombre de un héroe espiritual del pasado. La razón por la que muchos estudiosos concluyen que 2 Pedro es una obra pseudónima es su semejanza a esos testamentos. Pero a diferencia de esos testamentos judíos, en el caso de nuestra carta el lapso de tiempo entre la muerte de Pedro y las dataciones razonables de la carta es inexistente, o muy breve. Además, como vemos claramente en la introducción y en la conclusión, 2 Pedro es, literariamente hablando, una carta escrita a un público concreto en unas circunstancias concretas. Estos factores, junto con otros que mencionamos en la introducción, nos llevan a concluir que es muy poco probable que 2 Pedro sea una obra pseudónima.

Pero una vez queda clara esta diferencia, hemos de decir que seguimos encontrando muchos paralelismos entre 2 Pedro y los testamentos judíos. Podemos resumir que Pedro escogió de forma deliberada este estilo literario por ser apropiado para su situación (cercano a la muerte) y propósitos (advertir y exhortar a sus lectores). De hecho, lo que tenemos aquí es un autor bíblico que toma una forma popular de su cultura y la adapta y "bautiza" para el servicio del evangelio.

Significado Contemporáneo

Es difícil encontrar una aplicación directa de un pasaje como este, centrado casi exclusivamente en la situación de Pedro y sus propósitos a la hora de escribir. Pero dos de las cuestiones que Pedro trata tienen una importancia indirecta para la iglesia de hoy.

(1) La primera es el hincapié que Pedro hace en la "memoria". En un libro de divulgación titulado *Landscape and Memory* [Paisaje y memoria], el historiador Simon Schama argumenta que nuestra apreciación del paisaje y la naturaleza es el producto tanto de la escena que observamos como de la memoria con la que nos acercamos a dicha escena. Cita a Henry David Thoreau:

> En vano pensamos que podemos soñar con el desierto distante de nosotros. Eso es imposible. Es el barrizal en nuestros cerebros y en nuestras entrañas, el vigor primitivo de la Naturaleza en nosotros, lo que inspira nuestro sueño. Nunca encontraré en los parajes de Labrador un desierto mayor que en algún recoveco del barrio industrial de Concord, es decir, ninguno mayor que el que yo mismo importo[9] (Traducción literal).

Todos nosotros hemos tenido experiencias de ese tipo en las que hemos sido bien conscientes del poder de la memoria. Por ejemplo, cuando volábamos de vuelta a casa después de nuestra luna de miel, mi mujer Jenny y yo íbamos escuchando el primer concierto para piano de Rachmaninov. Veintidós años después, no puedo escuchar esa pieza de música sin ver, con los ojos de mi mente, las Montañas Rocosas bajo nuestros pies, y sin sentir a mi mujer en el asiento de al lado y la

---

9. La cita es de *El Diario* de Thoreau, 30 de agosto, 1856. El libro de Schama fue publicado por Alfred A. Knopf en Nueva York en 1995.

sensación que nos producía pensar en la vida conjunta que teníamos por delante.

Como este pasaje sugiere, y como confirma el resto de la Escritura, la memoria también juega un papel importante en el ámbito espiritual. Dios dijo al pueblo de Israel que debían "recordar" los actos de redención que Dios había realizado en su favor e instituyó la Pascua como recordatorio anual de aquellos actos salvíficos (*cf.* Éx 13:3, 9; Dt 7:18). Los israelitas no solo tenían que recordar, en un sentido intelectual, lo que había sucedido en el pasado. Tenían que "traerlo a la memoria" de tal modo que afectara a todo su ser: el intelecto, la voluntad, las emociones y la conducta. Al recordar la obra de Dios en su favor la verían como una obra presente; por eso, la familia judía celebraba la Pascua para identificarse con la generación que pasó por el desierto, haciéndose partícipes de la salvación de la que ellos habían disfrutado y haciendo suyos los eventos del éxodo y sus resultados.

De un modo similar, eso es lo que Jesús les pide a sus discípulos cuando instituye la Santa Cena, pidiéndoles que la celebren "en memoria de mí" (Lc 22:19). Pablo con frecuencia les dice a sus lectores que "recuerden" su ejemplo o la enseñanza que han recibido (p. ej., 1Co 4:17; 15:1; 2Co 10:7; 2Ti 2:14). Quizá el texto paulino más cercano al texto que estamos viendo aquí es el que aparece en la conclusión a la carta de los Romanos (Ro 15:14-15a):

> Por mi parte, hermanos míos, estoy seguro de que vosotros mismos rebosáis de bondad, abundáis en conocimiento y estáis capacitados para instruiros unos a otros. Sin embargo, os he escrito con mucha franqueza sobre algunos asuntos, como para refrescaros la memoria...

Y en uno de esos muchos textos que revelan la estrecha relación que hay entre esta carta y Judas, Judas 5 expresa un propósito similar al de 2 Pedro 1:12-15: "Aunque ya sabéis muy bien todo esto, quiero recordaros que...".

Por tanto, lo que encontramos en muchos de estos textos es un reconocimiento de que los lectores ya conocen la verdad que se está comunicando, y una repetición de esa verdad a modo de "recordatorio". Claramente, a los autores bíblicos les preocupa que los cristianos lleguen a "olvidar" las verdades más básicas del evangelio; no en un sentido intelectual, sino más bien en un sentido volitivo y práctico. Yo puedo recordar intelectualmente que Cristo murió por mis pecados; pero puedo no interiorizar esa verdad como parte vital de mi persona y conducta y vivir consumido por la culpa y el miedo. Puedo recordar intelectualmente que Dios me llama a vivir una vida santa y que me advierte de las consecuencias de no llevar una vida así, pero puedo vivir sin un deseo real de llevar una vida santa.

En última instancia, como Jesús reconoció, "traer a la mente" las verdades del evangelio es labor del Espíritu Santo (Jn 14:26). Pero la palabra de Dios, tanto escrita como proclamada, es la fuerte de ese recordatorio. Y lo que Pedro está sugiriendo de forma indirecta es que la repetición de las verdades del evangelio, tanto de palabra como a través de actos para "rememorar" como la Santa Cena, es un componente necesario para una experiencia cristiana vital. Todos conocemos a predicadores que tienden a repetir, domingo tras domingo, las mismas ideas básicas; lo cual es aburrido y, probablemente, indicativo de la falta de crecimiento del predicador. Pero también conocemos a predicadores que constantemente buscan lo nuevo, lo novedoso, lo diferente, y que tienden a abandonar la verdad básica del evangelio con tal de impresionar a sus oyentes intentando demostrar lo "al día" que están. Una predicación así puede ser estimulante, intelectualmente hablando; pero si abandona la repetición constante de las verdades bíblicas básicas sobre la obra redentora de Dios en nuestro favor, producirá cristianos sin fundamento y sin esperanza para el futuro.

(2) La segunda cuestión de este pasaje que tiene relevancia para nosotros hoy, aunque sea de forma indirecta, es la perspectiva bíblica sobre el destino del creyente cuando muere. En primer lugar, un poco de trasfondo. En el mundo heleno en tiempos de Pedro, había diferentes creencias en cuanto a la vida después de la muerte. Los devotos de las religiones órficas veían la muerte como el momento en el que el alma divina de la persona era liberada de la presión del cuerpo para disfrutar de la existencia inmortal. Tanto Platón como Aristóteles también sostenían que parte de nuestro ser (fuera el "alma" o la "razón") era inmortal, y que después de la muerte continuaba viviendo sin el cuerpo. Pero quizá la visión más popular entre los griegos en general era la que encontramos en Homero: que después de la muerte, la mayoría de gente (aparte de los grandes pecadores o los grandes héroes) seguía existiendo

como sombras incorpóreas en el Hades, sombras sin una conciencia real de su propia existencia.[10]

Casi todos los judíos aseguraban, en contra de la visión típica griega, que después de la muerte sí poseemos cierto tipo de conciencia. Algunos tenían una visión similar a la de Platón, y enseñaban la inmortalidad del alma (p. ej., ver *La Sabiduría de Salomón*). Pero la mayoría de judíos sostenían, como se presagia de forma clara en el Antiguo Testamento, que los cuerpos de las personas piadosas resucitarían después de la muerte para disfrutar de un estado corpóreo de gozo con el Señor. Jesús y los autores del Nuevo Testamento adoptaron y desarrollaron esta visión. La resurrección de los cuerpos de los creyentes que había muerto es básica en el evangelio; como Pablo dice, es una consecuencia clara de la resurrección del mismo Cristo (1Co 15). Lo que no está claro es cuándo tendrá lugar esa resurrección. Algunos textos sugieren que el cuerpo resucita inmediatamente después de la muerte, que el creyente "cambia" su cuerpo terrenal por un cuerpo celestial.[11] Sin embargo, en 1 Tesalonicenses 4:13-18 parece decir que los cuerpos de los creyentes resucitarán cuando Cristo regrese en gloria.

Entonces, ¿qué estado tiene el alma de los creyentes entre el momento de la muerte y la venida de Cristo? Podría ser simplemente un estado "inconsciente", como un "sueño del alma" o poner la vida "en pausa". Pero, Pablo de nuevo parece tener claro que si muere, de forma inmediata pasará a "estar con Cristo" (Fil 1:21-23). Por eso, la mayoría de teólogos cristianos concluyen que el alma del creyente para inmediatamente a la presencia del Señor, y el cuerpo se reunirá con el alma cuando Cristo regrese en gloria.

A primera vista, lo que Pedro dice en este pasaje sobre su propia muerte puede parecer similar a la visión helena sobre la inmortalidad del alma; pues describe su muerte como "abandonar" (*apothesis*) la "habitación pasajera que es mi cuerpo" (v. 14). Este es el único lugar del Nuevo Testamento en el que este término se usa para describir la muerte. Es un término que hace referencia a la acción de "quitarse" la ropa; y en el Nuevo Testamento se usa, también el verbo, para explicar que el creyente "se quita" la conducta pecaminosa (*cf.*, p. ej., 1P 2:1; 3:21). Así, lo que tenemos aquí es otro ejemplo de Pedro usando un lenguaje nada

---

10. Ver el breve resumen en Murray J. Harris, *From Grave to Glory: Resurrection in the New Testament* (Grand Rapids: Zondervan, 1990), 36-40.
11. El texto que se suele citar para enseñar esta perspectiva es 2Co 5:1-10.

típico del Nuevo Testamento, un lenguaje que tiene, podríamos decir, "un toque griego". Pero, como ocurre en 1:3-11, no hay razón para pensar que junto a la palabra, Pablo también adopta el concepto o la visión griega; es decir, está claro que no abandona la convicción cristiana de la iglesia primitiva de que si nos "quitamos" el cuerpo terrenal es porque nos "pondremos" un cuerpo celestial.

La creciente popularidad de las religiones orientales en el mundo occidental ha dado prominencia a ideas cuasi-místicas sobre la vida después de la muerte, ideas que normalmente son parte de dichas religiones. Mucha gente hoy, cuando piensa en su muerte cree que su alma se fundirá con un dios, o con la "Madre Naturaleza", o con *geia* (la palabra griega que significa "tierra", que en las religiones de la Nueva Era se usa para describir el concepto místico de "diosa"). Y los cristianos, conscientemente o no, estamos influenciados por estas ideas. He oído a creyentes que describen su esperanza en la vida venidera con un lenguaje que sonaba más a Shirley MacLaine que al apóstol Pablo.

Ante estas influencias, necesitamos reafirmar que en la vida después de la muerte el cuerpo es central. Para los que muramos antes de que el Señor regrese, a la muerte primero le seguirá una experiencia incorpórea de la presencia del Señor. Pero los autores bíblicos dejan claro que ese es solo una estado "intermedio"; tenemos que seguir poniendo nuestras esperanzas en el tiempo en el que tendremos un cuerpo adecuado para la vida en el Espíritu (*cf.* 1Co 15:44). Esas esperanzas son relevantes también para el tiempo presente. Y es que restarle importancia al lugar del cuerpo en la vida después de la muerte puede llevarnos a subestimar su importancia para el presente. Eso es lo que los Corintios estaban haciendo, minimizar la importancia del cuerpo y justificar todo tipo de conductas inmorales, porque esos pecados "solo" eran pecados del cuerpo. Pero Pablo nos recuerda que el cuerpo, que es parte de nuestra de forma permanente, es "templo del Espíritu Santo" y tenemos que "honrar a Dios con nuestro cuerpo" (1Co 6:19-20).

2 Pedro 1:16-21

Cuando os dimos a conocer la venida de nuestro Señor Jesucristo en todo su poder, no estábamos siguiendo sutiles cuentos supersticiosos sino dando testimonio de su grandeza, que vimos con nuestros propios ojos. [17] Él recibió honor y gloria de parte de Dios el Padre, cuando desde la majestuosa gloria se le dirigió aquella voz que dijo: «Éste es mi Hijo amado; estoy muy complacido con él». [18] Nosotros mismos oímos esa voz que vino del cielo cuando estábamos con él en el monte santo. [19] Esto ha venido a confirmarnos la palabra de los profetas, a la cual vosotros hacéis bien en prestar atención, como a una lámpara que brilla en un lugar oscuro, hasta que despunte el día y salga el lucero de la mañana en sus corazones. [20] Ante todo, tened muy presente que ninguna profecía de la Escritura surge de la interpretación particular de nadie. [21] Porque la profecía no ha tenido su origen en la voluntad humana, sino que los profetas hablaron de parte de Dios, impulsados por el Espíritu Santo.

En 1:12-15, Pedro ha subrayado la importancia de lo que había dicho y lo hace dándole a su carta un aire testamento o última voluntad. Pedro quiere dejar a sus lectores un último "recordatorio" de lo que les ha enseñado, y su deseo es que ese "recordatorio" sea duradero. Por eso, en los versículos 16-21 se centra en las cuestiones doctrinales que cree que sus lectores necesitan recordar en medio de las circunstancias en las que se hayan: la venida de Cristo en gloria y el juicio al final de la historia. Pedro recalca esta cuestión al volver a ella al final de la carta (3:1-13), creando así un marco dentro del cual encontramos la parte central de la carta.

¿Por qué Pedro se centra tanto en este punto doctrinal, mientras ignora o dice muy poco sobre otras cuestiones como la muerte expiatoria de Cristo, su resurrección victoriosa, y la obra del Espíritu Santo? Claramente, porque los falsos maestros estaban atacando esa verdad cristiana. Así lo dice en 3:3-4, donde advierte a sus lectores de la gente burlona que dice: "¿Qué hubo de esa promesa de su venida?". En el pasaje que nos ocupa no aparece una alusión como esa. Pero cuando Pedro niega que la enseñanza de los apóstoles sobre la venida de Cristo viniera de "sutiles cuentos supersticiosos" (1:16), deja entrever que aquí también está pensando en los falsos maestros y en sus planes. A la luz de 3:3-4, podemos suponer que los falsos maestros desestimaban la verdad de la venida de Cristo diciendo que la enseñanza de los apóstoles estaba basada en fábulas y mitos.

Exactamente no sabemos en qué se basaban o qué razones tenían los falsos maestros para negar la verdad de la venida de Cristo. En 3:3-14, Pedro hace un especial hincapié en el cambio radical que el mundo creado experimentará cuando Cristo vuelva. De ahí podríamos deducir que los falsos maestros pensaban que el mundo continuaría como estaba y negaban que fuera a haber un clímax escatológico en el que el bien sería recompensado y el mal, castigado. Y el énfasis que Pedro hace en la certeza del juicio así parece confirmarlo (*cf.*, p. ej., 2:3b). Con toda probabilidad, el escepticismo de los falsos maestros tenía que ver con su estilo de vida inmoral: si no había juicio, no hacía falta preocuparse por llevar una vida justa.

En cuanto a las fuentes de esa negación de la escatología futura por parte de estos falsos maestros, no tenemos una certeza clara, así que solo podemos especular. Muchos pensadores griegos en tiempos de Pedro se burlaban de cualquier idea relacionada con una providencia o control divino de la historia y con la vida después de la muerte.[1] Podría ser que estos falsos maestros también estuvieran influenciados por una escatología "espiritualizada" similar a la que Pablo tuvo que combatir: cristianos que pensaban que la forma final del reino ya había llegado (*cf.* 1Co 4:8) y que la resurrección ya había tenido lugar (*cf.* 2Ti 2:18).

Pedro ataca este escepticismo escatológico, y lo hace reafirmando "la venida de nuestro Señor Jesucristo en todo su poder" y mencionando dos razones que nos hacen estar seguros de que la segunda venida va a tener lugar: (1) los testigos oculares que vieron la transfiguración de Jesús, Pedro entre ellos (vv. 16-18), y la fiabilidad de las profecías de las Escrituras (vv. 19-21).

Pedro, testigo ocular de la parusía (vv. 16-18)

Si seguimos el texto original de forma literal, la afirmación que encontramos en el versículo 16 es la siguiente: "Os hablamos del poder y la venida de nuestro Señor Jesucristo". Es significativo que Pedro

---

1. Jerome Neyrey ha sugerido que la filosofía epicúrea podría estar detrás, al menos de forma indirecta, del escepticismo escatológico que encontramos en 2 Pedro (ver *2 Peter, Jude*, 122-28).

abandone la primera persona del singular que usa en los versículos 12-15 ("os recordaré... considero... me esforzaré") para usar la primera persona del plural ("os dimos a conocer... fuimos testigos oculares... Nosotros mismos oímos esa voz... cuando estábamos con él). Ese "nosotros" debe hacer referencia a Pedro y a los demás apóstoles, dado que ellos fueron los únicos que presenciaron la transfiguración. Lo que Pedro está queriendo decir es que la veracidad de la transfiguración de Cristo, y por tanto la creencia de que volverá otra vez, descansa en el testimonio de los apóstoles.

Al mencionar el anuncio de la segunda venida Pedro habla en plural, pero eso no significa necesariamente que los demás apóstoles en persona anunciaran esa verdad a los lectores de esta carta; aunque no es imposible. Probablemente, lo que Pedro está queriendo decir es que la segunda venida de Cristo en gloria formaba parte del mensaje del evangelio que los apóstoles predicaban, y que los lectores de 2 Pedro había recibido ese mensaje. Las predicaciones evangelísticas que Pedro había pronunciado en los inicios de la vida de la iglesia confirman que la segunda venida de Cristo era un elemento esencial de la proclamación cristiana desde el principio. En Hechos 3, cuando se dirige a una multitud de judíos en el templo, Pedro les dice a sus oyentes que se arrepientan, "a fin de que vengan tiempos de descanso de parte del Señor, enviándonos el Mesías que ya había sido preparado para vosotros, el cual es Jesús. Es necesario que él permanezca en el cielo hasta que llegue el tiempo de la restauración de todas las cosas, como Dios lo ha anunciado desde hace siglos por medio de sus santos profetas" (Hch 3:19-21). De nuevo, cuando Pedro habla a Cornelio y a su familia, testifica que Jesús era "el que ha sido nombrado por Dios como juez de vivos y muertos" (10:42).

"El poder y la venida" pueden hacer referencia a dos cosas distintas: al poder inherente de Cristo y a su segunda venida en gloria. Pero probablemente esas dos palabras forman una endíadis, es decir, que se refieren a la misma entidad: la venida de Cristo con todo su poder" (otras versiones: "venida poderosa"). En un sentido, Pedro podría estar haciendo referencia a la primera "venida" de Cristo: su encarnación y su poderoso ministerio redentor.[2] Pero en el Nuevo Testamento, la palabra "venida" se usa casi como término técnico para referirse a la venida de Cristo en gloria; tanto es así que la palabra griega, *parousia*,

---

2. Ver, p. ej., Calvino, *The Epistle of Paul the Apostle to the Hebrews and the Second Epistle of St. Peter*, 338.

ha pasado a formar parte de nuestro vocabulario teológico. Esta palabra puede significar simplemente "presencia" (como ocurre al menos en tres ocasiones en el Nuevo Testamento: 2Co 10:10; Fil 2:12; 2Ts 2:9), pero normalmente significa "llegada" o "venida". Los griegos la usaban para referirse a una "presencia" especial o incluso a la "venida" de un dios. Algunos autores judíos también usaban este término de ese modo; Josefo, por ejemplo, lo usa para describir la aparición aterradora de Dios ante Moisés en el monte Sinaí.[3] Y el hecho de que los griegos usaran la palabra *parousia* para describir la visita oficial de un gobernante es especialmente significativo.[4] En el Nuevo Testamento, esta palabra se refiere a la venida de Cristo en gloria en diecisiete ocasiones, incluida la que estamos comentando aquí (v. 16).

Aunque gramaticalmente hablando el recordatorio sobre la proclamación apostólica de la segunda venida de Cristo es el centro del versículo, la idea central que Pedro quiere transmitir la encontramos en los complementos que acompañan a esta afirmación: los apóstoles dieron a conocer la venida de Cristo "dando testimonio de su grandeza, que vimos con nuestros propios ojos", y no "siguiendo sutiles cuentos supersticiosos". La palabra griega que traducimos por "cuentos" es *mythos* (de donde obtenemos la palabra "mito"). Esta palabra griega tenía un amplio abanico de acepciones, pero el significado más relevante en este caso es "fábulas o relatos de ficción". Los autores judíos usaban esta palabra en este sentido para describir las ficciones paganas sobre la creación del mundo y la conducta de los dioses.[5]

El uso del la palabra *sesophismenois*, "supersticiosos" o "engañosos", refuerza esta idea. El paralelismo bíblico más cercano lo encontramos en las cartas pastores de Pablo, cuando el apóstol habla de "leyendas y genealogías interminables" (1Ti 1:4) y de "leyendas profanas y otros mitos semejantes" (1Ti 4:7; cp. también 2Ti 4:4 y Tit 1:14). Puede que Pedro se viera en la necesidad de negar que los apóstoles seguían ese tipo de fábulas cuando hablaban de la segunda venida de Cristo para diferencia sus enseñanzas de las de los herejes. Pero lo más probable es que esta negación se debe a que los falsos maestros estaban acusando a los apóstoles de inventar la idea de la parusía y del juicio que vendría con ella. Quizá pensaban que los apóstoles habían introducido la idea

---

3. Josefo, *Antigüedades* 3.80.
4. Ver el estudio sobre su uso en A. Oepke, "παρουσία», *TDNT*, 5.858-71.
5. Ver Filón, *La creación del mundo según Moisés* 1; Josefo, *Antigüedades* 1.22.

para dar peso a sus restricciones morales: "Comportaos de una manera piadosa o seréis juzgados".

Pero Pedro no se contenta con negar que la enseñanza de los apóstoles sobre la segunda venida de Cristo esté basada en un mito; afirma que esa enseñanza proviene directamente de los que fueron testigos oculares. La palabra "testigos oculares", que la NVI traduce por "vimos con nuestros propios ojos", podría ser otra de esas palabras religiosas griegas que a Pedro le gustan tanto, puesto que en sus días se usaba para describir un cierto tipo de práctica iniciática en las religiones mistéricas. Pero la palabra también se usaba de forma más general, así que no podemos asegurar que ese fuera el matiz que Pedro tenía en mente.[6] Pero afirma que, junto a otros, ha sido testigo ocular de "su [es decir, de Jesucristo] grandeza". *Megaleiotes*, la palabra griega que traducimos por "grandeza" (o "majestad" en otras versiones) tiene la connotación de divinidad; y aquí, como vemos en los dos versículos siguientes, se está refiriendo de forma específica a la aparición gloriosa de Cristo en la transfiguración.

En aquella ocasión, explica Pedro, Cristo "recibió honor y gloria de parte de Dios el Padre". Puede que "honor" (*time*) y "gloria" (*doxa*) formen una endíadis para reflejar la majestad de la aparición de Cristo. Pero también podría ser que Pedro usara cada término por su significado concreto, por lo que "honor" estaría haciendo referencia al estado de exaltación, y "gloria", a la espléndida aparición de Cristo.[7] Pues en aquella ocasión, como dice el evangelista, "su rostro se transformó" (Lc 9:29), "resplandeció como el sol" (Mt 17:2), y "su ropa se volvió de un blanco resplandeciente como nadie en el mundo podría blanquearla" (Mr 9:3; *cf.* Mt 17:2; Lc 9:29). El resplandor y la ropa blanca es, por lo general, un símbolo de pureza y victoria, y en la literatura apocalíptica judía se asocia con la venida del Mesías. El rostro resplandeciente de Jesús nos recuerda, inevitablemente, al haz de luz que salía del rostro de Moisés después de haber estado con el Señor en el Monte Sinaí (Éx 34:29-30). Sin embargo, a diferencia del rostro de Moisés, que tan solo reflejaba la gloria de Dios, el rostro de Cristo brillaba con gloria propia como Mesías y como Dios.

Las señales y la voz del cielo que acompañan a la transfiguración revelan la posición exaltada de Cristo. En el relato hay varios elementos,

---

6. Ver la discusión que aparece en Bauckham, *Jude, 2 Peter*, 215-16.
7. Ver Kelly, *The Epistles of Peter and of Jude*, 319.

como la "montaña alta" y "la nube que los envolvió" (Mr 9:7), que apuntan a que estamos ante una teofanía (una manifestación de Dios). Pero el elemento más decisivo, claro está, es la voz del cielo, que proclama que Jesús es el Hijo amado de Dios. Y lo que Pedro destaca es precisamente esa voz: "Desde la majestuosa gloria se le dirigió aquella voz que dijo: 'Éste es mi Hijo amado; estoy muy complacido con el'". "Majestuosa gloria" es un sustituto del nombre de Dios, una práctica común entre los judíos, porque tenían tanta consideración por los nombres de Dios, que rara vez los pronunciaban.

La versión que Pedro recoge de la voz del cielo en la trasfiguración, en el texto griego no concuerda exactamente con la versión que encontramos en cualquiera de los Evangelios, aunque es muy cercana a la que aparece en Mateo: "Éste es mi Hijo amado; estoy muy complacido con él. ¡Escuchadle!" (17:5).[8] Por eso, los estudiosos han debatido sobre la fuerte de las palabras que Pedro recoge. Pero si recordamos que Pedro estaba en aquella montaña y oyó aquella voz (ver el versículo siguiente, donde lo deja bien claro), la conclusión más sencilla es que Pedro escribe las palabras de memoria, tal como las recuerda.

El dato realmente importante es la relevancia de esas palabras. Su impacto se debe a que aluden a dos textos clave del Antiguo Testamento. "Éste es mi Hijo" nos recuerda al lenguaje que encontramos en Salmos 2:7, salmo en el que Dios se dirige al rey mesiánico; y "Estoy muy complacido con él" nos recuerda a la primera canción del "siervo sufriente" en Isaías (42:1). Por tanto, la voz del cielo equipara a Jesús con el Mesías y con el siervo sufriente. Si pensamos en el propósito de Pedro, puede que lo más importante sean las implicaciones de Jesús como Hijo de Dios. Además, si miramos la forma en la que esta idea se desarrolla en el Nuevo Testamento, queda bien claro que "Hijo de Dios" es mucho más que un simple título oficial; en cierta forma, Jesús es en esencia, de un modo casi ontológico, igual a Dios el Padre (ver particularmente Juan 10:30; 14:5-11).[9]

---

8. En la NVI, las porciones que Mateo y 2 Pedro tienen en común son idénticas; sin embargo, en el texto griego hay algunas pequeñas diferencias.

9. Sobre el título "Hijo de Dios" en el Nuevo Testamento, ver especialmente I. Howard Marshall, *The Origins of New Testament Christology* (Downers Grove, Ill.: InterVarsity, 1976), 111-25; y Martin Hengel, *The Son of God* (Filadelfia: Fortress, 1976).

En el versículo 16, Pedro destaca que él mismo es testigo ocular de ese suceso. Ahora, en el versículo 18, les recuerda a sus lectores que no solo vio, sino que también oyó: "Nosotros mismos oímos esa voz". Como vemos claramente en los Evangelios, ese "nosotros" hace referencia a Pedro, Jacobo y Juan (*cf.* Mr 9:2 y textos paralelos). Jesús elige a estos tres de entre los demás apóstoles para que estén "con él en el monte santo". Muchos estudiosos creen que esta expresión, "monte santo" o "monte sagrado", apunta a la segunda o la tercera generación de cristianos, cuando por tradición ya se reverenciaban los lugares donde Jesús había estado. Pero no hay necesidad de llegar a esa conclusión. La palabra en griego es *hagios*, que no solo significa "sagrado", sino también "santo". Algunos creen que Pedro llama "santa" a aquella montaña porque es la transfiguración la que la ha convertido en un lugar "santo", "apartado".[10] Otros piensan que Pedro estaría reforzando la alusión a la experiencia del Monte Sinaí que es tan importante en los Evangelios. Pero Bauckham aclara que al Sinaí nunca se le llama el "monte santo", mientras que el Salmo 2:6 usa esta expresión justo antes de las palabras a las que la voz del cielo hace referencia:

«He establecido a mi rey
sobre Sión, mi *santo monte*».
Yo proclamaré el decreto del Señor:
«Tú eres mi hijo», me ha dicho...

Así, Pedro acentúa la idea de la majestad o realeza de Jesús revelada en la transfiguración.[11]

Antes de que abandonemos este párrafo, tenemos que tratar otra cuestión central para conocer la función del párrafo en la carta: ¿Por qué Pedro alude a la transfiguración para confirmar la certeza de la gloriosa venida de Jesús? ¿Por qué no hacer referencia, por ejemplo, a la resurrección o a la ascensión de Jesús, momento en el que un ángel prometió que Jesús regresaría (*cf.* Hch 1:9-11)? La mayoría de las respuestas que se han ofrecido no son demasiado convincentes; la mejor, a modo de ejemplo, dice que la transfiguración es una de las apariciones de Jesús posteriores a la resurrección, y lo que ocurrió es que la iglesia primitiva la incorporó en un momento anterior de la vida de Jesús. Pero además de muchas otras incoherencias, esta explicación simplemente no es compatible con lo que la Biblia dice de ese suceso. La explicación más

---

10. Green, *The Second Epistle General of Peter and the General Epistle of Jude*, 85.
11. Bauckham, *Jude, 2 Peter*, 221.

probable es que desde un inicio, la transfiguración ya estaba estrechamente relacionada con la parusía de Jesús.

Encontramos varias evidencias que apuntan en esa dirección. (1) En los Evangelios Sinópticos el relato de la transfiguración está precedido por la predicción que Jesús hace, diciendo que algunos de los apóstoles no morirían sin antes haber visto la gloria del reino (Mt 17:1; Mr 9:1; Lc 9:27). La interpretación más natural pensar que esa predicción se cumple con la transfiguración, momento en el que solo algunos apóstoles (Pedro, Jacobo y Juan) vieron la gloria de Jesús. (2) Normalmente, cuando los evangelistas sinópticos usan la palabra "gloria", lo hacen en relación a la parusía. (3) Más adelante, la traducción cristiana asociaba la transfiguración de Jesús con la parusía.[12] (4) Como el nombre sugiere, la transfiguración es una transformación de la apariencia o aspecto de Jesús, pero se trata de una transformación que revela su verdadera naturaleza. Es esa naturaleza glorioso y majestuosa, escondida en un sentido durante su vida en la tierra, la que todo el mundo podrá ver cuando venga por segunda vez. Dicho de un modo sencillo, la transfiguración revela a Jesús como el Rey de gloria, y Pedro estuvo allí y lo vio. Por eso tiene confía plenamente en que Jesús regresará como el Rey de gloria y establecerá su reino en su estado final y definitivo.

Los profetas dieron testimonio de la parusía (vv. 19-21)

La fiabilidad de la revelación es la idea que une los versículos 16-18 con los versículos 19-21. Pedro, Jacobo y Juan dan testimonio de la revelación de la gloria de Cristo en la transfiguración. Pero los profetas también dan testimonio de la aparición gloriosa de Cristo al final de la historia.

La primera parte del versículo 19, "Esto ha venido a confirmarnos la palabra de los profetas", es un tanto incierta. (1) ¿Quiénes son el "nosotros" implícito en la frase"? ¿Pedro y los otros apóstoles, como en los versículos 16-18?[13] ¿O Pedro y sus lectores? Probablemente, esto último, porque a continuación Pedro se dirige a sus lectores de forma directa ("a la cual vosotros hacéis bien en prestar atención..."). Esto sugiere que ahora Pedro ya no se va a centrar en los apóstoles, sino en sus lectores.

---

12. See Jerome Neyrey, "The Apologetic Use of the Transfiguration in 2 Peter 1:16-21", *CBQ* 42 (1980): 509-14.
13. Bauckham, *Jude, 2 Peter,* 224-25.

(2) ¿A qué se refiere "la palabra de los profetas"? Podría referirse a la transfiguración, un suceso que, como hemos visto, es un anuncio profético de la segunda venida de Cristo en gloria.[14] Pero el lenguaje que Pedro usa no es el lenguaje normal para describir un suceso, por mucha referencia futura que contenga. Por tanto, lo más probable es que la "palabra de los profetas" sea una colección de profecías orales y escritas. Algunos piensan que Pedro podría tener en mente toda la profecía del Antiguo Testamento o incluso toda la del Antiguo y la del Nuevo Testamento. Pero el contexto sugiere que se refiere específicamente a las profecías del Antiguo Testamento sobre el reino que el Mesías iba a establecer al final de la historia. Este, tal como hemos visto, es el punto central de 2 Pedro.

(3) ¿Qué quiere decir Pedro con la comparación "*más* segura"? [*N. de la T.* La NVI no recoge la comparación que aparece en el texto griego. Ver otras versiones, como p. ej. RVR60, LBT O LBLA]. "Segura" es la traducción de la palabra griega (*bebaios*) que hace referencia a la certeza y a la fiabilidad de las promesas y los acuerdos (*cf.*, p. ej., Ro 4:16; Heb 6:16, 19). Por tanto, Pedro podría estar diciendo que las profecías del Antiguo Testamento son una base aún más fiable para creer en la parusía que los testigos oculares de la transfiguración.[15] Pero no parece que el texto griego apunte a ese significado. Creemos, en cambio, que Pedro está sugiriendo que su testimonio sobre la transfiguración le da a la palabra de los profetas una fiabilidad aún mayor de la que esa palabra ya tenía. Los profetas anunciaron que el Mesías establecería un reino glorioso y universal. Podría ser que algunos cristianos de la primera iglesia espiritualizaran esas profecías hasta el punto de eliminar cualquier referencia al futuro. La transfiguración, un anticipo del reino glorioso y definitivo de Cristo, muestra que las palabras de los profetas, al menos en este punto, deben entenderse de modo literal. Por eso los cristianos pueden confiar aún más si cabe en su cumplimiento.

La confianza en la fiabilidad de la palabra de los profetas debería llevar a una adherencia firme a sus enseñanzas. Consecuentemente, Pedro anima a sus lectores a "prestar[le] atención, como a una lámpara que brilla en un lugar oscuro". La comparación de la palabra de Dios con una luz es común en las Escrituras. Uno de los ejemplos más famosos es el Salmo 119:105: "Tu palabra es una lámpara a mis pies; es una luz

---

14. Neyrey, *2 Peter, Jude*, 179.
15. Bigg, *The Epistles of St. Peter and St. Jude*, 268.

en mi sendero". En la oscuridad de este mundo presente, la palabra de Dios arroja luz sobre sus propósitos y planes y permite a los creyentes vivir como aquellos que viven "a la luz del día" (*cf.* Ro 13:11-12). En este texto de Romanos, Pablo retoma de los profetas del Antiguo Testamento la idea de "el día del Señor", el día en el que Dios intervendrá en la historia de forma definitiva para salvar a su pueblo y juzgar a sus enemigos. Como el texto de Romanos muestra, los autores del Nuevo Testamento proclamaban que, con la muerte y la resurrección de Cristo, Dios había cumplido sus promesas en cuanto a ese día. Pero también insistían en que esos actos redentores pasados no representaban todo lo que Dios iba a hacer para salvar a su pueblo y juzgar a sus enemigos. El "día del Señor" aún aguarda su culminación.

Pedro aquí retoma ese aspecto aún no cumplido: quiere que sus lectores presten atención a la palabra de los profetas "hasta que despunte el día y salga el lucero de la mañana en vuestros corazones". El "día", tal como hemos visto, es una metáfora veterotestamentaria del clímax escatológico. "Lucero de la mañana" es la traducción de una palabra que significa, literalmente, "el que trae la luz" (*phosphoros*). En la Antigüedad la gente solía usar esta palabra para referirse al planeta Venus, que normalmente aparece antes del alba. Algunos comentaristas creen que aquí no puede tener ese significado, pues Pedro lo menciona *después* del despunte del día. Pero probablemente Pedro no busca hacer una descripción cronológica. El despunte del día es una referencia general al clímax escatológico, mientras que la salida del lucero de la mañana en los corazones es una referencia a los efectos de ese clímax en la vida del creyente. "Lucero de la mañana" podría referirse a Cristo, puesto que las Escrituras utilizan "lucero" o "estrella" como una referencia mesiánica (Nm 24:17; Ap 22:16). Así pues, esta expresión "es una descripción pictórica del modo en el que Cristo, en su venida, disipará la duda y la incertidumbre de los corazones por ahora confundidos [de los creyentes], y los llenará de una iluminación maravillosa".[16]

¿Pero qué es lo que los creyentes saben? Existen principalmente dos posibilidades, bien representadas por la traducción inglesa NVI por un lado, y la traducción inglesa REB por otro lado:

NIV: "Ninguna profecía de la Escritura surge de la interpretación particular del profeta".

REB: "Ningún escrito profético es asunto de interpretación privada".

---

16. Kelly, *The Epistles of Peter and of Jude*, 323.

Estas interpretaciones distintas se deben a que el texto griego presenta tres ambigüedades.

(1) El significado del verbo de esta frase (*ginetai*) es un tanto vago. La NVI traduce "surge" y otras versiones "es asunto de". Ambas traducciones son aceptables.[17]

(2) La causa de las diferentes interpretaciones es la palabra griega *idias*, que quiere decir "propia". La NVI interpreta que se refiere al profeta. Por tanto, sugiere que la cuestión en el versículo 20 es *el origen* de la profecía: no surgió de las ideas falibles y posiblemente equivocadas del profeta sobre las visiones que tuvo o de las palabras que oyó. Más bien, como vemos en el versículo 21, surge de la obra soberana de Dios a través del Espíritu Santo.[18] En cambio, la REB interpreta "propia" de forma más general, refiriéndose a cualquier persona. Entonces, ve el versículo 20 como una afirmación sobre la *interpretación* de la profecía: no debe otorgársele el significado que cualquier persona (que podría tener sus propios fines) quiera darle. Pedro estaría sugiriendo que o bien solo hay una única interpretación de la profecía,[19] o bien que la responsable de su interpretación es la iglesia, y no personas que se nombran a sí mismas.[20]

(3) La construcción griega que une el versículo 19 con el 20 (un participio) puede indicar tanto una relación muy directa entre ambos versículos, como una relación más bien indirecta. La mayoría de las traducciones optan por un punto al final del versículo 19, y empiezan el versículo 20 con una nueva frase. Esto encajaría con cualquiera de las interpretaciones del versículo 20. Pero si adoptamos la interpretación del la NIV, existe la tentación de ver una relación muy estrecha entre ambos versículos, y así, darle al participio una sentido causal: los creyentes

---

17. [*N. de la T.* Esta nota es relevante para quien consulta la NIV inglesa, pues en la NVI en castellano, el tiempo verbal sí está en presente]. Ciertamente, el tiempo pasado de la NIV inglesa ("*came* about") es un tanto cuestionable. El verbo griego está en tiempo presente; y aunque los tiempos verbales en griego no siempre indican el tiempo de la acción, a la hora de traducir del griego al inglés no es usual traducir un presente de indicativo por un tiempo pasado. Pero la elección del texto no afecta el sentido de forma significativa.
18. Encontrará una excelente defensa de esta interpretación en Green, *The Second Epistle General of Peter and the General Epistle of Jude*, 81-91; Bauckham, *Jude, 2 Peter*, 230-31.
19. Mayor, *The Epistle of St. Jude and the Second Epistle of St. Peter*, 112-14, 196-98.
20. Bigg, *The Epistles of St. Peter and St. Jude*, 269-70.

tienen que prestar atención a la palabra de los profetas (la idea central del v. 19), *porque* saben que su origen no está en la voluntad humana (v. 20), sino en Dios (v. 21).

En cuanto al versículo 20 pues, no es fácil saber por cuál de las dos interpretaciones optar. Ambas encajan bien con el contexto. Un énfasis en el origen de la profecía encaja bien con la preocupación de Pedro en el versículo 19 por que sus lectores presten una mayor atención a la profecía. Pero un recordatorio de que la profecía no es asunto de interpretación privada sería la respuesta perfecta a los falsos maestros, que probablemente estaban torciendo las Escrituras para sus propósitos. No obstante, en última instancia, la interpretación que más recomendamos es la reflejada en la NIV. Creemos que encaja mejor con el contexto inmediato, ofreciendo de forma muy natural una base para el mandato del versículo 19. Además, la palabra "interpretación" también apunta en esta dirección. La palabra griega significa, literalmente, "desatar" o "desplegar", y se usaba sobre todo para describir la explicación de visiones, dichos o sucesos misteriosos. Por ejemplo, una versión griega del Antiguo Testamento usa esta palabra para describir las interpretaciones que José hace de los sueños del panadero y del copero en Génesis 40 y 41.[21] Por tanto, la palabra encaja mejor para describir la interpretación que un profeta hace de las visiones y revelaciones que ha tenido, que para describir la interpretación que los creyentes en tiempos de Pedro hacían de las palabras de los profetas.

Si el versículo 20 trata sobre la correcta interpretación de la profecía, entonces lo más probable es que el versículo 21 exista como respaldo indirecto de esta idea: la gente no puede interpretar la profecía según su antojo porque los profetas decían lo que el Espíritu Santo quería que dijeran.[22] Pero la naturaleza alusiva de esta conexión un respaldo mucho más directo de la interpretación del versículo 20 por la que abogamos. Según esta interpretación, en el versículo 21 Pedro refuerza lo que ya ha dicho sobre el origen de la profecía en el versículo 20. Las predicciones de los profetas no provenían de sus propias ideas sobre las visiones que recibían; "porque", como dice el apóstol, lo que los profetas decían no

---

21. La versión griega es Aquila; encontrará un resumen de las evidencias en J. T. Curran, "The Teaching of 2 Peter I.20", *TS* 4 (1943): 351-52.
22. Ver, p. ej., Bigg, *The Epistles of St. Peter and St. Jude*, 270; Kelly, *The Epistles of Peter and of Jude*, 325.

tenía "su origen en la voluntad humana, sino que los profetas hablaron de parte de Dios, impulsados por el Espíritu Santo".

La creencia de que los profetas hablaban de parte de Dios es, como sabemos, una idea básica de las Escrituras. Como el Señor dijo a Jeremías cuando se quejó de que no sabía qué decir al pueblo de Judá, "He puesto en tu boca mis palabras" (Jer 1:9). Los falsos profetas, por otro lado, eran aquellos que siguen "su propia inspiración" (Ez 13:3) y "cuentan visiones que se han imaginado y que no proceden de la boda del Señor" (Jer 23:16).

Pedro afirma esta enseñanza bíblica por doble partida quizá como respuesta a los falsos profetas. Un tiempo después, un grupo de cristianos judíos radicales llamados los ebonitas afirmaban que los profetas hablaban "por su propia cuenta, y no transmitían la verdad".[23] Podría ser que los falsos maestros en tiempo de Pedro tuvieran ideas similares. Comoquiera que sea, Pedro insiste en que los profetas eran portavoces de Dios, "impulsados" por el Espíritu Santo. Muchos comentaristas creen que tras estas palabras se esconde una metáfora asociada a la navegación; Green lo explica de la siguiente forma: "Los profetas izaban las velas... y el Espíritu Santo las llenaba y las impulsaba en la dirección que Dios quería".[24] Podría ser, puesto que el verbo que Pedro utiliza se podía usar hacer referencia a cuando los marineros dejan que el barco sea "llevado" por el viento (*cf.* Hch 27:15, 17). No obstante, se trata de un verbo muy común cuyas principales acepciones no tenían que ver con la navegación. Tiene más sentido que nos fijemos en el hecho de que Pedro ya ha usado ese mismo verbo en los versículos 17 y 18, y allí lo ha hecho para describir la voz divina que "vino" del cielo. Las palabras que Pedro y los otros apóstoles oyeron del cielo en el momento de la transfiguración y las palabras de los profetas tienen la misma procedencia: Dios mismo.

Por tanto, lo que los profetas transmitían eran las palabras de Dios. ¿Pero en el mensaje de los profetas también nos encontramos sus propias palabras? Algunos teólogos han enfatizado tanto el papel de Dios en la inspiración profética (y bíblica) que han visto a los profetas como portavoces pasivos. Pero fijémonos en lo que Pedro dice aquí: "*Los profetas* hablaron de parte de Dios". No está diciendo que las profecías no eran palabras de los propios profetas, hombres que conscientemente

---

23. Estas palabras son de Epifanio (*Panarion* 30.1.5), teólogo de finales del siglo IV.
24. Green, *The Second Epistle General of Peter and the General Epistle of Jude,* 91.

escogían las palabras que pronunciaban, de acuerdo a su propio vocabulario, estilo y circunstancias. Lo que Pedro está diciendo es que las palabras que escogían *también* eran las palabras que Dios quería que usaran para comunicar el mensaje que Él tenía en mente.

Para hacer una aplicación relevante y apropiada de esta sección, debemos tener en cuenta el contexto bíblico más amplio de los tres aspectos siguiente: la transfiguración (vv. 16-18), el simbolismo de "el día" (v. 19), y la inspiración de las Escrituras (vv. 20-21).

En cada uno de los Evangelios Sinópticos, la historia de la transfiguración de Jesús aparece en un punto crítico (Mt 17:1-8; Mr 9:2-8; Lc 9:28-36). Mateo, Marcos y Lucas coinciden al colocarla poco después de la confesión de Pedro sobre la identidad de Jesús, y del anuncio por parte de Jesús de que iba a dirigirse a Jerusalén para sufrir y ser crucificado (Mt 16:13-28; Mr 8:31-9:1; Lc 8:18-27). Vemos que los evangelistas se esfuerzan por dejar claro que la transfiguración ocurrió muy poco después de esos sucesos, dejándonos también otras indicaciones cronológicas: "seis días después" (Mt 17:1; Mr 9:2; Lc dice "unos ocho días después" [9:28]). Para los primeros discípulos, la experiencia sirvió para fortalecer su confianza en Jesús. Ya que su solemne advertencia sobre su pronta muerte debió dejarles perplejos. Si Jesús realmente era el Hijo de Dios, el Mesías, ¿no iba a ir a Jerusalén para ser coronado, en lugar de para ser crucificado? Por tanto, la revelación de la gloria de Jesús, junto a las palabras de afirmación provenientes del cielo, sirvió para tranquilizar a Pedro y a los demás.

Pero al pensar en el uso que Pedro hace de la historia de la transfiguración, un aspecto especialmente importante es el tinte plenamente escatológico de los relatos. Como vimos anteriormente, cada evangelista coloca justo antes de la transfiguración la predicción que Jesús hace diciendo que algunos de sus discípulos verán "el reino de Dios" (Lc 19:27)/"al Hijo del hombre llegar en su reino" (Mt 16:28)/"el reino de Dios llegar con poder" (Mr 9:1); en el cumplimiento de todo eso es la transfiguración. Otros elementos de la historia apuntan en la misma dirección escatológica. La presencia de Elías nos recuerda la predicción de Malaquías (aplicada en el Nuevo Testamento a Juan el Bautista) de que Dios enviaría "al profeta Elías antes que llegue el día del Señor, grande y temible" (Mal 4:5). Y Moisés, más conocido como el legislador de Israel, también tiene un significado escatológico, especialmente en base a la promesa de que Dios levantaría "un profeta como yo [Moisés])" (Dt 18:15). La voz del cielo sugiere que ese es el rol de Moisés que Pedro tiene en mente, pues la orden "escuchadle" de esa voz del cielo nos recuerda a la orden que Moisés da al pueblo, diciendo que escuchen al profeta que Dios levantará. Y en la misma dirección apuntan la nube, que normalmente tiene connotaciones escatológicas (*cf.* p. ej., Sal 97:2; Is 4:5; Ez 30:3; Dn 7:13), y el deseo de Pedro de levantar "tiendas", probablemente aludiendo a la fiesta de los tabernáculos o de las enramadas, una celebración llena de alusiones a la intervención de Dios al final de la historia.[25]

Todas estas alusiones muestran que el uso que Pedro hace de la historia de la transfiguración como evidencia de la parusía está más que justificado. Está claro que Pedro y los demás apóstoles no sabían cuándo iba a tener lugar; incluso después de la resurrección, Jesús les tuvo que decir que tampoco iban a saber ni "la hora ni los tiempos" en los que Israel sería restaurado (Hch 1:6-7). Pero los apóstoles tenían la certeza de que la parusía iba a suceder; en cierto sentido, ya la habían presenciado.

En este párrafo encontramos una segunda alusión que también entenderemos mejor al observar su contexto bíblico más amplio: la referencia que Pedro hace al despuntar de "el día". Como vimos más arriba, no hay duda de que Pedro alude al extendido concepto de "el día del Señor". Adentrémonos un poco más en ese concepto. La raíz la encontramos en los pasajes del Pentateuco que hablan de cierto "día" en el que el Señor visitará a su pueblo para juzgarlo o para librarlo (*cf.* p. ej., Dt 30:17-18). Varios de los profetas usan esta expresión con esa idea en mente, asumiendo que se trataba de un concepto bien conocido. Así ocurre claramente en Joel, quien advierte al pueblo, que anhela la llegada de "el día", que sus pecados harán que sea un tiempo de tristeza y devastación en lugar de un tiempo de gozo (Jl 1:15; 2:1-11). Sin embargo, para el remanente, aquellos que "invocan el nombre del Señor", aquel día traerá salvación (2:28-32; *cf.* también 3:14-16, donde aquel día traerá

---

25. Sobre la importancia de la transfiguración, ver especialmente Walter L. Liefeld, "Theological Motifs in the Transfiguration Narrative", en *New Dimensions in New Testament Study*, ed. Richard N. Longenecker y Merrill C. Tenney (Grand Rapids: Zondervan, 1974), 162-79.

juicio para las naciones, pero liberación para Israel).²⁶ La mayoría de los intérpretes está de acuerdo en que, en el Antiguo Testamento, "el día" hace referencia tanto al juicio como a la liberación en la historia de Israel (p. ej., el exilio) y a la visitación climática de Dios al final de la historia.²⁷

Dada la comprensión que la iglesia primitiva tenía de Jesús, no debería sorprendernos que el Nuevo Testamento hable no solo sobre "el día del Señor" o "el día de Dios", sino también sobre "el día del Señor Jesús" o variantes como esa. Pero, como en el Antiguo Testamento, ese "día" se presenta como un día tanto de juicio ("el día de la ira" [Ro 2:5; *cf.* también 2:16; Ef 6:13; 1Ts 5:4]) como de vindicación y liberación de los santos (p. ej., Ef 4:30; Fil 1:10; 216; 2Ts 1:10). No obstante, a diferencia del Antiguo Testamento, los autores del Nuevo Testamento usan la expresión para referirse al final de la historia, al día en el que Jesucristo regrese con gloria y con poder.

Sin embargo, no podemos apreciar de forma completa la referencia de Pedro a "el día" a menos que reconozcamos un segundo nivel de la metáfora, un nivel que queda claro en Romanos 13:12-13a, donde Pablo usa "el día" tanto como referencia teológica como metáfora de una conducta moral piadosa: "La noche está muy avanzada y ya se acerca el día. Por eso, dejemos a un lado las obras de la oscuridad y pongámonos la armadura de la luz. Vivamos decentemente, como a la luz del día...". En el mundo antiguo, la noche era el momento en el que los saqueadores salían y por eso la gente la temía; era, asimismo, el momento en el que los pecados de la carne eran especialmente comunes (en el texto de Romanos que acabamos de mencionar, a continuación Pablo habla de "orgías y borracheras... inmoralidad sexual y libertinaje... disensiones y envidias"). La noche y la oscuridad se convirtieron en metáforas del mal, mientras que los opuestos, la luz y el día, se usaban para referirse a la pureza y la conducta recta. En el Nuevo Testamento, Juan utiliza mucho el simbolismo de la "luz/oscuridad" (*cf.* p. ej., Jn 3:19-21).

Por último, "luz" y "día" también pueden ser una referencia a la revelación, puesto que la palabra de Dios, o Cristo mismo ("la luz del mundo"), iluminan la oscuridad en esta era presente y malvada.

---

26. Encontramos referencias similares en Is 11:11; 13:6, 9; 22:5; 34:8; Jer 46:10; Ez 7:10; 13:5; 30:3; Am 5:18–20; Abd 15; Sof 1:7, 8, 14-18; Zac 14:1.
27. Sobre el "día del Señor" en el Antiguo Testamento, ver Walter C. Kaiser, Jr., *Toward an Old Testament Theology* (Grand Rapids: Zondervan, 1978), 186-91.

De forma clara, Pedro hace referencia principalmente a la primera de estas asociaciones, dado que habla sobre la *llegada* de "el día". No obstante, podemos detectar una línea de pensamiento por la que introduce en este texto las dos connotaciones metafóricas de la expresión. La alusión a la revelación la vemos claramente en la mención a "la palabra de los profetas" como una "lámpara que brilla en un lugar oscuro". Y, aunque de un modo menos claro, la salida del lucero de la mañana en los corazones de los creyentes podría aludir al perfeccionamiento de la transformación moral que Dios está obrando en las vidas de sus hijos.

El debate sobre la venida de Cristo en gloria, la parusía, es central para este pasaje. El debate no solo consiste en ver cuánto tendrá lugar y qué ocurrirá y en qué orden, sino también en ver si realmente tendrá lugar o no. Por un lado están los que dicen que la idea de la parusía está basada en "sutiles cuentos supersticiosos" (*cf.* 1:16). Aunque Pedro no menciona a los autores de dicha acusación, está claro que se refiere a los falsos maestros del capítulo 2. Por otro lado, están Pedro y los demás apóstoles, que está convencidos de que Cristo regresará en gloria, porque han visto su gloria escatológica con sus propios ojos (vv. 16-18) y porque la Palabra de Dios, con toda su autoridad, anuncia la parusía.

Así, aunque de forma subyacente, vemos que este párrafo saca a la luz el tema de la autoridad. ¿En qué nos basamos para cree que ciertas cosas, como el regreso de Cristo en gloria, son verdad? Queremos darle un valor añadido a la aplicación de este pasaje, y proponemos en esta sección usar lo que Pedro dice en estos versículos a modo de trampolín para explorar la enseñanza bíblica sobre el tema de la autoridad.

Comencemos por las acusaciones. Desde el versículo 16 podemos inferir que los falsos maestros estaban acusando a Pedro y a los demás apóstoles de basar sus enseñanzas sobre la parusía en "sutiles cuentos supersticiosos [mitos]".[28] No podemos entender realmente lo que esta acusación significa hasta que no entendamos el significado del huidizo término *mito*. Hoy, normalmente usamos este término para referirnos a una historia o hecho que no es verdad. Por ejemplo, podemos oír al comentarista deportivo decir: "La historia de que el entrenador planea jubilarse es un mito". Pero también estamos familiarizados con el uso de esta palabra para designar relatos antiguos sobre dioses y diosas; de ahí que hablemos, por ejemplo, de "*mito*logía griega". Cuando la

---

28. Es posible, aunque no tan probable, que Pedro está acusando a los falsos maestros de basar sus ideas desviadas en mitos.

usamos así, la palabra *mito* también apunta a que esas historias no son verdad, pero lleva consigo una idea añadida: esas historias contienen información importante sobre las creencias religiosas, culturales e intelectuales de los griegos. Dicho de otro modo, aunque no son "verdad" históricamente hablando, esos mitos tienen mucho que decirnos sobre la cosmovisión de los griegos. Aristóteles, por ejemplo, dice que "la forma mitológica se usa para hacer posible la comprensión por parte de las masas, para su instrucción religiosa y ética".[29] En los siglos XIX y XX, algunos críticos de la Biblia usaron este concepto del *mito* para explicar la importancia religiosa del Nuevo Testamento, aunque rechazaban la historicidad de la mayoría de sus partes.[30]

Debemos ser conscientes del uso extendido del término *mito* en la religión y la filosofía helenas para poder apreciar la reacción del Nuevo Testamento ante dicho término. A diferencia de la mayoría de las religiones del momento, el cristianismo contaba con una base histórica clara. Los apóstoles no dejaban de subrayar que la verdad de lo que predicaban sobre Jesús, aunque iba más allá de la esfera histórica, estaba basada en sucesos que había tenido lugar en el tiempo y el espacio. El significado teológico de la resurrección de Jesús no es un dato histórico; pero sin una resurrección real "en el tiempo y el espacio" no hay significado teológico, pues "todavía estamos en nuestros pecados" (1Co 15:17).

Por tanto, no nos sorprende descubrir que en el Nuevo Testamento, la palabra griega *mythos* siempre se usa en un sentido negativo. Solo aparece en cuatro ocasiones, las cuatro en las cartas pastorales. Probablemente Pablo se refiera a historias especulativas sobre sucesos y personas del Antiguo Testamento como las que encontramos en el Midrash, etiquetándolas de "mitos judíos" (Tit 1:14; *cf.* también 1Ti 1:4, con la referencia a las "leyendas y genealogías interminables"; también 4:7; 2Ti 4:4). Pero lo que es relevante para nosotros es que Pablo diferencia estos mitos de "la verdad" (2Ti 4:4). En estas cartas al menos, espiritualmente hablando los mitos no aportan nada positivo.

Como sugerimos más arriba, parece que Pedro usa el término *mythos* de una forma similar. Los falsos maestros están negando la realidad de la venida de Cristo en gloria, acusando a Pedro y a los demás apóstoles

---

29. Aristóteles, *Metafísica* 11.8.
30. David Fredrich Strauss fue una de las figuras clave; ver su obra *The Life of Jesus Critically Examined* (Londres: SCM, 1973; el original alemán se publicó en 1835–36).

de basar sus enseñanzas en mitos. Se podría argumentar que los falsos maestros reconocían que la historia de la parusía tenía algo de verdad; es decir, que la historia, aunque falsa, tenía ciertos beneficios religiosos. Pero en las palabras de Pedro no hay ninguna indicación de que esto fuera así; y al llamarlos "sutiles cuentos supersticiosos", todo apunta a que le confiere un sentido claramente negativo.

A diferencia de esos mitos, la predicción de Pedro de la parusía está basada en testigos oculares y a la "palabra de los profetas". Es obvio que el testimonio de gente que había "estado allí" está directamente relacionado con la base histórica de la parusía. Pedro, Jacobo y Juan *vieron*, no en una visión o en un sueño, sino en un momento específico y en un lugar específico de la historia, la gloria escatológica de Jesús. Y Pedro quiere que creamos que Cristo vendrá otra vez en gloria, porque fue testigo de aquella escena. Él no es el único que dice que su mensaje tiene autoridad por ser un testigo ocular. En el famoso capítulo sobre la resurrección (citado más arriba), Pablo les dice a los corintios que acepten la verdad sobre la resurrección porque Pedro, "los doce", "más de quinientos hermanos", Jacobo, "todos los apóstoles" y, por último", él mismo vieron al Cristo resucitado (1Co 15:3-8). Y Juan también dice que él proclama "lo que hemos oído, lo que hemos visto con nuestros propios ojos, lo que hemos contemplado, lo que hemos tocados con las manos" (1Jn 1:1).

La segunda fuente de autoridad a la que Pedro apela para dar credibilidad a su enseñanza sobre la parusía es "la palabra de los profetas" (v. 19). Para que sus lectores aprecien la fuerza de su autoridad, les recuerda que esa palabra, o mensaje, no proviene solo de los profetas, sino de Dios mismo. En los versículos 20-21, Pedro desarrolla esa idea y nos ofrece uno de los testimonios bíblicos más importantes sobre la inspiración de las Escrituras.

Los teólogos cristianos usan la palabra "inspiración" cuando definen las Escrituras para describir que Dios "inspira" las palabras que en ellas aparecen. Quizá el texto clásico sea 2 Timoteo 3:16: " Toda la Escritura es inspirada por Dios y útil para enseñar, para reprender, para corregir y para instruir en la justicia". En este pasaje, está claro que la palabra "Escritura" se refiere al Antiguo Testamento; pero el texto establece que todo aquello que sea considerado como "Escritura" tiene la cualidad de estar "inspirado por Dios".³¹ Jesús respalda la misma idea cuando, como respuesta a la tentación de Satanás, cita Deuteronomio 8:3: "No sólo de pan vive el hombre, sino de toda palabra que sale de la boca de Dios" (Mt 4:4). Del mismo modo, el autor de Hebreos empieza su carta diciendo que "Dios, que muchas veces y de varias maneras habló a nuestros antepasados en otras épocas por medio de los profetas", y de forma repetida atribuye las palabras del Antiguo Testamento a Dios (p. ej., 4:7; 8:8) y al Espíritu Santo (p. ej., 3:7; 10:15).

De hecho, tanto el Antiguo como el Nuevo Testamento están impregnados de la idea de que las palabras de los profetas y las Escrituras son palabras de Dios. Por tanto, cuando Pedro dice que la "palabra de los profetas" no es un producto de su interpretación particular (v. 20), sino que procede de Dios mismo y los profetas fueron "impulsados" por el Espíritu Santo mientras hablaban (v. 21), no estamos ante una idea nueva.

Pero hay dos cuestiones en estos versículos que requieren de una observación más detallada. (1) ¿Qué incluye Pedro en "la palabra de los profetas"? Algunos teólogos creen que se refiere a todo el Antiguo Testamento. Comentan que los judíos ocasionalmente usaban el término "profecía" para referirse a todas las Escrituras.³² Pero al menos en el Nuevo Testamento, normalmente la palabra "profecía" no tiene un sentido tan amplio. Lo más probable es que Pedro esté haciendo referencia de forma específica a las partes proféticas del Antiguo Testamento. Basándose en esto, algunos concluyen que Pedro solo atribuye origen divino a las partes proféticas del Antiguo Testamento. Pero eso es imponerle al texto cosas que no dice. Poca duda cabe que, aunque está hablando específicamente de los profetas (porque en aquel contexto, eso sería lo que necesitaba mencionar), Pedro diría lo mismo de todo el Antiguo Testamento.

---

31. La palabra griega que aquí aparece, *theopneustos*, a veces se ha entendido en un sentido activo: la Escritura "exhala" las palabras de Dios. Pero todo apunta a que el sentido pasivo es preferible: la Escritura es el producto de Dios, que la inspira, que insufla en ella. De forma similar, algunos ven esta palabra como un atributo: "Toda la Escritura *inspirada por Dios* es...". Pero la función predicativa que refleja la NVI es preferible. Sobre toda esta cuestión, ver, p. ej., George W. Knight III, *The Pastoral Epistles: A Commentary on the Greek Text*, NIGTC (Grand Rapids: Eerdmans, 1992), 446-47.
32. P. ej., Millard J. Erickson, *Christian Theology* (3 vols.; Grand Rapids: Baker, 1983), 2.210; Wayne Grudem, *Systematic Theology: An Introduction to Biblical Doctrine* (Grand Rapids: Zondervan, 1994), 75.

(2) Una segunda controversia se halla en la forma en la que Dios habló "a través" de los profetas. En el mundo heleno en tiempos de Pedro, la idea de personas "inspiradas" por un Dios para transmitir sus palabras estaba muy extendida. Y, normalmente, el ser humano que ese dios usaba participaba de una forma totalmente pasiva: el dios poseía a la persona y usaba sus órganos para transmitir el mensaje divino. Algunos teólogos cristianos han adoptado un modelo muy similar a este para explicar la inspiración divina. Por ejemplo, Gregorio Magno describió a los autores de las Escrituras como "la pluma del Espíritu";[33] y encontramos metáforas similares a lo largo de toda la historia de la iglesia. Esta visión de la inspiración se conoce por el nombre de teoría mecánica o del dictado. Pero la mayoría de teólogos ha reconocido la necesidad de encontrar un mayor equilibrio entre el autor humano y el autor divino. Como vimos más arriba, "*los profetas* hablaron de parte de Dios". Todas las palabras de las Escrituras llevan la huella de sus autores humanos: estilo, simbolismo, género, etcétera. La Escritura es, a la vez, un producto del ser humano y de Dios.

Esta interacción humana y divina se llama "concurrencia". Creemos que en este proceso Dios preparó a algunos seres humanos, a través de su nacimiento, de su entorno, etcétera, para comunicarles su palabra. Esos seres humanos formaban sus propias frases. Pero las palabras que usaban también eran las palabras que Dios quería que usaran. La falta de equilibrio en esta cuestión tiene consecuencias fatales. Negar el elemento humano de la Escritura es ignorar las diferentes personales, situaciones, estilos, etc. que forman parte de la riqueza de la Palabra de Dios. Pero negar el elemento divino o reducirlo simplemente a una vaga influencia es despojar a las palabras de la Escritura de su veracidad y, por tanto, de su autoridad.

Significado Contemporáneo

John Stott no se cansaba de animar a los cristianos a vivir un cristianismo equilibrado. Es cierto que el equilibrio a veces se puede usar como una excusa para no tener que enfrentarse a cuestiones que nos exigen una reflexión seria y cuidadosa. Muchas veces nos mantenemos en una posición intermedia porque es más fácil que analizar las alternativas y descubrir dónde está

---

33. Ver Migne, *Patrologia Latine* 75.517.

la verdad. Pero el equilibrio, siempre que no sea producto de la superficialidad sino de una reflexión cuidadosa, es para le fe cristiana un elemento muy valioso. Las herejías normalmente empiezan por una falta de equilibrio. Al aplicar 2 Pedro 1:16-21, me gustaría considerar dos cuestiones a las que nos tenemos que acercar con ese equilibrio.

Sobre la inspiración de las Escrituras. Como mencionamos al final de nuestra reflexión sobre la inspiración en la sección anterior, la Biblia misma afirma que fueron seres humanos concretos, con sus idiosincrasias personales, los que escribieron las palabras de las Escrituras, y también, que Dios fue el que hizo que quedaran escritas las palabras que quiso que quedaran escritas. Y la Biblia espera que reconozcamos eso. Vimos que algunos teólogos a lo largo de la historia de la iglesia han enfatizado el segundo punto a expensas de la primera, lo que dio pie a la teoría mecánica o del dictado. Según esta teoría, el autor humano no es más que el dictáfono que de forma pasiva transmitió las palabras de Dios a los demás. Yo he descubierto que este tipo de error aún está presente en la iglesia. Los cristianos, a los que acertadamente les preocupa el tema de la autoridad de las Escrituras se opondrán a menudo, por ejemplo, a la idea de que los mandamientos de las Escrituras no son para todos.

Un ejemplo sería el requisito que encontramos en 1 Corintios 11: que una mujer lleve una "señal de autoridad" sobre la cabeza (dejaremos a un lado el debate de si se trata de un velo o del cabello). Algunos cristianos creen que este pasaje manda que la mujer siempre lleve algún tipo de velo cuando esté en el culto de adoración. Pero la mayoría de cristianos, acertadamente en mi opinión, cree que Pablo está dando consejo sobre la forma de vestir en aquella época, y que la aplicación contemporánea de ese consejo dará paso a un consejo diferente.

Un ejemplo aún mejor sería las diferencias de significado de las palabras que encontramos en las Escrituras. Por ejemplo, en su Evangelio, Juan usa una y otra vez la palabra "señal" para referirse a los milagros de Jesús; "Jesús hizo muchas otras señales [en griego, *semeia*] milagrosas en presencia de sus discípulos, las cuales no están registradas en este libro. Pero éstas se han escrito para que creáis que Jesús es el Cristo, el Hijo de Dios, y para que al creer en su nombre tengáis vida". Por otro lado, los autores de los tres primeros evangelios usan la palabra "señal" en un sentido negativo: cuando los fariseos le piden a Jesús una "señal", Jesús responde: "Esta generación malvada y adúltera busca una señal milagrosa [*semeion*, la misma palabra griega que aparece en el evangelio de Juan], pero no se le dará más señal que la de Jonás" (Mt 16:4).

A veces, cuando en clase he hablado de los diferentes matices de la palabra griega *semeion*, a los estudiantes les inquietan estas diferencias, porque piensan que restan fiabilidad a las Escrituras. Pero, en mi opinión, no son más que una muestra del elemento humano de las Escrituras. Dios, aunque se aseguró de que los evangelistas escribieran lo que él quería, les dio libertad de elegir su propio vocabulario. Los contextos en el que usaron las palabras dejan suficientemente claro que Juan le da a *semeion* un significado diferente al que le dan los evangelistas sinópticos. Para Juan, una *semeion* era un milagro que apuntaba a la verdadera identidad de Jesús; para los sinópticos, era una "actuación" o truco de circo que la gente exigía de Jesús para que les convenciera de que era quien decía ser. Pero la cuestión es que nuestra doctrina de la inspiración no debería ver este tipo de fenómenos como un problema.

Sin embargo, es obvio que el mayor problema en nuestros días surge cuando la falta de equilibrio se da en la otra dirección: prestar tanta atención al elemento humano de las Escrituras que se elimina o se restringe el elemento divino. Para muchos, decir que la Biblia está "inspirada" no es más que decir que el poeta Wordsworth estaba "inspirado" cuando escribió *El preludio*. Pero entre los cristianos practicantes también encontramos a aquellos que insisten en que Dios tuvo que "acomodarse" a los autores humanos de las Escrituras. Y como resultado, sugieren que la Biblia contiene errores. Autores como Paul Jewett, por ejemplo, aseguran que no podemos ver lo que Pablo dice sobre el ministerio de la mujer en 2 Timoteo 2:11-15 como autoridad divina, porque Pablo solo está siendo reflejo de los prejuicios que había en su sociedad.[34] Yo creo que aquí tenemos una falta de equilibrio, pues se deja muy poco espacio al autor divino de las Escrituras. Dios, por naturaleza, no miente; no puede pronunciar una mentira. Por tanto, si las palabras de las Escrituras son las palabras de Dios (ver nuestra valoración de las evidencias bíblicas que aparece en la sección anterior), entonces las palabras de las Escrituras no pueden contener errores.

Y este debate no es una preocupación trivial de los estudiosos, pues la autoridad de las Escrituras para confrontar nuestras creencias y acciones depende directamente de su veracidad. Si la Biblia contiene errores

---

34. Paul K. Jewett, *Man as Male and Female* (Grand Rapids: Eerdmans, 1975), 112-47.

(incluso errores en los datos históricos, cronológicos, geográficos, etc.), no hay forma de saber dónde empiezan y dónde acaban. No tenemos ediciones de las Escrituras de "letra roja" que marcan las secciones que son *realmente* ciertas. Si las tuviéramos, sin duda alguna la gente vería la veracidad y la autoridad de la Biblia a través de su propia cultura y de sus propias tendencias personales. Los homosexuales que quieren evitar la condena bíblica de su estilo de vida sugerirán que los autores bíblicos simplemente están reflejando la homofobia de la cultura judía y desecharán los textos en los que aparecen esas condenas. Los estadounidenses cristianos que quieren mantener su estilo de vida lujoso y derrochador dirán que los pasajes bíblicos sobe las riquezas reflejan los prejuicios de la clase pobre. Y la lista podría ser infinita.

No negamos que aún la doctrina de las Escrituras más sólida no podrá responder a todas las preguntas que tengamos sobre la interpretación. Pero sostenemos que reconocer la Biblia como libro divino, como un libro que contiene la huella de la veracidad de Dios en cada una de sus páginas, será una defensa importante a la hora de explicar algunas de las "verdades difíciles" de las Escrituras.

Un método apologético. La segunda cuestión que requiere el equilibrio implícito en este pasaje es un método apologético. ¿Cómo podemos establecer la veracidad de las afirmaciones del cristianismo y convencer a la gente de que actúe en consecuencia? En ambos lados del espectro encontramos a apologetas cristianos. Por un lado están los llamados "evidencialistas": creen que una buena apologética es la que convence a las personas presentando evidencias históricas. Algunos ejemplos de este acercamiento (aunque no necesariamente los ejemplos más extremos) son J. N. D. Anderson, *The Evidence of the Resurrection* [Las evidencias de la resurrección] y Frank Morrison, *¿Quién movió la piedra?*[35] Por otro lado, están los que afirman que la gente no entra en el reino por los argumentos que les podamos presentar, y que las evidencias sirven bien poco para convencer a un pecador de corazón duro cuya mente está cegada por Satanás y no puede ver la verdad del cristianismo. Cornelius van Till y sus discípulos son los representantes

---

35. Frank Morrison, *¿Quién movió la piedra?* (Miami: Ed. Caribe, 1977); J. N. D. Anderson, *The Evidence of the Resurrection* (Londres: InterVarsity, 1950).

más conocidos de este acercamiento apologético, que se centra en la revelación y la obra del Espíritu.[36]

Aquí no tenemos espacio para explicar ampliamente cada uno de estos métodos ni todas sus variantes o sus respectivos méritos. Pero proponemos que la mención que Pedro hace en este pasaje del testimonio presencial apunta a la validez de una defensa de la fe mediante el uso de evidencias. Es cierto que está escribiendo a cristianos, a personas que ya se habían convertido al cristianismo. Pero también es verdad que tiene un ojo puesto en los falsos maestros, y su mención de las evidencias de lo que había visto apunta a la importancia de la apologética.

Creo firmemente que Van Till y otros subrayan algo muy importante: sin la obra del Espíritu renovando las mentes y ablandando los corazones, todas las evidencias del mundo no lograrán convencer a la gente. Tenemos que recordar las palabras de Pablo cuando dice: "El que no tiene al espíritu no acepta lo que procede del Espíritu de Dios, pues para él es locura. No puede entenderlo, porque hay que discernirlo espiritualmente" (1Co 2:14). Pero tampoco podemos ignorar los muchos pasajes, como 2 Pedro 1, que apelan a los sucesos históricos, a las evidencias, como base tanto para la apologética ante los incrédulos como para la edificación de los creyentes. Pedro, predicando a una multitud de judíos en el primer pentecostés, proclamó: "A este Jesús, Dios lo resucitó, y de ello todos nosotros somos testigos. Exaltado por el poder de Dios, y habiendo recibido del Padre el Espíritu Santo prometido, ha derramado esto que vosotros ahora veis y oís" (Hch 2:32-33). Las evidencias sin la obra del Espíritu, buscada a través de la oración y la Palabra, no servirán de nada; pero negarse a apelar a las evidencias va en contra de la naturaleza histórica de la revelación y no honra el testimonio de los primeros cristianos.

---

36. Ver, por ejemplo, John Frame, *The Doctrine of the Knowledge of God* (Phillipsburg, N. J.: Presbyterian & Reformed, 1987).

2 Pedro 2:1-3

En el pueblo judío hubo falsos profetas, y también entre vosotros habrá falsos maestros que encubiertamente introducirán herejías destructivas, al extremo de negar al mismo Señor que los rescató. Esto les traerá una pronta destrucción. ² Muchos los seguirán en sus prácticas vergonzosas, y por causa de ellos se difamará el camino de la verdad. ³ Llevados por la avaricia, estos maestros os explotarán a vosotros con palabras engañosas. Desde hace mucho tiempo su condenación está preparada y su destrucción los acecha.

Con estos versículos, Pedro introduce el tema que ocupará el resto de la carta: una denuncia de los falsos maestros. Pedro ya dio a entender la existencia de estos falsos maestros en 1:16, insinuando que les estaban acusando a él y a los demás apóstoles de basar su predicación sobre la parusía en "sutiles cuentos supersticiosos". Ahora va a centrar en ellos toda su atención.

Pedro empieza presentándolos y describiendo brevemente a esos falsos maestros (2:1-3). La palabra clave en estos versículos es "destrucción/destructivos": la falsa enseñanza es en sí misma destructiva (v. 1) y acabará por destruir a los propios falsos maestros (vv. 1, 3). Desarrolla el tema de la condenación en 2:4-10a, tema que argumenta citando ejemplos bíblicos de juicio. A continuación incluye dos párrafos más de descripción (2:10b-6 y 17-22). Y, por último, cierra su argumentación volviendo al principio, al tema de la parusía, mostrando que el escepticismo de los falsos maestros está injustificado (3:1-10) y exhortando a sus lectores a vivir a la luz del día del juicio (3:11-13).

Presentación de los falsos maestros (v. 1a)

La palabra "también" del versículo 1 apunta a una conexión entre este versículo y lo que aparece en el capítulo 1. Y esa conexión la encontramos en el tema de los "profetas". Como Dios habla de forma fiable a través de sus profetas, tenemos que prestar atención a sus palabras (1:19-21). "Pero", nos recuerda Pedro, "en el pueblo judío hubo falsos profetas". Ciertamente, la historia del pueblo de Dios en el Antiguo

Testamento recoge ejemplos de personas que decían hablar de parte de Dios, pero que lo único que hacían era hablar de sus propias ideas o programas. Como Richard Bauckham comenta, esos falsos profetas del Antiguo Testamento normalmente tenían tres características: (1) no hablaban con autoridad divina; (2) su mensaje era un mensaje de "buenas nuevas", prometiendo paz y seguridad, en contraste con las advertencias sobre el juicio de los verdaderos profetas; y (3) se acababa demostrando que eran dignos de condenación.[1] Pedro aplica estas tres características a los "falsos maestros" que denuncia. Y no deberíamos pasar por alto que estos falsos profetas, como los falsos profetas de antaño, se burlan de la idea del juicio venidero (*cf.* 3:1-10).

Al considerar esta mención inicial de los falsos maestros, vemos dos cosas: (1) Pedro se refiere a ellos como "falsos maestros" en lugar de "falsos profetas". Esta última calificación habría sido más normal, pues Pedro ya ha usado esa expresión para describir a sus homólogos del Antiguo Testamento y además era muy común en las predicciones sobre el futuro que encontramos en textos judíos, neotestamentarios y de los primeros cristianos (*cf.* Mt 7:15; 24:11, 24; Mr 13:22; Lc 6:36, Hch 13:6). Por otro lado, "falsos maestros" no aparece en ningún otro lugar del Nuevo Testamento, aunque Pablo menciona, en un pasaje similar a este, a "maestros" que cuentan a la gente "las fábulas que quieren oír" (2Ti 4:3; *cf.* también 1Ti 4:1). Si esta expresión no es solo una variante estilística de "falsos profetas", Pedro escogió "falsos maestros" de forma deliberada para describir a un grupo de personas que no se presentaban como maestros con autoridad profética.[2]

(2) Pedro usa el tiempo futuro: "Entre vosotros *habrá* falsos maestros". Y no es un error de los escribas ya que Pedro continúa en los versículos 1-3 usando el tiempo futuro: "encubiertamente *introducirán* herejías destructivas"; "muchos los *seguirán* en sus prácticas vergonzosas, y por causa de ellos se *difamará* el camino de la verdad"; "estos maestros os explotarán". Estas referencias deberían compararse con 3:3: "En los últimos días *vendrá* gente burlona...". ¿Por qué el tiempo futuro de estos versículos? Se han propuesto tres explicaciones.

(a) El autor desconocido de 2 Pedro, que escribió después de la muerte de Pedro, cita predicciones que el apóstol Pedro hizo sobre la aparición de herejías en los últimos días, y las aplica a la situación que

---

1. Bauckham, *Jude, 2 Peter*, 238.
2. *Ibíd.*

sus lectores están viviendo. Como vemos, esta explicación asume que 2 Pedro es una carta pseudónima, una visión que ya habíamos rechazado (ver la Introducción).

(b) Pedro quiere advertir a sus lectores sobre las falsas enseñanzas que aún no les hay llegado, pero que sí han alcanzado en esos momentos a otros lugares, porque sospecha que pronto se tendrán que enfrentar a ellas. Pero esta teoría no explica de forma satisfactoria la descripción realista de los falsos maestros que encontramos en los versículos 10-22 y en 3:4-13, donde Pedro usa el tiempo presente (p. ej., 2:11, 17, 18) y aoristo (3:15) para describirlos.

(c) Por tanto, prefiero pensar que Pedro está "citando" profecías cristianas tempranas sobre la aparición de falsas enseñanzas. Jesús mismo advirtió a sus seguidores sobre las falsas enseñanzas (*cf.* especialmente Mt 24:11, 24; Mr 13:22). Dado que estas predicciones de Jesús aparecen en el discurso del monte de los Olivos, algunos intérpretes creen que solo son relevantes para el final de los tiempos, para el periodo final antes del final de la historia. Pero, de hecho, la sección del discurso del monte de los Olivos en el que aparecen estas predicciones es más bien una descripción de todo el periodo entre la primera y la segunda venida de Jesús. Jesús está diciendo a sus discípulos que no se sorprendan ante las falsas enseñanzas que pronto empezarán a competir con la verdadera enseñanza del evangelio. Pablo hizo advertencias similares al dirigirse a líderes de la iglesia (p. ej., Hch 20:29-31; 2Ti 3:1-6). Así, Pedro recuerda a sus lectores aquellas predicciones para decirles que cuando aparezcan falsan enseñanzas en sus comunidades, no deberían sorprenderse.[3]

Un perfil de los falsos maestros (vv. 1b-3)

En el resto de este párrafo introductorio, Pedro ofrece un breve perfil de estos falsos maestros. En este momento no entra en detalles, sino que solo da unas pinceladas generales para que sus lectores perciban la grave amenaza que suponen para la comunidad. Encontramos ocho ideas, mencionadas rápidamente la una detrás de la otra.

(1) Son *retorcidos*. Como saben que resistirse abiertamente a las enseñanzas apostólicas no servirá de nada, introducen sus ideas falsas "encubiertamente". Pablo usó una forma de esta misma palabra para caracterizar a los falsos maestros judaizantes que se habían "infiltrado" en las

---

3. Green, *The Second Epistle General of Peter and the General Epistle of Jude*, 93.

comunidades de los creyentes (Gá 2:4).[4] Dado que más adelante en este mismo capítulo Pedro acusa a los falsos maestros de ser arrogantes, probablemente no quiere decir que están escondiendo lo que enseñan, sino que están encubriendo aquellas cuestiones en las que sus enseñanzas difieren de las enseñanzas apostólicas.

(2) Están cometiendo un *grave error*: "Hasta el extremo de negar al mismo Señor que los rescató". "Mismo Señor" es la traducción de *despotes* (de donde en castellano obtenemos la palabra "déspota"), un término que en el Nuevo Testamento solo se aplica a Dios o a Cristo solo en cinco ocasiones (Lc 2:29; Hch 4:24; Jud 4; Ap 6:10). Apunta claramente a una autoridad imponente, y Pedro probablemente usa este título aquí para subrayar la gravedad de la negación de los falsos maestros. Como en Judas 4, un texto relativamente paralelo, "Señor" probablemente sea una referencia a Cristo, identificación a la que también apunta la expresión "que los rescató". Como vemos en el resto del Nuevo Testamento, Jesús pagó con su vida en la cruz para poder rescatar, o "redimir", a los hombres de su esclavitud del pecado (el mismo verbo, *agorazo*, se usa para describir esta transacción en 1Co 6:20; 7:23; Ap 5:9; 14:3-4).

¿Pero de qué forma estaban "negando" al Señor estos falsos maestros? ¿Se trataba de una negación teológica, relacionada con su escepticismo en cuanto a la venida de Cristo en gloria? ¿O era más bien una negación práctica, ya que su estilo de vida licencioso era en sí una clara negación del Señor? El texto paralelo en Judas 4 y la referencia del versículo 2 a "sus prácticas vergonzosas" sugieren que más bien se trata de una negación práctica. Pero Pedro también destaca sus enseñanzas. Por tanto, probablemente la negación tenía que ver tanto con las enseñanzas como con el estilo de vida, ambos incompatibles con reconocer a Jesús como Señor.[5]

(3) El *resultado* de su enseñanza es destrucción (una paráfrasis lícita del texto griego, traducido en la NIV como "[herejías] destructivas"). Esta palabra, tanto aquí como en el versículo 3, hace referencia a la condenación escatológica. Como metáfora del juicio, no lleva consigo el significado literal de "aniquilar" o "cesar de existir", sino que siendo

---

4. El verbo griego en 2 Pedro es *pareisago*, mientras que Pablo usa el adjetivo (*pareisaktos*). Estas palabras no siempre significan "introducir de forma secreta", pero lo más probable en estos dos contextos es que sí tengan ese significado (ver BAGD).

5. Ver, p. ej., Calvino, *Hebrews and 1 & 2 Peter*, 316.

"salvación" su opuesto (2Co 2:15), denota la pérdida eterna de la relación con Dios (*cf.* también Jn 12:25; Ro 14:15; 1Co 1:18; 8:11; 2Co 4:3; 2Ts 2:10).

La NIV refuerza la gravedad de la doctrina de los falsos maestros calificándola de "herejías". Pero esa traducción es decir más de lo que el propio texto dice. En el periodo neotestamentario, la palabra griega que Pedro usa (*hairesis*; de donde obtenemos la palabra "herejía") normalmente significaba "partido, secta" (Hch 5:17; 15:5; 24:5, 14; 26:5; 28:22), o "facción" (1Co 11:19; Gá 5:20). No fue hasta finales del siglo I A.D. cuando la palabra adquirió el sentido técnico de "herejía": desviación de la enseñanza ortodoxa. Así que aunque la NIV capta la idea básica, "opiniones destructivas" sería una traducción más acertada. Comoquiera que sea, la idea de Pedro es lo suficientemente clara: los que siguen la teología de los falsos maestros no serán guiados a la salvación final, sino a la condenación final.

(4) El *destino* de esos falsos maestros es, como el de aquellos que les siguen, la "destrucción". Al decir que esa destrucción será "pronta", Pedro podría estar diciendo que el juicio escatológico tendrá lugar pronto. Y es cierto que la idea de inminencia, la convicción de que el día final *podría* llegar en cualquier momento, es constante en todo el Nuevo Testamento. Pero en lugar de predecir el momento del juicio, la palabra "pronta" probablemente indique que se trata de algo cierto, de algo seguro. Pedro habla de lo mismo al final del versículo 3: "Desde hace mucho tiempo su condenación está preparada y su destrucción los acecha". Los falsos maestros pueden pensar que no tendrán que enfrentarse al juicio de Dios, ya que creen que este mundo continuará igual que ahora de forma indefinida (*cf.* 3:2-5). Pero la "destrucción" por llevar a otros a la "perdición" es inevitable.

(5) La *popularidad* de esos falsos maestros es enorme. "Muchos los seguirán en sus prácticas vergonzosas". Tristemente, en la iglesia siempre hay gente que se siente atraída por la enseñanza nueva y diferente, especialmente si, como las ideas de estos falsos maestros, eliminan los límites morales y nos eximen de rendir cuentas a un juez santo.

(6) Su *impacto* sobre el cristianismo es desastroso. Porque al seguir esa enseñanza errónea y al caer en ese tipo de conducta licenciosa que Pedro atribuye a los falsos maestros en 2:10-22, los cristianos hacen que se difame "el camino de la verdad". Los autores neotestamentarios

tomaron prestado el término *camino* del Antiguo Testamento y del mundo judío para resumir la vida cristiana, las creencias y las prácticas que caracterizaban a los seguidores de Jesús (*cf.* especialmente Hch 9:2; 19:9, 23; 24:14, 22). Cuando los creyentes se desvían de ese camino, y sobre todo cuando viven vidas inmorales pero siguen profesando que Cristo es Señor, lo que consiguen es que la gente "blasfeme" contra el movimiento cristiano (*blasphemeo*; en la NIV, "difamar"). Pablo expresó esa misma preocupación sobre el efecto de las falsas enseñanzas (1Ti 6:1; Tit 2:5), y Pedro mismo, en su primera carta, exhorta a los cristianos a llevar vidas ejemplares delante de los incrédulos para que sus "blasfemias" contra la fe cristiana resulten totalmente injustificadas (1P 4:4).

(7) Los falsos maestros están *motivados por la avaricia* (v. 3). Pedro también alude a esa motivación más adelante en este capítulo, comparando a los falsos maestros con Balán, "a quien le encantaba el salario de la injusticia" (2:15; *cf.* v. 14: "expertos en la avaricia"). El mundo antiguo estaba lleno de maestros itinerantes que tenían la reputación de propagar cualquier doctrina que les reportada algún tipo de beneficio para poder vivir. Así que los falsos maestros, según Pedro, están "explotando" a los creyentes, comerciando con "palabras engañosas".

(8) Esta expresión nos lleva a la última característica de los falsos maestros: la *base* de su enseñanza son "palabras engañosas". Es probable que Pedro quiera que veamos el contraste con 1:16: no son los apóstoles, sino los falsos maestros, los que construyen su doctrina sobre "sutiles cuentos supersticiosos", es decir, sobre invenciones e historias falsas.[6]

La descripción que Pedro hace de los falsos maestros en estos versículos es tan general que parece que podemos aplicar lo que dice a cualquier grupo de falsos maestros de la historia de la iglesia. Sin embargo, tenemos que detenernos en dos cuestiones antes de entrar en la aplicación: el marco escatológico de las falsas enseñanzas; y la gravedad de las enseñanzas.

(1) Como dijimos arriba, Pedro usa el tiempo futuro para describir a los falsos maestros porque está parafraseando las predicciones cristianas

---

6. Josefo usa la palabra griega que Pedro usa aquí (*plastos*) para referirse a "historias falsas" (*Vida* 177, 337).

tempranas sobre las falsas enseñanzas que aparecerían "en los últimos días". Quizá el texto más importante aparece en Mateo 24:4-5, 10-11, 23-24, en boca del propio Jesús:

> Tened cuidado de que nadie os engañe —les advirtió Jesús—. Vendrán muchos que, usando mi nombre, dirán: "Yo soy el Cristo", y engañarán a muchos... En aquel tiempo muchos se apartarán de la fe; unos a otros se traicionarán y se odiarán; y surgirá un gran número de falsos profetas que engañarán a muchos... Entonces, si alguien os dice: "¡Mirad, aquí está el Cristo!" o "¡Allí está!", no lo creáis. Porque surgirán falsos Cristos y falsos profetas que harán grandes señales y milagros para engañar, a ser posible, aun a los elegidos.

Muchos intérpretes cuestionan el uso que Pedro hace de esas citas, diciendo que no son aplicables en ese momento, porque creen que en el discurso del monte de los Olivos (en el que aparecen estas palabras) Jesús solo predice lo que ocurrirá al final de la historia cuando regrese en gloria. Es verdad que la venida de Jesús en gloria es el clímax de ese discurso (*cf.* Mt 24:29-31). Pero la primera parte es una descripción de lo que prevalecerá *antes* de su venida (ver la transición en el v. 29: "Inmediatamente después de la tribulación de aquellos días"). Llegados a este punto, debemos recordar que, desde la perspectiva de Jesús, la duración de esta situación es indefinida. Jesús no sabe "el día ni la hora" de su gloriosa venida (*cf.* v. 36), y por eso tampoco sabe cuánto tiempo falta para el final. Si es así, no creemos que en los versículos 4-28 esté pensando en un periodo de tiempo al final de la historia, diferente al resto del tiempo entre su ascensión y la parusía. Lo que creemos es que Jesús está prediciendo la situación a la que sus seguidores se enfrentarán durante la "era de la iglesia".[7]

En mi opinión, lo que tenemos que hacer es ajustar nuestro pensamiento en cuanto a la escatología (enseñanza sobre el final de los tiempos). El Nuevo Testamento ciertamente predice que la venida de Cristo estará precedida por un breve periodo de tribulación (*cp.*, p. ej., 2Ts 2:3-11). Pero los autores del Nuevo Testamento más bien suelen describir el periodo desde la ascensión de Jesús hasta su segunda venida

---

7. Encontrará una clara y breve defensa de esta perspectiva del discurso del monte de los Olivos en D. A. Carson, "Matthew", *EBC*, ed. F. Gaebelein (Grand Rapids: Zondervan, 1984), 8:488-95.

como un tiempo en el que se experimentarán varios grados de tribulación. Juan nos recuerda que aunque al final de los tiempos aparecerá el Anticristo por excelencia, "muchos son los anticristos que han surgido ya" (1Jn 2:18). Los apóstoles y los primeros cristianos estaban convencidos de que ya vivían en "los últimos días" (*cp*., p. ej, Hch 2:16-21). La escatología no solo era futura; también era una realidad presente. Desde esta perspectiva, vemos lo natural que es para Pedro aplicar las predicciones de Jesús a los falsos maestros que están amenazando la seguridad de la iglesia en ese momento. Del mismo modo, nosotros, que aún vivimos en esos últimos días, no deberíamos sorprendernos ante las falsas enseñanzas que continúan apareciendo por todas partes, porque Jesús ya nos advirtió que así ocurriría.

(2) Si vamos a aplicar la fuerte denuncia y advertencia que Pedro hace sobre los falsos maestros, también tenemos que conocer qué tipo de enseñanza tenía en mente. Ya que a Pedro no le hubiera gustado que sus restricciones se aplicaran como un absoluto cada vez que hubiera un desacuerdo doctrinal o una falta moral. El Nuevo Testamento permite la diversidad en cuanto a ciertos temas. Los ejemplos más conocidos son las disputas en torno a la carne sacrificada a los ídolos en 1 Corintios 8—10 y a la comida *kosher* en Romanos 14:1-15:13. En ambos pasajes, Pablo pide a las partes que aprendan a vivir juntas y que no insistan en una práctica o creencia uniforme.

En este punto, el equilibrio es esencial. Además, es contrario al Nuevo Testamento etiquetar hasta el más pequeño detalle doctrinal o de conducta de elementos cristianos esenciales. Pienso por ejemplo en los cristianos que dicen que todos debemos leer la misma traducción de la Biblia o creer exactamente lo mismo sobre el orden de los sucesos al final de los tiempos. Por otro lado, ser completamente tolerante en todo tiene consecuencias fatales. Porque entonces el cristianismo perdería su esencia y sería poco más que una vaga reverencia a "Dios". Algunas ramas del movimiento ecuménico comenten el error de dirigirse en esa dirección. Por el bien de la unidad cristiana, reducen la fe a un denominador común lo más bajo posible.

Entonces, ¿cómo conseguimos el equilibrio adecuado? ¿Cómo saber cuándo aplicar las denuncias de Pedro? La respuesta es sencilla, aunque no siempre es fácil llevarla a la práctica: debemos determinar aquello que, según el Nuevo Testamento, es esencial. Una vez lo hayamos hecho, debemos aferrarnos fuertemente a aquello que es esencial y a sus implicaciones y, a la vez, ser tolerantes en aquello que no lo es. Como todos sabemos, lo que hace difícil llevar este principio a la práctica es el desacuerdo en cuando a qué demanda el Nuevo Testamento y qué no. Por ejemplo, algunos cristianos están convencidos de que las Escrituras claramente enseñan que el arrebatamiento de la iglesia será anterior a la tribulación. Y por tanto, tendrán dificultades para ser tolerantes con aquellos que sostienen una opinión diferente. Otros cristianos, sin embargo, creen que los datos bíblicos sobre esta cuestión están claros, y no les importa trabajar con hermanos que tienen una opinión diferente. Pero independientemente de los desacuerdos sobre qué es lo esencial y qué no lo es, primero debemos estar de acuerdo en dejar que la Palabra nos supervise.

Y tenemos otro recurso para ayudarnos a tomar decisiones sobre qué es esencial y qué no lo es: la voz de la historia. Aunque no suscribimos la visión de la Iglesia Católica Romana que otorga a la tradición de la iglesia casi a la misma autoridad que a la Palabra, sí podemos aprender mucho de las decisiones que otros cristianos en otras épocas y lugares tomaron sobre lo que es "ortodoxo" y lo que no. En cuanto a esto, se suele prestar especial atención a los consejos ecuménicos de la iglesia temprana, aquellas reuniones de teólogos durante los primeros seis siglos, personas que eran consideradas como representativas de la iglesia cristiana. Obviamente, la Escritura es el árbitro definitivo en todas estas cuestiones; pero nosotros los protestantes hemos ignorado el rico recurso de la tradición ortodoxa.

Ahora Pedro deja claro que la falsa enseñanza con la que se está encontrando es un serio error doctrinal y práctico. Esos maestros están "negando al mismo Señor que los rescató", están enseñando cosas que llevan a la condenación eterna, condenación que a ellos mismos les espera. Por tanto, sus palabras solo se pueden aplicar a las enseñanzas que claramente van en contra de lo que el Nuevo Testamento espera que los creyentes crean y hagan.

Tristemente, las advertencias que Pedro hace sobre los falsos maestros son tan acertadas hoy como en sus días. Como hemos visto, nuestro Señor nos advirtió que algunos se desviarían de la fe verdadera. La iglesia siempre tendrá que luchar tanto con aquellos que rechazan a Cristo de forma clara como con la amenaza más sutil que suponen aquellos que se llaman cristianos, pero distorsionan y tergiversan el mensaje cristiano. Y precisamente porque es más sutil, la última amenaza es más peligrosa que la primera.

Y podemos afirmar que el peligro de las falsas enseñanzas es mayor hoy que en el pasado. ¿Por qué? Porque vivimos en una era en la que hay un recelo enorme ante la idea de verdad absoluta. Antes, la gente debatía sobre qué religión, filosofía o sistema ético era el "correcto". En las clases de literatura inglesa en la universidad, se debatía sobre la interpretación "correcta" de *Nuestro común amigo*, de Charles Dickens. Sin embargo, hoy los profesores presentan diferentes perspectivas de la novela de Dickens, a menudo contradictorias entre sí. La idea de "una interpretación correcta" se descarta ya desde el principio. Y cuando la gente hoy en día debate sobre religión, normalmente se contentan con afirmaciones como "A *mí* me funciona" o "No es para todo el mundo, pero es *mi* camino hacia la realización espiritual".

La sociedad ha abrazado el pluralismo y la tolerancia como sus nuevos dioses. Los críticos de la sociedad y de sus movimientos intelectuales han llamado a este nuevo punto de vista "postmodernismo", señalando que la búsqueda de la verdad típicamente modernista ha sido sustituida por el "lo que mejor te vaya a ti". Una característica esencial de esta nueva forma de aproximarnos a la realidad es "una incredulidad hacia las metanarrativas".[8] "Traducido, esto quiere decir: desconfiar de cualquier voz que se alce para decirte que 'así es como son las cosas'".[9] Vivimos en un tiempo en el que todo se tolera, excepto la intolerancia. En este ambiente, los cristianos a menudo se sienten incómodos y les resulta difícil pronunciarse a favor de la verdad absoluta. Y cuando lo hacemos, la gente nos pregunta: "¿Qué derecho tienes a imponerme tu moralidad o tu religión?".

Como resultado, muchos cristianos han dejado atrás el debate sobre la verdad y cada vez confían más en una defensa de la fe más aceptable en nuestra época: el argumento del utilitarismo. "Nuestro testimonio en la actualidad da testimonio de nuestra propia fe, y al afirmar su

---

8. F. Lyotard, *The Postmodern Condition: A Report on Knowledge* (Minneapolis: Univ. of Minnesota Press, 1984).
9. Kevin J. Vanhoozer, "Exploring the World; Following the Word: The Credibility of Evangelical Theology in an Incredulous Age", *TrinJ* 16 (1995): 7.

validez quizá pasamos a estar menos interesados en su veracidad que en el hecho de que parece funcionar".[10] No es difícil imaginar las consecuencias desastrosas que este cambio tiene para la fe cristiana. Ya que las Escrituras dicen que Jesucristo es "*el* camino" al Padre, no uno entre tantos. La verdad absoluta es una idea que forma parte de estructura subyacente del cristianismo.

Las implicaciones de este "cambio de paradigma" (como algunos le llaman) para el tema que Pedro trata en este párrafo no son difíciles de imaginar. Cuanto más defendamos nuestra fe en base a su practicidad (ir a la iglesia ha ayudado a mi familia; mi compromiso con Cristo me ha dado una mejor autoestima), menos interés tendremos en conocer la verdad. El sentimiento sustituye al pensamiento. Y así, es muy fácil para los falsos maestros entrar en nuestras filas y engatusar a los que simplemente no saben mucho sobre lo que creen ni por qué lo creen.

Como Pedro dice, es un desafío enorme, porque los falsos maestros a menudo son engañosos: toman la verdad, manteniendo gran parte de ella, y la mezclan con sus ideas erróneas para embaucar a cristianos que, si bien son bienintencionados, están poco formados. En este momento pienso en algunos de los defensores del evangelio de la prosperidad más radicales de la radio y la TV. Constantemente canturrean promesas bíblicas genuinas como: "Si creéis, recibiréis todo lo que pidáis en oración" (Mt 21:22). Hacen que su mensaje suene muy bíblico. Pero citan la Biblia de forma selectiva. Estamos ante un problema de equilibrio, pero no será un problema para aquellos que conozcan bien la Biblia. La mayoría de las sectas funcionan de esta manera.

Por tanto, quizá la aplicación más significativa que podemos sacar de este párrafo es la suposición que Pedro hace sobre las desastrosas consecuencias de la falsa enseñanza. Pedro dice que a los falsos maestros, el abrazar y propagar esas herejías "les traerá una pronta destrucción" (v. 1); "su condenación está preparada y su destrucción los acecha" (v. 3). También dice que las propias herejías son "destructivas": cualquiera que se deja embaucar por ellas se encuentra en el camino hacia la condenación eterna.

La falsa enseñanza de la que Pedro habla parece estar basada en un error doctrinal, negar la venida de Cristo y el juicio (*cp.* 1:16-21; 3:3-10),

---

10. David F. Wells, *No Place for Truth; or Whatever Happened to Evangelical Theology?* (Grand Rapids: Eerdmans, 1993), 173.

y haberles llevado a faltas morales graves (ver la expresión "prácticas vergonzosas" de 2:2, 10-22). Pero la aplicación de las advertencias de Pedro no solo sirve para esta herejía en particular. Como sugerimos en la sección anterior, hermenéuticamente hablando podemos extrapolar lo que aquí encontramos a otras falsas enseñanzas. Cualquier negación de verdades claramente bíblicas encaja en la categoría que Pedro describe en estos versículos. Por ejemplo, por mucho que respetemos la seriedad moral de los mormones, su negación de la deidad de Cristo coloca su doctrina en esta categoría. Podríamos poner muchísimos otros ejemplos; y, aunque con diferentes disfraces en cada momento de la historia, los falsos maestros siempre seguirán apareciendo con nuestros matices y nuevas versiones de los errores. Por tanto, nos tenemos que quedar con el principio general: lo que *creemos* tiene mucha importancia, una importancia eterna.

No estamos abogando por una "caza de herejías", volvernos tan hipersensibles ante cualquier pequeño matiz que echemos del reino a la gente en base a las diferencias teológicas más sutiles. En el pasado tenemos ejemplos de este tipo de intolerancia, actitud muy alejada de la enseñanza bíblica. Sin embargo, aunque desaprobamos la forma en la que algunos cristianos se han excedido llamando herejes a hermanos que no piensan como ellos, al menos deberíamos reconocer que tienen un sentido de la importancia de la verdad.

2 Pedro 2:4-10a

Dios no perdonó a los ángeles cuando pecaron, sino que los arrojó al abismo, metiéndolos en tenebrosas cavernas y reservándolos para el juicio. ⁵ Tampoco perdonó al mundo antiguo cuando mandó un diluvio sobre los impíos, aunque protegió a ocho personas, incluyendo a Noé, predicador de la justicia. ⁶ Además, condenó a las ciudades de Sodoma y Gomorra, y las redujo a cenizas, poniéndolas como escarmiento para los impíos. ⁷ Por otra parte, libró al justo Lot, que se hallaba abrumado por la vida desenfrenada de esos perversos, ⁸ pues este justo, que convivía con ellos y amaba el bien, día tras día sentía que se le despedazaba el alma por las obras inicuas que veía y oía. ⁹ Todo esto demuestra que el Señor sabe librar de la prueba a los que viven como Dios quiere, y reservar a los impíos para castigarlos en el día del juicio. ¹⁰ Esto les espera sobre todo a los que siguen los corrompidos deseos de la naturaleza humana y desprecian la autoridad del Señor.

La idea de que Dios reserva a los malvados para el juicio es clave en este párrafo. Como es característico, Pedro menciona la idea tanto al principio ("reservándolos para el juicio", v. 4) como al final ("reservar... para castigarlos en el día del juicio", v. 9) de la sección. Las palabras finales de 2:3 anuncian este tema: "Desde hace mucho tiempo su condenación está preparada y su destrucción los acecha". Al reconocer esta relación, muchos comentaristas unen esta advertencia a los versículos 4-10 y dicen que la primera parte acaba en el versículo 3a.[1] De hecho, la advertencia sirve de transición. Sirve como conclusión de los versículos 1-3a y como introducción a los versículos 4-10.

La estructura de 2:4-10a es simple: Pedro escribe una extensa frase condicional. La prótasis (la parte condicional de la frase) es muy larga; va desde el versículo 4 al versículo 8 incluido. Aunque en algunas versiones el "si" condicional se va repitiendo en diferentes momentos, en el texto griego solo aparece en el versículo 4:

---

1. P. ej., Bauckham, *Jude, 2 Peter*, 245, que apunta al cambio que hay en los tiempos verbales: en los vv. 1-3a Pedro usa el tiempo futuro, y en el v. 3b, el tiempo presente. Ver también Neyrey, *2 Peter, Jude*, 196.

Si Dios no perdonó a los ángeles... [v. 4],
[si] tampoco perdonó al mundo antiguo... [v. 5],
[si] condenó a las ciudades de Sodoma y Gomorra... [v. 6]
[si] libró al justo Lot... [vv. 7-8],
entonces [v. 9a]:
el Señor sabe librar a los que viven como Dios quiere...
y reservar a los impíos para castigarlos en el día del juicio... [vv. 9-10a]

En esta frase condicional Pedro recuerda a sus lectores sucesos del Antiguo Testamento que usa para sacar su conclusión en los versículos 9-10a (nótese que Pedro menciona los sucesos del Antiguo Testamento en el orden canónico). Los tres primeros ejemplos son negativos; Pedro cita ejemplos famosos del juicio de Dios para establecer su segunda conclusión, que Dios sabe cómo condenar a los impíos. El cuarto ejemplo, la referencia a Lot en los versículos 7-8 (como la referencia a Noé en el v. 5b) establece la primera conclusión del apóstol, que Dios sabe cómo rescatar a los piadosos. Puede que Pedro incluya este punto porque sus lectores se frustran y se desaniman ante la necesidad de resistir a los falsos maestros. Así, les anima recordándoles la protección soberana de Dios que vela por los justos en tiempos de pruebas y adversidad.

Ejemplos del juicio de Dios (vv. 4-8)

En los versículos 4-6, Pedro cita tres ejemplos tradicionales del juicio de Dios para ilustrar que pronta (*cf.* v. 1) y definitivamente juzgará a los falsos maestros que están empezando a aparecer. Dos de estos ejemplos son sucesos bien conocidos del Antiguo Testamento: el diluvio en días de Noé (v. 5) y la destrucción espectacular de las ciudades de Sodoma y Gomorra (v. 6). Pero la primera ilustración, el juicio de Dios a "los ángeles que pecaron" no nos lleva a ningún suceso del Antiguo Testamento en particular. De hecho, en ningún lugar del Antiguo Testamento se menciona de forma explícita el juicio a los ángeles.

Algunos intérpretes creen que pasajes como Isaías 14:12-17 y Ezequiel podrían referirse a la caída de Satanás y de otros ángeles desobedientes, que cayeron del cielo antes de la creación del mundo, y que Pedro está aludiendo a ese castigo.[2] Pero es mucho más probable que Pedro esté haciendo referencia a la tradición judía. Varios autores en el periodo intertestamentario desarrollaron una historia sobre ángeles que pecaron y fueron castigados por Dios en el momento del diluvio. El que

---

2. P. ej., Calvino, *Hebrews and 1 and 2 Peter,* 348.

más desarrolla esta historia es el libro pseudoepigráfico de *1 Enoc*, pero también se menciona en algunos otros libros. Esta tradición no sale de la nada; los escritores elaboran el pasaje de Génesis 6:1-4, un pasaje que nos habla de los "hijos de Dios" que se sintieron atraídos por las "hijas de los hombres", se casaron con ellas, y tuvieron hijos con ellas. En la tradición judía de la que estamos hablando, los "hijos de Dios" eran ángeles, y el hecho de que tuvieran relaciones con las mujeres era una de las razones principales por las que Dios juzgó el mundo en tiempos de Noé.

Creo que es probable que Pedro tuviera en mente esta historia. (1) Cronológicamente hablando, una alusión a la tradición judía encaja con el orden en el que Pedro enumera los ejemplos en los versículos 4-7: la caída de los ángeles (Gn 6:1-4), el diluvio (6:5–8:22), Sodoma y Gomorra (cap. 19). (2) En un pasaje que contiene muchos paralelismos con este pasaje, Judas cita de forma explícita *1 Enoc* (Jud 14-15; *cf.* v. 6). (3) Probablemente Pedro se refiere a esta misma tradición en su primera carta cuando anuncia que Cristo "predicó a los espíritus encarcelados" (1P 3:19).[3] (4) Pedro parece hacerse eco de la forma en la que esa tradición describe el castigo de los ángeles. Ver, por ejemplo, *1 Enoc* 10:4: "Encadena a Azazel [un ángel desobediente] de pies y manos, arrójalo en las tinieblas". Aunque esa historia no se enseña de forma clara en el Antiguo Testamento, parece que Pedro da por sentado que sus lectores la conocen.[4]

Pedro dice que Dios castigó a estos ángeles pecadores "metiéndolos en tenebrosas cavernas". La traducción de la NIV no es la única versión posible, y otras traducciones dicen que "los entregó a cadenas de oscuridad" (p. ej., LBT). La diferencia se debe a una de las palabras griegas: la NIV acepta la palabra *sirois*, que significa "fosos" o "cavernas", mientras que La Biblia Textual entiende que la palabra es *seirais*, "cadenas". Esta última palabra es la que encontramos en el texto paralelo de Judas, donde el autor dice que los ángeles están "perpetuamente encarcelados

---

3. Muchos estudiosos dudan que en este pasaje Pedro se esté refiriendo a esa tradición (ver esp. Wayne Grudem, *The First Epistle of Peter: An Introduction and Commentary*, TNTC [Grand Rapids: Eerdmans, 1988], 157-62, 203-39). Pero creemos que los argumentos a favor de esta interpretación tienen suficiente peso (ver, p. ej., Kelly, *The Epistles of Peter and of Jude,* 152-57; J. Ramsay Michaels, *1 Peter*, WBC [Waco, Tex.: Word, 1988], 205-11).
4. En el apartado "Construyendo Puentes" encontrará más información sobre el uso que Pedro hace de las tradiciones judías en este pasaje.

en oscuridad para el juicio del gran Día" (v. 6). Pero es precisamente este paralelo el que sugiere la improbabilidad de que Pedro escribiera la misma palabra. Y es que los escribas que copiaban los manuscritos del Nuevo Testamento tendían a homogeneizar las frases de los pasajes paralelos. En este caso, pues, el término *seirais,* "cadenas", ha sido posiblemente insertado en 2 Pedro por un escriba familiarizado con Judas en sustitución de la palabra menos conocida *sirois.*

En cualquier caso, lo más seguro es que la intención de Pedro no sea que nos imaginemos a los ángeles encerrados en cavernas o fosos tenebrosos. Se trata de un lenguaje metafórico; está usando una concepción entonces popular de la vida después de la muerte para referirse al juicio de Dios. Quizá la metáfora pretenda sugerir que Dios ha restringido el alcance de la actividad (malvada) de los ángeles como resultado de su pecado.

Hay otro elemento que también nos sugiere que estamos ante una metáfora: la palabra griega que la NVI traduce "sino que los arrojó *al abismo*". Se trata de la palabra *tartareo,* "enviar al Tártaro". En la mitología griega, el Tártaro era el abismo subterráneo a donde iban a parar los dioses desobedientes y los humanos rebeldes. Una traducción inglesa recoge la idea de forma bastante literal: "los arrojó al inframundo". Otros autores judíos ya habían tomado prestado ese tipo de lenguaje para describir el lugar en el que los impíos iban a ser juzgados.[5] La traducción "infierno", aunque en cierto sentido es bastante acertada, también puede confundir; pues Pedro deja claro que ese paso por el Tártaro solo es un castigo preliminar: Dios los está "reservando para el juicio". El Tártaro en el texto de Pedro no representa un lugar de juicio final y eterno (como es nuestro concepto actual del infierno), sino el límite de influencia que Dios ha impuesto en los ángeles que cayeron.

El siguiente ejemplo de Pedro es el juicio de Dios más conocido del Antiguo Testamento: el diluvio en días de Noé (v. 5). Pedro usa una expresión similar para conectar estos dos primeros ejemplos: Dios "no perdonó" a los ángeles cuando pecaron, y "tampoco perdonó" al

---

5. "Tártaro" aparece en la Septuaginta como un nombre para referirse al infierno (Job 40:20; 41:24; Pr. 30:16) y también en algunos escritos judíos (*1 Enoc* 20:2; *Oráculos sibilinos* 4.186; Filón, *Moisés* 2.433; *Recompensa y castigo* 152). Este es otro ejemplo de la afición de Pedro a usar terminología helena (ver el apartado "Construyendo Puentes" de 1:3-11).

"mundo antiguo".[6] Enseguida, Pedro nos recuerda que Noé y su familia eran la excepción a ese "[mundo de] los impíos"; por tanto, Dios "protegió a ocho personas, incluido Noé, predicador de la justicia". El Antiguo Testamento no habla de la predicación de Noé, aunque sí lo hacen los textos judíos del periodo intertestamentario.[7] Pero lo que sí aparece en el Antiguo Testamento es base suficiente para esa tradición porque, como Calvino comenta, "[Noé] intentó convencer a un mundo degenerado de que entrara en razón, y no solo lo hizo enseñándoles y exhortándoles a ser santos, sino a través del trabajo duro que asumió durante ciento veinte años para construir el arca".[8]

La mención que Pedro hace de las "ocho personas" es interesante. En su primera carta aparece algo similar: después de hablar de los "espíritus encarcelados" que desobedecieron en días de Noé, añade que "en [el arca] sólo pocas personas, ocho en total, se salvaron mediante el agua" (1P 3:20). Los "ocho" eran Noé, su mujer, sus tres hijos y sus esposas (*cf.* Gn 6:18; 7:7, 13). En esta primera carta, la palabra "sólo" sugiere que el propósito de Pedro al mencionar el número es animar a los cristianos que están siendo perseguidos recordándoles que normalmente, los justos son minoría. Puede que ese sea su propósito también en nuestro pasaje. Tal vez los falsos maestros estén consiguiendo tener vez más seguidores, y puede que algunos lectores de Pedro estén desanimados por ello. Necesitan recordar que los justos a menudo son pocos pero Dios siempre es fiel para protegerlos.

No debería sorprendernos que, para ilustrar el juicio de Dios, Pedro pase del diluvio al episodio de Sodoma y Gomorra. Unir esos dos desastres no era una novedad. Jesús mismo usó esos dos sucesos para hablar del juicio de Dios sobre los libertinos (Lc 17:26-29):

> Tal como sucedió en tiempos de Noé, así también será cuando venga el Hijo del hombre. Comían, bebían, y se

---

6. La expresión "mundo antiguo" podría sugerir que Pedro está pensando en un diluvio universal que cubrió toda la tierra. Pero en la última parte del versículo, Pedro usa de nuevo la palabra que nosotros traducimos «mundo» (*kosmos*), pero esta vez habla concretamente del"mundo de los impíos" (la NVI no traduce la palabra *kosmos*). Como ocurre a menudo en la Biblia, "mundo" no hace referencia a la tierra, sino que alude a los seres humanos. Para determinar si el diluvio fue universal o no, tendremos que recurrir a otros textos.
7. Ver, por ejemplo, Josefo, *A.* 1.74; *Oráculos sibilinos* 1.148-98, esp. 1.129, y otros.
8. Calvino, *Hebrews and 1 and 2 Peter*, 379.

casaban y daban en casamiento, hasta el día en que Noé entró en el arca; entonces llegó el diluvio y los destruyó a todos.

Lo mismo sucedió en tiempos de Lot: comían y bebían, compraban y vendían, sembraban y edificaban. Pero el día en que Lot salió de Sodoma, llovió del cielo fuego y azufre y acabó con todos.

La descripción que Pedro hace del juicio de Dios sobre las ciudades de Sodoma y Gomorra (v. 6) es bastante directa, aunque de nuevo se puede discernir cierta influencia de la tradición. Según el Antiguo Testamento, Dios destruyó esas ciudades pecaminosas enviando una lluvia de fuego y azufre (Gn 19:24). Pedro escoge centrarse en lo que sin duda alguna fue el resultado de esa lluvia de azufre: Dios "redujo [las ciudades] a cenizas". La palabra que Pedro utiliza (*tephroo*, "reducir a cenizas") también la usó Dión Casio para describir Pompeya después de la erupción del monte Vesubio en el año 70 A.D. Además, algunos autores judíos anteriores a Pedro ya habían descrito la destrucción de estas dos ciudades en los mismos términos. Por ejemplo, Filón, el filósofo alejandrino del siglo I, dice que Dios "consumió a los impíos y sus ciudades, y hasta el día de hoy en Siria se muestra el monumento del horrible desastre, ruinas y despojos y azufre y humo".[9] Y del mismo modo en que Filón llama al lugar del desastre "monumento", Pedro también habla de las implicaciones duraderas de aquella terrible destrucción; Dios las puso "como escarnecimiento para los impíos".

Pero, como la historia del diluvio, la historia de Sodoma y Gomorra también tiene una parte positiva. Dios "libró al justo Lot" del desastre, de la misma manera que rescató a Noé y su familia (v. 7). El adjetivo "justo" puede sonar exagerado. El Antiguo Testamento presenta a Lot como alguien débil e influenciable. Fue librado casi en contra de su voluntad, y el mérito no fue de su propia virtud sino de Dios, que de forma misericordiosa intervino respondiendo a la petición de Abraham (*cf.* esp. Gn 19:29). Sin embargo, una vez más la descripción de Lot que Pedro hace encaja con algunas tradiciones judías, que también presentan a Lot como un hombre "justo".[10]

---

9. Filón, *Moisés* 2.56 (citado en *Filón*, vol. 6, ed. F. H. Colson, LCL [Cambridge, Mass.: Harvard Univ. Press, 1935], 477).

10. En griego, *dikaios*. Ver espacialmente Sabiduría 10:6; 19:17. Sin embargo, en otras tradiciones judías, se presenta a Lot como un hombre con reputación de pecador.

No obstante, la breve descripción que Pedro hace de Lot está respaldada por el texto del Antiguo Testamento. Como Pedro dice, Génesis 19 sugiere que Lot no participó en la homosexualidad desenfrenada que caracterizaba a aquellas ciudades; de hecho, estaba "abrumado". Aunque Lot no tenía demasiadas virtudes, nunca perdió su reverencia al Señor. Y así es como hay que entender la palabra "justo" que Pedro usa. En el Nuevo Testamento, esta palabra con frecuencia describe el estado de una persona ante Dios, no su virtud moral innata. Además, es importante ver que Pedro no dice que el Señor rescató a Lot *porque* era un hombre justo. Igualmente, Dios no librará a los cristianos de entonces ni a los de ahora, del juicio que va a enviar sobre los impíos en base a la bondad de esos cristianos. Los librará en base a "su conocimiento de Dios y de Jesús nuestro Señor" (2P 1:2) y porque se hayan abrumados, como Lot, por el pecado desenfrenado que hay a su alrededor.

La importancia de este último punto queda clara cuando en el versículo 8 Pedro elabora un poco más la "angustia" de Lot. En algunas traducciones este versículo aparece acertadamente entre paréntesis. A Lot "se le despedazaba el alma por las obras inicuas que veía y oía". La NVI acierta al unir "veía y oía" con "las obras inicuas". Pero no refleja que en el texto griego el verbo "despedazar" ("afligir" o "atormentar" en otras versiones) está en voz activa: "Lot despedazaba su alma justa". No quiero decir más de lo que el texto dice. Pero recordemos que Lot acabó en Sodoma por elección propia. Y Génesis deja claro que Sodoma ya era una ciudad notoriamente pecaminosa cuando Lot tomó la decisión de ir allí (*cf.* Gn 13:11-13). Entonces, quizá Pedro ha usado la voz activa para sugerir que, en parte, Lot mismo era responsable de la angustia que su "alma justa" estaba sufriendo.

La aplicación de los ejemplos (vv. 9-10)

Con el versículo 9 llegamos al final de la extensa frase condicional. La NVI lo hace fácil para el lector añadiendo la expresión "todo esto" al principio de la frase. Dicho de otro modo, si el Antiguo Testamento muestra una y otra vez que Dios ha intervenido para juzgar a los pecadores y salva a los justos, entonces "el Señor sabe librar de la prueba a los que viven como Dios quiere, y reservar a los impíos para castigarlos en el día del juicio".

Pedro invita a sus lectores a incluirse en la categoría de "los que viven como Dios quiere". Necesitan saber que el sacrificio de vivir según las reglas de Dios en un ambiente impío tendrá su recompensa. ¿Pero de qué "prueba" los librará Dios? Algunas traducciones, como la NVI inglesa, se toman la libertad de poner en plural ("pruebas") una palabra que en el texto griego está en singular (*peirasmos*). La palabra griega tiene dos significados diferentes. Puede significar "tentación", el incentivo interno del pecado, como en 1 Timoteo 6:9 (donde Pablo advierte a los lectores de que "los que quieren enriquecerse caen en la *tentación*"), o puede significar "prueba" o aflicción externa, como en 1 Pedro 4:12 ("Queridos hermanos, no os extrañéis del fuego de la *prueba* que estáis soportando").

Si la palabra quiere decir "tentación", entonces Pedro probablemente está prometiendo que Dios libra de la tentación de pecar, tal como Lot experimentó en Sodoma (ver NASB).[11] Pero en las otras dos ocasiones en las que Pedro usa *peirasmos*, su significado es "prueba" (1P 1:6; 4:12), y este es también su significado más común en todo el Nuevo Testamento. Algunos comentaristas que adoptan este significado piensan que Pedro se refiere a la gran prueba de la fe que tendrá lugar al final de la historia.[12] Esta idea tiene un peso considerable; como Bauckham mismo dice: "Puesto que el diluvio y el juicio sobre Sodoma y Gomorra son prototipos del juicio escatológico, las situaciones de Noé y Lot son situaciones típicas de los cristiano en los perversos días finales antes de la parusía".[13] Pero aunque ciertamente los cristianos están en los últimos días, creo que Pedro tenía en mente que esos últimos días podían durar bastante tiempo. Por tanto, creo que en la "prueba" Pedro incluye todos aquellos desafíos que los cristianos experimentan en este mundo.

En la segunda parte del versículo, Pedro rescata la parte negativa de los ejemplos veterotestamentarios que ha citado en los versículos 4-8: "El Señor sabe... reservar a los impíos para castigarlos en el día del juicio, mientras continúan siendo castigados" (NVI inglesa). La NVI inglesa y otras versiones dan a entender que Pedro no solo promete que los impíos tendrán un juicio futuro, sino que el castigo ya ha empezado. No obstante, esa no es la única manera de entender el texto griego, y

---

11. Bigg, *The Epistles of St. Peter and St. Jude,* 277; Kelly, *The Epistles of Peter and of Jude,* 335. 12. Ver, p. ej., Green, *The Second Epistle General of Peter and the General Epistle of Jude,* 102; Bauckham, *Jude, 2 Peter,* 253.

12. Ver, p. ej., Green, *The Second Epistle General of Peter and the General Epistle of Jude,* 102; Bauckham, *Jude, 2 Peter,* 253.

13. Bauckham, *Jude, 2 Peter,* 253.

muchas otras versiones solo hablan del juicio futuro: "El Señor sabe... reservar a los impíos para castigarlos en el día del juicio" (NVI).[14]

Muchos comentaristas creen que esta última opción es la correcta.[15] Pero hay dos cuestiones que dan peso a la interpretación de la NVI inglesa. La palabra griega "siendo castigados" está en tiempo presente, y la forma más natural de entender ese uso es que el castigo está teniendo lugar ya mientras los está reservando o guardando para el juicio final. Además, esa combinación de un castigo preliminar en el presente y un juicio final en el futuro también aparece en el versículo 4, donde Pedro dice que a los ángeles desobedientes Dios los ha metido en cavernas tenebrosas "reservándolos para el juicio".[16] Si esto es lo que Pedro quiere transmitir, ¿de qué forma está castigando Dios a los pecadores en el presente? Veremos esta cuestión en la sección "Significado contemporáneo".

En el versículo 10, la NVI ahora sigue a la mayoría de versiones porque divide el versículo en dos frases, poniendo la primera con los versículos 4-9, y la segunda, con los versículos 11 y siguientes. Es una buena decisión. Gramaticalmente, la primera parte del versículos 10 está unida al versículo 9, y Pedro da un ejemplo de aquellos "impíos" a los que Dios va a juzgar. Pero el versículo 10b, que no está unido gramaticalmente a la primera parte, el apóstol pasa a hacer una descripción más amplia de esos impíos.

Por tanto, en 10a Pedro nos lleva de nuevo al principio del capítulo. En los versículos 1-3 advierte de los falsos maestros; en los versículos 4-9, cita ejemplos del Antiguo Testamento para respaldar su afirmación de que serán condenados; ahora sugiere que entre esos falsos maestros a los que les espera la condenación se encuentran los que están molestando a sus lectores. Parece que para Pedro es suficiente comentar dos características generales de esos falsos maestros impíos: "siguen

---

14. La ambigüedad del texto griego se debe al participio *kalazomenous*, "siendo castigados", que acompaña al verbo *terein*, "guardar". La NVI inglesa entiende que el participio denota que la acción tiene lugar al mismo tiempo que el verbo al que acompaña: "guarda mientras los castiga". Otras versiones, sin embargo, entienden que el participio es una referencia al futuro: "guarda para castigarlos".
15. P. ej., Bauckham, *Jude, 2 Peter*, 254; Green, *The Second Epistle General of Peter and the General Epistle of Jude*, 103.
16. En cuanto a esta interpretación, ver también Kelly, *The Epistles of Peter and of Jude*, 324.

los corrompidos deseos de la naturaleza humana", y "desprecian la autoridad".

La traducción de la NVI es demasiado suave. Pedro usa palabras muy fuertes; una traducción más literal sería la siguiente: "persiguen la carne, porque desean apasionadamente la impureza".[17] Estas palabras hacen referencia al pecado sexual, que probablemente incluía, a la luz de la mención de Sodoma y Gomorra en el versículo 6, la homosexualidad.[18]

La segunda característica general de estos falsos maestros es más difícil de interpretar. Concretamente, ¿qué tipo de "autoridad" estaban despreciando? Veamos cuatro opciones. (1) En la segunda parte del versículo 10, Pedro asegura que "insultan a los seres celestiales". Esta traducción es la interpretación de una palabra griega de difícil traducción, pero probablemente sea acertada. Como en 10ª, la palabra "autoridad" está en singular, no parece lógico pensar que están despreciando la autoridad de los "seres celestiales".[19] (2) Pedro se podría estar refiriendo a la "autoridad" de la iglesia, autoridad que los falsos maestros estaban ignorando porque perseguían sus propias ideas heréticas.[20] No obstante, en el texto no hay nada que apunte a esta interpretación. (3) La "autoridad" más importante para los cristianos es, obviamente, la del Señor. Y muchos intérpretes cree que esa es la autoridad que los falsos maestros están despreciando.[21] (4) Esta tercera opción puede ser correcta, pero en mi opinión, estamos ante una referencia más general. Tanto en este versículo como en Judas 8 se acusa a los falsos maestros de despreciar a la "autoridad", e inmediatamente después, se les acusa de "insultar a los seres celestiales [angélicos]". Por tanto, tiene más sentido pensar que esta segunda acusación es un ejemplo específico de la primera

---

17. La NVI suele traducir la palabra griega *sarx*, "carne", por "naturaleza humana". En algunas ocasiones, esa paráfrasis es útil. Pero aquí se pierde la connotación sexual que la palabra "carne" sí tiene.
18. Green, *The Second Epistle General of Peter and the General Epistle of Jude*, 103.
19. La palabra que Pedro usa aquí (*kyriotes*) parece respaldar esta perspectiva. No es una palabra común en el Nuevo Testamento, pues solo aparece en cuatro ocasiones: aquí, en Judas 8 (texto bastante paralelo), y dos veces en Pablo, donde se refiere a seres angelicales (Ef 2:21; Col 1:16). Ver Mayor, *The Epistle of St. Jude and the Second Epistle of St. Peter*, 127.
20. Green, *The Second Epistle General of Peter and the General Epistle of Jude*, 103-4.
21. De hecho, aunque la NVI inglesa traduce "desprecian la autoridad", la NVI castellana traduce directamente "desprecian la autoridad del Señor". Encontrará los comentarios de diversos intérpretes en Bigg, *The Epistles of St. Peter and St. Jude*, 279; Kelly, *The Epistles of Peter and of Jude*, 336; Bauckham, *Jude, 2 Peter*, 255.

acusación. Dicho de otro modo, "despreciar la autoridad" es una acusación general que describe a los falsos maestros como autónomos y rebeldes. Pedro no tiene en mente ninguna autoridad en particular; lo que Pedro tiene en mente es el principio de autoridad.

La idea principal de estos versículos está bien clara: Dios juzga a aquellos que de forma obstinada ignoran sus mandamientos mientras que protege a aquellos que se mantienen fieles a él. Pero algunos de los detalles que Pedro usa para transmitir esta idea no están tan claros. En particular hay una cuestión que puede suponer una dificultad para el intérprete: la influencia de las tradiciones judías sobre el uso que Pedro hace del Antiguo Testamento. Esta cuestión suscita una pregunta hermenéutica más general: ¿De qué modo influenciaron algunos libros que no están en la Biblia lo que los autores del Nuevo Testamento creían y escribieron? ¿Y en qué medida? En los siguientes párrafos, de forma breve investigo esta cuestión para que juntos podamos entender los detalles de este pasaje.

El uso del Antiguo Testamento en el Nuevo Testamento es uno de los eternos debates de la teología bíblica y de la interpretación. En el pasado, los eruditos prestaron mucha atención a las citas del Antiguo Testamento que aparecían en el Nuevo. Más recientemente, hay más interés por los muchos textos del Nuevo Testamento que retoman temas o pasajes del Antiguo sin citarlos de forma directa. Los autores del Nuevo Testamento conocían tan bien el Antiguo que los temas y las palabras de las Escrituras judías aparecen entretejidos en el Nuevo Testamento. Así, los eruditos hablan de "ecos" de las Escrituras en el Nuevo Testamento, en el que los autores transmiten ciertos matices de significado haciendo una referencia implícita a algún pasaje o tema del Antiguo Testamento. Otro término que se usa para denominar este fenómeno es *intertextualidad*. Reconoce quizá de una forma más profunda que la Biblia es en realidad un libro, cuyas partes deben entenderse solo a la luz del todo.[22]

No obstante, la naturaleza intertextual se complica a causa de las capas de tradición que existen entre el texto original del Antiguo Testamento

---

22. Encontrará una introducción breve pero influyente en este planteamiento en Richard B. Hays, *Echoes of Scripture in the Letters of Paul* (New Haven: Yale University Press, 1989), 14-33.

y los autores del Nuevo Testamento. Los autores del Nuevo Testamento como Pedro conocían bien las Escrituras desde muy jóvenes. Desde niños, habían oído leer, interpretar y aplicar las Escrituras, en la sinagoga y en otras situaciones de la vida cotidiana. Y durante ese tiempo, absorbieron muchas formas específicas de leer el Antiguo Testamento. Obviamente, su lectura fue transformada al comprender que Jesús era el cumplimiento del Antiguo Testamento. Pero la nueva perspectiva que la fe en Cristo aportó, aunque transformó su lectura de las Escrituras, no borró todas las tradiciones del trasfondo judío que habían heredado. Muchas de esas tradiciones tienen un rol en la interpretación que el Nuevo Testamento hace del Antiguo Testamento.

El pasaje de 2 Pedro 2:4-10a es un buen ejemplo de ello. En el comentario que hago más arriba ya comenté que hay al menos cuatro lugares en los que parece ser que Pedro usa el Antiguo Testamento influenciado por algunas tradiciones judías:

(1) El juicio de Dios sobre los "ángeles que pecaron" (v. 4) probablemente hace referencia a la interpretación judía de Génesis 6:1-4.

(2) La "predicación" de Noé (v. 5), que no se menciona en el Antiguo Testamento, sí se menciona en varios libros judíos.

(3) El lenguaje que Pedro usa para describir la destrucción de Sodoma y Gomorra ("las redujo a cenizas", v. 6) es más similar a la versión de Filón y de otros autores judíos que a la del Antiguo Testamento.

(4) La descripción que Pedro hace de Lot como "justo" (v. 7) coincide con la descripción de Lot que encontramos al menos en un libro judío del periodo intertestamentario (*Libro de la sabiduría de Salomón*).

No estoy sugiriendo que Pedro conocía y citó de forma específica todos esos libros o autores, aunque sí es posible que, al menos, le resultaran familiares. Lo que creo que ocurrió es que Pedro hizo referencia a la enseñanza popular que él también conocía, enseñanza de la que nos ha quedado constancia gracias a esos libros. Sabemos que los judíos desarrollaban los pasajes y las historias del Antiguo Testamento cuando las contaban a las generaciones siguientes y cuando los predicadores y maestros explicaban cómo aplicarlas. Algunas de estas elaboraciones se extendieron tanto que puede que a menudo se las asociara con los pasajes del Antiguo Testamento en la que estaban basadas. Esas tradiciones aparecen en los libros intertestamentarios mencionados arriba, y Pedro podría haberlos conocido durante sus años en la sinagoga.

Las últimas tres alusiones a la tradición judía no crean ninguna polémica. En los tres casos, la tradición judía simplemente hace más explícito algo que ya está implícito en las historias del Antiguo Testamento. Pero la primera alusión sí es polémica, pues Pedro hace referencia a una tradición judía sobre ángeles basada en lo que muchos eruditos evangélicos contemporáneos creen que es una malinterpretación de Génesis 6:1-4. Antes de examinar esta cuestión, veremos un poco esa tradición y en qué se basa.

En Génesis 6:1-4 dice:

> Cuando los seres humanos comenzaron a multiplicarse sobre la tierra y tuvieron hijas, los hijos de Dios vieron que las hijas de los seres humanos eran hermosas. Entonces tomaron como mujeres a todas las que desearon. Pero el Señor dijo: «Mi espíritu no permanecerá en el ser humano para siempre, porque no es más que un simple mortal; por eso vivirá solamente ciento veinte años».
>
> Al unirse los hijos de Dios con las hijas de los seres humanos y tener hijos con ellas, nacieron gigantes, que fueron los famosos héroes de antaño. A partir de entonces hubo gigantes en la tierra.

Es clave la identificación de «los hijos de Dios». La mayoría de judíos durante el periodo intertestamentario creía que esos «hijos de Dios» eran ángeles. Esta tradición de interpretación aparece en muchos lugares, pero aparece de forma muy clara sobre todo en *1 Enoc*. En los primeros versículos del capítulo 6 de ese libro leemos:

> Así sucedió, que cuando en aquellos días se multiplicaron los hijos de los hombres, les nacieron hijas hermosas y bonitas; y los Vigilantes, hijos del cielo las vieron y las desearon, y se dijeron unos a otros: «Vayamos y escojamos mujeres de entre las hijas de los hombres y engendremos hijos».

El autor de *1 Enoc* describe más adelante cómo estos ángeles cohabitaron con «las hijas de los hombres» (7:1). De su unión surgieron los gigantes (*cf.* los "nefilim" de Gn 6:4). Además, los ángeles trajeron consigo prácticas pecaminosas que enseñaron a sus esposas y a sus descendientes (7:2-6). Una de esas prácticas era el arte de la magia. *1 Enoc* achaca la pecaminosidad del mundo a estos ángeles caídos, a los que el autor a menudo llama "vigilantes". En el resto del libro se habla muchas veces de ellos, de su pecado y del juicio que caerá sobre ellos.[23]

Si pensamos en la popularidad de esta tradición, la elección de Pedro para ilustrar el juicio de Dios en el pasado es bastante natural. Y, como ya dijimos en la Introducción, aunque los lectores de Pedro probablemente eran gentiles, estaban bien familiarizados con el Antiguo Testamento. No obstante, el uso que Pedro hace de esta tradición es un problema para los que creemos en la exactitud total de la Biblia. Porque si eso es lo que Pedro hace aquí, parece que está respaldando una interpretación judía de Génesis 6:1-4 que muchos piensan que no es correcta. De hecho, Pedro da un ejemplo del juicio de Dios que nunca tuvo lugar. Y obviamente, eso pone en cuestionamiento la veracidad de lo que escribió.

Ante este problema, tenemos, en mi opinión, tres posibles soluciones. (1) Como comenté en la sección "Sentido Original", es posible que Pedro no esté haciendo referencia a esta tradición judía. Aunque el Antiguo Testamento no describe claramente la "caída" de los ángeles, muchos estudiosos creen que hay al menos dos pasajes que podrían hacer referencia a la caída del jefe de los ángeles malignos, Satanás: la denuncia que Isaías hace del "lucero de la mañana" en Isaías 14:12-20 y la profecía contra el rey de Tiro en Ezequiel 28:1-19. Pero puede que estos textos tan solo está usando la hipérbole para describir la arrogancia y la caída de algunos gobernantes históricos activos en tiempos de los profetas. La historia más clara de la caída de los ángeles que muchos de nosotros tenemos en la cabeza no viene de la Biblia, sino del gran poema épico *El paraíso perdido* de John Milton, en el que desarrolla el tema de forma muy extensa.

Pero aunque el Antiguo Testamento no contenga una narración sobre la caída de los ángeles, sí asume que algo así ocurrió. Y Apocalipsis 12:7-9 describe, en forma de visión, la expulsión de "Satanás y

---

23. Ver 9:6-9; 10:7-15; 12:4-6; 13:1-2; 14:4-7; 15:3-7; 16:3; 19:1; 54:7–55:2; 64:1-69:25. Otros escritos intertestamentarios que hacen referencia a esta tradición son: *Libro de los Jubileos* 5:1; 10:1-6; Josefo, *A.* 1.73; Filón, *Sobre los gigantes* 6; *Cuestiones y respuestas sobre el Génesis* 1.92; ver también el *Documento de Damasco* (CD) 2:18.

sus ángeles" del cielo después de una guerra con Miguel y los ángeles buenos. Por tanto, en 2 Pedro podríamos tener una referencia a esa caída "prehistórica" de los ángeles. Debemos estar abiertos a esta posibilidad, puesto que Pedro no conecta explícitamente su referencia a "los ángeles que pecaron" con Génesis 6 o con el tiempo de Noé. Pero también he dado algunas razones por las que creo que probablemente Pedro no tiene en mente la tradición en torno a Génesis 6.

(2) Otra opción sería que Pedro sí se esté refiriendo a la tradición sobre los ángeles en Génesis 6, pero su intención no es que sus lectores crean que se trata de un suceso histórico que realmente ocurrió. En este caso, estaría haciendo lo que muchos predicadores de hoy hacen para ilustrar sus sermones: referirse a una historia conocida que no es cierta, pero que sirve para exponer una idea. Creo que no deberíamos desechar esta posible solución, aunque plantea algunos problemas. El más serio es que en las demás ilustraciones, Pedro usa sucesos claramente históricos. El diluvio en tiempos de Noé (v. 5) y la destrucción de Sodoma y Gomorra (v. 6) sí tuvieron lugar. Solo un lector con una sensibilidad especial adivinaría que la primera ilustración del juicio de Dios nunca sucedió. Además, recordemos que Pedro está intentado convencer a sus lectores de la realidad del juicio de Dios porque los falsos maestros está diciendo que eso no son más que "mitos" o "cuentos supersticiosos" (*cf.* 1:16). Ilustrar el juicio de Dios usando una tradición del juicio de Dios que podía etiquetarse de "mito" resulta una estrategia un tanto extraña. Aún así, esta opción sigue siendo una de las posibilidades a considerar.

(3) La tercera solución es asumir que la interpretación judía prevalente de Génesis 6:1-4 en tiempos de Pedro es correcta: "hijos de Dios" se refiere a los ángeles. Los intérpretes contemporáneos del Génesis adoptan tres perspectivas diferentes en cuanto a la expresión "hijos de Dios" en Génesis 6:1: habla de seres humanos[24] o príncipes humanos, habla de seres divinos, o habla de ángeles. De hecho, la primera de esas opciones es cada vez menos popular, ya que la mayoría reconoce que con casi toda seguridad, la expresión hebrea *bene elohim* no se refiere aquí a seres humanos. La segunda opción es popular entre los intérpretes que creen que el Génesis se basa en un antiguo mito muy extendido sobre

---

24. Ver, p. ej., C. F. Keil y F. Delitzsch, *Commentary on the Old Testament: The Pentateuch* (3 vols. en uno; reedición; Grand Rapids: Eerdmans), 127-34.

la relación de los dioses con las hijas de los hombres.²⁵ Pero la tercera opción también cuenta con algunos seguidores que citan textos como el de Job 1:6 y 2:1, donde los claramente los "hijos de Dios" son ángeles.²⁶

Obviamente, es difícil concebir a ángeles y humanos manteniendo relaciones sexuales; y esta siempre ha sido la objeción principal ante aquellos que creen que los "hijos de Dios" son ángeles. Jesús mismo parece sugerir que los ángeles no tienen relaciones sexuales (*cf.* Mt 22:30 y textos paralelos). Además, Génesis 6:5-8 no dice nada sobre el pecado de los ángeles, pero dice mucho sobre el pecado de los seres humanos. Los intérpretes sugieres varias formas de salvar estas dificultades, pero aquí no vamos a dedicar más espacio a este tema. Lo realmente importante es reconocer que, con los matices adecuados, no es imposible que Génesis 6:1-4 se refiera a ángeles caídos que tuvieron relaciones con mujeres.

Entonces, ¿qué podemos concluir en cuanto al uso que Pedro hace de Génesis 6? Quizá en este caso la única forma de responder es dejando espacio a la intertextualidad. La referencia de Pedro a los "ángeles que pecaron", en especial a la luz de 1 Pedro 3:19-20, probablemente proviene de un interpretación específica de Génesis 6. Dado que creemos que la Biblia en última instancia es una sola voz, quizá deberíamos acertar la interpretación de Pedro como la interpretación correcta de la enigmática expresión "hijos de Dios".

Cualquiera que sea nuestra conclusión, el texto claramente muestra lo importante que es interpretar las Escrituras a la luz de las Escrituras, y ser conscientes de la existencia de tradiciones judías que condicionaban la forma en la que los autores del Nuevo Testamento usaban el Antiguo. Todos deberíamos estar de acuerdo en cuanto al primer principio, siempre que estemos hablando de la interpretación del Nuevo Testamento a la luz del Antiguo. Es cierto que los cristianos siempre han visto la importancia de leer el Antiguo Testamento a la luz de Cristo. Pero lo que estoy sugiriendo es un poco más radical: hacer la exégesis de un

---

25. Ver, p. ej., Claus Westermann, *Genesis I-II: A Commentary* (Minneapolis: Augsburg, 1984), 371-72.
26. Ver G. J. Wenham, "Genesis" en *The New Bible Commentary: 21st Century Edition*, ed. D.A. Carson, R. T. France, J. A. Motyer, y G. J. Wenham (Downers Grove, Ill.: InterVarsity,1994), 65. Wenham sugiere además que el texto podría estar haciendo referencia a la prostitución sagrada.

pasaje del Antiguo Testamento según la interpretación que el Nuevo Testamento hace de ese pasaje.

Como cristianos evangélicos creemos que cuando Pedro hizo esta interpretación del Antiguo Testamento influenciado por aquellas tradiciones, Dios le guardó de introducir errores. Pero la interpretación judía antigua de las Escrituras también puede haber preservado interpretaciones correctas, de las que podemos aprender. La enigmática historia de Génesis 6:1-4 podría ser un ejemplo de ese proceso.

Significado Contemporáneo

Encontrar el significado contemporáneo de 2 Pedro 2:4-10 no es difícil, porque la situación de la que habla es muy similar a la posición de la iglesia en el mundo hoy. En 2:1, Pedro nos recuerda que "entre vosotros habrá falsos maestros". Y su predicción es totalmente aplicable a nuestros días. Miremos donde miremos, encontramos a personas que defienden ideas que la Biblia claramente condena, y sin embargo afirman que son el verdadero camino para llegar a Dios, o al "sentido de la vida" o a la realización espiritual. Y esos maestros religiosos con frecuencia tienen mucho éxito, atraen a muchos seguidores, viven muy bien, y se hacen famosos. ¿Cómo es que Dios guarda silencio mientras esos falsos maestros tergiversan su verdad y engañan a la gente?

La respuesta de Pedro es simple: Dios no está callado. Usando los ejemplos de los ángeles que pecaron, del mundo en tiempos de Noé, y de las ciudades de Sodoma y Gomorra, Pedro explica que Dios juzga a los pecadores ahora, y los condenará de forma definitiva en el futuro. Es importante ver que menciona los dos momentos de este juicio tanto al principio del párrafo (v. 4) como al final (v. 9):

> Dios no perdonó a los ángeles cuando pecaron, sino que los arrojó al abismo, *metiéndolos en tenebrosas cavernas y reservándolos para el juicio.*

> ... el Señor sabe... *reservar a los impíos para castigarlos en el día del juicio.*

La Biblia enseña sobre el gran día de juicio que está por venir, cuando los justos recibirán su recompensa eterna y los impíos sufrirán la condenación eterna. La idea del juicio en esta vida no es tan común, pero también aparece con frecuencia. Pensemos, por ejemplo, en Romanos 1:18-32. En este pasaje, Pablo afirma en tres ocasiones que Dios "entregó" a los pecadores a las consecuencias del pegado que habían elegido (vv. 24, 26, 28). Al volverse del Dios verdadero para adorar a ídolos que ellos mismos habían hecho, aquellas personas fueron " entregadas" a la impureza sexual, a pasiones contra naturaleza y a la depravación mental. Eligieron su propio camino, contrario a Dios, y él les permitió seguir hacia el final destructivo que habían elegido. El poeta alemán Schilling lo expresó muy bien cuando escribió: "La historia del mundo es el juicio del mundo".

Quizá Pedro tiene esas mismas ideas en mente cuando menciona el juicio que los impíos están experimentando en el presente. Los pecados que esa gente comenta, con sus horribles consecuencias para la salud del cuerpo y de la mente, ya son en sí una forma de juicio. Por tanto Pedro nos anima a que, cuando contemplemos a los impíos de nuestra época, miremos más allá de su felicidad y su éxito superficial y veamos la ansiedad, el desespero y la frustración que se esconden bajo la superficie.

Pero el interés de Pedro aquí no es hablar sobre el medio de castigo, sino sobre la certeza del castigo. Quiere asegurar a los creyentes que aquellos que se burlan de Dios y enseñan lo que es contrario a su verdad no quedarán libres de cargos. Green lo explica de la siguiente manera: "La falsa enseñanza y la falsa conducta siempre traerá sufrimiento y desastre, sea en tiempos de Lot, en tiempos de Pedro o en nuestros tiempos".[27] Detrás de las palabras de Pedro está la convicción, compartida con todos los autores bíblicos, de que Dios es tanto justo como soberano. Porque es justo, no puede permitir que el pecado quede impune. Y porque es soberano, un día ejecutará el castigo por el pecado. Incluso filósofos como Kant han planteado la necesidad de algún tipo de dios en lo que tan a menudo parece un mundo injusto precisamente para asegurar que un día sí se hará justicia.

En todos nosotros existe ese anhelo de que "el bien prevalezca"; solo hace falta ver la cantidad de novelas y películas de éxito en las que el bien triunfa sobre el mal. Cuando Luke Skywalker y el resto de los "guerreros de la libertad" finalmente conquistan el imperio del mal en la última película de *La guerra de las galaxias*, nos entra un sentido de satisfacción y de justicia que Dios mismo ha puesto en nosotros. El salmista nos habla justamente de ese tipo de experiencia. Asaf empieza

---

27. Green, *The Second Epistle General of Peter and the General Epistle of Jude*, 100.

el Salmo 73 quejándose de la aparente felicidad y éxito de los impíos (vv. 1-12). Todos nos podemos identificar con su reacción: "En verdad, ¿de qué sirve mantener mi corazón limpio?" (v. 13a). Pero luego Asaf nos dice que entró "en el santuario de Dios"; se puso en un lugar desde el que podía tener la perspectiva que Dios tiene de las cosas (v. 17). Y así pudo entender "cuál será el destino de los malvados": desastre y destrucción (vv. 18-28). Y por si pensamos que esta es una perspectiva precristiana, veamos lo que Pablo dice a los tesalonicenses que están sufriendo persecución (2Ts 1:6-10):

> Dios, que es justo, pagará con sufrimiento a quieres os hacen sufrir. Y a vosotros que sufrís, os dará descanso, lo mismo que a nosotros. Esto sucederá cuando el Señor Jesús se manifieste desde el cielo entre llamas de fuego, con sus poderosos ángeles, para castigar a los que no conocen a Dios ni obedecen el evangelio de nuestro Señor Jesús. Ellos sufrirán el castigo de la destrucción eterna, lejos de la presencia del Señor y de la majestad de su poder, el día en que venga para ser glorificado por medio de sus santos y admirado por todos los que hayan creído, entre los cuales estáis vosotros porque creísteis el testimonio que os dimos.

Ahora bien, algunos de nosotros podríamos preguntarnos cómo encaja todo este énfasis en el juicio con el resto de la enseñanza bíblica. Después de todo, como cristianos, debemos guardarnos del deseo pecaminoso de la venganza del que nuestro mismo Señor nos advirtió. Nos dijo: "Amad a nuestros enemigos y orad por quienes os persiguen" (Mt 5:44). Pero podemos amar así precisamente, porque sabemos que la venganza es de Dios, que él ya pagará (Ro 12:19). Dios nos ha dicho que no busquemos vengarnos, que no busquemos ajustar las cuentas, porque él se encargará de eso. En las Escrituras, el amor hacia los impíos y la satisfacción en que Dios juzgará a los impíos va de la mano. Por tanto, el recordatorio de Pedro de que Dios juzgará a los impíos debería producir en nosotros satisfacción por la justicia que se hará en este mundo y, a la vez, amor sacrificado por los pecadores.

No obstante, la satisfacción por el juicio santo e imparcial de Dios solo es una cara de la moneda. Tal y como Pedro nos recuerda en este párrafo, Dios no solo condena a los impíos; también libera a los piadosos. El diluvio destruyó el mundo, pero Dios rescató a Noé y a su familia. Dios destruyó Sodoma y Gomorra, pero rescató a Lot. Así que

Dios siempre librará a sus hijos de las pruebas por las que pasan. Eso no quiere decir que sus hijos no pasarán por pruebas. El Nuevo Testamento es realista en cuanto a las dificultades y las aflicciones de todo tipo que le pueden sobrevenir al creyente esta vida (*cf.*, p. ej., Ro 5:3-4; Stg 1:2-4; 1P 1:6; 4:12). Lo que Pedro promete es que Dios no dejará que la prueba destruya a sus hijos; la misma promesa encontramos en 1 Corintios 10:13:

> Vosotros no habéis sufrido ninguna tentación [o prueba] que no sea común al género humano. Pero Dios es fiel, y no permitirá que vosotros seáis tentados [o probados] más allá de lo que podáis aguantar. Más bien, cuando llegue la tentación [o la prueba], él os dará también una salida a fin de que podáis resistir.

Quizá Jesús tenía eso en mente también cuando nos enseñó a orar: "Y no nos dejes caer en tentación [o prueba]" (Mt 6:13). Dios permite pruebas de todo tipo; y, como en el caso de la familia de Noé y en el de Lot, hay pruebas que llegan como resultado del juicio de Dios sobre los impíos. Dios no promete que su pueblo no se verá afectado por ese tipo de pruebas, pero sí promete que nos "sacará" de la prueba.[28] Dicho de otro modo, Dios promete darnos todo lo necesario para que los cristianos salgamos de las pruebas con nuestra fe y nuestra salvación intactas. ¿Las pruebas pueden incluir sufrimiento físico? Sí. ¿Estrés emocional? Sin duda. ¿Necesidad económica? A menudo. ¿La muerte física? Es posible. El Nuevo Testamento recoge muchos ejemplos en los que cristianos pasaron por todos esos tipos de pruebas. Pero Dios, en su bondad y sabiduría soberana, siempre da a sus hijos "una salida": lo necesario para soportar la prueba y salir de ella espiritualmente más fuertes.

Vivimos en un tiempo en el que muchos cristianos se están dejando embaucar por el canto hipnótico del "evangelio de la prosperidad".[29] Sus predicadores prometen salud y bienestar. Lo único que tienes que hacer es "reclamarlo con fe, ¡y será tuyo!". Este "evangelio" es, claramente, "otro evangelio" (*cf.* Gá 1:6-9). Basándose en algunos versículos, normalmente sacados de contexto, pasa por alto la clara enseñanza de

---

28. La preposición griega que Pedro usa en el v. 9 es *ek*, que a menudo significa "salir de en medio de".
29. Ver, p. ej., Kenneth Copeland, *The Laws of Prosperity* (Fort Worth: Kenneth Copeland Publications, 1974); ídem, *Prosperity: The Choice Is Yours* (Fort Worth: Kenneth Copeland Publications, 1992); Kenneth E. Hagin, *Obedience in Finances* (Tulsa: RHEMA Bible Church,1983).

las Escrituras, que no esconde que "Es necesario pasar por muchas dificultades para entrar en el reino de Dios" (Hch 14:22).

Este no es el lugar para adentrarnos en todos los problemas de este movimiento. Pero lo menciono, porque la mayoría de nosotros probablemente hemos absorbido algunos de sus énfasis, y eso determina la forma en la que miramos el sufrimiento. Pensamos que las dificultades son la excepción, en lugar de la norma. Como resultado, en las pruebas podemos experimentar una crisis de fe y cuestionar el plan de Dios, su amor por nosotros, o incluso su existencia. La naturalidad con la que Pedro menciona las pruebas de los santos del Antiguo Testamento y las pruebas por las que están pasando sus lectores debería ayudarnos a cambiar nuestra perspectiva y asumir que las pruebas son una parte normal de la vida. Y entonces, la maravillosa promesa de estos versículos recobra todo su sentido: Dios nos rescatará de ellas. En su primera carta, Pedro dice que no hay nada que dañe de forma definitiva (1P 3:13). Dios nos asegura que él controla todo lo que nos llega en esta vida. Él calcula las pruebas que experimentamos, y no permite que nos sobrepasen ni que nos pongan en una situación en la que nos sea imposible mantener nuestra santidad.

Una cuestión secundaria, pero digna de mencionar a la luz del énfasis que Pedro hace en la capacidad de Dios para rescatar a los justos, es el confinamiento presente de los demonios. Pedro nos recuerda que "los ángeles que pecaron" han sido arrojados "al abismo" y están confinados en "tenebrosas cavernas" (2P 2:4). Obviamente, el lenguaje de Pedro es metafórico; no es que haya una prisión en algún lugar donde los ángeles caídos están encarcelados. Pero queda claro que Dios ha puesto límite la esfera de actividad de los ángeles caídos.

Existen otros pasajes bíblicos que confirman esta idea; el más pintoresco, Job 1—2, donde Satanás tiene que pedir a Dios permiso para probar a Job. Saber que la actividad de los demonios está restringida por Dios debería ser un gran consuelo para los cristianos. Hoy en día deberíamos enfatizar más esta idea, ya que hay autores populares cristianos como por ejemplo Frank Peretti que están haciendo mucho hincapié en la influencia que los demonios tienen en nuestro mundo. Es cierto que hemos de ser más conscientes de la lucha espiritual en la que nos hallamos. Muchos cristianos no entienden que la batalla espiritual es una realidad, y por eso no están preparados para librarla. Pero cuando hablamos de este tema, es muy fácil caer en el desequilibrio. Como J. I. Packer dijo:

> Cuando estudiamos demonología, caminamos por una línea muy fina; hay dos errores que tenemos que evitar, que se abren como abismos en los que fácilmente podemos caer. Por un lado podemos tomar a Satanás demasiado en serio, como algunos hicieron en los inicios de la iglesia y durante la Edad Media. La consecuencia es que dejamos de experimentar la paz de Dios y vivimos imbuidos en un miedo mórbido... y asumimos una visión negativa de la vida cristiana, como si principalmente fuera un curso de ejercicios para esquivar a los demonios y de maniobras antisatánicas... Por otro lado, podemos no tomar al diablo suficientemente en serio... Cuando no estamos dispuestos a tomarnos en serio al diablo, eso tiene dos consecuencias negativas: engañamos a los hombres, pues no les hacemos saber el peligro en el que están como objetos de los ataques del diablo, y no honramos a Cristo, pues olvidamos que la cruz es una conquista sobre Satanás y sus huestes (*cf.* Col 2:15).[30]

Hoy en día, algunos cristianos han caído en el primer error; viven constantemente con miedo preocupados por la influencia de los demonios sobre sus vidas, hogares y familias. Sí, los demonios existen, están entre nosotros, y son poderosos. Pero, como Pedro nos recuerda, han sido juzgados y Dios mismo los ha encadenado. Si somos cristianos, el Espíritu de Dios habita en nosotros y por eso no debemos temer.

En estos versículos encontramos otra idea llamativa que podemos aplicar en nuestro contexto. Pedro enfatiza la fuerza con la que Lot reacciona ante el pecado: "Se hallaba *abrumado* por la vida desenfrenada de esos perversos" (v. 7) y "sentía que *se le despedazaba el alma* por las obras inicuas que veía y oía" (v. 8). Me pregunto cuántos cristianos se sienten así ante el pecado. Quizá para excusarnos, responderemos que Lot se encontró con mucho más pecado que nosotros. Pero yo no creo que la diferencia sea tan grande. La Biblia deja claro que el pecado más grave de Sodoma y Gomorra era la homosexualidad.

En Estados Unidos, en el espacio de muy pocos años, la homosexualidad se ha convertido en un estilo de vida aceptado. Por ejemplo, en el periódico de la mañana del día en que escribo estas palabras, encuentro un artículo titulado "Votos anti-gay en Oregón pospuestos hasta

---

30. J. I. Packer, *God's Words: Studies of Key Bible Themes* (Downers Grove: InterVarsity, 1981), 85-86.

1998".³¹ La impresión que da es que en Oregón, un grupo de intolerantes está intentando legalizar el odio hacia los gays. Pero cuando leo el artículo, descubro que la iniciativa que esas personas están proponiendo es "definir el concepto de familia como 'un hombre y una mujer bajo el pacto del matrimonio'." ¡No es tan radical como parecía! Pero demuestra que los ciudadanos hoy en día tenemos que votar para que aquello que asumíamos como correcto hace tan solo unas décadas siga siendo legal. Es evidente que vivimos en una era postcristiana.

¿Y cuál es la reacción de los cristianos ante el creciente abandono de las normas morales cristianas? Muchos están respondiendo enérgicamente, reafirmando con firmeza pero con amor la perspectiva bíblica de la sexualidad. Pero me temo que muchos de nosotros simplemente estamos aceptando lo que está ocurriendo sin ningún tipo de asombro ni preocupación. Lo que ocurre a nuestro alrededor no nos "abruma" ni nos "despedaza el alma". Puede que sí nos moleste y detestemos a los que escogen un estilo de vida tan poco bíblico. Pero pocos cristianos experimentan el "despedazamiento del alma" que Lot sentía ante las obras inocuas de la sociedad en la que vivía.

La mejor ilustración de lo que estamos diciendo la vemos en la televisión. No hace falta decir que hay mucho más sexo, lenguaje obsceno y violencia gratuita en la televisión que hace una década, ¡sin mencionar la televisión por cable! Muchos de nosotros hemos continuado viendo los mismos programas a pesar de que los niveles de sexo y de vulgaridad han ido aumentando. ¿El resultado? Ahora, muchos de nosotros vemos sin inmutarnos cosas que unos años atrás nos habría escandalizado. Ya no nos chocan; nos hemos vuelto insensibles.

Esta reacción silenciosa ante una pecaminosidad cada vez más desenfrenada es un peligro no solo para la sociedad sino también para la iglesia. Tal como dijo el cardenal Newman, teólogo católico del siglo XIX: "Estaremos protegidos contra el pecado mientras éste nos siga chocando". Cuando algo nos choca, lo evitamos a toda costa. La imagen de una persona que está muriendo de cáncer de pulmón es uno de los argumentos más potentes a la hora de convencer a alguien sobre los peligros del tabaco. Así que la imagen del pecado y de los estragos que causa debería chocarnos de tal modo que nuestro deseo siempre fuera

---

31. *Chicago Tribune*, 7 de junio de 1996, sec. 1, p. 1.

evitarlo a toda costa. Pero cuando el pecado ya no nos choca, muy fácilmente se convierte en algo que toleramos y que luego nos apresa.

¿Por qué no encontramos a más cristianos "llorando y lamentándose" por el pecado que hay a nuestro alrededor? Básicamente, hay dos razones. (1) Las medidas santas de Dios nos importan realmente poco. Pedro nos cuenta que Lot, a pesar de todas sus faltas, era un hombre "justo". Una persona justa está en paz con Dios: justificada por la fe, aceptada por Dios en base a la obra de Cristo. Pero una persona justa también es una persona cuyos pensamientos y acciones están cada vez más dominadas por la "mente de Cristo" (*cp*. Ro 12:2). A medida que vamos interiorizando los valores y las medidas de Dios, el horror ante la indiferencia hacia esos valores crece. El pecado no nos choca o escandaliza, porque no nos horroriza tanto como a Dios le horroriza.

(2) Este mundo nos importa realmente poco. Lot no se hubiera sentido abrumado ante el pecado de aquellos que le rodeaban si aquellas personas no le hubieran importado. Quizá muchos cristianos contemporáneos no se escandalizan ante el pecado, porque el mundo que les rodea les importa bien poco. Recientemente, muchos sociólogos han comentado que muchas sociedades modernas no tienen un sentido real de comunidad.[32]

En occidente existe la tradición de la persona autónoma, el "individualista autosuficiente", alguien fuerte a quien la tecnología moderna ha hecho, si cabe, aún más fuerte. Y a menudo los cristianos sucumbimos ante esa tendencia privatizadora. Nos alegramos porque nosotros estamos en paz con Dios. Buscamos vivir a un nivel individual vidas piadosas; procuramos que nuestras familias sigan esos mismos pasos; nos reunimos con personas que piensan igual que nosotros. Oímos en los medios sobre estilos de vida escandalosos y sabemos de gente en nuestro trabajo o en nuestro barrio que viven vidas impías. Pero como no estamos involucrados en sus vidas ni tampoco con el mundo en el que vivimos, su pecado no nos molesta demasiado. Como hemos construido un muro y vivimos en nuestro enclave cristiano, lo que pasa afuera no nos afecta. Pero una fe privada, una fe así, está muy lejos de la involucración a la que nos llama la Biblia cuando dice que somos "sal y luz". Y cuanto más involucrados estemos en el mundo, más dolor nos producirá el pecado que hay en él.

---

32. Ver especialmente Robert N. Bellah y otros, *Habits of the Heart: Individualism and Commitment in American Life* (Berkeley: Univ. of California Press, 1985).

2 Pedro 2:10b-16

¡Atrevidos y arrogantes que son! No tienen reparo en insultar a los seres celestiales, ¹¹ mientras que los ángeles, a pesar de superarlos en fuerza y en poder, no pronuncian contra tales seres ninguna acusación insultante en la presencia del Señor. ¹² Pero aquéllos blasfeman en asuntos que no entienden. Como animales irracionales, se guían únicamente por el instinto, y nacieron para ser atrapados y degollados. Lo mismo que esos animales, perecerán también en su corrupción ¹³ y recibirán el justo pago por sus injusticias. Su concepto de placer es entregarse a las pasiones desenfrenadas en pleno día. Son manchas y suciedad, que gozan de sus placeres mientras los acompañan a ustedes en sus comidas. ¹⁴ Tienen los ojos llenos de adulterio y son insaciables en el pecar; seducen a las personas inconstantes; son expertos en la avaricia, ¡hijos de maldición! ¹⁵ Han abandonado el camino recto, y se han extraviado para seguir la senda de Balán, hijo de Bosor, a quien le encantaba el salario de la injusticia. ¹⁶ Pero fue reprendido por su maldad: su burra —una muda bestia de carga— habló con voz humana y refrenó la locura del profeta

Sentido Original

Pedro ha predicho que siempre habrá falsos maestros que se introducirán en la iglesia de Jesucristo (2:1-3a). Ha anunciado la condenación de Dios sobre ellos, comparándolos a los pecadores y rebeldes del Antiguo Testamento (2:3b-9). En el versículo 10a describe de forma más específica a un grupo de gente a la que claramente se aplica esa condenación por parte de Dios, sin duda alguna los falsos maestros que estaban perturbando la paz de las iglesias a las que está escribiendo. Llegados a este punto, Pedro se dispone a describirlos con mucho más detalle.

Por tanto, el versículo 10a sirve de transición: cierra el comentario general que Pedro hace sobre el juicio de Dios con una aplicación concreta, e introduce el tema de los siguientes versículos. De hecho, esta mitad del versículo recoge las dos características de los falsos maestros que Pedro elabora y condena en los versículos 10b-16: su sensualidad ("siguen los corrompidos deseos de la naturaleza humana") y su arrogancia ("desprecian la autoridad"). Como es típico de Pedro, tratará estos temas en orden inverso, exponiendo primero la arrogancia de los falsos maestros en los versículos 10b-13a, y su sensualidad en los versículos 13b-16.

La arrogancia de los falsos maestros (vv. 10b-13a)

La razón por la que la mayoría de traductores y comentaristas dividen el versículo 10 por la mitad es porque hay un cambio en la construcción sintáctica. La primera parte del versículo, con la expresión "sobre todo", continúa la frase que empezó en el versículo 4. Pero la segunda parte del versículo da comienzo a una nueva frase, en la que Pedro usa dos palabras similares para describir a los falsos maestros: "atrevidos" (*tolmetai*) y "arrogantes" (*authadeis*). No es fácil ver qué diferencia hay entre ambas palabras; funcionan como un todo para describir la actitud de un "atrevimiento arrogante".[1]

La arrogancia de los falsos maestros se hace patente en que "no tienen reparo en insultar a los seres celestiales".[2] La traducción de la NVI "seres celestiales" esconde una importante ambigüedad del texto griego. La traducción literal es simplemente "glorias". Pedro usa ese plural en 1 Pedro 1:11 para referirse a los sucesos gloriosos que Cristo experimentó después de sus sufrimientos. En nuestro pasaje, queda claro que está haciendo referencia a algún tipo de "*seres* gloriosos". Algunos comentaristas (más en el pasado que en el presente) creen que podría estar haciendo referencia a los líderes de la iglesia local.[3] Claro, como líder de mi iglesia local, me encantaría que me consideraran un "ser glorioso", pero no estoy muy seguro de que sea una idea bíblica. Como sugiere la NVI y la mayoría de comentaristas contemporáneos,[4] lo más probable es que Pedro se esté refiriendo a ángeles. Además, la mayoría

---

1. Traducción de Bauckham (*Jude, 2 Peter*, 262).
2. La sintaxis también permite traducir "no temen a los ángeles, y los blasfeman"; ver la TEV inglesa: "no muestran ningún respeto por los seres celestiales; en cambio, los insultan".
3. Ver, p. ej., Bigg, *The Epistles of St. Peter and St. Jude*, 279-80; Green, *The Second Epistle General of Peter and the General Epistle of Jude*, 104-5. Calvino (*Hebrews and 1 and 2 Peter*, 351) sostenía que Pedro aquí estaba haciendo referencia a líderes civiles.
4. El problema principal de esta interpretación es lingüístico: el Antiguo Testamento nunca llama a los ángeles "glorias". Pero algunos textos judíos relaciona a los ángeles con la gloria (*cf.*, p. ej., Éx. 15:11 en la Septuaginta; Filón, *Comentario especial a la ley* 1.45; *Testamento de Leví* 18:5; *Testamento de Judá* 25:2; ver la entrada "*palabra griega*", *TDNT*, 2.251). Y en algunos textos se usa el término para referirse a ángeles (1QH 10:8; *2 Enoc* 22:7, 10; *Ascensión de Isaías* 9:32).

también está de acuerdo en que se refiere a los ángeles *malvados*, ya que parece estar contrastando a estos "seres gloriosos" injuriados por los falsos maestros con los "ángeles" del versículo 11[5] (quienes, dado que Pedro alaba su actividad, deben ser ángeles buenos). ¿Por qué los falsos maestros no deberían insultar a los ángeles malvados? Presumiblemente porque, aunque son ángeles caídos, aún llevan la huella de su origen "glorioso".

Pedro presenta a los ángeles buenos para contrastar su comportamiento con la actitud irrespetuosa de los falsos maestros. Aunque los ángeles buenos " superan en fuerza y en poder" a los ángeles malos, "no pronuncian... ninguna acusación insultante" contra esos seres gloriosos caídos. Esta forma de parafrasear el versículo 11 refleja dos decisiones interpretativas. En el texto griego no está del todo claro a quiénes superan en fuerza y poder los ángeles (buenos) y contra quiénes no pronuncian ninguna acusación. Opto por la interpretación que hacen la mayoría de los intérpretes: ambos serían los ángeles malvados. Y la NVI respalda esta interpretación al menos en el segundo caso, pues su traducción "tales seres" claramente hace referencia a los "seres celestiales" que aparecen al final del versículo 10.

Judas 8-9 viene a confirmar esta forma de entender este versículo, pues contiene una reprensión de los falsos maestros similar a la que encontramos en 2 Pedro 2:

> De la misma manera estos individuos, llevados por sus delirios, contaminan su cuerpo, desprecian la autoridad y maldicen a los seres celestiales. Ni siquiera el arcángel Miguel, cuando argumentaba con el diablo disputándole el cuerpo de Moisés, se atrevió a pronunciar contra él un juicio de maldición, sino que dijo: «¡Que el Señor te reprenda!».

Al referirse al arcángel Miguel y a Satanás, Judas hace explícito el contraste entre los ángeles buenos y los ángeles caídos; que, como hemos explicado, es de lo que Pedro habla en este versículo.

Hasta aquí los detalles. ¿Pero qué pasa con el cuadro más general? Exactamente, ¿qué están haciendo los falsos maestros? ¿Y de dónde

---

5. J. Neyrey es una excepción entre los comentaristas recientes. Cree que los "seres gloriosos" son los ángeles buenos (Neyrey, *2 Peter, Jude,* 213-14); y Mayor pensaba que se trata de una referencia a cualquier tipo de ángeles (Mayor, *The Epistle of St. Jude and the Second Epistle of St. Peter,* 129).

saca Pedro esa información sobre los ángeles? En cuanto a esta última pregunta diremos que lo más probable es que Pedro se basara en la tradición judía. En el texto paralelo en Judas, Judas cita de un libro judío del periodo intertestamentario que se perdió, titulado *La asunción de Moisés*.⁶ Quizá Pedro también tenía en mente esta tradición. Otra posibilidad es que Pedro aún esté reflexionando sobre la historia sobre los "vigilantes" que usó en el versículo 4, que aparece de forma mucho más elaborada en *1 Enoc*. En *1 Enoc* 9, el autor narra una escena en la que los ángeles buenos, cuando escuchan el clamor que proviene de la tierra porque los ángeles malos están dañando a los seres humanos, no intervienen sino que presentan la situación ante el Señor. De nuevo, para hablar de la osadía de los falsos maestros, Pedro recurre a la tradición que sus oyentes conocen.

En cuanto a la primera pregunta (la actitud de los falsos maestros), empezaremos mencionando la palabra *blasphemeo*. Pedro la usa al principio de su denuncia (final del v. 10; en la NVI, "insultar") y de nuevo al final (v. 12; en la NVI, "blasfemar"), y también usa una forma de esta palabra para describir el juicio que los ángeles buenos se niegan a emitir en contra de los ángeles malvados (v. 11; en la NVI, "acusación insultante"). Esta palabra griega, de la que proviene nuestra palabra "blasfemar", puede referirse denigrar verbalmentea otros seres humanos, pero con mayor frecuencia se refiere a palabras o acciones que difaman a Dios o a personas e ideas asociadas que tienen que ver con Dios. Pedro ya ha acusado a esos falsos maestros de hacer que se difame el camino de la verdad (2:2). Ahora también sugiere que les están restando importancia a los ángeles malvados.

Dado que parece que los falsos maestros eran materialistas y por tanto escépticos ante la idea de la segunda venida de Cristo y del juicio venidero, esta "blasfemia" podría ser una negación general de la existencia de esos seres.⁷ O, dado que la blasfemia está dirigida en particular contra los ángeles malvados, es más probable que los falsos maestros se estén burlando de la idea de que sus pecados podrían ponerles a merced de esos seres espirituales malvados.⁸ Existen otras interpretaciones, pero el hecho es que Pedro no nos da suficiente información, y por

---

6. Encontrará más detalles sobre esta tradición en el comentario de Judas 9.
7. Ver, p. ej., William Barclay, *The Letters of James and Peter* (Edimburgo: Saint Andrew, 1958), 390.
8. Bauckham, *Jude, 2 Peter*, 262.

tanto, no podemos estar totalmente seguros de cuál era el problema. Lo que sí está claro es que, aunque esos ángeles malvados son seres caídos, siguen siendo superiores a los seres humanos (por eso Pedro los llama "seres gloriosos"). Con su arrogancia, los falsos maestros están negando esa realidad.

El principio del versículo 12, "Pero aquellos", podría apuntar a un cambio de tema. Pero como Pedro continúa hablado sobre la blasfemia de los falsos maestros, creo que en este versículo se sigue hablando de la actitud arrogante hacia los ángeles malvados de la que habla en los versículos 10b-11.[9] Pedro usa el nexo adversativo "pero", porque va a hacer un cambio de sujeto: el sujeto ya no son los ángeles (v. 11), sino, de nuevo, los falsos maestros (v. 10b). Pedro sugiere que esa arrogancia de debe, en parte, a su ignorancia. ¿Eso no excusaría a los falsos maestros? No, no los excusaría, ya que la ignorancia en la Biblia con frecuencia se debe a un rechazo voluntario, a la actitud de negarse a entender la verdad de Dios; el lenguaje crítico y tajante de Pedro deja claro que eso es lo que tenía en mente.

Pedro avanza y compara a los falsos maestros con animales. Si en este versículo está pensando particularmente en el estilo de vida libertino de los falsos maestros, compara la falta de preocupación de los falsos maestros por ofrecer una guía moral con la conducta instintiva de los animales. "Como animales irracionales", se guían por sus apetitos naturales y carnales, sin ningún tipo de respeto por la guía espiritual. Resumiendo, no son espirituales. Pero si Pedro aún se está refiriendo a la actitud arrogante de los falsos maestros hacia los ángeles malvados (y yo creo que es así), lo que está comparando es la ignorancia pecaminosa de los falsos maestros con la falta de racionalidad de los animales.

La palabra griega que la NVI traduce bien por "animales irracionales" significa "sin razón" (*alogos*). Eso respalda la segunda interpretación de la comparación. Aunque el adjetivo *physika*, "natural", "no espiritual" (en la NVI, "se guían únicamente por el instinto"), podría apuntar a la comparación que mencionamos en primer lugar. Entonces, quizá Pedro usa la comparación con los animales para referirse tanto a la ignorancia de los falsos maestros como a su inmoralidad.

---

9. Encontrará una opinión diferente en Green, *The Second Epistle General of Peter and the General Epistle of Jude*, 108. Green cree que la blasfemia de este versículo está dirigida contra la moralidad cristiana.

Pero la razón principal por la que el apóstol establece una comparación entre los animales y los falsos maestros la encontramos en otra esfera. Usando un refrán de la época sobre los animales, Pedro nos recuerda que "nacieron para ser atrapados y degollados". Y, continúa, "Lo mismo que esos animales, [los falsos maestros] perecerán también". La traducción que hace la NVI inglesa es bastante interpretativa, y refleja dos decisiones críticas sobre el texto griego. (1) La palabra *phthora* (que la NVI inglesa directamente no traduce) a menudo significa "corrupción [moral]", como vemos, por ejemplo, en los otros dos pasajes donde Pedro la usa (2P 1:4; 2:19). Si optamos por este significado, el final del versículo 12 sería como aparece en la KJV inglesa (*N. de la T;* o en la NVI en castellano): "Perecerán también en su corrupción". Así, Pedro estaría diciendo que la corrupción moral es la razón por la que los falsos maestros son condenados. Pero la palabra *phthora* en la primera parte del versículo significa "destrucción", no "corrupción" ("nacieron para ser... *destruidos*" o "nacieron para ser... *degollados*"); y probablemente ese sea también el significado en la segunda parte del versículo.

(2) ¿Cómo deberíamos relacionar la palabra "destrucción" con el verbo de la frase, "perecerán" (o "serán destruidos")? (a) Ambas palabras provienen de la misma raíz, así que Pedro podría estar añadiendo el sustantivo al verbo simplemente para enfatizar la idea: "[los falsos maestros] *ciertamente serán destruidos*";[10] (b) "En su destrucción" también podría referirse a los ángeles malvados: "Los falsos maestros serán destruidos con los ángeles malvados";[11] (c) "En su destrucción" podría hacer referencia a los animales. En ese caso, Pedro está diciendo o que "los falsos maestros serán destruidos *cuando* los animales sean destruidos" (ver las traducciones inglesas NASB; NRSV), o que "los falsos maestros serán destruidos *como* los animales" (ver las traducciones inglesas NVI; REB; TEV).[12] La mejor es la última de estas opciones, porque hace justicia tanto al texto griego[13] como al contexto. Como los animales irracionales, destinados solo para la matanza, los falsos maestros, con

---

10. Entonces, la construcción sería un dativo cognado (también llamado "semítico", porque es común en el arameo y en el hebreo); ver Green, *The Second Epistle General of Peter and the General Epistle of Jude*, 108.
11. Bauckham, *Jude, 2 Peter*, 264.
12. Ver también Mayor, *The Epistle of St. Jude and the Second Epistle of St. Peter*, 131; Kelly, *The Epistles of Peter and of Jude*, 339.
13. La palabra griega *zoa*, "animales", es el antecedentes más cercano del pronombre *auton*.

su arrogancia irracional y su pecaminosidad, también están destinados para la matanza, la matanza del juicio de Dios.

El principio del versículo 13 también es difícil en el texto griego, y los comentaristas sugieren principalmente dos posibles traducciones: (1) "perdiendo los beneficios de sus actos malvados", o (2) "recibiendo daño por el daño que han causado". Casi todas las traducciones se decantan, con una u otra variante, por la segunda opción. Y con casi toda seguridad están en lo cierto. Pedro hace un juego de palabras para enfatizar la idea de la recompensa justa: los falsos maestros han hecho daño a otros, así que la "recompensa" que recibirán es, a su vez, "daño". La NVI inglesa capta bien el sentido ("Se les pagará con dolor, por el dolor que han causado"), pero creo que se equivoca al dividir el texto y empezar un nuevo párrafo con el versículo 13. Como interpretar la mayoría de las versiones, creo que la primera parte del versículo 13 es el final de la frase que empezó en el versículo 12. "Siendo pagados con dolor, por el dolor que han causado" encaja bien como complemento de la predicción de la destrucción final de los falsos maestros.

La sensualidad de los falsos maestros (vv. 13b-16)

"Sensualidad" no es una palabra que usemos con demasiada frecuencia, pero es difícil pensar en otra palabra para resumir la segunda acusación de Pedro hacia los falsos maestros. El diccionario *Webster's New Collegiate* define "sensual" como "relativo a la gratificación de los sentidos o la indulgencia del apetito". Esta es precisamente la característica que Pedro atribuye a los falsos maestros en los versículos 13b-16. Y hace un perfil de esa sensualidad anotando de forma breve ocho rasgos.

(1) "Su concepto de placer es entregarse a las pasiones desenfrenadas en pleno día". Obviamente, el placer puede ser neutral o incluso positivo; Dios mismo creó muchas cosas para dar placer a sus hijos. Pero la palabra griega que traducimos aquí por "placer", *hedone*, es la palabra de la que deriva "hedonista", alguien que vive solo para el placer. Los griegos incluían este tipo de placer entre los cuatro "pecados mortales", a veces contraponiéndolo a la razón (*cf.* "animales irracionales"). En tiempos de Pedro, como en los nuestros, la satisfacción de los placeres pecaminosos normalmente tenía lugar en la oscuridad. Practicar ese tipo de actividades hedonista "a plena luz del día" es, por tanto, una señal de que los falsos maestros no sienten vergüenza ninguna por la forma en la que satisfacen sus pasiones.

(2) "Manchas y suciedad". Obviamente, estas son descripciones generales. La mejor forma de definirlos es reconocer sus opuestos. Por eso, en 3:14, Pedro anima a sus lectores a que, mientras esperan la venida de Cristo, se esfuercen para que Dios los halle "*sin mancha y sin defecto*". Aunque estas palabras en cursiva son difíciles de traducir, son los antónimos exactos de las dos palabras que Pedro usa aquí para describir a los falsos maestros ("mancha" = *spiloi* y "sin mancha" = *aspiloi*; "suciedad" = *momoi* y "sin defecto" = *amometoi*).

(3) "Gozan de sus placeres mientras os acompañan en vuestras comidas". Pedro crea una conexión con la primera parte del versículo usando el verbo "gozar", que proviene de la misma raíz griega que la palabra que la NVI traduce por "entregarse". Podemos comparar una de las descripciones que Judas hace de sus falsos maestros con esta expresión de 2 Pedro: "Estos hombres son un peligro oculto: sin ningún respeto convierten en parrandas las fiestas de amor fraternal que celebráis" (Jud 12a). El hecho de que Pedro mencione que los falsos maestros comen con los cristianos a los que escribe, sugiere el mismo tipo de escenario: la fiesta de amor fraternal que los primeros cristianos compartían junto a la celebración de la Cena del Señor. Esta fiesta de amor fraternal formaba parte del culto de adoración de los primeros cristianos, y se cree que la amonestación de Pablo a los corintios en 1 Corintios 11:17-24 presupone esta práctica. Aunque no lo sabemos a ciencia cierta, es probable que Pedro esté amonestando a los falsos maestros por satisfacer sus deseos pecaminosos incluso cuando se unen a los demás cristianos durante las comidas de amor fraternal para celebrar la obra expiatoria de Cristo.

(4) "Tienen los ojos llenos de adulterio y son insaciables en el pecar". El lenguaje de Pedro es mucho más vívido que la traducción de la NVI; dice que los falsos maestros tienen los ojos llenos de "mujeres adúlteras". De ese modo, lo que quiere decir es que los falsos maestros están tan adictos al sexo que miran a cualquier mujer como alguien que podría satisfacer su lujuria.[14] En la NVI no queda claro que la expresión "insaciables en el pecar" también se refiere a los "ojos"; *cf*. REB: "Solo tienen ojos para mujeres libertinas, ojos que nunca dejan de pecar".

---

14. La descripción de Pedro podría estar basada en un antiguo proverbio popular, que sostenía que un hombre sinvergüenza no tenía *koras* (un juego de palabras; la palabra puede significar "alumnos" y "señoritas") en sus ojos, sino *pornas* ("prostitutas"); *cf*. Plutarco, *Moralia* 528E.

(5) "Seducen a las personas inconstantes". Llegado este punto, la descripción que Pedro hace de esta gente a penas justifica la caracterización que hemos estado haciendo (en base a los vv. 1-3) de los "falsos maestros". Ha dicho mucho sobre su inmoralidad personal, pero poco sobre su influencia sobre los demás. Sin embargo, a partir de ahora y hasta el final del capítulo, Pedro se centra en sus enseñanzas falsamente cristianas.

La raíz de palabra griega que traducimos por "seducir" tiene que ver con la caza y la pesca; evoca el cebo que se usa para atraer al pez al anzuelo o al animar a la trampa. Pero la palabra se había pasado a utilizar para cualquier tipo de tentación especialmente moral (*cf.* también Santiago 1:14). Así que probablemente deberíamos abandonar la idea de que Pedro está usando una metáfora deportiva. Veremos la fuerza de la palabra que traducimos por "inconstantes" (*asteriktous*) si, una vez más, nos fijamos en su antónimo; Pedro dice en 1:12 que los cristianos tiene que ser personas "afianzadas [*esterigmenous*] en la verdad". Son precisamente los que no se afianzan firmemente en la verdad cristiana los fácilmente caen presa de los falsos maestros. Como árboles de raíces poco profundas, cualquier cosa los bambolea y los derrumba.

(6) "Son expertos en la avaricia". De nuevo, aunque la traducción del a NVI es correcta, pierde la fuerzas del texto original, en el que dice literalmente "tienen un corazón que ha sido entrenado en la avaricia". "Entrenar" es una palabra extraída del ámbito del atletismo; habla de una lucha disciplinada, dura y constante, para ser diestro en un deporte. ¡Pedro sugiere que esos falsos maestros son tan devotos a su avaricia que deben haber estado entrenando duro y durante mucho tiempo! Y lo que se ha vuelto diestro en la avaricia es su "corazón", que según la Biblia es el centro de nuestro ser.

La palabra "avaricia" (*pleonexia*) es un término muy amplio. En Efesios 4:19, por ejemplo, Pablo escribe sobre aquellos que "han perdido toda vergüenza, se han entregado a la inmoralidad, y no se sacian de cometer toda clase de actos indecentes [*pleonexia*]". Dicho de otro modo, la "avaricia" no solo está vinculada al dinero; también puede referirse al deseo de más placer sexual, más poder, más comida, etcétera. Dado que Pedro ya ha utilizado esta palabra para describir el amor por el dinero de los falsos maestros (2:3), es probable que en este versículo la use en el mismo sentido. Pero quizá no deberíamos limitarla a la ganancia de dinero.

(7) "¡Hijos de maldición!". La NVI inglesa hace una paráfrasis: "¡Una prole maldita!". Pero es una paráfrasis legítima, ya que en el mundo veterotestamentario y en el mundo judío a menudo se atribuía una cualidad a alguien diciendo que era "hijo de" esa cualidad. Por ejemplo, Judas es "el hijo de destrucción", es decir, alguien "destinado para destrucción (Jn 17:12); la gente que no está en Cristo son "hijos de ira", es decir, "personas que están bajo la ira de Dios" (Ef 2:3); los cristianos son "hijos de la luz", es decir, "personas caracterizadas por la luz" (1Ts 5:5). Pedro ya ha pronunciado su condenación sobre los falsos maestros (vv. 3b-10a). Abrumado por la magnitud de su pecaminosidad, una vez más interrumpe para recordarnos su destino final.

(8) "Han abandonado el camino recto, y se han extraviado para seguir la senda de Balán, hijo de Bosor". Definir una filosofía o una religión como una "senda" era, en la Antigüedad, algo común. La imagen sugiere un camino de creencia que uno sigue. Los autores bíblicos hicieron uso de ese lenguaje; en el libro de Hechos, al movimiento cristiano a veces se le llama simplemente "el Camino" (9:2; 19:9, 23; 22:4; 24:14, 22). Y al estilo de vida fiel al Señor se le llama "el camino recto" (*cf.* 1S 12:23; Sal 106:7; Pr 2:16; Is 33:15). A los que abandonan la fe, los describimos como aquellos que se han "apartado" del camino de Dios; véase, por ejemplo, la advertencia que Dios hace al pueblo de Israel: "Hoy os doy a elegir entre la bendición y la maldición... maldición, si desobedecéis los mandamientos del Señor vuestro Dios y os *apartáis* del camino que hoy os mando seguir, y os vais tras dioses extraños que jamás habéis conocido" (Dt 11:26-28).

Pedro le da un giro a esta imagen, acusando a los falsos maestros de seguir "la senda de Balán, hijo de Bosor". Balán es uno de los personajes interesantes y enigmáticos del Antiguo Testamento. Apareció en escena cuando los israelitas estaban acampados en las llanuras de Moab, preparándose para entrar en la tierra prometida (Nm 22—24). Balac, rey de Moab, desesperado por detener la invasión israelita, buscó los servicios de Balán, que era una especie de profeta, para que maldijera a Israel. Aunque Balán consultó a Dios para saber lo que debía hacer, el texto deja bien claro que prefiere hacerlo a su manera. Aunque es Dios mismo quien lo envía a presentarse ante el rey Balac, mientras va de camino se enfada con él y envía al "ángel del Señor" para cortarle el paso. Al parecer, la motivación de Balán para ir a ver al rey Balac no era la que debería haber sido. Balán no podía ver al ángel, pero su burra sí, negándose a avanzar y llegando a amonestarlo.

Humillado, Balán se negó a maldecir a Israel. Para disgusto de Balac, bendijo al pueblo de Dios cuatro veces. Volviendo al uso que Pedro hace de este episodio, es interesante observar que en el texto de Números encontramos la idea del "camino" en dos ocasiones: en Números 22:23, donde dice que está siguiendo "el camino de Balán"; en 22:32, donde el ángel amonesta a Balán por seguir "sus malos caminos". La historia de Balán impresionó a las generaciones futuras, y en las Escrituras se convierte en un ejemplo negativo (*cf.* Dt 23:4-5; Jos 13:22; 24:9-10; Neh 13:1-2; Mi 6:5; Jud 11; Ap 2:14).

En su aplicación de esta historia, Pedro introduce un par de giros. En primer lugar, llama a Balán "hijo de Bosor" (otras versiones optan por la variante "Beor", pobremente atestiguada). En el Antiguo Testamento, a Balán se le llama "hijo de Beor", y ese nombre no aparece en ningún otro lugar. Algunos creen que "Bosor" era la pronunciación galilea de "Beor", pero lo más probable es que estemos ante un juego de palabras. La palabra hebrea "carne" es *basar*, y varias tradiciones judías presentan a Balán como una persona muy carnal. Pedro podría haber modificado el nombre de Balán de forma deliberada para adecuarlo a su personaje.[15]

La tradición judía también podría haber jugado su papel en otro énfasis que encontramos en la aplicación de Pedro: la avaricia de Balán (*cf.* el final del v. 15). Aunque en el texto del Antiguo Testamento solo se intuye, las historias judías sobre él recogen que su disposición a maldecir a Israel estaba movida por la ganancia que iba a recibir.[16] Además, las historias judías convierten a Balán en responsable de que Israel se rebelara contra Dios manteniendo relaciones sexuales con las mujeres de Madián (Nm 25). Aunque Pedro no atribuye al "camino de Balán" este pecado concreto, encaja perfectamente con el perfil que ha hecho de los falsos maestros en los versículos 13b-14.

En el versículo 16, Pedro subraya la necedad de Balán recordando que fue amonestado por su propia "burra, una muda bestia de carga". Ciertamente, Pedro concluye que Balán debía estar "loco".[17] Y al mencionar

---

15. Bauckham, *Jude, 2 Peter,* 267-68.
16. Ver, por ejemplo, Filón, *Moisés* 1.266-68.
17. En la NVI, "locura". La palabra griega es *paraphronian* y este es el único lugar en el que aparece; Pablo usa el verbo de la misma raíz en 2Co 11:23. Algunos académicos

que incluso la burra de Balán entendió mejor la situación espiritual que el profeta, Pedro implícitamente asocia a Balán con los falsos profetas que son como "animales irracionales" (v. 12).

En este versículo sobre Balán, vemos que Pedro destaca dos ideas más que también parecen provenir de la tradición judía: el énfasis en la represión de Balán por parte de la burra, y la locura de Balán.[18] Así pues, a la hora de escoger ejemplos, Pedro se basa una vez más en elaboraciones populares judías de una historia del Antiguo Testamento. Pero debemos aclarar que la tradición judía simplemente refina y quizá cambia el orden de las palabras que Pedro usa para referirse a la historia de Balán; las características que menciona de Balán también aparecen de forma suficientemente clara en el texto del Antiguo Testamento.

A menudo nos cuesta entender y aplicar la Biblia, porque el autor escribe dando cosas por sentadas. Alguna de la información que nos falta la podemos descubrir aprendiendo sobre el mundo bíblico. Pero hay otro tipo de información que se podría haber perdido para siempre, información que tiene que ver con cuestiones que el autor y los lectores conocían sobre su situación particular, pero que no han quedado registradas en ningún lugar. En 2 Pedro 2:10b-16 encontramos ambos tipos de información.

Como vimos en la sección "Sentido Original", sencillamente no sabemos de qué forma los falsos maestros estaban "insultando" a los ángeles malvados (vv. 10b-12). Lo único que podemos hacer es especular y admitir que las conclusiones a las que lleguemos no son más que tentativas. Naturalmente, nos gustaría conocer más sobre la situación para poder ser más precisos en nuestra interpretación. Dadas estas lagunas, hay dos interpretaciones posibles.

Algunos estudiosos insisten en intentar rellenar esas lagunas hilvanando teorías más o menos plausibles sobre el trasfondo de la situación. No quiero criticar sus esfuerzos; el estudio de esos trasfondos es loable

---

especulan diciendo que Pedro quizá usó esta palabra para crear un juego de palabras con la palabra *paranomias*, "maldad", que aparece al principio del versículo.

18. En cuanto a la represión de Balán por parte de la burra, ver algunos de los tárgumes (paráfrasis arameas del Antiguo Testamento); ver el debate en Neyrey, *2 Peter, Jude*, 211-12. En cuanto a la "locura" de Balán, ver Filón, *Moisés* 1.193.

y a veces se convierte en información realmente valiosa que ayuda al intérprete. Pero la tendencia entre esos académicos es elaborar teorías basándose en evidencias muy inciertas. Así, a pesar de los pocos datos, a veces incluso contradictorios, usan esas teorías como base para interpretar y aplicar el texto bíblico. Algunos intérpretes recientes llaman a ese proceso "lectura de espejo". El espejo es la teoría específica sobre el trasfondo; y cuando el texto se refleja en el espejo de una teoría sobre el trasfondo concreta, esa teoría determina de manera decisiva la forma que el texto toma.

Quizá el mejor ejemplo de este proceso la avalancha de interpretaciones recientes de 1 Timoteo 2:11-15, el pasaje en el que Pablo le dice a Timoteo que no quiere que las mujeres "enseñe al hombre y ejerza autoridad sobre él". Muchas de esas interpretaciones asumen, correctamente, que debemos interpretar la prohibición de Pablo a la luz de su contexto en el siglo I. Pero muchos dibujan diversos trasfondos que poca base encuentran en el texto de 1 Timoteo y, a veces, poca base encuentran en aquello que conocemos sobre el mundo del siglo I. Sin embargo, los estudiosos que siguen esta línea de la "lectura de espejo" concluyen que el consejo de Pablo no es directamente relevante para la iglesia de hoy y lo hacen *basándose en el escenario que propone una de esas teorías sobre el trasfondo*.

Ahora bien, no quiero que se me malinterprete, pues el estudio del trasfondo es necesario y a menudo básico para comprender bien la Biblia. Pero el problema es obvio: es mejor estar bastante seguro de la influencia de una situación y un trasfondo dado antes de tomarla como elemento decisivo de nuestra interpretación. Si no, haremos que los textos digan lo que queremos que digan o descartaremos cualquier pasaje de las Escrituras que no nos convenga.

La segunda respuesta ante nuestra ignorancia sobre el trasfondo de un texto es el desespero: hemos perdido información vital y nunca descubriremos lo que necesitamos entender para aplicar bien el pasaje. Llegado este punto, debemos regresar a la convicción a cerca del papel de Dios en la creación de la Biblia. Creemos que las palabras de las Escrituras son, en última instancia, palabras de Dios, y que él, en cooperación con los autores humanos, hizo que quedara por escrito lo que ahora tenemos en las páginas de nuestras Biblias. Esto significa que Dios también controla lo que *no* quedó por escrito. Así, deberíamos confiar que Dios ha preservado para nosotros, en la Biblia y en el mundo que él ha hecho, todo lo que necesitamos para obedecer las palabras que nos ha dejado. En el caso de 2 Pedro 2:10b-12, somos responsables de lo que el texto sí nos dice, y no hemos de preocuparnos de lo que no podemos llegar a saber. En la sección "Significado contemporáneo" sugeriremos algunas formas en las que podemos aplicar la represión que Pedro dirige a los falsos maestros por su actitud despectiva hacia los ángeles malvados.

Dicho lo dicho, para entender este pasaje sí contamos con algo de información sobre el trasfondo que Pedro y sus lectores tenían en común y que muchos de nosotros quizá no apreciamos suficiente. Me refiero a la enseñanza bíblica y judía sobre los ángeles. Como he argumentado más arriba, en 2:10b-12 Pedro se refiere a dos categorías distintas de seres espirituales: los espíritus malvados ("glorias" o "seres celestiales") y los espíritus buenos ("ángeles"). Tanto Pedro como sus lectores conocían estas dos categorías de criaturas espirituales. La Biblia constantemente menciona como un hecho la existencia de seres espirituales que sirven a Dios e interactúan con los seres humanos en diversas capacidades. El nombre más común de estos seres es "ángeles", aunque también se les llama "hijos de Dios" (Job 1:6; 2:1); "los santos" (Sal 89:5, 7); "espíritus" (Heb 1:14); "vigilantes" (traducción literal de Dn 4:13, 17, 23); y, al colectivo, "ejércitos celestiales" (p. ej., Sal 148:2, 5). Las Escrituras no revelan cómo ni cuándo fueron creados, pero está claro que son seres creados (Neh 9:6: "Tú has hecho los cielos, y los cielos de los cielos, con todos sus ejércitos"; *cf.* también Col 1:16). Por naturaleza son inmateriales, pero pueden tomar forma material para interactuar con los seres humanos.

Junto a estos seres espirituales buenos, también encontramos criaturas espirituales malvadas. El Antiguo Testamento dice poco sobre estos seres, aunque ocasionalmente encontramos la mención a "demonios" (Dt 32:17; Sal 106:37) y a otras figuras oscuras que podrías ser demoníacas: "los peludos" (una traducción literal; en la NVI, "machos cabríos", Lv 17:7; 2Cr 11:15; *cf.* también Is 13:21; 34:14), "Azazel", (Lv 16:8, 10, 26), y "Lilit" (Is 34:14).[19] Y, claro está, también encontramos referencias al ver espiritual malvado por excelencia, el "acusador", Satanás (que es la transliteración de la palabra hebrea "adversario": 1Cr 21:1;

---

19. La NVI traduce "Azazel" por "soltarlo en el desierto", y la NVI inglesa por "chivo expiatorio". En cuanto a Isaías 34:14, hay debate en torno al significado de la palabra hebrea, y algunas versiones (*cf.* NVI) interpretan que el término se refiere a un animal en lugar de referirse a un demonio.

Job 1:6-2:7; Zac 3:1-2). Y, aunque no aparece identificada de esa forma en el Antiguo Testamento, según Apocalipsis 12:9 la serpiente del jardín del Edén también está relacionada de algún modo con Satanás.

El Antiguo Testamento no especula sobre la naturaleza exacta de los seres espirituales malvados ni sobre sus orígenes. No obstante, como Dios todo lo hizo "bueno", podemos asumir que originalmente eran seres espirituales buenos, pero se rebelaron contra Dios y perdieron su santidad original. Esa "caída" de los ángeles debió ocurrir antes de Génesis 3, donde Satanás aparece en escena como el malvado tentador.[20]

Los ángeles, los demonios y Satanás aparecen de forma recurrente en el Nuevo Testamento. La palabra "ángel" se usa case de forma exclusiva para referirse a los seres espirituales buenos (con alguna posible excepción[21]). El interés que los autores del Nuevo Testamento tienen por estos seres se centra en su participación en las vidas de Jesús y de sus seguidores; por eso, aportan poco en cuanto a su naturaleza u orígenes. Quizá la información más clara la encontramos en Apocalipsis 12:7-9, donde en una visión se describe la expulsión de "Satanás y de sus ángeles" de la tierra después de una guerra en el cielo.

En el periodo intertestamentario, los judíos se esforzaron por cubrir las lagunas que hay en la Biblia en cuanto a estos seres espirituales, y de ahí surgieron las especulaciones sobre sus posibles rangos, nombres y funciones. Sobre todo surgió un interés especial por el origen de los seres espirituales malvados, y, como vimos en la sección "Construyendo Puentes" al comentar 2:4-10a, basándose en Génesis 6:1-4 desarrollaron un elaborado mito sobre la caída de los ángeles y el origen del mal.[22]

En el mundo grecorromano en tiempos de Pedro también había un interés considerable por los seres espirituales. Mucha gente creía que esos seres eran una realidad y que eran los poderes que estaban detrás de los gobiernos influenciando tanto la vida de cada persona como el curso de la historia. Los ángeles también eran un elemento importante

---

20. Entre otras obras sobre los ángeles, es de mucha ayuda el resumen que aparece en la Teología Sistemática de Wayne Grudem (*Systematic Theology: An Introduction to Biblical Doctrine* [Grand Rapids: Zondervan, 1994] 397-436).
21. La referencia a Satanás y a sus ángeles de Apocalipsis 12:9 es la más clara. Ver también Romanos 8:38; 1Co 6:3. En 2 Pedro 2:4 y Judas 6, la palabra "ángel" se usa porque los autores están hablando de ellos desde la perspectiva de su estado original.
22. He argumentado que Pedro se refiere a este mito cuando habla de los "ángeles que pecaron" (v. 4).

en muchos de los sistemas de pensamiento gnóstico que empezaron a aparecer en el siglo II A.D. El dualismo cosmológico radical que los gnósticos enseñaban era un obstáculo para que la gente pudiera concebir a un Dios majestuoso y santo que tenía algo que ver con este mundo pecaminoso. Por ello, convirtieron a los ángeles en mediadores entre Dios y este mundo.

Resumiendo, hablar de los seres espirituales en el siglo I era algo "de moda". La creencia en esos seres estaba mucho más presente en la cosmovisión de aquellas personas que en nuestros días. Con esto no queremos decir, claro está, que los autores del Nuevo Testamento adoptaron la visión de la época. Pero cuando hablan de ello, conocer el trasfondo nos ayudaba. Por eso no debe sorprendernos que Pablo reprenda a los colosenses por prestar demasiada atención a esos seres (Col 1:16-17; 2:10, 15, 18), o al autor de Hebreos tenga que argumentar que Cristo es mayor que ellos (Heb 1—2).

Sin embargo, vemos claramente que los falsos maestros con los que Pedro está tratando van en la dirección opuesta, al menos en cuanto a los seres espirituales malvados. En lugar de rendirles un respecto excesivo, apenas les prestan atención. Desgraciadamente, no podemos saber en qué consistía su "blasfemia" sobre esos ángeles malvados. Lo único que podemos hacer es especular. Por tanto, a la hora de construir puentes entre los tiempos de Pedro y los nuestros, tendremos que contentarnos tan solo con algunos paralelismos generales entre las actitudes de los falsos maestros y las de los cristianos contemporáneos.

Significado Contemporáneo

"No hay nada nuevo bajo el sol", se lamenta Salomón en Eclesiastés 1:9. Esta máxima es verdad en general, pero sobre todo en cuanto a aquellos que se apartan de la verdad de la fe cristiana. Siglo tras siglo, los errores doctrinales que hacen que la gente se desvíe son los mismos, y mismos pecados que se apoderan de esas personas se repiten. Este pasaje de 2 Pedro es un buen ejemplo. Escrito hace casi dos milenios, la descripción que Pedro hace de los "falsos maestros" que buscan desviar a la iglesia en sus tiempos (*cf.* 2:1, 3, 18-19) podría ser perfectamente la descripción de alguien que analiza el estado de la iglesia en la actualidad. Pero en el capítulo 2, y sobre todo en el pasaje que estamos comentando, la preocupación principal de Pedro no es aquello que los falsos maestros estaban enseñando, sino la forma en la que estaban actuando. ¿Por qué es así?

Podemos estar seguros de que esas personas estaban enseñando sus ideas falsas sobre el cristianismo. Pero también podemos estar seguros de que la mayor parte de su "enseñanza" no era a través de palabras, ya fueran escritas o habladas, sino a través de sus acciones. Todos conocemos el proverbio "una imagen vale más que mil palabras". La "imagen" de la vida cristiana que esos falsos maestros estaban dando a través de sus acciones era tan poderosa como cualquier enseñanza formal que pudieran haber impartido. Por eso Pedro no se muerde la lengua a la hora de describir su conducta, para mostrar a sus lectores que la "imagen" del cristianismo que esos maestros están proyectando es falsa y desastrosa.

La falsa enseñanza con frecuencia toma la forma de un estilo de vida falso. Jesús, cuando advirtió a sus discípulos sobre los falsos profetas, dijo "por sus frutos los conoceréis" (Mt 7:16). Y siempre ocurre así: seguir una mala doctrina lleva a malas prácticas. Los falsos maestros de tiempos de Pedro estaban propagando ideas erróneas sobre la venida de Cristo en gloria y sobre el juicio venidero (cp. 1:16-21; 3:3-12). Y Pedro los denuncia por ello. Pero también dibuja esta vívida imagen de su estilo de vida pecaminoso en el capítulo 2 para mostrar, desde otro ángulo, que estas personas no son de fiar y representan la fe cristiana verdadera.

En nuestros días, también podemos aplicar a los maestros el test de la buena conducta. Obviamente, la Biblia deja claro que ningún cristiano, y ningún maestros cristiano, está libre de pecado; como Santiago nos recuerda (¡como si necesitáramos que nos lo recordara!), "todos fallamos mucho" (Stg 3:2). Un maestro puede enseñar buena doctrina y aún así hacer muchas cosas malas. Pero cuando nos encontramos con una enseñanza dudosa pero nos cuesta determinar si es correcta o no a la luz de las Escrituras, observar de forma detenida el estilo de vida de aquellos que proponen esa enseñanza puede ser de mucha ayuda. ¿Enseñan con humildad y amor? ¿Dan evidencias de que buscan someter toda su conducta bajo el señorío de Cristo? ¿Oran con fervor y sinceridad? Este es el tipo de preguntas que la Biblia nos anima a hacer sobre aquellos que nos enseñan.

Lo que hemos dicho sobre la conexión entre la enseñanza y el estilo de vida aparece implícito en lo que Pedro escribe en 2:10b-16. Ahora vamos a centrarnos en la enseñanza explícita que aparece en el pasaje. En concreto, encontramos cuatro ideas que son aplicables a nuestros tiempos.

(1) La primera tiene que ver con las actitudes de los falsos maestros hacia los seres espirituales. Después de la breve referencia que encontramos en el versículo 10a a la arrogancia de los falsos maestros, en los versículos 10b-13a Pedro arremete contra ellos por "insultar" a los seres espirituales, los demonios. Es verdad que no sabemos a ciencia cierta cuál era el error concreto de los falsos maestros en tiempos de Pedro. Pero como dije más arriba, la gente en esos días tenía un interés especial por los seres espirituales de todo tipo. Y, de hecho, la fascinación por el mundo espiritual parece ser algo universal, ya sea el interés por el espiritismo, la güija o las visiones. Desde una perspectiva cristiana, podemos entender el porqué: Dios nos ha creado con una parte espiritual, y aquellos que no la llenan de lo único que la puede llenar —la relación con el único Dios a través de su Hijo Jesús— buscarán llenarla en algún otro lugar.

Muchos de nuestros contemporáneos, siguiendo la cosmovisión materialista reinante, no creen en la existencia de un mundo espiritual. Pero también vemos un interés creciente por los seres espirituales. En los últimos años ha aumentado el número de libros e incluso de programas de televisión sobre los ángeles. La mayoría tratan sobre ángeles buenos que son enviados para ayudarnos. Al parecer, la gente quiere un mundo espiritual sin ningún tipo de consecuencias. Una creencia vaga en la existencia de criaturas espirituales buenas que están "ahí" para ayudarme y no me exigen nada parece la religión perfecta.

Ante esta visión de los ángeles, los cristianos tienen que reafirmar la siguiente enseñanza bíblica. (a) Los ángeles son criaturas que siguen las órdenes de Dios; separarlos del Dios de la Biblia es imposible. (b) Existe todo tipo de seres espirituales: buenos y malvados. Ignorar esa realidad e intentar contactar con los ángeles cuando uno no conoce a Dios a través de Cristo es dejar la puerta abierta a la influencia de los seres espirituales malvados. Se nos dice que "Satanás mismo se disfraza de ángel de luz" (2Co 11:14).

Por lo que sabemos, la preocupación por los ángeles buenos no era uno de los errores de los falsos maestros a los que Pedro reprende. Lo que estaban haciendo era acercarse a los seres espirituales malvados con una actitud de superioridad. Este error sirve de advertencia a los cristianos. En mi comentario sobre 2:4-10a, dije que algunos cristianos en la actualidad dedican demasiada atención a los demonios. Pero el error opuesto es igual de común. De forma sutil pero poderosa, el mundo materialista en el que vivimos alimenta el prejuicio contra cualquier creencia verdadera en lo sobrenatural. En sí, a los demonios solo nos los encontramos cuando leemos los evangelios o cuando vemos una película. Sí, podemos decir que creemos en su existencia. ¿Pero realmente somos conscientes de su influencia, y dejamos que eso guíe nuestra conducta en el día a día? Pablo advirtió a los corintios, que se jactaban de su "conocimiento", diciéndoles que cuando asistían a las fiestas a los ídolos se prestaban peligrosamente a la influencia demoniaca (1Co 10:14-22). Debemos preguntarnos con qué ídolos estamos jugando, ignorando neciamente el poder espiritual real que puede haber detrás de ellos.

Conversando con uno de mis hijos adolescentes, salió a relucir de durante la hora de la comida en el instituto, él y sus amigos leían el horóscopo del periódico. Me dijo que lo hacían tan solo para reírse de lo estúpido que era todo aquello. No quería hacer de padre estricto, pero sentí que debía recordarle que el mundo espiritual es una realidad y que los demonios pueden utilizar las cosas aparentemente más inocentes para introducirse en la vida de un creyente.

Sé que algunas de estas cuestiones son controvertidas, y que cristianos comprometidos no estarán de acuerdo sobre la presencia de influencia demoniaca en muchas prácticas polémicas. Pero creo que los cristianos deben ser cautelosos en cuanto a su participación con los masones o en algún tipo de *role-playing* que juguetee con lo oculto. Las referencias al mundo espiritual en ese tipo de grupos y actividades puede parecer puramente superficial o simplemente un entretenimiento. Pero tenemos que reconocer la posibilidad de que debajo de la superficie puede esconderse una influencia genuinamente demoniaca.

En estas cuestiones, los cristianos no se ponen de acuerdo. Pero ningún cristiano debería dudar del peligro que corremos cuando persistimos tozudamente en el pecado deliberado. Influenciar nuestra conducta pecaminosa es el poder personal de Satanás y sus huestes. El pecado que confesamos y por el que recibimos el perdón de Dios no puede ponernos en peligro espiritual, porque en la cruz, Cristo "desarmó a los poderes y a las potestades" (Col 2:15). Pero cuando no buscamos el perdón de Dios por nuestros pecados y hacemos como si nuestro pecado no fuera pecado, corremos el riesgo de ponernos a merced de los demonios. Quizá este fue el error de los falsos maestros. Al dejarse llevar por el placer y rechazar las normas de Dios para una vida recta, estaban menospreciando a los seres espirituales malvados que estaban detrás de esas prácticas.

(2) Si la denuncia que Pedro hace de la actitud arrogante de los falsos maestros hacia los seres espirituales malvados (vv. 10b-13a) tiene mucho que decir a los cristianos de hoy, la denuncia de su sensualidad (vv. 13b-16) tiene quizá mucha más relevancia. Pedro les acusa de perseguir *hedone*, "placer" (v. 13). Y el adjetivo "hedonista" describe nuestra cultura mejor que cualquier otro término. Vivimos en una sociedad cuyo dios es el placer. Hemos definido la "búsqueda de la felicidad", consagrada en la Declaración de Independencia, como la búsqueda de comida, bebida, entretenimiento, riqueza y sexo.

Además, como los falsos maestros en tiempos de Pedro, que se enzarzaron en una búsqueda de más y más placer que nunca se acababa (*cf.* "insaciables en el pecar"), la gente en la actualidad también se encuentra atrapada en una de esas "leyes del placer": rendimiento decreciente. La comida que solía satisfacer, ya no satisface, así que buscamos platos más exóticos y más caros. Lo que una vez nos entretenía ahora no nos impresiona, así que pedimos más espectáculo, televisores más sofisticados, más canales. El sexo en el matrimonio que satisfacía nuestros impulsos naturales ya no es suficiente; como resultado, tenemos sexo con otros y exploramos prácticas desviadas para lograr más emoción. Dicho de otro modo, el placer es una meta inalcanzable; siempre está en el horizonte, atrayéndonos a una nueva práctica normalmente más pecaminosa que la anterior, que tampoco nos llenará.

Obviamente, el placer que obtenemos del sexo, de una buena comida o del juego no es pecado. Dios nos creó con la capacidad de disfrutar de todas esas cosas. El problema viene cuando el placer que experimentamos durante esas actividades se convierte en el objetivo dominante. Eso es el hedonismo, y se mueve de forma incontrolable entre los cristianos. Una manifestación específica es la obsesión por la pornografía. Pedro trata este tema cuando acusa a los falsos maestros de tener "los ojos llenos de [mujeres adúlteras]" (v. 14): dicho de otro modo, miraban a las mujeres como objetos sexuales. No puedo hablar por las mujeres, pero sé que en nuestra cultura desde bien jóvenes se enseña a los hombres a que miren así a las mujeres. (Y, de hecho, creo que las mujeres se están subiendo al carro muy rápidamente).

Las oportunidades —y por tanto las tentaciones— para ver a las mujeres como objetos sexuales han aumentado drásticamente. Cuando yo era adolescente, un chico tenía que hacer muchas maniobras para echarle una ojeada a la revista *Playboy*. Hoy, cualquiera puede ver un canal prohibido cuando sus padres no están vigilando o buscar en Internet imágenes de mujeres mucho más explícitas de lo que la revista ha publicado. Decir que esta explosión de pornografía no debería preocupar a los cristianos porque tenemos la elección de simplemente ignorarla es de ingenuos. Cuanto más al alcance esté el material, más fácil es caer ante esa poderosa tentación, por no hablar de la influencia corruptiva que tiene sobre la sociedad en general. La predicación de Pablo en Éfeso tuvo tanto éxito después de un par de años que la gente dejó de comprar los ídolos de Artemisa que los fabricantes de plata hacían. Tanto fue así que los fabricantes se quejaron a las autoridades (Hch 19). ¡Ojalá nuestro testimonio del evangelio fuera tan poderoso que los fabricantes de pornografía empezaran a quejarse al gobierno de nosotros!

(3) Otra forma de hedonismo es el deseo por el dinero y los placeres, la comodidad y la seguridad que el dinero puede comprar. Pedro dice que los falsos maestros son "expertos en la avaricia" (v. 14), imitadores de Balán, a quien "le encantaba el salario de la injusticia" (vv. 15-16). Recordemos que el rey Balac le había ofrecido dinero por maldecir a Israel. Aunque con aire piadoso proclamaba que "yo no podría hacer nada grande ni pequeño, sino ajustarme al mandamiento del Señor mi Dios" (Nm 22:18), de todos modos invitó a los emisarios de Balac a pasar la noche para ver qué le decía el Señor por la mañana (v. 19). Sin embargo, Dios ya le había dicho claramente a Balán que no fuera con ellos. Movido por la avaricia, este buscó una respuesta de Dios sobre una cuestión que Dios ya había respondido. Dicho de otro modo, el amor por el dinero puede desviar a alguien y en última instancia destruir un ministerio. Si no, preguntémosle a Jim Bakker, que fue encarcelado porque su avaricia le llevó a usar de forma ilegal dinero que había sido donado a su ministerio.

Pero los que recibimos nuestro salario por el ministerio que ejercemos, tenemos que enfrentarnos a una forma de avaricia mucho más sutil. Me refiero a dejar que las consideraciones económicas determinen en qué ministerio trabajamos. Trabajo en un seminario en el que la mayoría de los estudiantes, y su familia, trabajan duro y viven de forma humilde durante tres, cuatro, cinco años o más para sacarse el título. Es completamente natural que los estudiantes que se gradúan tengan en cuenta las finanzas cuando exploran las diversas oportunidades ministeriales. Pero las finanzas deben ocupar el segundo puesto (o tercero o cuarto), detrás de otras consideraciones. Sí, soy así de antiguo y creo que Dios llama a hombres y a mujeres a ministerios concretos; y sí, las finanzas pueden ser un medio que él use para confirmar el llamado. Pero también es verdad que a veces Dios nos llama a ministerios donde el dinero no sea el que habíamos esperado; donde la seguridad financiera no esté garantizada; donde sea necesario levantar fondos. De hecho, teniendo en cuenta que la mayor necesidad está en países donde hay menos dinero, es de esperar que Dios a menudo llame a sus hijos a servir en lugares donde la estabilidad financiera no está asegurada.

Para que no me acusen de aleccionar solo a los demás, voy a usar un ejemplo personal. Una de las sorpresas que he tenido en mi ministerio de enseñanza y como escritor de libros es la cantidad de oportunidades que recibo. Las editoriales evangélicas están vendiendo muchos libros, y necesitan que los autores cristianos sigamos escribiendo. Así que me llegan dos ofertas. Una, sobre un libro que seguro que se vende muy bien y me asegura ganancias durante los próximos años; la otra, sobre un libro que no me ofrece esas garantías pero que se centra en un mensaje que la iglesia necesita escuchar. ¿Qué oferta elijo, y por qué? Mi decisión debería descansar tan solo en una consideración: considerando mis dones y mis habilidades y las necesidades de la iglesia y el mundo, ¿qué libro quiere Dios que escriba? Pero con cinco hijos y una mujer que está dedicada a la casa, siempre lucho por ver cómo equilibrar nuestras finanzas. Y me temo que ha habido veces en las que he dejado que el dinero fuera determinante a la hora de decidir qué oportunidades ministeriales aceptar.

En su primera carta, Pedro dijo a los líderes de iglesia que no debían trabajar "por ambición de dinero", sino tan solo "con afán de servir" (1P 5:2). Cuando Pablo trabajaba estableciendo una nueva iglesia, se negaba a recibir dinero de la gente de aquella ciudad, y trabajaba fabricando tiendas para sostenerse, para que nadie le acusara de predicar por dinero (1Ts 2:1-12). En un mundo tan orientado hacia los resultados económicos, constantemente necesitamos poner el dinero en su lugar: como una consideración menor en nuestra toma de decisiones. Seremos libres de hacerlo solo cuando podamos decir, con Pablo, "he aprendido a vivir en todas y cada una de las circunstancias" (Fil 4:11). Si estamos convencidos de que Dios nos ha llamado a hacer algo, podemos estar seguros de que nos dará todo lo que considere necesario para nosotros en esa situación.

(4) Nos hemos centrado en algunas lecciones negativas que podemos aprender de la descripción que Pedro hace de los falsos maestros. Pero, como aplicación final, quiero que nos centremos en las víctimas de aquellos falsos maestros. Pedro nos dice que estos "seducen a las personas inconstantes" (v. 14). Eso es lo que siempre ocurre con los falsos maestros. No imponen por la fuerza sus opiniones, sino que persuaden a la gente a adoptar su forma de ver las cosas. Y la falsa enseñanza, claro está, suele ir llevar un envoltorio atractivo. A la gente le gusta las ideas nuevas; y la falsa enseñanza, por definición, trae ideas nuevas. A la gente también le gusta la enseñanza que le haga sentir menos culpable de sus pecados y fracasos. Y vemos claramente que la falsa enseñanza en tiempos de Pedro ofrecía esta ventaja.

La cuestión es que, de manera natural, la falsa enseñanza resulta atractiva. La única protección es estar afianzado en la verdad de Dios, y amarle de forma genuina. Los cristianos que caen presa de la falsa enseñanza son aquellos que no han dedicado tiempo a afianzar su fe (o no han tenido tiempo de hacerlo; *cf.* 2:18).

A riesgo de sonar repetitivo, no puedo dejar de subrayar lo que creo que es absolutamente vitar en nuestras circunstancias presentes: demasiadas de nuestras iglesias están dedicando demasiada energía a cuestiones secundarias del ministerio cristiano y muy pocas a lo más importante. Porque lo más importante del ministerio cristiano siempre es formar la gente a la imagen de Cristo, y el medio que el Espíritu usa para conseguir esa meta es la fiel y completa enseñanza de la verdad de Dios. Por ejemplo, enseñar en nuestras iglesias sobre las diversas sectas es sin duda alguna muy útil, y ayuda a los cristiano a entender los errores que tanto se repiten en nuestros días. Pero en última instancia es más útil enseñar sobre la fe cristiana, pues esa será la mejor protección contra cualquier herejía, pues es imposible cubrir todos los posibles errores que se podrían llegar a dar.

Además, la verdad tiene su propio impacto positivo, porque fortaleza y da sabiduría al creyente. Cuando Timoteo se enfrenta a una falsa enseñanza en Éfeso, Pablo le dice una y otra vez que se dedique a la "buena enseñanza" (*cf.* esp. 1Ti 4:6-8, 11-16). Necesitamos más pastores entregados a vivir y a enseñar la "buena doctrina". Es necesario que siempre mostremos la relevancia de la verdad cristiana y enfrentarnos a las cuestiones con las que la gente está luchando. Lo que hará que haya cristianos firmes y que crecen es la exposición reverente de la Palabra de Dios. J. C. Ryle, hace más de cien años, ya subrayó la misma idea:

> Vives en un mundo donde tu alma está en constante peligro. Los enemigos te rodean por todas partes. Tu propio corazón es engañoso. Los malos ejemplos son cuantiosos. Satanás siempre trabaja para desviarte. Y además, la falsa doctrina y los falsos maestros de todo tipo abundan. Este es el peligro en el que estás.
>
> Para estar a salvo, debes estar bien armado. Debes hacerte con las armas que Dios te ha dado para ayudarte. Debes llenar tu mente con las Santas Escrituras. Eso es estar bien armado.
>
> Ármate con un buen conocimiento de la palabra escrita de Dios. ... Descuida la Biblia y nada de lo que conozco podrá salvarte del error si un abogado de la falsa enseñanza se cruza en tu camino... No lograrás estar firme en la verdad. No me sorprenderá oír que estás atribulado con dudas y preguntas sobre la seguridad de la salvación, la gracia, la fe, la perseverancia, etc... Tampoco será una sorpresa saber que tienes problemas matrimoniales, problemas con tus hijos, problemas por la conducta de tu familia o por las compañías que frecuentas. El mundo por el que navegas está lleno de rocas, bancos de peces y bancos de arena. No estás suficientemente familiarizado ni con los faros ni con las cartas de navegación... Por tu perfil, algún falso maestro te engañará durante un tiempo. No me sorprenderá oír que uno de esos hombres elocuentes e inteligentes capaces de hacer una presentación convincente te llevan al error. Necesitas añadir lastre (verdad); no es de extrañar que te lleven de un lado al otro, como un corzo agitado por las olas.[23]

---

23. Esta selección es de un tratado de Ryle, que J. I. Packer cita en *God's Words: Studies of Key Bible Themes* (Downers Grove, Ill.: InterVarsity, 1981), 41-42.

Si eres cristiano, te lanzo un reto: aprende la verdad cristiana. Si eres líder de iglesia, te lanzo un reto: enseña la verdad cristiana. Que puedas decir lo que dijo Pablo cuando dejó a los líderes de la iglesia de Éfeso por la que pensaba que sería la última vez: "Vosotros sabéis que no he vacilado en predicaros nada que os fuera de provecho... soy inocente de la sangre de todos, porque sin vacilar os he proclamado todo el propósito de Dios" (Hch 20:20, 26-27).

2 Pedro 2:17-22

Estos individuos son fuentes sin agua, niebla empujada por la tormenta, para quienes está reservada la más densa oscuridad. ¹⁸ Pronunciando discursos arrogantes y sin sentido, seducen con los instintos naturales desenfrenados a quienes apenas comienzan a apartarse de los que viven en el error. ¹⁹ Les prometen libertad, cuando ellos mismos son esclavos de la corrupción, ya que cada uno es esclavo de aquello que lo ha dominado. ²⁰ Si habiendo escapado de la contaminación del mundo por haber conocido a nuestro Señor y Salvador Jesucristo, vuelven a enredarse en ella y son vencidos, terminan en peores condiciones que al principio. ²¹ Más les hubiera valido no conocer el camino de la justicia, que abandonarlo después de haber conocido el santo mandamiento que se les dio. ²² En su caso ha sucedido lo que acertadamente afirman estos proverbios: «El perro vuelve a su vómito», y «la puerca lavada, a revolcarse en el lodo».

Sentido Original

La descripción que Pedro hace de los falsos maestros va desde el versículo 10 hasta el final del capítulo. La mayoría de comentaristas y de traducciones incluyen, un cambio de párrafo entre los versículos 16 y 17, reconociendo correctamente una pausa para respirar. También se detecta un cambio de énfasis. En 2:10-16, Pedro se ha centrado en el *carácter* falso de estos herejes: arrogantes, sensuales y avariciosos. La única mención a su "enseñanza" aparece en el versículo 14, cuando dice que "seducen a las personas inconstantes". Pero ahora, en los versículos 17-22, Pedro se centra en el impacto que tienen sobre las personas.

Según Pedro, su enseñanza es hueca, arrogante y engañosa (vv. 17-19). A la vez, regresa a los temas de los versículos 4-10a, pues advierte a esos falsos maestros sobre el terrible juicio que les espera.[1] De hecho, dado que habían conocido el camino de justicia pero de forma deliberada se han desviado de él, su destino será aún peor (vv. 20-22). Al cerrar toda esta polémica de la misma forma en que empezó, hablando sobre

---

1. Neyrey, *2 Peter, Jude*, 217-18, comenta cómo estos versículos se hacen eco de muchas de las palabras y temas que aparecen al principio del capítulo.

el juicio, Pedro vuelve a hacer uso la estructura circular que ya había utilizado anteriormente en la carta.

Enseñanza hueca y engañosa (vv. 17-19)

La comparación que Pedro establece entre los falsos maestros y el avaricioso e ignorante Balán (vv. 15-16) cierra esta primera ronda de comentarios críticos. El apóstol marca el inicio de esta segunda ronda volviendo a los falsos maestros de forma abrupta: "Estos individuos...".[2] Las dos metáforas introductoras del versículo 17 captan perfectamente la naturaleza insustancial y hueca del mensaje de los falsos maestros. En el seco clima de Oriente, una fuente de agua es una bendición maravillosa; da vida, y a veces incluso la salva. Imagínate el desasosiego de un viajero exhausto cuando descubre que la fuente está seca. Así es el mensaje de los falsos maestros: decepciona al peregrino espiritual porque promete vitalidad espiritual pero no la da. Como el pueblo de Israel, los seguidores de estos impostores "me han abandonado [al Señor], fuerte de agua viva, y han cavado sus propias cisternas, cisternas rotas que no retienen agua" (Jer 2:13).

Al principio podríamos pensar que la segunda metáfora, "niebla empujada por la tormenta", tiene un significado diferente, indicando la inestabilidad de los falsos maestros, llevados de acá para allá por cualquier doctrina. Pero la palabra "niebla" también puede referirse a la bruma que queda después de la condensación de una nube que, en lugar de dar lluvia, se disipa e indica que viene un tiempo seco.[3] Por tanto, las dos metáforas hablan de que el mensaje de los falsos maestros es hueco y decepcionante.

Usando un lenguaje que nos recuerda a la condena expresada anteriormente (*cf.* esp. v. 4b, 10), Pedro añade al final del versículo unas rápidas palabras de juicio: "para quieres está reservada la más densa oscuridad". Algunos comentaristas han criticado la secuencia de imágenes que aquí encontramos, diciendo que es extraño asociar fuentes de agua y niebla con la oscuridad. Pero los autores con frecuencia cambian de metáfora

---

2. Es un regreso abrupto porque en el texto griego no hay ningún conector (un fenómeno poco común llamado asíndeton). En el texto griego pone *houtoi*, "estos hombres". Pedro ya se ha referido a los falsos maestros de este modo (v. 12); pero a diferencia de Judas, no usa esta palabra repetidamente como elemento de transición.
3. La palabra griega, *homichle*, es muy poco común; esta es la única vez que aparece en toda la Biblia. La explicación de la palabra que ofrecemos arriba se basa especialmente en la descripción que hace Aristóteles (*Meteor*. 1.346B).

sin establecer ninguna conexión entre ellas; y de hecho, la imagen de la oscuridad sí puede encajar con la acusación de que los falsos maestros son "niebla": "En lugar de la oscuridad momentánea que ahora arrojan, les está preparada una mucho más cerrada y eterna".[4]

El "pues" que aparece al principio del versículo 18 (*N. de la T.*, que no aparece en la NVI) conecta el versículo 18 y el 19 con el versículo 17. En estos dos versículos, Pedro explica por qué los falsos maestros están destinados a la oscuridad del infierno (*cf.* v. 17b) y cómo engañan y dañan a la gente con su doctrina y su práctica (*cf.* v. 17a). Pedro ya los ha reprendido por su arrogancia (v. 10), y aquí regresa a ese tema. Los falsos maestros "pronuncian discursos arrogantes y sin sentido". Pedro escribe con todo irónico, pues para describir el discurso de los falsos maestros usa la misma palabra griega (*phthengomai*) que ha usado para describir en el versículo 16 el discurso de la burra de Balán. ¡Hasta una burra "pronunció" mejor doctrina que estos falsos maestros!

Y esa doctrina, aunque está presentada con grandes muestras de poder y persuasión, es una doctrina "vacía" o "sin sentido". Esta palabra habla de futilidad o frustración, de algo que no alcanza a lograr su objetivo. Pablo, por ejemplo, usa esta palabra para describir la "futilidad" a la que la creación está sometida a causa del pecado de la humanidad (Ro 8:20). Y palabras que provienen de la misma raíz aparecen describiendo la necedad y la impotencia inherente de la idolatría y de la vida pagana (Hch 14:15; 1P 1:18). Las palabras de los falsos maestros, aunque suenan atractivas, no pueden ofrecer la plenitud espiritual que prometen. Además, aunque en la versión inglesa NVI no queda claro, la primera parte del versículo 18 está conectada con la afirmación principal del versículo: los falsos maestros seducen a la gente "pronunciando discursos arrogantes y sin sentido".[5]

A continuación, Pedro complementa ese verbo principal con una segunda proposición: los falsos maestros también seducen "apelando a los instintos naturales desenfrenados". Lo que aparece en la NVI inglesa es la paráfrasis del texto griego, en el que aparece una secuencia compleja que literalmente se traduciría "en deseos de la carne, hechos de sensualidad". Lo que hace esta versión es añadir "apelando" ("apelando a

---

4. Calvino, *Hebrews and 1 and 2 Peter*, 355.
5. Interpreto el participio *phthengomenoi* como instrumental. En cuanto a la palabra "seducir", Pedro reutiliza una palabra griega que aparece en el v. 14 y también traducimos por "seducir".

los deseos lujuriosos de la naturaleza humana pecaminosa, seducen..."). Lo que no es tan acertado es la traducción que hace de la palabra griega "carne" (*sarx*), traducido como "naturaleza humana pecaminosa". Como ya he dicho anteriormente (ver la sección "Construyendo Puentes" en el comentario de 1:3-11), el uso de la palabra "naturaleza" para traducir ese término puede sugerir una visión del ser humano bíblicamente cuestionable.

La palabra griega traducida por "lujuriosos" o "desenfrenados" es *aselgeia*, que Pedro ya ha utilizado dos veces en este capítulo (una para describir de forma general las "prácticas vergonzosas" de los falsos maestros [v. 2] y otra para describir el desenfrenado estilo de vida de la gente de Sodoma y Gomorra [v. 7]). Habla de un estilo de vida licencioso, sensual, centrado en placeres como la promiscuidad sexual, la glotonería y la borrachera. Aquí la palabra aparece en plural y aparece al final de la frase, lo cual es una estructura gramatical un tanto extraña (ver la traducción literal que hemos hecho arriba). Los comentarios y las traducciones no saben exactamente qué hacer con esta palabra. Algunos creen que es una forma de volver a hablar de los "deseos de la carne" (*cf.* NASB, "apelando a los deseos de la carne, a la sensualidad"). Otros, como la versión inglesa REB, piensan que es un término paralelo: "lujurias sensuales y desenfreno". Sin embargo, la mayoría (*cf.* la NVI) la entienden como un adjetivo de la palabra "deseos". Pero es imposible saber quiénes están en lo cierto. No obstante, la idea está clara: los falsos maestros apelan a los deseos licenciosos y pecaminosos de la gente para seducirla y apartarla de la verdad. Así, Pedro menciona dos medios que los falsos maestros usan para atraer a la gente hacia su herejía; en palabras de Bigg: "la argumentación sofisticada es el anzuelo, y la lujuria desenfrenada, el cebo".[6]

Pero según Pedro, los falsos maestros no van detrás de cualquiera. Inteligentes cuando eligen su objetivo, ponen el señuelo a la vista de "quienes apenas comienzan a apartarse de los que viven en el error". Existe una variante del texto griego que enfatiza aún más esta idea. En algunos manuscritos aparece *ontosapophygontes*, y en otros, *oligosapopheugontas*. Aún sin saber nada de griego, uno puede ver lo similares que son estas dos expresiones y lo fácil que era que un escriba escribiera una en lugar de la otra. Si aceptamos la primera alternativa, la gente a la que los falsos maestros están seduciendo son aquellos que han

---

6. Bigg, *The Epistles of St. Peter and St. Jude*, 285.

"apartado completamente" de "lo que viven en el error". La KJV inglesa opta por esta variante, y traduce "los que estaba limpios escaparon de lo que viven en el error".[7]

Pero la segunda variante es la adoptada por las principales traducciones contemporáneas, y es por la que deberíamos optar. Dice que el objetivo de los falsos maestros son las personas que "recientemente" o "apenas"[8] acaban de escapar de "los que viven en el error"; de hecho, el tiempo presente del participio en esta variante sugiere que aún está en el proceso de escapar de las redes de sus vidas pasadas. Tiene sentido pensar que los herejes iban detrás de los nuevos conversos. La palabra "error" (*plane*) se suele usar en la Biblia para describir el paganismo (*cf.*, p. ej., Ro 1:27; Tit 3:3). Dicho de otro modo, Pedro describe a estos nuevos conversos como personas que están en el proceso de distanciarse de los valores y del estilo de vida de la sociedad pagana a la que recientemente pertenecían y en medio de la cual aún viven.

En el versículo 19 Pedro continúa describiendo el *modus operandi* de los falsos maestros. Otra táctica para persuadir a los nuevos conversos a dejar su fe es prometerles libertad. Este es el único momento del capítulo en el que Pedro menciona algo del programa doctrinal de esos maestros. Desgraciadamente, no es nada específico: ¿libertad de qué? Si pensamos en el contenido de la carta, nos vienen a la mente tres posibilidades. (1) Los falsos maestros les prometían que quedarían libres del temor a los seres espirituales malvados. En este mismo capítulo, Pedro ha criticado a los herejes por su actitud arrogante e indiferente ante esos seres (vv. 10b-12). (2) Los falsos maestros prometían que quedarían libres del juicio escatológico.[9] Como vemos tanto en 1:16-21 como en 3:3-12, la característica doctrinal básica de los falsos maestros era el escepticismo ante la venida de Cristo y el juicio asociado a su venida. (3) Prometían que quedarían libres de cualquier restricción moral externa.[10] Pedro ha hablado extensamente del estilo de vida libertino de los falsos maestros (vv. 13-16, 18). Y en el resto del Nuevo Testamento

---

7. Ver también *ibíd.*, 287.
8. La palabra griega es *oligos*, "una medida pequeña". No queda claro si tiene un sentido temporal ("recientemente") o un sentido cuantitativo ("hasta cierto punto" o "en pequeña medida"). La diferencia de significado es mínima.
9. Bauckham, *Jude, 2 Peter*, 275-76; Neyrey, *2 Peter, Jude*, 223.
10. Esta es la interpretación más popular entre los comentaristas; ver, p. ej., Bigg, *The Epistles of St. Peter and St. Jude*, 286; Kelly, *The Epistles of Peter and of Jude*, 346; Green, *The Second Epistle General of Peter and the General Epistle of Jude*, 117.

encontramos evidencias de la tendencia a abusar de la gracia usándola como licencia para pecar (ver las advertencias que aparecen en Ro 6; Gá 5:13-14; 1P 2:16).

Dado que cualquiera de esas interpretaciones encaja bien en el contexto más amplio de 2 Pedro 2, debemos preguntarnos cuál es la que mejor encaja en el contexto más inmediato. Mirar el resto del versículo 19 ayuda. Pedro subraya lo irónico de la situación de los falsos maestros: aunque prometen libertad, "ellos mismos son esclavos de la corrupción". La expresión enfática "ellos mismos" sugiere que la "corrupción" de la que son esclavos está estrechamente relacionada con la libertad que prometen. Pero, ¿qué es esa "corrupción"? La NVI inglesa toma una decisión interpretativa contundente al traducir la palabra griega *phthora* por "depravación". Una traducción más neutral sería "corrupción", que encontramos en la mayoría de versiones. La corrupción puede ser moral (en cuyo caso "depravación" sería una traducción aceptable) o también física.

Hasta ahora, Pedro ha usado *phthora* en dos ocasiones, una con un significado, y la otra, con el otro significado. En 1:4, expliqué que tenía un matiz moral; en 2:12, que se trataba de una referencia a la destrucción escatológica. Ninguna de las definiciones encaja con la idea de que los falsos maestros prometieran libertad de los seres espirituales malvados, así que podemos eliminar esa opción. Pero si tenemos aquí una referencia a la destrucción escatológica, la segunda opción sí encaja bien: aunque prometen la liberación del juicio, los falsos maestros están destinados para el juicio. Y si se refiere a la corrupción moral, la tercera opción también tiene sentido: viviendo vidas esclavas de la inmoralidad, los falsos maestros revelan la futilidad de su promesa de quedar libres de los requisitos morales. Creo que esta interpretación es algo mejor que la anterior. La imagen de la esclavitud en este versículo y el énfasis en la inmoralidad en el versículo 20 sugiere que Pedro está pensando más en esa línea que en el juicio escatológico. Como Green dice, "en su afán por expresarse a sí mismos, cayeron esclavos de sí mismos".[11]

Pedro refuerza esa idea citando un proverbio: "Cada uno es esclavo de aquello que lo ha dominado". Dado que el proverbio provenía de la práctica de esclavizar a los enemigos capturados en tiempos de guerra,

---

11. Green, *The Second Epistle General of Peter and the General Epistle of Jude*, 117.

algunos comentaristas creen que debería decirse con un referente personal, en lugar de usar un referente general como en "El hombre es esclavo de aquello que lo ha dominado".[12] Pero por naturaleza, un proverbio cambia su referente dependiendo de la situación a la que este se aplique. Aquí, Pedro lo aplica a la fuerza impersonal del pecado; por tanto, la traducción neutra (la que encontramos en la mayoría de las versiones) es mejor.

La grave situación de los falsos maestros (vv. 20-22)

La NVI inglesa guarda la ambigüedad del original cuando traduce "ellos" al principio del versículo. Lo que no queda claro es cuál es el antecedente de ese pronombre. Podríamos remontarnos al final del versículo 18: "quienes apenas empiezan a apartarse de los que viven en el error". La repetición en el versículo 20 de la idea de "escaparse" podría apuntar a que ese es el antecedente. En ese caso, los versículos 20-22 se estaría refiriendo a los nuevos conversos que los falsos maestros han convertido en su objetivo. Y por tanto, la idea de estos versículos sería advertir a esos creyentes influenciable de la falsa enseñanza apuntando a las graves consecuencias de apartarse de la verdad que han recibido.[13]

Pero el antecedente más cercano lo encontramos en el sujeto del versículo inmediatamente anterior: los falsos maestros. Ellos son el tema del que Pedro ha estado hablando en todo el capítulo.[14] Es difícil decidir por qué interpretación optar, pero yo me decanto por esta segunda interpretación. Es lógico pensar que el capítulo acaba con una denuncia final de los falsos maestros; una advertencia dirigida a los nuevos conversos parece un poco fuera de lugar.

Así, Pedro continúa su descripción de los falsos maestros. Como comenta Baukham, el apóstol usa conceptos que usó al principio de la carta para describir a los cristianos. En 1:4, dijo que los cristianos "han escapado la corrupción [*phthora*] que hay en el mundo"; en 1:3, dijo que han llegado a conocer a nuestro Señor y Salvador Jesucristo. Ahora, afirma que los falsos maestros también "han escapado de la

---

12. P. ej., Kelly, *The Epistles of Peter and of Jude*, 347.
13. Sobre esta interpretación, ver Bigg, *The Epistles of St. Peter and St. Jude*, 287; Kelly, *The Epistles of Peterand of Jude*, 247-48.
14. Ver, p. ej., Mayor, *The Epistle of St. Jude and the Second Epistle of St. Peter*, 141-42; Green, *The Second Epistle General of Peter and the General Epistle of Jude*, 118; Bauckham, *Jude, 2 Peter*, 277.

contaminación [*miasmata*[15]] del mundo por haber conocido a nuestro Señor y Salvador Jesucristo".[16] Como señalé al comentar 1:2 y 3, para describir la existencia cristiana, a Pedro le gusta usar terminología relacionada con el "conocimiento" (en el sentido bíblico de conocimiento empírico o basado en la experiencia). Vemos que, al menos desde esta perspectiva, los falsos maestros daban evidencias de ser cristianos.

No obstante, corrían el riesgo de "volver a enredarse" en la corrupción del mundo, y "ser vencidos" por ella. Green piensa que la palabra "enredar" podría formar parte de ese grupo de palabras relacionas con la pesca que Pedro ha usado para describir la estrategia de los falsos maestros ("seducir" o "lanzar el anzuelo", vv. 14 y 18).[17] Ponen el cebo para "pescar" a otros, pero quedan "enredados" en sus propias redes. Sea como sea, lo que Pedro quiere decir es que ese regreso al corrupto estilo de vida del mundo le llevará a la destrucción: "Al final, están peor que cuando empezaron". Lo más probable es que Pedro está citando las palabras de Jesús cuando en Mateo 12:43-45 cuenta la historia sobre el espíritu maligno:

> Cuando un espíritu maligno sale de una persona, va por lugares áridos, buscando descanso sin encontrarlo. Entonces dice: "Volveré a la casa de donde salí." Cuando llega, la encuentra desocupada, barrida y arreglada. Luego va y trae a otros siete espíritus más malvados que él, y entran a vivir allí. Así que el estado postrero de aquella persona resulta peor que el primero. Así le pasará también a esta generación malvada.

Así le ocurre a la gente que abraza la fe en Cristo pero luego la abandona para regresar al mundo: el juicio sobre ellos será peor, porque habiendo conociendo la verdad, la rechazaron.

Eso es lo que Pedro explica en el versículo 21. De nuevo, utiliza la palabra "camino" para describir el cristianismo (ver el comentario de 2:15). Seguir a Cristo significa andar por el camino de la buena conducta ("justicia") como él espera de sus discípulos. Pedro dice que más les hubiera valido no entrar en el camino, que andar por él durante un tiempo

---

15. En la Biblia griega, esta es la única ocasión en la que encontramos esta palabra, pero está estrechamente relacionada con la palabra que Pedro ha usado en el v. 10, *miasmos* (en la NVI, "corrompidos").
16. Bauckham, *Jude, 2 Peter*, 277.
17. Green, *The Second Epistle General of Peter and the General Epistle of Jude*, 118-19.

para luego abandonarlo. Al hablar de lo que han abandonado, Pedro no solo usa "justicia" (en un sentido moral) para describir el "camino" del cristianismo, sino que también menciona "el santo mandamiento que se les dio". No creo que el apóstol tenga en mente un mandamiento en particular. Utiliza el singular para resumir la totalidad de la instrucción cristiana, un conjunto de enseñanzas que se enseñaba (y de ese modo se transmitía) a los conversos. De forma similar, Pablo se refiere a "la enseñanza que os fue transmitida" (Ro 6:17) y a "la preciosa enseñanza que se te ha confiada" (2Ti 1:14).

Como Bauckham comenta, Pedro construye los versículos 20-22 a partir de material extraído de la tradición que había heredado: unas palabras de Jesús en el versículo 20, la estructura "más les hubiera valido" en el versículo 21 (estructura que aparece en muchos lugares del Nuevo Testamento), y ahora, en el versículo 22, dos proverbios extrabíblicos.[18] De hecho, aunque la NVI pone "proverbios" en plural, en el texto griego esa palabra está en singular. Quizá eso se debe a que para Pedro, ambos proverbios sirven para reforzar una misma idea. Además, combinar de proverbios que hablan de perros y cerdos tiene sentido, pues para los judíos ambos animales eran despreciables. En el antiguo Oriente Próximo, los perros no eran "el mejor amigo del hombre". No eran mascotas domesticadas, sino que eran bestias salvajes que a menudo robaban comida y atacaban a las personas más débiles. Y, como sabemos, los cerdos eran anatema: el Antiguo Testamento los declaraba "impuros" y los judíos piadosos los evitaban. Así, era frecuente agrupar a estos dos animales como animales despreciados.[19]

El significado del primer proverbio es suficientemente claro: volver a la corrupción del mundo es como cuando un perro se vuelve a comer su propio vómito. Pero el proverbio sobre el cerdo (en la NVI, "la puerca") puede entenderse de dos maneras diferentes, dependiendo de cómo interpretamos la sintaxis del texto griego. Una posibilidad es traducir "una puerca que se lava revolcándose en el lodo". En este caso, Pedro estaría sugiriendo que los falsos maestros, han empezado probando la depravación, y luego han llegado a disfrutarla; son como cerdos que, como es bien sabido, adoran lavarse en el barro.[20] Pero las principales

---

18. Bauckham, *Jude, 2 Peter*, 273. Según él, el v. 21 es paralelo a Marcos 9:42 y 14:21.
19. *Cf.* el mandado de Jesús: "No deis lo sagrado a los perros; ni echéis vuestras perlas a los cerdos"(Mt 7:6).
20. Bigg, *The Epistles of St. Peter and St. Jude*, 287.

traducciones y la mayoría de comentaristas optan por la opción que encontramos en la NVI: "la puerca lavada, [vuelve] a revolcarse en el lodo". Este proverbio encaja con la situación de los falsos maestros que Pedro ha descrito en los versículos 20-21: han sido lavados por la sangre de Cristo, pero aún así están ansioso por volver a la suciedad del mundo.[21]

Construyendo Puentes

En la última sección "Construyendo Puentes", expliqué que al aplicar la "lectura de espejo" a un libro del Nuevo Testamento podemos acabar imponiéndole un mensaje que el autor original nunca tuvo en mente. Argumenté que el problema está en que los estudiosos tienden a tomar una situación histórica, cultural o filosófica concreta e insistir en que todo lo que aparece en el libro debe interpretarse a la luz de dicha situación. En su famoso ensayo sobre esta cuestión, Samuel Sandmel dice que muchos estudiosos asumen que las ideas en el mundo antiguo se transmitían a través de canales cerrados como las tuberías, llegando intactas a su destino, libres de la influencia de otras ideas. Pero de hecho, las ideas nunca existen de forma aislada. Con el paso del tiempo, se entremezclan con muchas otras ideas con las que coexisten.

En ese sentido, el mundo antiguo no era diferente al nuestro. ¿A cuántas personas conoces que se identifiquen profundamente con una creencia en su forma más "pura"? ¿Los demócratas que conoces realmente están de acuerdo con toda la línea del partido y nunca tienen una opinión que podría ser más bien republicana o socialista? ¿A cuántos "existencialistas" auténticos conoces? La gente, incluyendo profesores y teóricos, sostienen y propagan ideas que siempre son, en cierta medida, una mezcla de muchas fuentes diferentes, a veces incluso opuestas.

El contexto cultural de los falsos maestros. Por tanto, para hacernos un perfil de estos falsos maestros a partir de 2 Pedro, deberíamos preguntarnos sobre las diversas influencias culturales que pudieron ser

---

21. En cuanto a esta interpretación del proverbio, podría provenir de un popular libro de dichos del siglo VII o VI A.C. titulado *Ahiqar*; en la versión arábiga, en 8:8 dice "Hijo mío, para mí has sido como el cerdo que fue a darse un baño caliente con gente de calidad, y cuando salió de los baños vio un charco sucio y se tiró a revolcarse en él". Ver Bauckham, *Jude, 2 Peter*, 279.

la causa de su herejía. Hasta aquí, me he centrado en cuestiones específicas de su falsa enseñanza. Pero merece la pena detenerse a analizar si existió en el siglo I algún movimiento ideológico que pudiera haber alimentado sus ideas erróneas.

La afirmación que Pedro hace sobre la "promesa de libertad" que estos falsos maestros hacían (v. 19) nos puede dar la primera pista. Ya mencioné que es difícil determinar qué tipo de libertad estaban prometiendo. Pero Jerome Neyrey ha sugerido que esta promesa se entiende mucho mejor si tenemos en cuenta el pensamiento epicúreo. De hecho, él dice que todas las características de estos falsos maestros encajan a la perfección en el molde epicúreo.[22] Creo que es interesante considerar la reconstrucción que Neyrey hace la de situación, no porque esté de acuerdo con todos los detalles, sino porque nos recuerda la forma en la que las ideologías del siglo I podrían haber influenciado, aunque fuera de forma indirecta, las creencias de personas como los falsos maestros de 2 Pedro.

Muchos de nosotros recordamos que los epicúreos eran una de las "escuelas" filosóficas principales del siglo I. Y como la palabra forma parte de nuestro vocabulario, normalmente asociamos a los epicúreos con la búsqueda del placer, y con una conducta sexual desenfrenada, comilonas y borracheras o, dicho de otro modo, con "la buena vida". Y es aquí donde cometemos el error. Es cierto que Epicuro (que vivió entre el 341 y el 270 a.c.) y sus seguidores convirtieron la búsqueda del "placer" en su estilo de vida. Pero para ellos el placer no era la gratificación de la carne, sino evitar el dolor y el sufrimiento. Buscaban la paz de la mente (*ataraxia*); y algunos placeres de la vida, lejos de ofrecerles esa paz, lo que hacían era perturbarla.

Pero lo más interesante para nuestro estudio es la negación que los epicúreos hacían de la providencia. Los epicúreos creían en la existencia de los dioses pero sostenían que estos no tenían nada que ver con la vida en la tierra. El ser humano, compuesto por una combinación fortuita de átomos, está solo en este mundo, sin la interferencia de los dioses. Y cuando muere, los átomos simplemente se vuelven a dispersar. Epicúreo no creía en la vida después de la muerte en un juicio divino. "La muerte no es nada para nosotros; ya que el cuerpo, cuando se ha descompuesto, no tiene sentimientos; y aquello que no tiene sentimientos

---

22. Neyrey, *2 Peter, Jude*, 122-28. Encontrará una explicación más general sobre esta falsa enseñanza en la Introducción.

no es nada para nosotros".²³ Cualquier interferencia de parte de los dioses o amenaza de castigo en la vida después de la muerte era vista como una afrenta a la libertad humana.²⁴

Podemos ver claramente que algunos de los elementos de esta breve descripción de los epicúreos también caracterizaban a los falsos maestros de 2 Pedro. El escepticismo de estos falsos maestros ante la venida de Cristo en gloria y ante el juicio venidero (1:16-21; 3:3-12) podría ser un reflejo del ataque epicúreo a la idea de la providencia divina. La promesa de libertad de los falsos maestros podría reflejar la visión de que la interferencia divina amenaza la integridad humana. Incluso el libertinaje de los falsos maestros podría tener sus raíces en las ideas epicúreas; ya que aunque los epicúreos llevaban un estilo de vida refrenado, su doctrina ofrece la base perfecta para una conducta libertina y salvaje. No había que temer el juicio divino ni el castigo en la vida venidera. Y como el cuerpo no era "nada" (ver la cita de arriba), uno podía hacer con él lo que quería. De hecho, Neyrey nos recuerda que los críticos de los epicúreos les reprendían por abrir la puerta a la inmoralidad. Lactancio, un moralista romano, escribió:

> Si un jefe de piratas o un líder de una banda de ladrones anima a sus hombres a cometer actos de violencia, de qué forma lo hace si no es diciendo las mismas cosas que los epicúreos dicen: que los dioses no se inmutan; que no sienten ni enfado ni ningún otro tipo de sentimiento; que no hay que temer el castigo en un estado futuro porque el alma muere con la muerte, y no hay tal cosa como un estado futuro ni tal cosa como un castigo futuro.²⁵

Neyrey no llega a decir que los falsos maestros de 2 Pedro son epicúreos. De hecho, es cauteloso. Cree que puede haber algunas coincidencias, pero lo que realmente quiere destacar es que el escepticismo que caracteriza a Epicúreo y a sus seguidores es un componente importante de los argumentos de los falsos maestros. Yo soy un poco más escéptico que Neyrey ya que no veo una relación directa entre estos falsos maestros y los epicúreos. Pero creo que está en lo cierto cuando propone que

---

23. Diógenes Laercio, un epicúreo del siglo III A.D. (10.139). Citado en Neyrey, *2 Peter, Jude*, 123.
24. Encontrará un breve resumen del pensamiento epicúreo en R. W. Vunderink, "Epicureans", en *ISBE*, ed. rev., 2:121-22.
25. Lactancio, *Inst.* 3.17; la cita aparece en Neyrey, *2 Peter, Jude*, 123-24.

el escepticismo de los epicúreos ante la providencia divina ejerció una influencia indirecta en estos falsos maestros.

El problema, como el mismo Neyrey admite, es determinar cuál fue el grade de esa influencia. Aunque el origen de ese escepticismo esté en Epicúreo, en el siglo I A.D. ya se había colado en mayor o menor medida en las enseñanzas de diferentes creencias. Podríamos decir que era una de las ideas "de moda" y que los falsos maestros la adoptaron como componente importante de su visión herética del cristianismo.

Contexto teológico de la comprensión de los falsos maestros. Como he dicho en repetidas ocasiones, para aplicar el mensaje de 2 Pedro a nuestro mundo contemporáneo debemos prestar atención al contexto. Pero el "contexto" tiene muchas facetas. Usamos esta palabra para hablar del contexto *literario*: el libro de la Biblia en el que el texto aparece, o la sección en la que el texto aparece. Pero también hablamos de contexto *histórico*, lo que a menudo llamamos el "trasfondo" del texto: todas aquellas circunstancias que forman parte del mundo del autor original y que inciden en aquello que escribió.

Los eruditos de cualquier línea teológica reconocen la importancia de estos dos contextos a la hora de interpretar un texto. De hecho, ambos se han combinado en el método "gramático-histórico", que es el acercamiento interpretativo que los estudios bíblicos modernos han consagrado. Pero los evangélicos siempre hemos insistido en que a esos dos contextos hay que añadir un tercer contexto: el contexto *teológico*. Los evangélicos, a diferencia de muchos otros intérpretes, creen que en última instancia la Biblia es un solo libro, en el que habla una sola voz. Eso quiere decir que cualquier parte de ella debe ser interpretada a la luz de la enseñanza de toda su totalidad. A los intérpretes no evangélicos no les importa interpretar un pasaje haciendo una interpretación que se contradice con otros pasajes de la Biblia. No es así con los intérpretes evangélicos. Después de hacer una buena exégesis de un texto según su contexto histórico y literario, debemos dar un paso más y preguntarnos de qué forma nuestra conclusión encaja con la enseñanza de la Biblia sobre el tema en cuestión.

Puede que concluyamos que nuestra interpretación encaja con lo que creemos que la Biblia dice en otros pasajes sobre esa cuestión, y entonces demos nuestra exégesis por finalizada. Pero puede ocurrir que la conclusión que sacamos de un texto concreto no encaje del todo con lo que creemos que otros pasajes bíblicos enseñan. Entonces, nos queda trabajo por hacer, analizando de nuestro nuestra exégesis para ver si hemos cometido algún error. Si concluimos que no hemos cometido ningún error, puede ocurrir que estemos equivocados en cuanto a lo que otros pasajes bíblicos enseñan sobre esa cuestión. Entonces debemos consultarlos para ver si los habíamos entendido de forma errónea. Este proceso (que algunos han llamado "espiral de interpretación") es una consecuencia lógica de la creencia evangélica sobre la unidad de la Biblia. La interpretación evangélica siempre debería estar marcada por un interés en prestar atención al contexto teológico. Pero es vital seguir escuchando al texto, para que este pueda corregir nuestra teología si es necesario.

Cualquier aplicación rigurosa de 2 Pedro 2:20-22 debe tener en cuenta su contexto teológico. Como ya he dicho, para describir a los falsos maestros aquí Pedro usa un vocabulario que en otros lugares utiliza para hablar de la conversión al cristianismo. Dice que "han escapado de la contaminación del mundo por haber conocido a nuestro Señor y Salvador Jesucristo" (v. 20). No obstante, en el mismo versículo Pedro dice que si continúan por el camino herético que han escogido, "terminan en peores condiciones que al principio". El significado de "peores condiciones" queda claro cuando leemos lo que Pedro dice sobre su destino en 2:4-10a: condenación escatológica. Así, una lectura inicial de estos versículos parece enseñar que los cristianos pueden perder su fe para siempre si persisten en sostener alguna idea herética o en seguir un estilo de vida pecaminoso.

Cuando uno lee los comentarios de este pasaje, se encuentra con diferentes reacciones ante esta lectura. Por ejemplo, Michael Green, ignorando una variante textual que habla de "volverse atrás" en el versículo 21, dice: "Aquí no hay ningún consuelo para aquellos que niegan de forma dogmática la posibilidad de que un cristiano apostate". Continúa diciendo:

> Debemos enfrentarnos al hecho de que aquí dice que estos hombres habían conocido... el camino de la justicia y que habían escapado, en su día, de la contaminación del mundo. El paralelismo con Hebreos 3:12-18, 6:6, 10:26, 38ss,

1 Corintios 10:1-12 y Judas 4-6 es claro e indudable. Parece que la apostasía es una posibilidad horrible y real.[26]

El comentario que Edwin A. Blumhace del mismo texto resulta un contraste instructivo:

> Entonces, ¿es posible que un cristiano pierda la salvación? Muchos contestarían de forma afirmativa basándose en este y otros textos similares (p. ej., Heb 6:4-6; 10:26). Pero este versículo solo dice que los falsos maestros que durante un tiempo han escapado de la corrupción del mundo a través del conocimiento de Cristo y luego han abandonado la luz de la fe cristiana están en peores condiciones que antes de conocer a Cristo. No usa ninguna terminología que afirme que esos maestros eran cristianos auténticos... El NT hace una distinción entre los que están en la iglesia y los que han sido regenerados... Así que cuando Pedro dice "terminan en peores condiciones que al principio", está refiriéndose a un apóstata perdido.[27]

Probablemente, ambos autores estarían de acuerdo con la definición general que D. A. Carson hace de apostasía: "el abandono definitivo de una posición y postura religiosa que anteriormente se sostenía con firmeza".[28] Pero mientras que para Green la apostasía es el abandono de una salvación genuina, y según él este texto deja claro que puede ocurrir, para Blum "apostatar" significa dejar atrás cualquier tipo de conocimiento de Cristo que uno ha llegado a tener (conocimiento no salvífico), diciendo así que la salvación no se puede perder. Ninguno de estos dos autores busca justificar su interpretación contrastándola con la demás enseñanza bíblica (aunque ambos hacen referencia a otros pasajes "advertencia"). No les critico por ello, pues ningún comentarista puede justificar cada una de las conclusiones a las que llega con un estudio sistemático profundo. Pero lo que creo que está claro es que ambos eruditos se acercan a 2 Pedro 2:20-22 desde dos comprensiones bien distintas de lo que la Biblia dice sobre la "seguridad eterna". Es decir, entienden el contexto teológico del pasaje de forma diferente.

---

26. Green, *The Second Epistle General of Peter and the General Epistle of Jude*, 120.
27. Edwin A. Blum, "2 Peter", en *EBC*, 12:282.
28. D. A. Carson, "Reflections on Assurance", en *The Grace of God and the Bondage of the Will: Historical and Theological Perspectives on Calvinism*, ed. Thomas R. Schreiner y Bruce A. Ware (2 vols.; Grand Rapids: Baker, 1995), 2:396.

Mi primer propósito al sacar a relucir esta cuestión es simplemente destacar la necesidad de tener en cuenta el contexto teológico a la hora de interpretar. En el seminario donde enseño, a veces oigo a estudiantes hablar de la "teología sistemática" con mucho prejuicio. Con aire de piedad dicen, "Lo que quiero hacer es estudiar el texto y que sea el texto el que me lleve a una conclusión".

Yo suelo responder: "Eso está muy bien. ¿Pero tú crees que la Biblia es verdad?".

"Claro que lo creo", contestan.

"¿La Biblia puede ser verdad si se contradice a sí misma?".

"No".

"Entonces, ¿qué ocurre si las conclusiones que sacas de un texto contradicen las conclusiones que sacas de otro textos?".

"Entonces debo armonizarlos", responden.

"¿Y cómo vas a hacerlo sin un amplio marco de la enseñanza bíblica, es decir, sin la teología sistemática?".

Así que no critico a Green y a Blum por interpretar este texto a la luz de su teología. A quien sí critico es al intérprete que no deja que el texto contribuya a su "espiral" de crecimiento teológico. Ninguno de nosotros ha anclado todo lo que cree en las Escrituras de forma suficiente. Y el peligro que corremos es imponerle a un texto una predilección teológica que no hemos examinado, porque entonces impedimos que el texto nos hable. Y eso me lleva a mi segundo propósito en esta discusión: arrojar luz sobre la importancia teológica de estos pasajes " advertencia" describiendo el proceso que yo he seguido cuando me enfrentado a este texto.

Yo me acerco a este pasaje desde una perspectiva teológica mayormente calvinista. En el seminario me enseñaron la seguridad eterna, y desde entonces he encontrado muchos textos que, a mi parecer, confirman la verdad de esa enseñanza. Además de los pasajes bien conocidos del Evangelio de Juan (especialmente Jn 6:39-40; 10:28), me impresiona de forma particular el argumento que Pablo elabora en Romanos 5—8, donde Pablo defiende la seguridad cristiana. El apóstol dice que aquellos que han sido justificados serán salvos en el día final (5:9-10). Aquellos que han sido predestinados, llamados y justificados son glorificados (8:30).[29] Afirma lo que a mí me parece una conexión indivisible

---

29. Pablo pone este verbo en tiempo aoristo, y creo que aquí es una referencia al pasado. La glorificación del creyente ya ha sido determinada por el Señor.

entre la justificación inicial y la salvación final; ciertamente, esta doctrina de la justificación es en sí escatológica, pues el veredicto final de Dios sobre el creyente ya es efectivo en el momento de la conversión.

Pero luego me encuentro con otros pasajes del Nuevo Testamento, particularmente los muchos pasajes "advertencia". De hecho, algunos de ellos los encuentro en la misma carta a los Romanos. En el capítulo 11, Pablo advierte a los cristianos gentiles arrogantes: vosotros, "ramas silvestres" que habéis sido injertadas en el olivo (el pueblo de Dios), podéis ser "desgajados" de nuevo. Aquí, Pablo parece decirles a un grupo de creyentes genuinos (han sido injertados en el pueblo de Dios) que corren el peligro de perder su estatus como pueblo de Dios, de perder la salvación que una vez disfrutaron. Muchos otros pasajes tienen este mismo tono de advertencia; los más conocidos son los de Hebreos (esp. 6:4-6; 10:26-31). Y 2 Pedro 2:20-22 encaja perfectamente en este molde.[30]

Como ves, me encuentro con una serie de textos que al parecer contradicen mi creencia sobre la seguridad eterna. ¿Qué es lo que hago? Como mi creencia sobre la seguridad eterna descansa en un estudio serio del texto, en primer lugar buscaré formar de explicar estos textos de un modo que encajen en mi "contexto teológico". Tres opciones me vinieron a la mente. (1) Quizá las advertencias son solo hipotéticas. Pero, por ejemplo, dice: "*Si* habiendo escapado de la corrupción del mundo... y vuelven a... vencidos, terminan en peores condiciones que al principio". No dice que hayan dado ese paso. Según esta interpretación, los autores bíblicos advierten a los creyentes de las consecuencias de una apostasía persistente, aunque saben que ese tipo de apostasía no es posible.

(2) Quizá la advertencia no tiene que ver con la condenación escatológica. Por ejemplo, Pedro dice de nuevo que esos falsos maestros estarán "en peores condiciones", que terminarán "revolcándose en el lodo" otra vez. A lo mejor solo quiere decir que esos falsos maestros tendrán muchos problemas en esta vida y quizá "pérdida de recompensa" en la siguiente.

(3) Quizá las personas a las que están dirigidas estas advertencias no son cristianos auténticos. Pedro dice que los falsos maestros tienen un

---

30. El mejor estudio exegético y teológico sobre estos pasajes "advertencia" desde una perspectiva arminiana es el de I. H. Marshall, *Kept by the Power of God: A Study of Perseverace and Falling Away* (Minneapolis: Bethany Fellowship, 1969).

"conocimiento" de Cristo, pero podría tratarse tan solo de un conocimiento intelectual. Quizá es gente que ha participado de la vida de la iglesia, todo parece indicar que son cristianos, pero nunca han experimentado la obra regeneradora de Dios.

La mayoría de académicos calvinistas optan por esta vía, como vemos, por ejemplo, en los comentarios de Blum más arriba. Y creo que este acercamiento es mejor que los otros dos. Una advertencia hipotética no sirve de mucho. En momentos de enfado, cada vez que tenía que abrirme camino por una jungla de juguetes para poder llegar a mi despacho, solía decirle a mis hijos: "Si no ordenáis todos estos juguetes ahora mismo, los voy a regalar a otros niños". Yo sabía que nunca iba a hacer tal cosa; y, más importante aún, *ellos* también sabían que su papi nunca iba a hacer tal cosa. Así que, ¿qué valor tenía esa advertencia? Tampoco tiene sentido pensar que esos pasajes "advertencia" contienen solamente un castigo temporal. En 2 Pedro 2:20-22, por ejemplo, la expresión "terminar en peores condiciones que antes de la conversión" solo puede referirse a la condenación escatológica.

Así que me centraré en la tercera opción, la que dice que los falsos maestros realmente no eran cristianos. Pero también me encuentro con un problema, pues cuando Pedro los describe, usa un vocabulario que asociamos a la conversión ("conocer" a Cristo). Es verdad que aquí podría estar usando ese vocabulario de forma diferente a cuando en otros lugares de la carta parece estar hablando de una conversión genuina. Y también debemos reconocer que los autores del Nuevo Testamento describen a las personas en base a lo que aparentan o profesan. Como D. A. Carson ha mostrado, el Nuevo Testamento reconoce a un tipo de gente que no son simplemente paganos (es decir, que son parte de la iglesia y han llegado a experimentar las bendiciones de Cristo), pero que aún no son cristianos nacidos de nuevo (esto es, que el Espíritu Santo aún no les ha llevado a la fe). Es difícil reconocer a este tipo de gente; de hecho, puede que solo salgamos de dudas por su perseverancia hasta el final.[31] Dicho de otro modo, los autores del Nuevo Testamento a veces usan el vocabulario de la conversación cuando hablan de ese tipo de gente, y lo hacen en base a la apariencia.

No obstante, exegéticamente hablando, esta alternativa no acaba de convencerme. En este texto, y más claramente en Hebreos, todo apunta

---

31. Carson, "Reflections on Assurance", 399-405.

a que la descripción de esas personas está basada en lo que realmente son, no en lo que profesan ser. Por tanto, no logro encontrar una interpretación natural y convincente de 2 Pedro 2:20-22 que encaje con mi contexto teológico o convicción en cuanto a la "seguridad eterna". Así que debo examinar de nuevo ese contexto; ¿estoy seguro de que los pasajes que creo que enseñan esa doctrina realmente enseñan esa doctrina? Sí, tengo que decir (intentando tener en cuenta el efecto de la tradición y el hábito), que sí creo que enseñan la seguridad eterna.

Entonces, ¿en qué posición me deja esto? Tengo, a mi entender, tres opciones. (1) Puedo abandonar mi convicción evangélica sobre la unidad de las Escrituras. Pero para mí esa es una cuestión innegociable, pues es una convicción tan profunda que es indudable.

(2) Puedo admitir que en este punto estoy ante una "antinomia" bíblica: situación en la que la Biblia afirma dos cosas que parecen ser contradictorias. Quizá tenga que admitir que aún no llego a entender (y puede que nunca llegue a entender) la forma en la que estas dos enseñanzas encajan: que los cristianos no pueden perder la salvación, y que los cristianos pueden perder para siempre la salvación. Mi responsabilidad no es cuestionar o forzar los textos, sino simplemente creer que ambos son verdad. Creo que tenemos que aprender a vivir con las antinomias de la Biblia, aunque por otro lado no debemos recrearnos en las contradicciones absolutas, porque así estaríamos negando que la verdad de la Biblia sea defendible y justificable. Y creer ambos extremos de la antinomia que estamos abordando parece una absoluta contradicción.

(3) Por tanto, me decanto por la tercera opción: que los falsos maestros de 2 Pedro 2:20-22 realmente no son cristianos. Admito que esta no es la lectura más natural del texto. O, quizá deba decir, la más natural si tenemos en cuenta el contexto inmediato. Pero el contexto más amplio es *toda* la Biblia, y cuando consideramos ese contexto más amplio, mi conclusión es que la mejor interpretación que puedo extraer ahora es que Pedro no está hablado de creyentes nacidos de nuevo. Pero admito que no estoy plenamente satisfecho con esta conclusión, y que me sigo encontrando con pasajes "advertencia" que me cuesta encajar. Por último, es importante decir que a mi visión de la "seguridad eterna" no le atribuyo el estado de "innegociable" que le atribuyo a mi visión de las Escrituras. En cuanto a este tema, estoy en un proceso. Sigo convencido de que la seguridad eterna es una doctrina bíblica, pero menos convencido de lo que solía estar.

Significado Contemporáneo

Consecuencias de abandonar la verdad. La primera aplicación que saco nace directamente de la cuestión que acabo de discutir en el apartado de "Construyendo Puentes": las advertencias que Pedro hace en cuanto a las consecuencias de abandonar la verdad (vv. 20-22). En la sección "Sentido Original" hablé de lo difícil que es decidir si Pedro está dirigiendo sus advertencias a los falsos maestros o a nuevos conversos que los falsos maestros están intentando influenciar. No obstante, como quiera que sea e independientemente de la visión que elijamos en cuando a la seguridad eterna, la cuestión está clara: abandonar la verdad acarrea consecuencias terribles.

En su advertencia, Pedro insinúa una idea que la Biblia deja clara en muchos lugares: cuanto más conozcamos a Dios cuando rechazamos la verdad, mayor será el castigo. Cuando Jesús distingue la "blasfemia contra el Espíritu" de otros pecados, y dice que esa blasfemia no será perdonada (Mt 12:31-32 y paralelos), probablemente tiene en mente la no aceptación por parte de los fariseos de la evidencia de los milagros de Jesús. Su rechazo es grave y definitivo, porque habían visto con sus propios ojos un sin fin de evidencias. Juan podría estar pensando en el mismo tipo de rechazo obstinado cuando menciona el "pecado que lleva a la muerte" (1Jn 5:16). La advertencia más conocida en esta línea es la que encontramos en la carta a los Hebreos, cuando el autor dice que la gente que ha llegado a entender quién es Jesucristo y ha experimentado muchas de las bendiciones que ofrece, pero luego abandona la verdad, ya no tendrá la oportunidad de arrepentirse otra vez (Heb 6:4-6); su destino está sellado (*cf.* también 10:26-31).

La contundencia de estos textos se convirtió en una cuestión importante y muy discutida durante los primeros siglos de la iglesia. Muchos maestros cristianos tempranos cayeron en el extremo de decir que *ningún* pecado cometido después del bautismo podía ser perdonado.[32] Por esa razón, algunos cristianos de entonces, como el emperador Constantino, no se quisieron bautizar hasta el momento antes de la muerte. Otros teólogos aseguraban que solo algunos pecados no podían ser perdonados después del bautismo.[33] Pero la postura de Hebreos y de otros

---
32. Por ejemplo Tertuliano, Justino, Clemente de Alejandría.
33. Ver *The Shepherd of Hermas, Visions* 5.7; *Mandates* 4.3.16.

pasajes del Nuevo Testamento es bien clara: el único pecado que no se puede perdonar es el de la apostasía obstinada. Pedro está de acuerdo: las nefastas consecuencias de las que habla aquí son para aquellos que han conocido a Cristo y luego se han apartado de él.

Los creyentes sensibles e incluso los no creyentes a menudo se sienten molestos por esta negación del perdón. Recientemente, recibí una llamada de teléfono de un hombre que estaba muy angustiado, porque pensaba que había cometido el "pecado imperdonable". Hacía algunos años, había escuchado el evangelio. Había empezado a sentir la realidad y la bondad de Dios, pero había decidido rechazar el mensaje. Ahora se sentía incapaz de creer y temía que Dios nunca le iba a aceptar. Le respondí con las sabias palabras de Calvino: el mero hecho de que a alguien le preocupe haber cometido el pecado imperdonable muestra que no lo ha cometido. Ese interés y deseo de creer sugiere que el Espíritu Santo, lejos de abandonar a esa persona, aún está obrando en su vida. Así que hemos de ser extremadamente cautos si vamos a acusar a una persona de haber cometido este pecado. Mucha gente se niega a responder al evangelio, a veces en repetidas ocasiones. Solo Dios sabe si esos rechazos entran en la categoría de apostasía obstinada de la que Pedro y otros autores del Nuevo Testamento hablan.

Pero estos pasajes nos advierten de una seria posibilidad, y no podemos caer en el error de irnos al otro extremo e ignorar estas advertencias. El principio que encontramos detrás de estas advertencias es que un mayor conocimiento conlleva una mayor responsabilidad. "A todo el que se le da mucho, y al que se le ha confiado mucho, se le pedirá aún más" (Lc 12:48). El principio le confiere una nueva urgencia a nuestra proclamación del evangelio y a la respuesta de la gente. A aquellos que han empezado a entender y a apreciar el evangelio, tenemos que advertirles de que quizá no tengan otra oportunidad de salvarse. Si lo rechazan ahora, ese rechazo podría ser definitivo y eterno.

Preocupación por la santidad. Pero no podemos limitar el principio de "mayor responsabilidad" a los no cristianos. En mi opinión, la condenación eterna no es una amenaza real para el cristiano. Pero el peligro es que esa posición teológica lleve al cristiano al engreimiento, a aprovecharse de la gracia de Dios. La creencia en la seguridad eterna no debe llevarnos a olvidar la santidad. Podemos creer que Dios promete guardar a sus santos hasta el final, pero también debemos reconocer que a los santos se les reconoce por la perseverancia (*cf.* Heb 3:6, 14). Por tanto, los cristianos estamos llamados a responder a la verdad sobre Dios que aprendemos, y se nos advierte de las consecuencias si no lo hacemos.

Aquellos que trabajamos en un ambiente académico cristiano estamos más expuestos al peligro del "aprendizaje estéril". La fascinación por el análisis gramatical del texto griego puede impedirnos ver lo que el texto griego está diciendo sobre Dios y su forma de tratarnos. La preocupación por organizar y presentar el material bíblico de una forma coherente puede despojar al texto de su pasión y sentido práctico cuando el profesor lo presenta.

Pero este no es solo un problema de los académicos. La "gracia barata" es endémica entre los evangélicos contemporáneos. Constantemente oímos que Dios nos ama, que la sangre de Cristo cubre nuestros pecados, que "si confesamos nuestros pecados, Dios, que es fiel y justo, nos los perdonará" (1Jn 1:9), promesas preciosas que no podemos rebajar. El problema es que oímos tan a menudo que Dios es santo y terrible en su majestad, que es justo y no tolera el pecado, que "es necesario que todos comparezcamos ante el tribunal de Cristo, para que cada uno reciba lo que le corresponda, según lo bueno o malo que haya hecho mientras vivió en el cuerpo" (2Co 5:10). El cristianismo no consiste en cuándo sabemos sobre la fe cristiana, sino en qué medida lo que sabemos afecta a nuestras actitudes y acciones. Los calvinistas debemos esforzarnos para que nuestra creencia en la seguridad eterna no anule o reduzca la responsabilidad que Dios coloca sobre nuestros hombres para crecer en la gracia que tan generosamente pone a nuestra disposición.

Libertad y esclavitud. La siguiente aplicación la encontramos al otro lado del trágico "giro" sobre el que Pedro nos advierte. Si esa gente está abandonando la verdad cristiana, ¿por qué otra cosa la está abandonando? Probablemente responderían, "por la libertad". Y esa es una palabra muy popular hoy en día. La libertad política, al menos en la mayor parte del mundo, es vista no solo como deseable, sino como algo por lo que merece la pena luchar. Más relevante aún, la humanidad moderna también valora el poder librarse de las restricciones externas. Pocos han ido tan lejos como para abogar por la anarquía, reconociendo que la sociedad precisa de una organización y unas reglas mínimas. Pero desde la Ilustración hemos asumido que ser humano significa ser libre para pensar por sí mismo, para decidir uno mismo qué está bien y qué está mal, guiado tan solo por la propia conciencia.

Los falsos maestros de nuestro texto prometían, al parecer, algo similar. Sin embargo, como Pedro sugiere, esa "libertad" era tan solo una ilusión. Las Escrituras dejan claro que nadie es autónomo en un sentido estricto. Toda persona está sujeta a alguien o a algo; en palabras de Pablo, "¿Acaso no sabéis que, cuando os entregáis a alguien para obedecerlo, sois esclavos de aquel a quien obedecéis? Claro que lo sois, ya sea del pecado que lleva a la muerte, o de la obediencia que lleva a la justicia" (Ro 6:16; *cf.* también Jn 8:31-36). Pedro aclara que los falsos maestros han cambiado un dueño por otro: exultantes, porque se han liberado de las demandas del Dios santo, ahora "son esclavos de la corrupción". Desde la Caída, esa corrupción o depravación es endémica. Es esa tendencia del ser humano a estar "curvados sobre sí mismos", como los teólogos solían decir, a buscar como objetivo en la vida la satisfacción de nuestros propios deseos. Sin la intervención divina, esa preocupación por el "yo" nos domina, y determina nuestra manera de pensar y nuestras acciones. En el evangelio, Dios provee la única forma de dejar de ser esclavos del "yo": ser esclavos de Jesús el Señor.

Por tanto, la pregunta que tenemos que hacer de forma insistente a la gente de esta generación es la siguiente: ¿qué esclavitud es preferible? Muchos, atraídos por los placeres del poder o el dinero o el sexo, e influidos por las imágenes perversas de los medios, responden sin dudar: esclavos del "yo". Esas mismas personas a veces se acaban enfrentando a los resultados destructivos de su entrega al "yo". Recuerdo a una mujer que continuó buscando la "buena vida" después de casarse. Un fin de semana se emborrachó y se acostó con dos de sus amigos. Cuando le confesó a su marido lo que había ocurrido, su matrimonio se echó a perder. El lunes por la mañana fue a ver a su terapeuta, y llorando descontroladamente le contó cómo había perdido a su marido y a sus dos hijos por satisfacer los placeres del "yo".

Aunque no era cristiano, el moralista romano Séneca lo describió muy bien: "Ser esclavo de uno mismo es la peor de las esclavitudes". La gratificación de la carne nos convierte inexorablemente en esclavos de la carne. Como dice Pedro, "uno es esclavo de aquello que lo ha dominado" (v. 19). De forma similar, Pablo advierte a los corintios, cuyo lema era "todo me está permitido", con esta máxima: "No dejaré que nada me domine" (1Co 6:12).

Como mayordomos del evangelio, tenemos que ser más valientes y advertir a la gente sobre las terribles consecuencias de la autocomplacencia que domina nuestra cultura. Pedro no escatima palabras. Compara la pecaminosa autocomplacencia con el vómito y el lodo. Muchos de nosotros probablemente no usamos una descripción tan gráfica del pecado, por miedo a que nos etiqueten de extremistas o de impasibles. Pero la creciente tendencia entre personas de nuestras iglesias a coquetear con diversas formas de autocomplacencia requiere que usemos un lenguaje claro para hacerles ver lo que realmente hay detrás de todas esas falsas promesas.

Falsos maestros modernos. Por último, como ya he hecho a lo largo de este capítulo, quiero sugerir algunos paralelismos entre los falsos maestros y sus homólogos modernos. Las imágenes que Pedro usa en el versículo 17, "fuentes sin agua, niebla empujada por la tormenta", dejan claro que la fachada de los falsos impresionaba pero por dentro eran huecos. Aparentaban ser sabios mentores espirituales, pero solo lo aparentaban.

No sabemos cómo se presentaban esos falsos maestros, o qué estratagemas usaban para convencer a sus oyentes de que merecía la pena escucharles. Pero podemos imaginar que harían cualquier cosa aceptable en aquella cultura para darse un aire de autoridad y credibilidad. De igual modo, si hoy en día una persona quiere ganar seguidores, no se pone una túnica y sale a la calle con un cartel que anuncia el fin del mundo. No, lo que hará es comprarse todo un armario de caros trajes, aprenderá a hablar con una retórica atrayente, alquilará grandes estadios o construirá grandes iglesias, y cobrará un montón a aquellos que quieran ver su show. Y mucha gente cae rendida ante esa impresionante apariencia de opulencia y poder.

Pablo tuvo que combatir ese problema en Corinto. Unos falsos maestros mucho más impresionantes que Pablo, mejor vestidos y con mejor retórica, habían invadido la iglesia. A diferencia de él, esperaban que la gente a la que servían les sustentara económicamente. Eran de apariencia "fuerte"; Pablo, de apariencia "débil". Y según el criterio de este mundo, Pablo admite que así era. Pero Pablo anima a los corintios a no juzgar por la apariencia sino por la realidad espiritual. De hecho, dice Pablo, a través de la debilidad de este mundo el poder de Dios se manifiesta de forma más plena (*cf.* 2Co 10—13).

No debemos caer en el mismo error que los corintios. No debemos juzgar a los líderes y maestros cristianos y a los pastores por su apariencia.

No debemos juzgar un congreso o conferencia cristiana en base a la publicidad atractiva o el lugar impresionante donde se va a celebrar. No debemos juzgar el contenido de un libro por la belleza de la portada. Dios continúa haciendo su obra a través de gente e instituciones que no siempre son por fuera todo lo atractivas que esperaríamos. Con frecuencia, su poder "se perfecciona en la debilidad" (2Co 12:9). Debemos juzgar los ministerios por la verdad que representan y por la realidad espiritual reflejada en las vidas de los líderes y las personas que sirven en esos ministerios.

2 Pedro 3:1-7

Queridos hermanos, ésta es ya la segunda carta que os escribo. En las dos he procurado refrescaros la memoria para que, con una mente íntegra, ² recordéis las palabras que los santos profetas pronunciaron en el pasado, y el mandamiento que dio nuestro Señor y Salvador por medio de los apóstoles.

³ Ante todo, debéis saber que en los últimos días vendrá gente burlona que, siguiendo sus malos deseos, se mofará: ⁴ "¿Qué hubo de esa promesa de su venida? Nuestros padres murieron, y nada ha cambiado desde el principio de la creación". ⁵ Pero intencionadamente olvidan que desde tiempos antiguos, por la palabra de Dios, existía el cielo y también la tierra, que surgió del agua y mediante el agua. ⁶ Por la palabra y el agua, el mundo de aquel entonces pereció inundado. ⁷ Y ahora, por esa misma palabra, el cielo y la tierra están guardados para el fuego, reservados para el día del juicio y de la destrucción de los impíos.

Generalmente, cuando la gente que está familiarizada con la Biblia piensa en 2 Pedro, automáticamente piensa en "falsos maestros". Y, en un sentido, es una identificación bastante acertada. Pero debemos recordar que esta carta no fue dirigida a los falsos maestros; fue escrita para los cristianos. Los falsos maestros son el punto de contraste que Pedro usa para transmitir su enseñanza y su exhortación. No obstante, después de un capítulo como el capítulo 2, es fácil perder de vista este propósito más amplio; porque después de advertir a sus lectores sobre "los falsos maestros entre vosotros" (2:1), el autor dedica el resto del capítulo a hablar de ellos, describiendo sus muchos errores teológicos y especialmente morales, y el veredicto de condena que Dios ha pronunciado sobre ellos. A lo largo de todo este capítulo, Pedro habla en tercera persona del plural: "ellos...".

Todo eso cambia en el capítulo 3, donde Pedro se dirige a sus lectores de nuevo llamándolos "queridos hermanos" (vv. 1, 8, 14, 17) y sustituyendo la denuncia por la exhortación. Cierto es que no pierde de vista a los falsos maestros, pues habla de su mala interpretación escatológica y de nuevo los condena en los versículos 4-7. Pero la mayor parte del capítulo contiene enseñanza y exhortación para los creyentes, parte que se parece tanto en forma como en contenido al final del capítulo 1. Veamos los paralelismos verbales (el texto griego es casi idéntico en ambos casos):

1:13 - "refrescaros la memoria"   3:1 - "refrescaros la memoria"
1:20 - "Ante todo, tened muy   3:3 - "Ante todo, debéis saber
 presente"   que"

Al usar las mismas construcciones aquí en el capítulo 3, Pedro transmite al lector atento que ahora regresa al contexto y al énfasis que encontramos allí. Más importante aún son las similitudes en cuanto al contenido. Como ya hizo en el capítulo 1, Pedro enfatiza la importancia de la memoria (ver 3:1-2, 5, 8). Además, el tema central vuelve a ser la escatología. En 1:16-21, Pedro combate el escepticismo en cuanto a "la venida de nuestro Señor Jesucristo en todo su poder", pero solo da algún indicio de la presencia de los falsos maestros que están propagando esa enseñanza. Aquí en el capítulo 3 es más explícito, hablando de la "gente burlona" que viene y pregunta de forma sarcástica "¿Qué hubo de esa promesa de su venida?" (v. 4). Y en el capítulo uno, Pedro buscó establecer la fiabilidad de sus fuentes de información sobre la parusía: su propia experiencia de la transfiguración y la profecía. En el capítulo 3, basa la credibilidad de la parusía de una forma más general en una visión teológica concreta de la historia y la providencia.

Dividir el argumento del capítulo 3 en párrafos no es sencillo. Los versículos 14-18 son la conclusión de la carta, y de alguna forma nos recuerda la introducción que encontramos en 1:3-11. El apelativo "queridos hermanos" de 3:1 y 8 sugiere que cada uno de estos versículos marca el inicio de un nuevo párrafo. Por último, los versículos 11-13, donde encontramos la exhortación, pueden considerarse como una nueva unidad de pensamiento.

Si nos centramos en la primera unidad (vv. 1-7), el argumento de Pedro recorre tres fases:

versículos 1-2: Pedro anima a sus lectores a *recordar* la verdad

versículos 3-4: Pedro advierte a la gente burlona

versículos 5-7: Pedro reprende a la gente burlona por *olvidar* la verdad

Es interesante ver cómo la idea de "recordar" enmarca el párrafo. Al recordar las palabras de Cristo y de los apóstoles, los creyentes cultivarán "una mente íntegra" (3:1); y los falsos maestros han caído en el error, porque han olvidado la providencia de Dios en la historia.

Pedro anima a sus lectores a recordar la verdad (vv. 1-2)

La expresión "queridos hermanos" que aparece en la NVI pierde la fuerza del original, donde pone *agapetoi*: "amados". Esta palabra refleja la relación de amor entre los creyentes que es posible por el sacrificio del "amado" de Dios, el Señor Jesús (la expresión "mi Hijo amado" en 1:17 es la traducción de la misma palabra). Después de la dura acusación que en el capítulo 2 lanza contra los falsos maestros, Pedro quiere confirmar a sus lectores que es consciente de su fe y de su dedicación. Entonces, ¿por qué todas estas advertencias? Porque Pedro sabe que ningún cristiano puede estar tan seguro de su fe como para no necesitar que le exhorten a vivir y pensar de manera santa.

Los cristianos siempre deberían seguir aprendiendo cosas nuevas sobre la fe y descubriendo nuevos caminos de servicio al Señor en su vivir diario. Pero también necesitan recordar las verdades básicas, y nunca llegan al punto en el que ya no necesitan esos recordatorios. Aunque las tengamos registradas en nuestra mente, las cuestiones básicas de la fe pueden dejar de tener una influencia significativa sobre nosotros. "Recordar" esas verdades es mucho más que la acción mental de "recordar" lo que un día aprendimos. Se trata de un proceso dinámico por medio del cual el creyente aplica esas verdades a situaciones nuevas y problemas nuevos.[1]

A través de este recordatorio, Pedro quiere estimularlos para que tengan "una mente íntegra". En griego, la palabra que traducimos "mente" es un sustantivo (*dianoia*) que algunos filósofos griegos usaban con frecuencia. Por ejemplo, Platón utiliza exactamente la misma expresión griega que Pedro, *eilikrine dianoia* ("mente íntegra"). Así, Pedro podría estar adoptando una vez más una expresión del mundo de la religión y la filosofía griega para explicar la verdad cristiana.[2] Para Pedro, la "mente" representa mucho más que los procesos mentales.

---

1. Sobre la idea de la memoria, ver la sección "Significado Contemporáneo" en el comentario de 1:12-15.
2. Ver Bigg, *The Epistles of St. Peter and St. Jude*, 288: "San Pedro ha usado palabras filosóficas que había oído por ahí y que no había entendido con exactitud". Creo que Bigg se equivoca al acusar a Pedro de "imprecisión". El proceso de tomar vocabulario de un campo para usarlo en otro ocurre todo el tiempo. No se trata de una cuestión de "precisión", sino de un cambio de enfoque debido a un nuevo contexto.

También incluye la habilidad de discernir la verdad espiritual y aplicarla. Los paganos, como Pablo dice, "tienen oscurecido el entendimiento [*dianoia*]" (Ef 4:18) y los cristianos deben cultivar un "entendimiento" que sea "puro" (no contaminado por la mentalidad mundana o las ideas falsas sobre el cristianismo).

El recordatorio que Pedro hace no es el primero que ha hecho a sus lectores. Anteriormente ya les ha escrito otra carta que cubría muchos de las cuestiones que cubre aquí. ¿A qué carta se refiere? La mayoría de comentaristas cree que se trata de 1 Pedro,[3] y probablemente estén en lo cierto. Pero deberíamos recordar que sin duda alguna Pedro escribió más cartas, y no solo las dos que tenemos en el canon del Nuevo Testamento. Por ejemplo, Pablo hace referencia a tres cartas suyas que no tenemos en el Nuevo Testamento: la carta que ya había escrito a los corintios (1Co 5:9), la carta que entristeció a los corintios (2Co 7:8), y la carta a los creyentes de Laodicea (Col 4:16). Sería de extrañar si Pedro no hubiera hecho lo mismo. Por tanto, el hecho de que solo tengamos dos cartas de Pedro en el Nuevo Testamento no debería llevarnos a asumir inmediatamente que esta se refiera necesariamente a la otra.

De hecho, la descripción que Pedro hace del propósito que tiene en estas dos cartas, estimular a sus lectores a que tengan una "mente íntegra", no encaja demasiado con el contenido del 1 Pedro. Además, aunque Pedro parece conocer a los lectores de 2 Pedro bastante bien, la lectura de 1 Pedro no nos deja la misma impresión. Por estas razones, autores como Green creen que Pedro no se refiere a 1 Pedro, sino a una carta que no conocemos.[4] No obstante, ninguno de esos argumentos es decisivo: la descripción de Pedro es suficientemente vaga, así que podría aplicarse a 1 Pedro, y ninguna de las cartas dice algo de forma explícita sobre el grado de conocimiento que Pedro tenía de los destinatarios. Creo, pues, que lo mejor es reconocer que no sabemos a qué carta se refiere.

---

3. Los que creen que 2 Pedro está escrita por una persona anónima que usó el nombre de Pedro suelen ver esta referencia como un intento de conferirle autoridad de 2 Pedro; ver, p. ej., Horst Balz y Wolfgang Schrage, *Die "katholischen" Briefe: Die Briefe des Jakobus, Petrus, Johannes, und Judas*, 147; Henning Paulsen, *Der zweite Petrusbrief und der Judasbrief*, 150. Pero también hay comentaristas que piensan que Pedro es el autor de 2 Pedro, y que hacen esta identificación (ver, p. ej., Bigg, *The Epistles of St. Peter and St. Jude*, 288-89).
4. Green, *The Second Epistle General of Peter and the General Epistle of Jude*, 123-24.

El hecho de que Pedro se centre en el versículo 1 en la idea de "recordar" hace que surja de forma natural la siguiente pregunta: ¿recordar qué? Pedro responde en el versículo 2, donde menciona dos fuertes de enseñanza que quiere que sus lectores recuerden y pongan en práctica. En primer lugar habla de "las palabras que los santos profetas" (*cf.* 1:16-21, donde Pedro cita "la palabras de los profetas" como testimonio fiable de la parusía). Como en el pasaje anterior, se refiere con casi toda seguridad a los profetas del Antiguo Testamento (o sea, no está hablando, por ejemplo, de profetas del Nuevo Testamento). "Pronunciaron en el pasado" podría ser una referencia a la enseñanza de los apóstoles (Ver la NIV inglesa, donde dice "Quiero que recordéis las palabras *pronunciadas en el pasado* por los santos profetas". N. de la T.). Pero también podría ser una referencia al Antiguo Testamento (ver, p. ej., Hechos 1:16; Ro 9:29; Heb 4:7), y la mención general normalmente se asocia al Antiguo Testamento (ver Heb 1:1). Lo importante es que, aunque la acción de pronunciar esas palabras tiene lugar en el pasado, el mensaje que una vez se profirió y más tarde se puso por escrito, pasó a formar parte de las Escrituras y sigue teniendo la misma fuerza y relevancia. Porque, como Pedro ya ha dejado claro (2 Pedro 1:21), Dios mismo es quien habla a través de las palabras de esos profetas.

La segunda fuente que Pedro quiere que sus lectores recuerden es "el mandamiento que dio nuestro Señor y Salvador por medio de los apóstoles". En la NVI tenemos una paráfrasis, pues en el original no aparece "que dio" ni "por medio de". Esta sería una traducción literal del griego: "el mandamiento de vuestros apóstoles, del Señor y Salvador". El problema principal es averiguar cuál es la relación entre las dos proposiciones que empiezan por "de". La KJV inglesa sigue una variante del texto griego que dice "de nosotros", en lugar de "de vosotros" (es decir, "vuestros"), e interpreta que la segunda proposición complementa a la primera: "el mandamiento de nosotros los apóstoles del Señor y Salvador". Pero la evidencia nos lleva a no aceptar esa variante.[5] Una segunda forma de interpretar estas proposiciones es entender la segunda como una idea adicional: "el mandamiento de vuestros apóstoles, es decir, de Cristo".[6] O que ambas son paralelas; Mayor cita como ejemplo la

---

5. La palabra griega *hemon* ("de nosotros") solo aparece en un uncial tardío y en algunos textos menores, mientras que la palabra *hymon* ("de vosotros") aparece en muchos de los manuscritos más tempranos.
6. Bigg, *The Epistles of St. Peter and St. Jude*, 289-90.

frase "el discurso de Shakespeare de Marco Antonio".[7] Pero creo que la mejor interpretación es la ofrecida por la NVI y por la mayoría de traducciones. Pedro quiere atribuir el mandamiento tanto al Señor Jesús como a los apóstoles, pero matizando: el Señor es el creador del mandato, y los apóstoles, los transmisores.

¿A qué mandato se refiere? Mirando el contexto (vv. 3-4), muchos comentaristas creen que "el mandamiento" es una referencia a la promesa de la venida de Cristo en gloria. Pero la palabra "mandamiento" (en griego, *entole*) no es la palabra adecuada para referirse a una predicción de ese tipo. Cada vez que aparece en el Nuevo Testamento, donde aparece unas sesenta veces, esta palabra hace referencia a algún tipo de demanda o requisito. Y tan solo unos versículos atrás Pedro la ha usado con ese sentido (ver 2:21). Por tanto, con casi toda seguridad podemos decir que Pedro está hablando de los requisitos morales que recaen sobre los hombros de los creyentes.

Pedro usa la forma singular de esa palabra, porque no solo piensa en una lista de "obligaciones y prohibiciones", sino en la demanda básica común a todos los creyentes: ser a la imagen de Cristo, ser santos como el Dios que les ha llamado es santo (ver 1P 1:15-16). Esa demanda del evangelio fue establecida por Jesús mismo (ver Mt 5:48: "Sed perfectos, así como vuestro Padre celestial es perfecto"). Y los apóstoles transmitieron esa misma demanda a los cristianos en todo el mundo y también la encarnaron. Es precisamente esa necesidad que tienen los cristianos de vivir en conformidad con la voluntad de Dios que Cristo enseñó y que los apóstoles lo que los falsos maestros están rechazando de forma obstinada. Dicho de otro modo, lo que Pedro quiere es que sus lectores no caigan presa de esa falsa enseñanza y abandonen la vida de santidad.

Finalmente, en el versículo 2, algunos comentaristas creen en que el lenguaje de este versículo apunta a que Pedro no puede ser el autor de estas palabras. Mencionan dos elementos. (1) La palabra "mandamiento" sugiere la idea del cristianismo como "nueva ley", una idea que no apareció hasta finales del siglo I o principios del siglo II. Pero, como hemos dicho más arriba, Pedro no está usando este término para *definir* el cristianismo, sino tan solo para subrayar una parte importante de la fe, una preocupación reflejada a menudo en el periodo apostólico. (2) La expresión "vuestros apóstoles" sugiere que el autor no puede ser

---

7. Mayor, *The Epistle of St. Jude and the Second Epistle of St. Peter*, 146.

uno de esos apóstoles. Sea quien sea, está hablando de una generación apostólica anterior. Pero decir esto no tiene sentido. Pedro simplemente se refiere a aquellos apóstoles que llevaron el evangelio por primera vez a los cristianos a los que está escribiendo.[8] Son *sus* apóstoles, porque son los que tuvieron contacto con sus lectores y los que les presentaron las demandas morales del evangelio que Pedro quiere que recuerden.

Pedro advierte de la gente burlona (vv. 3-4)

Después de recordar a sus lectores los requisitos de Cristo y de los apóstoles que les llevaron el evangelio, en los versículos 3-4 Pedro sugiere por qué ese recordatorio es tan urgente: los falsos maestros se están burlando de la idea de que Cristo volverá en gloria. Así, Pedro une dos de las cuestiones más importantes de esta carta: el escepticismo de los falsos maestros ante la idea de la venida de Cristo en gloria (ver 1:16-21) y su desdén hacia la santidad.

Pedro quiere que sus lectores entiendan "ante todo" que la aparición de gente como esa no es ninguna sorpresa. Como hizo en 2:1-4, vuelve a usar el tiempo futuro para describir a estos irreverentes: "*vendrá* gente burlona". Como dijimos entonces, el uso del tiempo futuro no significa que alguien, escribiendo en nombre de Pedro, ahora cite una profecía del apóstol Pedro.[9] Pedro mismo usa el tiempo futuro, como en el texto anterior, porque de forma indirecta está citando la predicción que el mismo Jesús dijo. Con casi toda seguridad tenía en mente textos como Mateo 24:5: "Vendrán muchos que, usando mi nombre, dirán: 'Yo soy el Cristo', y engañarán a muchos". Jesús advirtió en más de una ocasión que los últimos tiempos estarían caracterizados por la apostasía y las falsas enseñanzas.

Pablo también citó estas advertencias y las transmitió. Ver, por ejemplo, sus palabras a los ancianos de la iglesia en Éfeso: "Sé que después de mi partida entrarán en medio de vosotros lobos feroces que procurarán acabar con el rebaño. Aun de entre vosotros mismos se levantarán algunos que enseñarán falsedades para arrastrar a los discípulos que los sigan" (Hch 20:29-30). Y 1 Timoteo 4: es muy similar a 2 Pedro 3:3-4: "El Espíritu dice claramente que, en los últimos tiempos, algunos abandonarán la fe para seguir inspiraciones engañosas y doctrinas diabólicas". A veces leemos estos pasajes como si se refirieran a un periodo

---

8. Ver, p. ej., Bauckham, *Jude, 2 Peter*, 287.
9. Como argumenta, por ejemplo, Bauckham, *ibíd.*, 288.

final de la historia que no ha llegado ya. Pero tanto 1 Timoteo 4 como 2 Pedro 3 dejan claro que los apóstoles pensaban que esas predicciones sobre los "últimos días" ya se estaban cumpliendo en los falsos maestros que aparecieron en sus iglesias. Y 1 Juan 2:18 no podría decirlo de forma más explícita: "Queridos hijos, ésta es la hora final, y así como vosotros oísteis que el anticristo vendría, muchos son los anticristos que han surgido ya. Por eso nos damos cuenta de que ésta es la hora final".

Como dijimos en el comentario de 2:1-4, los autores del Nuevo Testamento veían el periodo que empezó con Pentecostés como "los últimos días". Por tanto, creían que las predicciones sobre esos días ya se estaban cumpliendo. Así, vemos que para Pedro, la gente burlona de sus días es una manifestación de aquellos apóstatas engañosos que Jesús dijo que aparecerían en medio de la comunidad de creyentes. Sus lectores, que están siendo tentados por esas personas, necesitan darse cuenta de que su aparición no es ninguna sorpresa. La iglesia de Cristo puede anticipar que en cualquier momento puede aparecer en medio de ellos ese tipo de burladores.

Los "burladores" o "escarnecedores" no son un fenómeno nuevo en la historia del pueblo de Dios. El salmista pronunció una bendición sobre el hijo de Dios que "no se sienta en silla de escarnecedores" (Sal 1:1). Y en tres ocasiones Proverbios presenta al insolente como alguien cuyos caminos el justo debe evitar (Pr 1:22; 9:7-8; 13:1). La burla es una respuesta típica ante la verdad de la revelación de Dios. Los "burladores" no suelen razonar en contra de la verdad de Dios, sino que suelen menospreciarla y denigrarla. En lugar de acatar la Palabra de Dios, los burladores, dice Pedro, siguen "sus malos deseos". "Malos deseos" es en griego una sola palabra (*epithymia*) que Pedro usa para sintetizar la orientación impía de esa gente (ver 1:4; 2:10, 18). Esos burladores, dice Pedro, insisten en "seguir"[10] su propio camino en lugar de seguir la voluntad de Dios.

La burla es una respuesta muy generalizada ante la verdad de Dios. Pero parece ser que los burladores que a Pedro le preocupan no se estaban burlando de la fe en general. De hecho, era gente que decía seguir la fe (ver, p. ej., 2:18-22). Solo se estaban burlando de una enseñanza concreta de la fe: la creencia de que Cristo iba a regresar en gloria al final de la historia. "¿Qué hubo de esa promesa de su venida?", preguntaban una y otra vez. Al añadir el determinante "esa", la NVI sugiere

---

10. En griego, la palabra simplemente significa "ir" (*poreuomenoi*).

acertadamente que la palabra hace referencia a una venida en especial. La palabra griega es *parusía* y en el Nuevo Testamento se usa como un tecnicismo para referirse a la "venida" de Cristo en el día final (ver las notas en el comentario de 1:16).

Pedro deja claro que esa pregunta no es inocente ni está pidiendo información sobre el momento o la naturaleza de la venida de Cristo. La forma de la pregunta sugiere otra cosa, pues imita la forma que encontramos en el Antiguo Testamento para expresar incredulidad y burla (*cf.*, p. ej., Mal 2:17: "Vosotros habéis cansado al Señor con vuestras palabras. Y encima preguntáis: '¿En qué lo hemos cansado?'". En que decís: 'Todo el que hace lo malo agrada al Señor, y él se complace con ellos'; y murmuráis: '¿Dónde está el Dios de justicia?'"; ver también Jer 17:15). Al preguntar dónde está su venida, los falsos maestros están dando a entender que ya debería haber ocurrido, y que si no ha sucedido, eso quiere decir que nunca va a producirse.

Basaban su rechazo de la segunda venida de Cristo en la creencia en la naturaleza inmutable del mundo: "Nuestros padres murieron,[11] y nada ha cambiado desde el principio de la creación". Los estudiosos que aseguran que un cristiano desconocido escribió 2 Pedro después de que el apóstol muriera encuentran en este versículo uno de sus argumentos de mayor peso. Como Bauckham dice, el argumento de los falsos maestros parece ser el siguiente: "La parusía se nos anunció antes de la muerte de los padres. Bueno, los padres han muerto y *aún* no ha ocurrido nada".[12] Suponen, pues, que "padres" es una referencia a la primera generación de cristianos, una generación que obviamente incluía a Pedro y a los demás apóstoles, por lo que en el momento en el que se escribe la carta ya deben haber muerto.

Esta es una interpretación posible, pero no es la única. En el Nuevo Testamento, muy pocas veces "padres" es una referencia al antepasado

---

11. La palabra griega es *koimaomai*, "durmieron". "Murieron" puede ser una traducción aceptable, pero es muy discutida. Ver el comentario en la sección "Construyendo Puentes".
12. Bauckham, *Jude, 2 Peter*, 290-92; ver también Mayor, *The Epistle of St. Jude and the Second Epistle of St. Peter*, 148-49; Kelly, The Epistles of Peter and of Jude, 355-56. Los que defienden esta interpretación normalmente argumentan que ese es también el sentido de "padres" en dos textos cristianos tempranos muy similares a 2 Pedro 3:4: 1 Clemente 23:3: "Desventurado el de doble ánimo, que duda en su alma y dice: Estas cosas oímos en los días de nuestros padres también, y ahora hemos llegado a viejos, y ninguna de ellas nos ha acontecido"; también 2 Clemente 11:2.

inmediato (como en "mi padre era policía"). Normalmente tiene un sentido espiritual y se refiere a los "antepasados" de la nación judía, y especialmente a los patriarcas, Abraham, Isaac y Jacob.[13] Este sentido también encaja en este versículo, puesto que los falsos maestros han hecho todo lo posible por negar, y Pedro por afirmar, que la promesa del juicio escatológico tiene sus raíces en el Antiguo Testamento. Podemos imaginárnoslos argumentando que desde que Dios empezó la obra de hacerse un pueblo para su nombre, desde el tiempo de "los padres"[14] del pueblo bíblico de Dios, las cosas han seguido sucediendo de forma similar.[15]

Ambas interpretaciones de la palabra "padre" explican el lenguaje que se usa en el versículo y encajan bien con el contexto. Por tanto, la decisión que tomemos no se basa en el estudio de una sola palabra, sino en la conclusión que saquemos sobre la autoría de la carta. Y hemos visto razones suficientes para creer que la carta fue escrita, como su propio texto nos dice, por el apóstol Pedro. Por tanto, los falsos maestros se burlan de la idea de la venida de Cristo al final de la historia porque al parecer no podían imaginar el cambio en el mundo y en la humanidad que la enseñanza de la iglesia sobre la parusía asumía.

¿Podemos determinar de forma más precisa cuáles eran los argumentos que los falsos maestros daban? ¿Podemos entender con exactitud qué visión de la historia tenían? En la sección "Construyendo Puentes" sobre 2:17-22, vimos que algunos pensadores epicúreos en tiempos de Pedro no creían en ningún tipo de intervención divina en el mundo. Negaban la idea de la providencia. Quizá los falsos maestros tenían esa visión de la historia. Si así fuera, es difícil entender cómo es que decían que eran cristianos, pues no solo tendrían que haber negado la parusía, sino también la encarnación y la resurrección de Cristo. Quizá, pues, defendían una forma no tan extrema de continuidad histórica, negando la posibilidad de cualquier suceso que cambiara materialmente hablando la naturaleza del mundo. Por tanto, la parusía no encajaría en su esquema de las cosas porque implicaba una transformación tanto del mundo como del ser humano. Si esta era su visión, es comprensible que

---

13. Ver, por ejemplo, las quince veces que aparece la palabra "padres" en el discurso de Esteban en Hechos 7. En varios de esos versículos se refiere muy probablemente a los patriarcas, como ocurre claramente en Romanos 9:5; 11:28; 15:8.
14. La NVI, que traduce "nuestros padres", puede llevar a equívoco. En el texto griego no aparece el determinante posesivo.
15. En cuanto a esta interpretación, ver Bigg, *The Epistles of St. Peter and St. Jude*, 291; Green, *The Second Epistle General of Peter and the General Epistle of Jude*, 129.

Pedro escoja los ejemplos sobre la intervención de Dios en la historia que recoge en los versículos 5-7.

Pedro reprende a los burladores por olvidar la verdad (vv. 5-7)

El sentido general de los versículos 5-7 es bastante claro. Pedro muestra a sus lectores por qué los falsos maestros están equivocados cuando dicen que "nada ha cambiado desde el principio de la creación". Pedro dice que al contrario: Dios ha intervenido en el curso de la historia de la humanidad de una forma espectacular. Creó el mundo mediante el agua y la palabra (v. 5). Por medio de la misma agua y palabra también destruyó ese mundo en días de Noé (v. 6). Y Dios volverá a hacer lo mismo (v. 7), solo que esta vez lo hará con fuego. Está claro, pues, que la suposición de los falsos maestros sobre la continuidad inalterable de la historia, sin una intervención divina determinante, es errónea.

Pero aunque sea sencillo entender el argumento básico de este párrafo, muchos de los detalles que Pedro menciona no lo son. El versículo 5 es especialmente difícil, pues nos encontramos con problemas tanto de traducción como de interpretación. El primer problema de traducción es relativamente menor. ¿Deberíamos traducir las primeras palabras del versículo "Pero intencionalmente olvidan" (NVI; ver también la NRSV y la TEV inglesas) o "Cuando sostienen eso, no se dan cuenta de que" (ver la NASB y la REB inglesas)?[16] La diferencia es muy pequeña, pero la segunda traducción encaja mejor con el orden de palabras que encontramos en el texto griego.[17] Pedro sugiere que los burladores no son ignorantes o ingenuos, sino que desobedecen de forma intencionada, manteniendo una visión de la continuidad de la historia que claramente está en contra del Antiguo Testamento. Las Escrituras muestran que el mundo no es eterno; empezó a existir en un momento concreto.

---

16. El texto griego dice *lanthanei autous touto thelontas*. La última palabra proviene del verbo *thelo*, que tiene aquí el sentido de "mantener [contrario al verdadero estado de las cosas" (ver BAGD, 355). La cuestión es si el participio de este verbo, *thelontas*, complementa a *lanthanei* ("olvidadizos de una forma 'intencionada'" [NVI]) o si va solo ("No se dan cuenta, pues mantienen obstinada" [REB]).

17. Ver Kelly, *The Epistles of Peter and of Jude,* 356-57; Bauckham, *Jude, 2 Peter,* 297; en contra, por ejemplo, Bigg, *The Epistles of St. Peter and St. Jude,* 292.

Pero los detalles que Pedro menciona en cuanto a esta verdad son bastante difíciles de entender. Veamos la diferencia entre la traducción de la NIV inglesa y la traducción de la REB inglesa:

NVI: "Por la palabra de Dios los cielos existían y la tierra fue creada del agua y mediante el agua".

REB: "Los cielos y la tierra existían hace tiempo, creados por la palabra de Dios del agua y con el agua".

En la NIV vemos dos proposiciones paralelas: la primera tiene como sujeto "los cielos", y la segunda, "la tierra". Sin embargo, en la REB, "los cielos y la tierra" es el sujeto de toda la frase. Elegir entre una de estas dos traducciones es difícil; cada una tiene sus fortalezas y sus debilidades. Esto es lo que a veces nos encontramos al traducir e interpretar las Escrituras: y escogemos la opción que tiene menos debilidades. En este caso, creo que la que menos tiene es la segunda traducción.

Hay dos razones por las que es más probable que Pedro pensara en "los cielos y la tierra" como una unidad, en lugar de proposiciones diferentes. (1) Obviamente, Pedro alude a la historia de la creación que encontramos en Génesis 1. Como sabemos, esa historia empieza con las palabras "En el principio Dios creó los cielos y la tierra". (2) En el versículo 7, Pedro describe cómo serán destruidos "el cielo y la tierra". La forma en la que sigue su argumento sugiere que si aquí "los cielos y la tierra" forman una unidad, lo mismo ocurre en el versículo 5.[18] Lo que Pedro está haciendo es recordarles a estos falsos maestros la creación de todo el universo. Tanto el mundo que podemos experimentar a través de los sentidos ("la tierra") como el reino espiritual invisible ("cielos", o mejor, "el cielo"[19]) fueron creados por "la palabra de Dios". Como Génesis 1 deja claro en repetidas ocasiones, toda la creación es el efecto de la poderosa palabra de Dios. Él habló, y sucedió. "Por la palabra del Señor fueron creados los cielos" (Sal 33:6); "el universo fue formado por la palabra de Dios" (Heb 11:3).

---

18. En cuanto a esta interpretación, ver especialmente Kelly, The Epistles of Peter and of Jude, 357-58. Su principal dificultad sintáctica es la forma femenina del participio *synestesa*, que indica que solo complementa a *ge*, "tierra". Pero a veces los participios solo toman la forma de una de las palabras a las que acompañan.
19. La NIV inglesa traduce literalmente ("los cielos"), puesto que en griego la palabra está en plural (*ouranoi*). Pero la palabra es plural, porque la palabra hebrea es un plural "estilístico"; pero la idea es singular.

Aún más difíciles de entender son quizá las referencias que Pedro hace al agua como elemento "a partir del cual" (*ek*) y "por medio del cual" (*dia*) los cielos y la tierra fueron creados. Charles Bigg cree que la primera proposición refleja una antigua creencia de que el agua era el elemento material del que estaban compuestas todas las demás cosas.[20] Pero es más probable que Pedro esté pensando de nuevo en la historia de la creación de Génesis 1, donde el agua juega un papel importante. En el versículo 2, antes de que Dios empezara a organizar el caos que había creado, leemos que el Espíritu "iba y venía sobre la superficie de las aguas". Esas aguas, que aparentemente cubrían todo el globo, Dios las separa para crear el "firmamento" (en griego, *ouranos*, "cielo") (vv. 6-8). Y para crear la tierra firme, Dios reúne las aguas (v. 9). Según el relato del Génesis, la afirmación de Pedro de que Dios creó los cielos y la tierra "del agua" no parece tan descabellada.

¿Pero qué hacemos con la segunda expresión, "mediante el agua"? Algunos comentaristas cree que probablemente Pedro esté aludiendo a la lluvia, que Dios usa para sustentar el mundo que ha creado (Gn 2:6).[21] Es posible, pero difícil: para ello Pedro tendría que estar usando el mismo verbo para referirse a "crear" y "sostener". Otros sugieren que la preposición que Pedro usa aquí (*dia*) podría tener un sentido local: Dios creó el universo "en medio de" el agua.[22] Pero eso no es lo que la preposición significa en la proposición paralela de 2 Pedro 3:6. Por tanto, preferimos pensar que Pedro simplemente está elaborando un poco más lo expresado a través de la primera expresión, "del agua". Como muestran los versículos que citamos de Génesis 1, Dios usó el agua como instrumento cuando creó el cielo. Y también debemos estar abiertos a la posibilidad de que Pedro esté haciendo un uso retórico. Una de las razones principales por las que introduce la idea de que el mundo fue creado "mediante el agua" es preparar el camino para el paralelismo que haré en el versículo 6, donde Dios destruye el mundo "mediante el agua".[23]

Para no perdernos en el "bosque" mientras examinamos los "árboles" que aparecen en la argumentación que Pedro elabora, deberíamos recordar que la idea principal de Pedro en el versículo 5 está bien clara: Dios creó el universo, y lo hizo a través de su palabra creadora y usando el

---

20. Bigg, *The Epistles of St. Peter and St. Jude*, 293. Menciona la enseñanza de Tales.
21. *Ibíd.*, 293; Green, *The Second Epistle General of Peter and the General Epistle of Jude*, 130.
22. Mayor, *The Epistle of St. Jude and the Second Epistle of St. Peter*, 151-52.
23. Neyrey, *2 Peter, Jude*, 234.

agua. Por tanto, la suposición de los falsos maestros sobre un universo inmutable no tiene ningún fundamento. El universo del que están hablando no siempre ha existido.

Pero la segunda idea que Pedro incluye es aún más aclaradora. El mundo que Dios creó, también lo "destruyó" (v. 6), y lo hizo del mismo modo en el que lo creó: "por la palabra y el agua". La NIV inglesa traduce "por esas aguas" (ver también TEV; REB). El problema es que en el texto griego solo aparece un pronombre relativo plural ("que" [ver NASB; NRSV] o "las cuales"), y no hay forma de saber cuál es su antecedente. Puesto que Pedro ha usado la palabra "agua" dos veces en el versículo 5, la traducción de la NIV inglesa es posible. Sin embargo, en el versículo 5 no habla de "aguas", sino del mismo agua que logra dos cosas distintas. Además, en el texto griego, la última cosa que se menciona en el versículo 5 es "la palabra de Dios". Quizá el argumento más importante a favor de la traducción "por el agua y la palabra de Dios" es el papel prominente de la palabra de Dios en este párrafo. En el versículo 5, Dios crea el mundo por su palabra; en el versículo 7, lo juzga "por esa misma palabra". Parece lógico pensar que Pedro completa el paralelismo refiriéndose a la palabra de Dios también como medio a través del cual destruyó el mundo.[24]

Aquí tenemos, obviamente, una alusión al diluvio en días de Noé, historia que Pedro ya ha usado como ejemplo del juicio de Dios (2:5). En aquel versículo, como vimos, la expresión "Dios no perdonó al mundo antiguo" era una referencia a la destrucción de los impíos. En 3:6, Pedro vuelve a mencionar la destrucción del mundo. Puesto que en el versículo 5 habla de la creación del universo, algunos comentaristas piensan que en el versículo 6 habla de la destrucción de todo el universo físico, idea que encontramos en algunos autores judíos.[25] Pero creo que es importante notar que en el versículo 5 habla de "el cielo y la tierra", y en el 6, del "mundo". Este último término normalmente se refiere al "mundo de los seres humanos", es decir, la dimensión humana y organizada del universo. Creo que ese es el sentido que tiene aquí. Lo que Pedro hace en el versículo 6 es afirmar la destrucción, por el

---

24. Ver particularmente Bigg, *The Epistles of St. Peter and St. Jude*, 293-94; Kelly, *The Epistles of Peter and of Jude*, 359-60; Green, *The Second Epistle General of Peter and the General Epistle of Jude*, 130-31.

25. Kelly, *The Epistles of Peter and of Jude*, 359; Bauckham, *Jude, 2 Peter*, 298-99. Hacen referencia a *1 Enoc* 83:3-5; Filón, *Vida de Moisés* 2.63-65.

agua del diluvio, de los seres humanos impíos contemporáneos a Noé.[26] El ejemplo es apropiado, ya que los falsos maestros estaban negando, sobre todo, el juicio asociado a la parusía. Esto se ve mucho más claro en el versículo 7.

El punto de conexión entre los versículos 6 y 7, según la interpretación que acabamos de defender, es "la palabra de Dios": Por la palabra de Dios el mundo el tiempo de Noé fue destruido, y por "esa misma palabra" será destruido de nuevo. Sin embargo, para llevar a cabo la destrucción, esta vez Dios usará fuego en lugar de agua. Así, como respuesta a los falsos maestros que pensaban que el mundo siempre iba a existir tal como existía en ese momento, Pedro deja claro que Dios lo ha reservado para un final repentino y definitivo. "El cielo y la tierra están guardados para el fuego"; el universo que ahora existe está bajo condena. Está "reservado" para el día en que Dios juzgará al mundo y condenará a los impíos con la "destrucción" (*apoleia*).

Como vimos anteriormente (ver el comentario de 2:3), cuando en el Nuevo Testamento las palabras "destruir" y "destrucción" se aplican al juicio de los seres humanos, no deben entenderse en un sentido literal; es decir, no deben entenderse en el sentido de aniquilación. Algunos teólogos sí las han interpretado en este sentido, pero eso no encaja con la enseñanza general del Nuevo Testamento sobre el castigo "eterno". Por incómoda que resulte la idea, aparece de forma bien clara en las Escrituras (p. ej., Mt 25:41, 46; Mr 9:43, 48; Ap 14:9-11; ver la sección "Construyendo Puentes" del comentario de Judas 11-13). La palabra "destrucción" hace referencia el cese de la existencia en este mundo y a la terrible y definitiva separación de Dios como consecuencia de la condenación. Pedro ha citado ejemplos del Antiguo Testamento sobre la condenación de los "impíos" (2P 2:5-6). En aquel pasaje aplica esos ejemplos a los falsos maestros, y podemos suponer que ahora también los tiene en mente. Los falsos maestros, que se burlan de la idea del juicio venidero, sufrirán el peso de ese juicio.

Este versículo ha servido para encender una acalorada discusión teológica. Este es el único lugar de la Biblia (y posiblemente 3:10) en el que encontramos una referencia clara a la destrucción del mundo mediante el fuego. Por esta razón, y porque a menudo se ha sugerido que Pedro

---

26. Ver, p. ej., Bigg, *The Epistles of St. Peter and St. Jude,* 294; Green, *The Second Epistle General of Peter and the General Epistle of Jude,* 131.

tomó prestada la idea de un gran incendio que acababa con el mundo de algunos filósofos paganos de su tiempo, algunos estudiosos se resisten a aceptar que Pedro esté enseñando eso en este pasaje. Michael Green, por ejemplo, apuntando al énfasis que Pedro hace al final del versículo en la condenación de los seres humanos, sugiere que la destrucción por fuego no es más que una imagen del juicio de Dios.[27]

Trataremos este tema con mayor profundad en la próxima sección, pero baste decir por ahora que la idea de Green no es nada convincente. Después de referirse al "mundo" (de los seres humanos) en el versículo 6, en el versículo 7 Pedro vuelve a usar la expresión "el cielo y la tierra" que usó en el versículo 5 para referirse a todo el universo creado. No podemos pensar que solo se está refiriendo a los seres humanos. Véase el comentario del teólogo del siglo II Melitón de Sardes, que debía tener este pasaje en mente cuando dijo: "Hubo un diluvio de agua... Habrá un diluvio de fuego, y la tierra arderá con todas sus montañas".[28]

Para aplicar el mensaje bíblico a nuestros tiempos tenemos que entender el contexto y el trasfondo de dicho mensaje, es decir, el ambiente religioso, social e histórico del mundo en el que Dios inspiró a las personas que escribieron sus palabras. Y ya hemos dibujado varios elementos del ambiente que afectan al significado de las palabras de Pedro y a su aplicación contemporánea.

Pero para poder identificar correctamente el significado de la Palabra de Dios para nosotros hoy también necesitamos entender exactamente cómo se utilizaban las palabras que los autores humanos usaron para comunicar su mensaje. Porque las palabras pueden servir para cosas diferentes. Las palabras que no significan lo que aparentemente significan pueden llevarnos a mucha confusión. Pensemos en la siguiente pregunta: "¿Estás loco?". Normalmente, las preguntas piden algún tipo de información. Pero, en la mayoría de ocasiones, esta pregunta no busca información sino que transmite una objeción a un plan de acción concreto (p. ej., podría ser la respuesta que una mujer le da a su marido cuando este le dice, "Creo que voy a bajar esta colina tan empinada en patines"). O pensamos en esta afirmación: "Estoy dolido". La persona

---

27. Green, *The Second Epistle General of Peter and the General Epistle of Jude*, 132.
28. Citado por Green, *ibíd.*, 133.

que dice algo así no solo está haciendo una afirmación, sino que probablemente esté pidiendo ayuda.

Si pensamos en nuestra interpretación y aplicación de 2 Pedro 3:1-7, veremos que también nos encontramos con el problema del lenguaje figurado. Lo símiles son fáciles de detectar, porque normalmente incluyen la palabra "como", y entonces nos queda claro que se está estableciendo una comparación (p. ej., "Mi amor es como una rosa roja"). Pero las metáforas son más complejas, porque no siempre es sencillo identificarlas. "Se me vino todo encima" puede ser literal (dicho por un bombero que se accidentó, porque el techo cedió) o puede ser metafórico (dicho por un empleado cuyo jefe le pilló jugando al "tetris" en horas de trabajo). En una conversación, es fácil saber si la frase es literal o metafórica porque estamos familiarizados con las frases hechas, y porque conocemos el contexto en el que se ha dicho. ¿Pero qué ocurre cuando encontramos este tipo de lenguaje en la Biblia? Hace tantos años que se escribió, que no conocemos las frases hechas y las metáforas de entonces. Y el contexto inmediato no siempre nos ofrece todas las pistas que necesitamos.

Veamos dos ejemplos muy discutidos en 3:1-7. En el versículo 4, Pedro se refiere a los falsos maestros que afirman: "Desde... que los padres durmieron, todas las cosas siguen igual que desde el principio de la creación" (esta traducción literal traducción es mía). En esta afirmación, ¿cómo debemos entender la palabra "dormir"? El contexto deja claro que no debe entenderse de forma literal: los falsos maestros no están sugiriendo que una noche de sueño cambió la visión que sus padres tenían de la historia. Así que, en un sentido, la palabra es metafórica. ¿Pero, a qué *hace referencia*? Casi todo el mundo cree que se refiere a la muerte, por lo que la mayoría de traducciones, como la NVI, traducen "murieron".

Esa traducción no pierde el sentido original, si es que "dormir" es un eufemismo común de "morir". Porque entonces estaríamos ante lo que llamamos una metáfora "muerta", y el uso del término para describir la muerte no dice nada en cuanto a la visión que los autores tenían sobre la naturaleza de la muerte (*cf.* la expresión muy utilizada "pasar a mejor vida"). Pero si para Pedro esta es una metáfora "viva", entonces la traducción prosaica sí pierde parte del sentido. Y es que el apóstol se estaría refiriendo a una visión cristiana concreta de la muerte: ya que la muerte cristiana no es el destino final, sino un estado temporal del que seremos "despertados" en la resurrección.[29] No tiene por qué ser una referencia a lo que se ha llamado "el sueño del alma": la idea de que entre la muerte y la venida de Cristo, los cristianos están inconscientes. La idea sería, más bien, que los creyentes que mueren, aunque conscientes en la presencia del Señor, aún no han sido resucitados.

Los que creen que estamos ante una metáfora de la "muerte" dicen que los griegos usaban la palabra "dormir" para referirse a la muerte desde tiempos de Homero, y que en el Antiguo Testamento también aparece con ese mismo sentido.[30] Obviamente, los cristianos no inventaron la metáfora para sugerir su comprensión particular de la muerte. Pero podemos concluir que los autores cristianos se apropiaron de esta metáfora, porque encajaba a la perfección con su teología de la muerte. Dicho de otro modo, podría ser que para los autores cristianos no fuera una metáfora de la muerte, aunque para otros en aquella cultura sí lo fuera.

El uso del término "dormir" como metáfora de la muerte en el Nuevo Testamento apunta en la misma dirección, puesto que solo se aplica a la muerte de los justos.[31] Juan 11:11 es especialmente significativo; ahí Jesús les dice a sus discípulos que Lázaro "duerme". Al parecer quiere decir que la muerte de Lázaro es una condición temporal, que en breve el mismo Señor cambiará de forma milagrosa. Por tanto, haríamos bien en mantener la palabra "dormir" en nuestras traducciones de 2 Pedro 3:4.

Pero un segundo ejemplo de lenguaje metafórico en nuestro texto de nos adentra en una cuestión mucho más polémica: el lenguaje de la escatología. Como Stephen H. Travis ha escrito:

> Dado que la escatología trata sobre aquello que "ninguna mente humana ha concebido", el problema del lenguaje se

---

29. Ver, p. ej., Green, *ibíd.*, 129.
30. Ver, p. ej., 1 Reyes 2:10; 11:43; 22:40; y los comentarios de Ernest Best, *A Commentary on the First and Second Epistles to the Thessalonians*, HNTC (Nueva York: Harper & Row, 1972), 185. Encontramos evidencias de que "dormir" era una metáfora para referirse a la muerte en textos como este, al igual que en textos del autor romano Catulo (5.4-6): "El sol puede ponerse y volver a salir, pero una vez nuestras breves luces se ponen, entramos en una noche interminable en la que nuestra única tarea es dormir".
31. Los "santos" resucitados cuando Jesús murió (Mt 27:52); Lázaro (Jn 11:11-12); Esteban (Hch 7:60); David (Hch 13:36); los cristianos, destinados para la resurrección (1Co 7:39; 11:30; 15:6, 18, 20, 51; 1Ts 4:13-14, 15). Ver sobre esta cuestión con respecto a Pablo, Murray J. Harris, *Raised Inmortal: Resurrection and Inmortality in the New Testament* (Grand Rapids: Eerdmans, 1983), 134-35.

vuelve aún mayor. El uso del lenguaje figurado se vuelve inevitable cuando hablamos de realidades más allá de la realidad espacio-temporal que ahora experimentamos. ¿Cuál es la relación entre ese lenguaje y esas realidades (asumiendo, claro está, que *son* reales)? ¿Eran capaces los autores bíblicos de distinguir entre el lenguaje "literal" y el "figurado"? ¿O usaban el lenguaje figurado sin pensar qué relación tenía con la realidad? E, independientemente de lo que hicieran, ¿cómo podemos nosotros, con nuestra cosmovisión moderna, entender el lenguaje bíblico sobre la parusía, el juicio, el cielo y el infierno?[32]

Nos enfrentamos a este problema cuando llegamos a la siguiente afirmación de Pedro: "El cielo y la tierra están guardados para el fuego". ¿Cómo debemos entender estas palabras? Empezaremos viendo tres líneas generales que los estudiosos han tomado para lidiar con estas afirmaciones "cósmicas".

(1) La primera la asociamos especialmente con el famoso y controvertido estudioso del Nuevo Testamento, Rudolf Bultmann. Deseoso de mostrar que el Nuevo Testamento es relevante en la era moderna y científica, defendió un programa de "desmitologización" del Nuevo Testamento, es decir, sacar el mito del lenguaje del Nuevo Testamento. Para Bultmann, cosmovisión "mitológica" de los autores neotestamentarios necesariamente limitaba sus ideas. Creían en un universo en tres niveles, en la intervención directa de Dios en el mundo a través de milagros, y en un "fin del mundo" literal y catastrófico. Los descubrimientos de la ciencia moderna han convertido esas ideas en obsoletas. Pero para Bultmann, eso no quería decir que debíamos desechar el Nuevo Testamento. Si lo liberamos de los tintes mitológicos, tiene un mensaje relevante para la gente moderna. Por ejemplo, aún podemos encontrarle el sentido a la idea de la parusía, cuando Cristo vendrá a "juzgar a los vivos y a los muertos" al final de la historia, si nos quedamos con la idea central que el mito representa: que toda persona debe confrontarse con Cristo en un encuentro que sellará su destino. Probablemente Bultmann pensaba que Pedro realmente creía que el mundo sería destruido con fuego, pero que el significado de este pasaje para nosotros es que el universo material no es toda la realidad.

---

32. Stephen H. Travis, *Christian Hope and the Future* (Downers Grove, Ill.: InterVarsity, 1980), 14.

Los eruditos evangélicos han rechazado de forma unánime la desmitologización de Bultmann. Asumir que los autores bíblicos estaban limitados por su tiempo es ignorar la realidad de la inspiración divina, cuya función era preservar la fiabilidad de sus palabras. Además, su visión es típica de lo que C. S. Lewis ha llamado "esnobismo cronológico", la idea de que las únicas ideas correctas son las ideas recientes y modernas. La ciencia ha expandido enormemente nuestra comprensión del mundo natural, y nuestra capacidad de manipularlo; pero no ha logrado invalidar la convicción bíblica de que Dios creó el mundo, interviene en él, y un día le pondrá fin. Para aquellos que están convencidos de la veracidad de las Escrituras, desmitologizar el lenguaje de Pedro no es una opción.

(2) Otra aproximación general al lenguaje de la escatología es entender el lenguaje cósmico que la Biblia usa de forma muy literal. Si la Biblia dice que en los últimos días las estrellas del firmamento caerán sobre la tierra (Ap 6:13), entonces eso es exactamente lo que ocurrirá. Esta lectura literal de los textos escatológicos está profundamente arraigada en la erudición evangélica y en la imaginación popular. Cuando me convertí al cristianismo (hace más años de los que me gustaría admitir), casi la primera enseñanza bíblica que escuché fueron unos casetes de Hal Lindsay en los que explicaba su interpretación literalista y detallada de los sucesos que tendrían lugar en el final de los tiempos (su libro *La agonía del gran planeta tierra* fue muy popular). Uno de los momentos más esperados en la iglesia a la que asistí al principio era la conferencia sobre profecías, en la que los oradores iban por la misma línea que Hal Lindsay. Si uno se acerca a 2 Pedro 3:4 así, es fácil sacar una conclusión: Pedro está prediciendo que el mundo será destruido por fuego. Y los que vivimos en la era nuclear podemos entender que no sería difícil que algo así ocurriera.

Hoy en día está de moda burlarse de este tipo de escatología. Algunos tratan a los cristianos como si fueran unos ignorantes. No creo que esa burla esté justificada. Yo también tengo mis reservas en cuanto a algunos aspectos del planteamiento "completamente literal". Sus defensores pueden asumir que algunos textos bíblicos son totalmente claros, cuando en realidad no lo son. Y un énfasis desmesurado en la profecía puede llevar a una preocupación insana por los detalles sobre el futuro a expensas de la vida cristiana aquí y ahora. Pero a mí me parece que cualquier creyente que acepta la veracidad total de la Biblia debería agradecer la seriedad con la que este acercamiento trata el texto bíblico. La pegatina en los coches que dice "La Biblia lo dice y yo lo creo; es suficiente para mí" recoge una verdad capital: los cristianos deberían aceptar todo lo que la Biblia enseña.

(3) Pero es aquí precisamente donde nos encontramos cara a cara con la gran pregunta: ¿qué enseña la Biblia? Muchos cristianos comunes y no pocos académicos creen que los textos escatológicos de la Biblia dicen lo que a simple vista parecen decir. Pero como ya vimos, el lenguaje no siempre es sencillo. Y muchos académicos piensan que el lenguaje escatológico de la Biblia es con frecuencia metafórico. Aquí encontramos la tercera línea interpretativa del lenguaje bíblico sobre "las últimas cosas". Sus defensores dicen que las predicciones sobre estrellas que caen del firmamento sobre la tierra no describen un desastre astronómico literal; se trata simplemente de un lenguaje figurado para describir un suceso espectacular.

La evidencia bíblica más importante a favor de esta aproximación la encontramos en pasajes proféticos que usan imágenes cósmicas para describir el juicio histórico de Dios. Por ejemplo, en Isaías 13, el profeta describe el juicio de Dios sobre la nación de Babilonia en términos cósmicos:

> Las estrellas y las constelaciones del cielo
> dejarán de irradiar su luz;
> se oscurecerá el sol al salir
> y no brillará más la luna. (v. 10)
>
> Por eso haré que tiemble el cielo
> y que la tierra se mueva de su sitio,
> por el furor del Señor Todopoderoso
> en el día de su ardiente ira. (v. 13)

Los académicos que siguen una hermenéutica más literal (opción 2) dirán que el profeta pasa de una descripción del juicio histórico de Babilonia a una descripción del juicio de todo el mundo al final de los tiempos. Podrían estar en lo cierto, pero se encuentran con un problema cuando en los versículos 17-22 el profeta regrese a la situación de la Babilonia histórica. Todas las imágenes cósmicas las interpretan de la misma forma. Y creo que tenemos evidencias suficientes para aceptar que el lenguaje escatológico de la Biblia puede tener cierto grado metafórico.

Como consecuencia, creo que no debemos acercarnos a los pasajes escatológicos siempre desde una perspectiva o desde la otra. Tenemos que observar cada texto y decidir si el lenguaje es literal o metafórico. Para ello, haremos el siguiente tipo de preguntas: "El lenguaje que se usa aquí, ¿es claramente metafórico en el resto de la Biblia o en el mundo antiguo?" "Lo que aquí se describe, ¿puede ocurrir literalmente?" "¿Existen pasajes paralelos que muestran que este lenguaje es metafórico?".

Debemos estar abiertos a la posibilidad de que lo que Pedro dice sobre el cielo y la tierra y la destrucción por fuego sea metafórico. Como vimos en la sección "Sentido Original", Green sugiere esta posibilidad: que en este versículo quizá Pedro solo está describiendo el juicio de Dios sobre los seres humanos. Y, ciertamente, cuando la Biblia describe el juicio de Dios suele hablar del "fuego". Veamos cómo los siguientes pasajes incluyen el fuego como componente del día del Señor:

> El Señor hará oír su majestuosa voz,
> y descargará su brazo:
> con rugiente ira y llama de fuego consumidor,
> con aguacero, tormenta y granizo. (Isaías 30:30)

> ¡Ya viene el Señor con fuego!
> ¡Sus carros de combate son como un torbellino!
> Descargará su enojo con furor,
> y su represión con llamas de fuego.
> Con fuego y con espada
> juzgará el Señor a todo mortal.
> ¡Muchos morirán a manos del Señor! (Isaías 66:15-16)

> ¿Quién podrá enfrentarse a su indignación?
> ¿Quién resistirá el ardor de su ira?
> Su furor se derrama como fuego;
> ante él se resquebrajan las rocas. (Nahúm 1:6)

> No los podrán librar
> ni su plata ni su oro
> en el día de la ira del Señor.
> En el fuego de su celo
> será toda la tierra consumida;
> en un instante reducirá a la nada
> a todos los habitantes de la tierra. (Sofonías 1:18)

> Esperadme, por tanto,
> hasta el día en que me levante a buscar el botín
> —afirma el SEÑOR—,
> porque he decidido reunir a las naciones
> y juntar a los reinos
> para derramar sobre ellos mi indignación,
> toda mi ardiente ira.
> En el fuego de mi celo
> será toda la tierra consumida. (Sofonías 3:8)

Aunque algunos cristianos lo dudan, parece claro que el "fuego" en estos versículos (como en los muchos versículos del Nuevo Testamento en los que se usa para describir el juicio) no es literal, sino metafórico (ver la sección "Construyendo Puentes" en el comentario de Judas 11-13). Los autores bíblicos eligieron uno de los desastres más espectaculares y dolorosos para intentar describir la terrible naturaleza del juicio de Dios.

Dicho de otro modo, sería posible que Pedro use "fuego" en este versículo simplemente como metáfora del juicio humano. Pero vemos en el pasaje dos ideas que hacen que esta interpretación sea cuestionable. (1) El argumento central de Pedro en los versículos 5-7 tiene que ver con la continuidad del universo como un todo. Cita la creación y el diluvio, que, aunque dirigido contra el pecado del ser humano, obviamente afectó al mundo físico. Por tanto, está fuera de lugar ver en el versículo 7 tan solo una referencia al juicio de los seres humanos. (2) El uso que Pedro hace de la expresión "el cielo y la tierra" parece escogido de forma deliberada para referirse al universo físico (ver el v. 5). Por tanto, nos inclinamos a pensar como la mayoría de los comentaristas: en este versículo encontramos una predicción de la destrucción definitiva del mundo por el fuego.

Pero antes de dar esta conclusión por cerrada, debemos mencionar una objeción. La idea de que un día el fuego destruiría la tierra estaba muy extendida en tiempos de Pedro. Una escuela filosófica en particular, los estoicos, daban mucha importancia a esta idea. Y algunos estudiosos argumentan que Pedro no habría enseñado una idea que estaba arraigada en una filosofía pagana. Pero creo que no podemos ser tan dogmáticos. Dios puede usar incluso ideas paganas para guiar a los autores de las Escrituras a la verdad que quiere que transmitan.

Además, es muy poco probable que Pedro extrajera su pensamiento del estoicismo. Los estoicos enseñaban que el mundo sería destruido por el fuego y recreado de nuevo un sin fin de veces, una idea muy diferente a lo que Pedro enseña. Una influencia mucho más posible es la de la enseñanza judía de entonces. Varios teólogos judíos habían empezado a predecir la destrucción del mundo por el fuego, una lectura pausada de los pasajes del Antiguo Testamento que citamos más arriba muestra que en las Escrituras hayamos, al menos, el germen de esa idea. Pedro puede ser el primero en afirmar esta idea de forma explícita, pero está claro que el Antiguo Testamento ya la deja entrever.

¿Qué significado tiene esta enseñanza sobre el final del mundo para los cristianos de hoy? Aquí, Pedro tiene mucho que decir sobre la importancia de la "memoria", y los lectores deberían consultar la sección "Construyendo Puentes" del comentario de 2 Pedro 1:12-15 donde hablamos de esta cuestión. Unos versículos más adelante, Pedro mismo menciona algunas de las consecuencias de lo que aquí dice sobre escatología; en su momento, exploraremos más esa cuestión.

Ley y evangelio. Pero en esta sección encontramos otras dos cuestiones que merecen nuestra consideración si hablamos de aplicar el pasaje a nuestros días. La primera es la referencia al "mandamiento que Dios nuestro Señor y Salvador por medio de los apóstoles" (v. 2). Como vimos en la sección "Sentido Original", la palabra "mandamiento" no puede referirse a la primera de la segunda venida de Cristo. Una de las contribuciones más importantes de Martín Lutero para nuestra comprensión de la Palabra de Dios es la distinción que hizo entre "ley" y "evangelio". Lutero decía que "la ley es lo que nosotros tenemos que hacer y dar a Dios"; y que "el evangelio es lo que Dios nos ha dado a nosotros".[33] En el lenguaje de Lutero, Pedro aquí habla de la "ley", no del "evangelio. Quiere que sus lectores recuerden que ellos, los apóstoles que fueron los primeros en traerles las buenas nuevas de la muerte y la resurrección de Jesucristo, también les trajeron la demanda de su Señor y Salvador: que entregaran sus vidas en obediencia a Dios.

---

33. Martin Luther, "How Christians Should Regard the Law of Moses", en *Luther's Works*, ed. E. Theodore Bachmann (Filadelfia: Fortress, 1960), 162.

La iglesia contemporánea no entiende bien esta demanda de nuestro Señor. La confusión se debe a dos cuestiones concretas: (1) ¿Dónde encontramos la "ley" que debemos obedecer? (2) ¿Cuál es el lugar de esa "ley" en la vida cristiana?

(1) Cuando uno hace un recorrido por la historia de la teología cristiana y examina el paisaje académico actual, encuentra tres respuestas básicas a la primera pregunta: (a) el mandamiento del amor; (b) la ley del Antiguo Testamento cumplida en Cristo; y (c) la enseñanza de Jesús y los apóstoles.

(a) La prominencia del amor en el Nuevo Testamento es bien conocida. Jesús dijo que el amor al "prójimo" (Lv 19:15) era el centro de la ley, y lo convirtió en el eje de su enseñanza ética (Mt 22:34-40; Mr 12:28-31; Lc 25-28; Jn 13:34-35; 15:12). Y encontramos ese énfasis en el mandamiento del amor a lo largo de todo el Nuevo Testamento (Ro 13:8-10; Gá 5:13-15; Stg 2:8; 1Jn 2:7; 3:11-20; 4:11, 19-21; 2Jn 5). Así, podemos entender por qué algunos teóricos y éticos defienden que el Nuevo Testamento "sustituye" la ley por el amor. La encarnación moderna más popular de esta visión se llama "ética situacional". Tal como enseñan autores como Fletcher, la ética situacional menosprecia los absolutos morales. En cualquier situación, lo único que los cristianos tienen que hacer es poner en práctica el amor. Y, según Fletcher, la práctica de ese amor variará según la situación.

Ahora bien, en un sentido, Fletcher y los demás autores como él tienen razón: Cristo pide a sus seguidores que amen, y sugiere (al igual que Pablo) que el creyente que ama acabará haciendo lo que es correcto, cumpliendo así todos los demás mandamientos (ver, p. ej., Mr 12:28-31; Ro 13:8-10). Pero lo que los defensores de la ética situacional pasan por alto es que el Nuevo Testamento también da una guía clara sobre cómo poner en práctica el amor. De hecho, los autores del Nuevo Testamento nos advierten en contra del tipo de acercamiento "situacional" que Fletcher propone. Por ejemplo, cuando los corintios empiezan a desviarse moralmente, Pablo les recuerda que "lo que importa es cumplir los mandatos de Dios" (1Co 7:19). Es verdad que el amor es el mandamiento más importante que los cristianos debemos obedecer; incluso podríamos decir que es la base de todos los demás. Pero el Nuevo Testamento no consiente que el amor *sustituya* a la ley.

(b) Probablemente una amplia mayoría de académicos evangélicos contemporáneos abogaría por la segunda opción mencionada arriba: que los cristianos están obligados a obedecer la ley de Moisés cumplida en Cristo. Según los puritanos, la ley de Moisés tiene dos funciones claras: como "pacto de obras", condena al pecador que la desobedece; como expresión de la voluntad santa de Dios, dirige la conducta del pueblo de Dios. Para los cristianos, la primera de estas funciones ha quedado obsoleta, y eso es lo que Pablo quiere decir cuando afirma que los cristianos no están "bajo la ley" (Ro 6:14-15). Pero la segunda de las funciones sigue igual de vigente, como también Pablo sugiere cuando dice que el evangelio "confirma la ley" (3:31).

Dicho de otro modo, los cristianos deben de seguir obedeciendo la ley de Moisés, aunque deben hacerlo en su forma "consumada". La venida de Cristo significa que las partes de la ley que apuntaban a Cristo ya no son necesarias: los creyentes no necesitan observar los sacrificios ni los rituales del Antiguo Testamento (la ley "ceremonial"), ni las normas para vivir en la tierra de Israel (la ley "civil"). Pero Cristo mismo dijo que teníamos que seguir obedeciendo la ley "moral" (Mt 5:18-19):

> Os aseguro que mientras existan el cielo y la tierra, ni una letra ni una tilde de la ley desaparecerán hasta que todo se haya cumplido. Todo el que infrinja uno solo de estos mandamientos, por pequeño que sea, y enseñe a otros a hacer lo mismo, será considerado el más pequeño en el reino de los cielos; pero el que los practique y enseñe será considerado grande en el reino de los cielos.

Por tanto, según esta visión de la situación, el "mandamiento" que Pedro tiene en mente en 2 Pedro 3:2 es la ley del Antiguo Testamento tal como Cristo y los apóstoles la interpretaron y la aplicaron. Cuando se les pregunta dónde encontramos esa ley "moral", los teólogos que siguen esta línea de pensamiento normalmente se centran en los Diez Mandamientos.

(c) La interpretación tradicional puritana de la ley ha tenido una enorme influencia sobre el evangelicalismo contemporáneo. Pero yo cuestiono que sea correcta. Obviamente, no quiero que se me conozca como alguien que habla en contra de los Diez Mandamientos. Pero si queremos hacer justicia al Nuevo Testamento, creo que debemos decir que los mandamientos que los cristianos deben obedecer no están en el

Antiguo Testamento, sino en el Nuevo. Mencionamos antes la afirmación de Pablo, cuando dice que los cristianos ya no están "bajo la ley"; ¿qué nos da el derecho a limitar esa afirmación a ciertas funciones de la ley o a cierta parte de la ley? No hay nada en el contexto que sugiera algún tipo de restricción. Y las palabras de Jesús respaldando la ley en Mateo 5:18-19 resuelven la cuestión: si miramos sus palabras de forma superficial, demanda que los creyentes obedezcan toda la ley de Moisés, incluidos los sacrificios y las ceremonias.

Por tanto, hay algo más que debemos tener en cuenta. Y ese "algo más" aparece en el versículo 17: Cristo vino a "cumplir" la ley. Cuando el evangelista Mateo usa la palabra "cumplir", hace referencia a la realidad del nuevo pacto anticipada por el Antiguo Testamento. Aplicado a este contexto, significa que la enseñanza de Cristo es el "cumplimiento" de la ley. Lo que Jesús demanda de sus discípulos es aquello a lo que la ley del Antiguo Testamento apuntaba. Pero la cuestión es que es la enseñanza de Jesús, y no la ley del Antiguo Testamento, el referente principal de obediencia para los cristianos. Así lo confirman las palabras finales del Sermón del Monte en el Evangelio de Mateo, donde las palabras y la enseñanza de Jesús se convierte en el centro de la ética del nuevo pacto (Mt 7:24-27; 28:19-20).

Por tanto, me decanto por la tercera interpretación de la "ley" del Nuevo Testamento: que la obligación *directa* de los creyentes es obedecer la enseñanza de Jesús y de los apóstoles. Esta "ley de Cristo" (ver Gá 6:2) es el equivalente del nuevo pacto a la ley de Moisés del antiguo pacto. Es cierto que estamos ante un tema complejo, y con lo dicho hasta aquí solo nos quedamos en la superficie.[34] Y creo que es especialmente importante destacar que la diferencia *práctica* entre estas interpretaciones es pequeña. Después de todo, nueve de los Diez Mandamientos aparecen de forma repetida en el Nuevo Testamento y por tanto forman parte de "la ley de Cristo" (la excepción es el mandamiento sobre el *sabat*).

(2) En cierto sentido, a la hora de la práctica tiene más importancia determinar qué lugar ocupa la obediencia a esta ley de Cristo en el discipulado cristiano. Aquí, encontramos una presión constante hacia los dos extremos: un énfasis excesivo en las normas y los requisitos frente a una completa desconsideración hacia las normas; es decir,

---

34. Encontrará una defensa y una crítica detallada de las principales perspectivas evangélicas sobre esta cuestión en Wayne Strickland, ed., *The Law, the Gospel, and the Modern Christian* (Gran Rapids: Zondervan, 1993).

legalismo frente libertinaje. La fuerza fundamentalista cristiana evangélica ha contribuido al aumento de la primera tendencia. Los fundamentalistas han establecido normas sobre la conducta social, la vestimenta, el estilo de peinado, etcétera, normas difíciles de sustentar con principios bíblicos pero muy importantes para mantener su identidad.

Para hacer justicia a los fundamentalistas, hemos de decir que ellos negarán cualquier tinte de legalismo; sus normas no se presentan como un medio de salvación, sino como una forma de honrar a Dios en el día a día. Pero a menudo el efecto es que convierten la obediencia de las normas en parte esencial de la experiencia cristiana. En el seminario en el que enseño, a veces me encuentro con estudiantes que han crecido en un contexto fundamentalista. Y entre muchos de ellos he observado la tendencia opuesta: reaccionan en contra de lo que ven como un énfasis excesivo en las normas, tiran el grano con la paja y rechazan la "ley" completamente. Para celebrar la gracia de Dios en Cristo, desprecian cualquier tipo de reglas; para reconocer la centralidad del Espíritu de la vida cristiana, resisten cualquier tipo de norma externa.

Si queremos llegar a un equilibrio bíblico en cuanto a esta cuestión de "la ley de Cristo", tenemos que escuchar con atención la enseñanza de toda la Escritura. El punto de partida debe ser la obra de la gracia del nuevo pacto, en la que Dios pone en el creyente su propio Espíritu, quien produce "fruto" en nosotros que es de su agrado (*cf.* Gá 5:16-26). Cualquier enseñanza sobre la vida cristiana que no tenga como elemento central esta obra de transformación interna no ha captado el punto central del nuevo pacto. Un ministerio fiel al Nuevo Testamento buscará ayudar a los cristianos a esforzarse por descubrir el potencial de esa nueva vida que tienen. Jesús usó una imagen de la naturaleza para describir este proceso: un árbol bueno produce fruto bueno (Mt 7:16-20).

No obstante, las personas no son árboles. Un árbol no puede sacar sus raíces de una tierra buena para echarlas en un terreno cenagoso y turbio. Un árbol no puede negarse a absorber el fertilizante que le aplican. Pero las personas sí pueden. Incluso el creyente, que vive bajo el poder de la gracia y que tiene al Espíritu, puede resistir la obra del Espíritu. El Espíritu no borra automáticamente los pensamientos programados ni los patrones de conducta que una persona ha adquirido durante un periodo de diez, veinte o treinta años de inmersión en el mundo. Por eso fácilmente nos engañamos diciéndonos a nosotros mismos que nuestros deseos egoístas deben ser la guía del Espíritu; que lo que estamos a punto de hacer es una acción de amor, cuando en verdad es lo que nos apetece hacer; que tenemos "la mente de Cristo" cuando lo que realmente tenemos es "la mente de este mundo".

Dicho de otro modo, sin quitarle importancia al Espíritu y al mandamiento del amor, los autores del Nuevo Testamento insisten en que existe un código externo de conducta que los cristianos deben obedecer. Ese código, "la ley de Cristo", no es una lista detallada. Se centra más en los principios y en las actitudes que en acciones concretas. No es un largo documento de mandamientos, sino que está repartida por las páginas del Nuevo Testamento. Y no está ahí para *producir* una conducta agradable a Dios, sino para *guiarla*. Dios está obrando, a través del Espíritu, reprogramando nuestras mentes (ver, p. ej., Ro 12:1); la conducta cristiana se produce en el interior. Pero Dios, a través de Cristo y los apóstoles, también nos ha revelado su voluntad en cuanto a nuestra conducta para que podamos probar la eficacia de la reprogramación y asegurarnos de que lo que estamos instalando no es de nuestra propia cosecha. Como resultado, los cristianos nunca dejarán de tener la necesidad de "recordar... el mandamiento que dio nuestro Señor y Salvador por medio de los apóstoles" (2P 3:2).

El rol de Dios en la historia. En este pasaje, Pedro toca un segundo tema que, pensando en el ambiente post-cristiano actual, merece la pena mencionar. Acusa a los falsos maestros de propagar la idea de que "nada ha cambiado desde el principio de la creación" (v. 4). Esta actitud es muy similar a la mentalidad que reina hoy en nuestro mundo, que es el legado que nos ha dejado, sobre todo, la teoría evolutiva. Muchos cristianos luchan con el tema de la evolución y las suposiciones que esta hace en cuanto a la creación del mundo; y no hay duda de que se trata de un debate importante. Pero a la larga, aún es mucho más destructiva la idea de que la historia funciona por el azar y a través de unos procesos uniformes que prácticamente no varían de una era a otra. Lo que la evolución rechaza es la idea de un Dios personal que interviene en el curso de la historia. Si los burladores de 2 Pedro vivieran hoy, hablarían de las "leyes naturales invariables".

Esa es la creencia que Pedro refuta al referirse a la intervención de Dios en la creación, al diluvio y al fin del mundo. Green cita a Plumptre: "Las palabras [de Pedro] son una protesta en contra de la antigua visión epicúrea relativa al choque fortuito de átomos, y su equivalente moderno, la teoría de una evolución perpetua (es decir, ininterrumpida)".[35] Los cristianos, incluso aquellos que adoptan la evolución teísta como modelo de la creación, no pueden aceptar la perspectiva meramente evolutiva. Fácilmente podemos sucumbir al paradigma reinante de un universo "cerrado" y, de ese modo, no dejar espacio alguno para que Dios actúe y se revele.

Obviamente, no debemos caer en la tentación de pensar que podremos mirar los sucesos históricos y saber de forma precisa qué está haciendo Dios. Algunos cristianos son dados a interpretar todos los sucesos que aparecen en las noticias. Así, un terremoto se convierte en un juicio de Dios provocado por un pecado concreto en una parte concreta del mundo; un informa económico favorable, en una señal del favor de Dios; etcétera. Pero la cosmovisión cristiana afirma que Dios obra constantemente en nuestras vidas y en la historia del mundo. Quizá no seamos capaces de interpretar cada uno de los sucesos, pero Dios no ha abandonado el trono del universo ni está mirando para otro lado permitiendo que la historia simplemente siga su curso. Necesitamos recuperar esta perspectiva bíblica, en la que la vida está marcada por la presencia y la obra de un Dios de amor, santo y personal, que está guiando la historia hacia un final definido.

---

35. Green, *The Second Epistle General of Peter and the General Epistle of Jude*, 130.

2 Pedro 3:8-10

Pero no olvidéis, queridos hermanos, que para el Señor un día es como mil años, y mil años como un día. ⁹ El Señor no tarda en cumplir su promesa, según entienden algunos la tardanza. Más bien, él tiene paciencia con vosotros, porque no quiere que nadie perezca, sino que todos se arrepientan.

¹⁰ Pero el día del Señor vendrá como un ladrón. En aquel día los cielos desaparecerán con un estruendo espantoso, los elementos serán destruidos por el fuego, y la tierra, con todo lo que hay en ella, será quemada.

Sentido Original

Pedro sigue tratando el alboroto creado por la aparición en la iglesia de gente burlona. Esos falsos maestros menosprecian la idea de la segunda venida de Cristo y el juicio asociado a esa venida (vv. 3-4). En los versículos 5-7, Pedro les reprende de forma directa: "Intencionalmente olvidan...". Ahora, se vuelve a los cristianos fieles: "Pero *vosotros* no olvidéis, queridos hermanos...".[1]

Pedro usa la palabra "olvidar" para marcar las dos fases de su argumento. En la primera fase, recordó a los falsos maestros una cuestión elemental: que el Antiguo Testamento revela muchas ocasiones en la que Dios intervino en este mundo de un modo directo y dramático. ¡Qué necedad, pensar que Dios no puede juzgar e incluso destruir el mundo (v. 7) cuando él mismo es quien lo ha creado (v. 5) y quien lo ha "destruido" una vez (v. 6)! Pero Pedro se da cuenta de que incluso los cristianos fieles tienen preguntas sobre la venida de Cristo. Por ello, en este párrafo se dirige a ellos y les transmite dos ideas: (1) No podemos interpretar el plan de Dios según la concepción humana del tiempo (v. 8); y (2) debemos entender el generoso propósito al retardar la parusía (v. 9). Pedro concluye el párrafo (como ya hizo en los vv. 5-7) repitiendo la veracidad de la venida de Cristo para juzgar (v. 10).

Pedro deja claro que los falsos maestros son culpables de un "olvido" deliberado. Le han dado la espalda a una verdad evidente y son por tanto

---

1. Mi propia traducción literal del texto griego, que capta el contraste que hay entre *autous* ("ellos") en el v. 5 y *hymas* ("vosotros") en este versículo.

culpables de desobedecer de forma obstinada. Pero existe un tipo de "olvido" que no es pecado. Incluso los cristianos fieles pueden desviarse de una verdadera cosmovisión bíblica, tomando inconscientemente ideas de su cultura que no cuadran con la verdad de Dios. Además, las preguntas y temas suscitados por los falsos maestros les pueden inquietar. Por esta razón, Pedro entiende que los santos verdaderos también pueden necesitar una confirmación de la venida de Cristo para cerrar la historia de la humanidad.

Por un lado, los lectores de Pedro necesitaban que les escribiera en cuanto al tiempo de esa venida. Emocionados con la nueva fe que habían abrazado, y abrumados por la persecución severa que a veces experimentaban, muchos de los primeros cristianos anhelaban que Cristo regresara y los llevara a la gloria. Jesús les había dicho a sus seguidores que estuvieran listos para su venida, que podía tener lugar en cualquier momento (p. ej., Mt 24:36—25:30). Pedro mismo había animado a los creyentes a que reconocieran que "ya se acerca el fin de todas las cosas" (1P 4:7). Es fácil comprender que ese fuerte énfasis podía llevar a la decepción ya que Cristo no había regresado tan pronto como algunos creyentes esperaban. ¿Era Dios infiel a su promesa? Pedro sabe que algunos de sus lectores, preocupados, se hacen esta pregunta. Por tanto, responde sobre el aparente "retraso" de la parusía, y lo hace con los dos argumentos siguientes.

(1) Los cristianos debemos entender que nuestra percepción del tiempo no es igual a la de Dios: "Para el Señor un día es como mil años, y mil años como un día" (v. 8). Estas palabras son una adaptación del Salmo 90:4: "Mil años, para ti, son como el día de ayer, que ya pasó; son como unas cuentas horas de la noche". La idea de este versículo en los Salmos es que Dios, dado que es eterno, no experimenta el tiempo como nosotros. Lo que para nosotros parece una etapa larguísima, para él no es más que un parpadeo.

Muchos intérpretes judíos y cristianos tempranos usaban este versículo para predecir el curso de la historia del mundo. La historia, pensaban, debía seguir el patrón de la creación y durar siete "días", el último de los cuales (el *sabat*), correspondería con la era mesiánica ("el día del Señor"). ¿No probaba el Salmo 90:4 que un "día" para el Señor duraba mil años? Esta línea de pensamiento fue un factor en la aparición de la doctrina del quiliasmo, o lo que ahora llamamos premileniarismo: la enseñanza de que la venida de Cristo dará paso a un periodo de mil años de paz en la tierra (ver Ap 20:4-6).[2]

Pero eso no tiene nada que ver con lo que Pedro dice.[3] Pedro no dice que los días de Dios son de mil años; dice que desde la perspectiva de Dios, un día es "como" (*hos*) mil años, y mil años como un día. Dios ve el paso del tiempo desde una perspectiva diferente a la nuestra. Nosotros somos impacientes, y nos frustramos y enfadamos incluso ante un pequeño retraso; Dios es paciente, y está dispuesto a esperar siglos e incluso milenios para cumplir sus propósitos. Pedro no está diciendo a sus lectores que están equivocados por pensar que la venida de Cristo es "inminente". Lo que les está diciendo es que no deben impacientarse al ver que no ocurre tan pronto como a ellos les gustaría o como esperan.

(2) La segunda respuesta de Pedro al problema del aparente retraso de la venida de Cristo tiene que ver con la razón por la que Dios está tardando. Su argumento lo encontramos al final del versículo 9. El principio del versículo 9 sirve de transición entre el primer argumento (v. 8) y el segundo: "El Señor no tarda en cumplir su promesa, según entienden algunos la tardanza". El término "Señor" podría referirse a Cristo, dado que normalmente, los autores del Nuevo Testamento entienden el "Señor" de la expresión "el día del Señor" (v. 10) como Cristo.[4] Aunque el "Señor" del versículo 8, que hace referencia al Salmo 90:4, es Yahvé. Por tanto, el "Señor" del versículo 9 probablemente también sea una referencia a Dios.[5] "Su promesa" es una referencia a la promesa de la venida de Cristo en gloria (ver v. 4).

"Algunos", dice Pedro, interpretan que la "tardanza" por parte de Dios en cumplir esa promesa debería llevarnos a rechazar la idea sobre su venida.[6] Esos "algunos" podrían ser cristianos que se han dejado

---

2. P. ej., Justino, *Diálogo con Trifón* 81; *Epístola de Barnabé* 15.4; Ireneo, *Contra las herejías* 5.23.2; 5.28.3.
3. El hecho de que Pedro no sea consciente de ese uso del versículo puede sugerir que 2 Pedro fue escrita en una fecha muy temprana, puesto que en el siglo II esas ideas ya eran populares. Ver Bigg, *The Epistles of St. Peter and St. Jude*, 295-96; Green, *The Second Epistle General of Peter and the General Epistle of Jude*, 134-35; ídem, *2 Peter Reconsidered* (Londres: Tyndale, 1961), 19.
4. Bigg, *The Epistles of St. Peter and St. Jude*, 296.
5. Kelly, *The Epistles of Peter and of Jude*, 362.
6. Encontramos aquí, de nuevo, una posible alusión al debate helenista sobre la providencia y el juicio de Dios; Plutarco dice: "La tardanza de Dios [para juzgar] debilita nuestra creencia en la providencia" (*Moralia* 549b).

influenciar por los falsos maestros.[7] Y Pedro exhorta a esos creyentes a que no caigan en la herejía de los falsos maestros. Pero la palabra "algunos" puede entenderse de forma diferente. Es mucho más probable que Pedro esté pensando directamente en los falsos maestros.[8] Ven la tardanza de Dios en cumplir su promesa como una señal de la debilidad de Dios o de su desinterés. Quizá enseñaban que a Dios no le importa lo que ocurre aquí en la tierra, y que por eso la idea de un fin del mundo o de un juicio no tiene ningún sentido. Y si así es, la gente puede hacer lo que quiera, porque no tenemos que rendir cuentas delante de un Dios justo.

Pedro responde a ese escepticismo herético de forma rotunda. La tardanza de la venida de Cristo y su juicio no es señal de la falta de interés o preocupación por parte de Dios; al contrario: es una señal de su profunda preocupación por las personas. Porque con paciencia infinita, está esperando a que más gente se arrepienta antes de que sea demasiado tarde. "No quiere que nadie perezca, sino que todos se arrepientan".

La idea que Pedro quiere transmitir está bien clara, y es una idea que encontramos a lo largo de todo el Nuevo Testamento (p. ej., Ro 2:3-5; 1Ti 2:4; 1P 3:20). Pero lo que es motivo de un debate acalorado es las implicaciones de esta enseñanza. Si es voluntad de Dios que "todos se arrepientan", ¿por qué muchos no lo hacen? Porque Pedro mismo ha dejado claro en su carta que en el día del juicio habrá gente que sufrirán la destrucción eterna por haberse negado a abrazar la salvación de Dios en Cristo (p. ej., 2:3-10; 3:6-7).

La respuesta a este problema depende de cómo entendemos la doctrina bíblica de la elección. Los arminianos, que creen que la elección depende de la fe humana (conocida de antemano), sostienen que Dios de forma genuina desea que todas las personas se arrepientan y abracen la fe. La razón por la que no todo el mundo lo hace es porque Dios da a las personas la libertad de decidir. Obviamente, los arminianos entienden que este versículo respalda su idea de que la única razón por la que las personas no llegan a aceptar la salvación de Dios es porque así lo deciden.

De ahí que este versículo sea un problema para los calvinistas, que creen que Dios ha elegido solo a algunas personas para ser salvas. La

---

7. Kelly, *The Epistles of Peter and of Jude*, 362.
8. Bigg, *The Epistles of St. Peter and St. Jude*, 296.

mayoría de los calvinistas ha explicado este versículo de forma similar al comentario del mismo Calvino:

> Aquí no se hace ninguna mención al decreto secreto de Dios por el que los malvados son abandonados a su propia destrucción; solo se menciona su bondad amorosa tal como nos la da a conocer el evangelio. Dios extiende su mano a todos por igual, pero solo sujeta (para acercarlos hacia sí) a aquellos que ha escogido desde antes de la fundación del mundo.[9]

Dicho de otro modo, debemos distinguir entre dos "voluntades" de Dios: su voluntad "desiderativa" (lo que Dios desea que ocurra) y su voluntad "efectiva" o "real". Dios desea y ordena que toda la gente se arrepienta, pero realmente solo lo hace posible para los elegidos para arrepentirse.

Independientemente de los méritos de cada una de estas dos perspectivas (y la cuestión es mucho más compleja de lo que hemos resumido), me pregunto si realmente tenemos que escoger entre una perspectiva o la otra. Ya que, como bien apunta Bauckham, lo que Pedro dice aquí es similar a una enseñanza popular judía según la cual Dios retiene su juicio mientras espera que los suyos se arrepientan.[10] En este versículo, la afirmación que dice que Dios está esperando "que todos se arrepientan" está precedida y determinada por la afirmación que dice "él tiene paciencia con *vosotros*". Esto es, la idea central en este versículo es que Dios es paciente *con los creyentes* a los que Pedro escribe. Por eso, probablemente deberíamos entender el "todos" del final del versículo a la luz de lo que acabamos de decir: Dios es paciente con vosotros, y quiere que todos *vosotros* os arrepintáis antes de que llegue el fin. En la comunidad cristiana han aparecido falsos maestros. Han empezado a infectar a algunos creyentes con sus peligrosas enseñanzas. Y en lugar de enviar el juicio para que caiga sobre ellos de forma instantánea, Dios retiene su ira, y pacientemente espera que los suyos se arrepientan y hagan las paces con él antes de que sea demasiado tarde.

En el versículo 10, Pedro deja atrás la elaboración de su argumento, y nos ofrece una clara aseveración.[11] Puede que Dios esté retrasando la

---

9. Calvino, *Hebrews and 1 and 2 Peter*, 364; ver la versión en español en la sección "Bibliografía comentada".
10. Bauckham, *Jude, 2 Peter*, 312.
11. Esta es la razón por la que muchas traducciones, como la NVI, con el versículo 10 empiezan un párrafo nuevo.

parusía en base a sus propósitos favorecedores, pero "el día del Señor vendrá como un ladrón". La expresión "el día del Señor", como explicamos anteriormente (ver el comentario de 2:9), era una expresión muy habitual entre los profetas del Antiguo Testamento, e indicaba el momento de la intervención final y definitiva de Dios en la historia para juzgar a sus enemigos y para salvar a su pueblo. El resto del versículo sugiere que la idea dominante es la idea del juicio, aunque el versículo 12 muestra que Pedro también puede usar el término "día" en un sentido positivo.

Debemos resaltar las palabras "como un ladrón", pues son significativas. Jesús (Mt 24:43; Lc 12:39) y Pablo (1Ts 5:2) también usan esa analogía de la llegada de un ladrón para explicar que la venida del Señor será inesperada. Pedro se opone claramente a aquellos cristianos que insistían en que Cristo iba a regresar muy poco después de su resurrección. Pero no se opone a la idea de inminencia; en absoluto. Él sabía, igual que Jesús, Pablo y el resto de autores neotestamentarios, que no había forma de calcular el momento de la venida de Cristo. Como un ladrón, puede aparecer en cualquier momento.

Como en el versículo 7, Pedro aquí también habla de la venida de Cristo en términos cósmicos: "Los cielos desaparecerán con un estruendo espantoso, los elementos serán destruidos por el fuego, y la tierra, con todo lo que hay en ella, será quemada". Cada una de estas proposiciones contiene problemas de traducción e interpretación, problemas cada vez mayores a medida que la frase avanza.

"Los cielos" (como en los vv. 5, 7) denotan esa parte de la creación que no se ve, la esfera espiritual. Y, como en el versículo 7, Pedro sugiere que el día del Señor destruirá también esos cielos. El problema de esta proposición es la palabra que la NVI traduce por "con un estruendo espantoso". La palabra normalmente hace referencia a un sonido como un silbido o un zumbido; se usa para describir el sonido que hace una fecha cuando, una vez lanzada, avanza por el aire. Por eso la versión inglesa REB traduce "con un sonido claro y raudo"; la TEV, "con un ruido agudo". Pero dado que el fuego es un elemento prominente en este pasaje, lo más lógico es interpretar esta palabra como el "rugido chispeante" de un gran incendio.[12] En este caso, la traducción de la NVI es aceptable.

---

12. Kelly, *The Epistles of Peter and of Jude*, 364.

En la segunda proposición nos encontramos con la dificultad de traducir la palabra griega *stoicheia*. La NVI opta por un acercamiento literal pero ambiguo, traduciéndola simplemente por "elementos". ¿Pero qué son esos "elementos"? Tenemos tres posibilidades. (1) Podrían ser los elementos básicos del universo físico: según los antiguos, el fuego, el agua, el aire y la tierra.[13] (2) Podría referirse a los cuerpos celestiales: el sol, la luna, las estrellas, y los planetas (ver la versión inglesa TEV, "los cuerpos celestiales").[14] (3) Podrían ser los seres espirituales.

La última de estas opciones es muy poco probable, dado que los únicos lugares donde se ha traducido *stoicheia* por "seres espirituales" son tres textos paulinos muy controvertidos: Gálatas 4:3; Colosenses 2:8, 20. Además, la idea de los seres espirituales no encaja con el resto del pasaje, donde se hace énfasis en el universo físico. Pero cualquiera de las dos primeras opciones encaja bien con ese énfasis; y ambas encajan también con el uso que Pedro hace de la misma palabra en el versículo 12, donde predice que "los elementos se derretirán con el calor de las llamas". Richard Bauckham cree que la segunda es preferible, ya que Pedro al parecer el apóstol toma este lenguaje de pasajes del Antiguo Testamento que predicen la erradicación de los cuerpos celestiales al final de los tiempos. Ver, por ejemplo, Isaías 34:4:

> Se desintegrarán todos los astros del cielo
> y se enrollará el cielo como un pergamino;
> toda la multitud de astros perderá su brillo,
> como lo pierde la hoja marchita de la vid,
> o los higos secos de la higuera.[15]

No obstante, en el versículo 12, Pedro solo menciona los "cielos" y los "elementos". Y eso hace pensar que los "elementos" y la tierra están estrechamente relacionados, favoreciendo por tanto la primera opción. Aunque no podemos estar seguros, creemos que "elementos" hace referencia a los elementos básicos de la tierra. En el versículo 7, Pedro anunció que la totalidad de la creación de Dios, "el cielo y la tierra", estaban "guardados para el fuego". Ahora da un paso más allá explicando que los elementos de la tierra serán destruidos por el fuego.

---

13. Neyrey, *2 Peter, Jude*, 243.
14. La mayoría de comentaristas; ver, p. ej., *The Epistles of St. Peter and St. Jude*, 297; Kelly, *The Epistles of Peter and of Jude*, 364.
15. Ver también Is 13:10; Ez 32:7-8; Jl 2:10; Mt 24:29; Mr 13:24-25; Ap 6:13.

2 Pedro 3:8-10

La tercera proposición del versículo 10 es la que presenta una mayor dificultad, como vemos en las siguientes traducciones inglesas:

> NIV: "la tierra y todo lo que hay en ella *quedará al descubierto*" (ver también la NRSV)
>
> NASB: "la tierra y sus obras *serán destruidas por el fuego*" (ver también la KJV y la NJB)
>
> TEV: "la tierra y todo lo que hay en ella *desaparecerá*"

El problema principal es el verbo que aparece al final. Además, existen varias variantes textuales. Es decir, los muchos manuscritos que usamos para construir el texto griego difieren en cuanto a esta palabra. Por tanto, los editores del Nuevo Testamento griego no saben a ciencia cierta qué palabra escribió Pedro. Las traducciones de la NASB y la TEV encajan bien, sobre todo el "destruidas por el fuego" de la NASB, ya que Pedro ha estado hablando en este pasaje de que la destrucción final de los cielos y la tierra será "por el fuego".[16]

Pero precisamente por esa razón, deberíamos desconfiar de esa opción, porque los escribas que nos transmitieron el Nuevo Testamento griego a menudo sustituían palabras aparentemente difíciles por palabras más sencillas. Por eso, los editores del Nuevo Testamento griego en el que se fijan la mayoría de los eruditos en la actualidad optan por la palabra *heutethesetai*.[17] Una traducción literal de esta palabra es "seré encontrada", y muchos académicos no creen que Pedro escribiera esta palabra porque no encaja.[18] Pero puede tener el sentido de "ser manifiesta", y la forma pasiva del verbo que tenemos en el texto probablemente tiene el sentido de "ser manifiesta ante Dios. Es decir, la tierra y "todas sus obras" serán manifiestas, reveladas en su plenitud ante Dios, en el día

---

16. La traducción de la NASB opta por la variante *katakaesetai*, que aparece en el uncial A y en algunos otros manuscritos. La traducción de la TEV opta por la palabra *aphanisthesetai*, que aparece únicamente en un manuscrito.

17. Además de ser "la variante más difícil", esta palabra también es la que más peso tiene, porque aparece en dos de los unciales más importantes y en bastantes manuscritos más.

18. Aunque aceptan la variante *heurethesetai* como la mejor variante, los editores de Nuevo Testamento Griego de Sociedades Bíblicas Unidas también comentan que esta variante "parece vacía de significado en el contexto" (Bruce M. Metzger, *A Textual Commentary on the Greek New Testament* [Nueva York: United Bible Societies, 1971], 706).

del juicio. Aunque no podemos estar cien por cien seguros, parece que esta es la mejor opción.[19]

Si adoptamos esta traducción, sigue habiendo dos posibles interpretaciones. (1) Pedro podría estar hablando del juicio al que se presentarán todas las personas, con sus "obras". La Biblia dice que Dios sacará a la luz y juzgará los "secretos" del corazón de las personas (p. ej., Ro 2:16), y el lenguaje que Pedro usa podría estar describiendo la evaluación que Dios hará de las motivaciones y pensamientos de toda persona. Todos ellos quedarán "al descubierto" ante Él.[20] (2) Pedro podría estar refiriéndose al juicio al que Dios someterá a la tierra física, con todas sus obras (p. ej., edificios, etc.). La primera parece tener más sentido, pero el lenguaje que Pedro usa parece apuntar a la segunda. En todo el pasaje, "cielos" y "tierra" se han usado para referirse al universo físico (ver también vv. 5 y 7). Y el hecho de que en el versículo 11 Pedro continúa elaborando ese pensamiento sugiere que en el versículo 10 está hablando de una desintegración física.

No debería sorprendernos que Pedro se vea en la situación de tener que responder a una visión errónea sobre la hora de la venida de Cristo. La enseñanza del Nuevo Testamento en cuanto a este tema es controvertida, y no es difícil malinterpretarla. Seremos más capaces de entender y aplicar la corrección de Pedro si tenemos una visión clara de la enseñanza del Nuevo Testamento.

En la Base Doctrinal de la Iglesia Evangélica Libre de los EE.UU., la cual, al ser profesor en el seminario de la denominación, suscribo cada año, dice que la venida de Cristo es "inminente". De acuerdo. ¿Pero qué significa "inminente"? Ni siquiera los historiadores y teólogos de la Iglesia Libre se ponen de acuerdo. Y este debate está presente en

---

19. Ver esp. Bauckham, *Jude, 2 Peter*, 319-20. Mencionamos aquí otras os interpretaciones que optan por esta misma variante. Kelly trata la palabra como una pregunta: "¿Será encontrada?", p. ej., "¿Será encontrada la tierra después de que juicio de Dios haya acabado con ella?" (Kelly, *The Epistles of Peter and of Jude*, 365-66). Y Al Wolters cree que la palabra es una forma abreviada de decir "ser encontrada o ser hallada genuina (ver 1P 1:7); aquí Pedro no está hablando de la aniquilación del mundo, sino de la purificación del mundo" ("World View and Textual Criticism in 2 Peter 3:10", *WTJ* 49 [1987]: 405-13).
20. Ver esp. Bauckham, *Jude, 2 Peter*, 319-21.

muchas otras denominaciones, iglesias y círculos académicos. Muchas personas usan la palabra "inminente" para describir el momento de la venida de Cristo, pero la usan con diferente significado.

Empezaremos observando el Nuevo Testamento. La creencia de que la venida de Cristo es inminente proviene de muchos textos que dicen que la parusía, o el día del Señor, está "cerca". Algunos de los más importantes son:

Mateo 24:33: "Igualmente, cuando veáis todas estas cosas, sabed que el tiempo está cerca [*engys*], a las puertas" (*cf.* Mr 13:29)

Romanos 13:11b: "Nuestra salvación está ahora más cerca [*engyteron*] que cuando inicialmente creímos"

Filipenses 4:5b: "El Señor está cerca [*engys*]"

Santiago 5:8b: "... la venida del Señor, que ya se acerca [*engiken*]"

1 Pedro 4:7: "Ya se acerca [*engiken*] el fin de todas las cosas"

¿Significa esto que los primeros cristianos realmente pensaban que Cristo regresaría en unos pocos años? Así lo creen muchos académicos. Apuntan a tres versículos en los Evangelios en los que parece que eso es lo que Jesús está diciendo:

Mateo 10:23b: "Os aseguro que no terminaréis de recorrer las ciudades de Israel antes de que venga el Hijo del hombre"

Marcos 9:1 (y paralelos): "Os aseguro que algunos de los aquí presentes no sufrirán la muerte sin antes haber visto el reino de Dios llegar con poder"

Marcos 13:30 (y el texto paralelo en Mt 24:34): "Os aseguro que no pasará esta generación hasta que todas estas cosas sucedan"

Y parece ser que Pablo también tenía esta visión de las cosas. Por ejemplo, en 1 Tesalonicenses 4:16-17 escribió como si pensara que él estaría vivo cuando Cristo regresara en gloria:

El Señor mismo descenderá del cielo con voz de mando, con voz de arcángel y con trompeta de Dios, y los muertos en Cristo resucitarán primero. Luego los que estemos vivos, los que hayamos quedado, seremos arrebatados junto con ellos en las nubes para encontrarnos con el Señor en el aire. Y así estaremos con el Señor para siempre.

Por tanto, en base a la enseñanza de Jesús, la primera generación de cristianos creía que Cristo iba a regresar en breve. No obstante, después de algún tiempo, esa expectativa empezó a disiparse. Y el hecho de que Cristo no regresaba llevó a algunos a rechazar por completo la idea de la parusía (p. ej., los falsos maestros sobre los que Pedro escribe). En cambio, los cristianos ortodoxos respondían diciendo que, aunque era cierto que Cristo iba a regresar, podía tardar (esa sería la visión de Pedro aquí). Los académicos que adoptan este paradigma aseguran que la idea de la inminencia en el Nuevo Testamento experimenta una evolución, y pasa de una convicción de que iba a ocurrir en los años siguientes (Jesús, el Pablo "auténtico") a una expectativa más "realista" de que podía retrasarse mucho (las cartas pastorales; 2 Pedro). Para esos académicos, la "inminencia" caracteriza a la primera de estas dos visiones y hace referencia a la certeza de una parusía inminente.

Pero cuestionaremos la premisa sobre la que se basan: que Jesús o Pablo predijeron que la parusía iba a tener lugar durante aquella generación. Los versículos que hemos citado más arriba, que son los que comúnmente se usan para sustentar esa premisa, tienen otra interpretación. La "venida del Hijo del hombre" en Mateo 10:23 podría referirse a la caída de Jerusalén; o Jesús podría estar hablando no solo de los doce, sino de sus discípulos de forma más general. Marcos 9:1 y los textos paralelos, como vimos en la interpretación de 1:16-18, se refieren a la transfiguración. Y el "todas estas cosas" de Marcos 13:30 (y Mt 24:34) probablemente no incluya la parusía (al menos está claro que el "estas cosas" del versículo anterior no la incluye). Sabemos que Pablo esperaba estar vivo cuando Cristo regresara, pero nunca enseñó que fuera a ser así. A pesar de la aceptación que tiene entre la comunidad académica, la idea de que Cristo iba a regresar pocos años después de su muerte y resurrección no tiene una base clara en el Nuevo Testamento.

Por el contrario, sí encontramos tres enseñanzas claras e interconectadas. La venida de Cristo:

está "cerca" (ver los textos mencionados más arriba)

puede tardar (Lc 19:11-27; 2P 3:8-9)

no sabemos cuándo ocurrirá (Mr 13:32, 35 y textos paralelos; 1Ts 5:2; 2 3:10)

Y estas tres enseñanzas se pueden entrelazar y convertirse en una sola enseñanza coherente. Ni siquiera Jesús sabe cuándo regresará en gloria (Mr 13:32). El Padre es quien ha establecido la hora, y no se la ha revelado a nadie. Él puede, en base a sus propósitos, retrasarla o adelantarla (ver el comentario de 2P 3:12 más adelante). Los cristianos siempre tienen que contar con la *posibilidad* de que puede ocurrir en cualquier momento. La inminencia, bíblicamente hablando, significa que la venida de Cristo y la culminación de la historia siempre estarán cercanas. En la historia de la salvación, la parusía es el próximo suceso; antes habrá señales (Mt 24:29; 2Ts 2:3-7), pero las señales están tan cerca del fin o son tan ambiguas que no nos sirven para "poner una fecha". El creyente debe vivir siempre con la expectativa de que la historia de la humanidad podría llegar a su fin ahora mismo, de forma repentina.

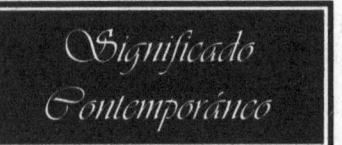

Una vez entendemos la idea neotestamentaria de "inminencia" cuando se aplica a la parusía, podemos apreciar mejor qué es lo que ocurre en 2 Pedro 3. Claramente, los falsos maestros han hecho una interpretación de la inminencia radical y nada bíblica, pensando que Cristo iba a venir muy poco después de haber resucitado. Como no había venido como esperaban, empezaron a decir que Cristo no iba a regresar. Pedro responde recordando a sus lectores que los tiempos de Dios no son los nuestros y lo que para nosotros puede ser un retraso intolerable, desde la perspectiva de Dios no es más que un momento. Pedro no está corrigiendo, como algunos académicos creen, una visión neotestamentaria de la inminencia más radical y temprana; está afirmando la perspectiva bíblica y, a la vez, refutando la malinterpretación de los falsos maestros.

Si la visión de inminencia que he explicado arriba y que Pedro defiende aquí es acertada, el significado contemporáneo obvio de este texto es el error de calcular fechas. A lo largo de la historia de la iglesia siempre ha habido gente que se ha entretenido con estos cálculos. Gente que decía haber recibido una visión de Dios o haber resuelto el puzle profético, y que eran capaces de predecir con exactitud el día del arrebatamiento, de la parusía o, más generalmente, del fin del mundo. Mencionamos arriba a los cristianos que interpretaban el Salmo 90:4 y 2 Pedro 3:8 prediciendo una era mesiánica de mil años y que por tanto estaban seguros de que Cristo iba a regresar en el año 1000. El fervor causado por la Reforma vio nacer a varios movimientos de esa tipo. Y en nuestros días hemos visto de todo: desde Edgar Whisenant y su *88 Reasons Why the Rapture Will Be in 1988* [88 razones por las que el arrebatamiento ocurrirá en 1988], hasta la prediciones de principios de los 1990 que afectaron enormemente (y decepcionaron profundamente) a la iglesia coreana.

Podemos estar agradecidos de que esos profetas autoproclamados nos recuerdan que Cristo podría volver en cualquier momento. Pero debemos rechazar su presunción de saber lo que Cristo mismo no sabía. Muchos cristianos bien intencionados se han dejado llevar por este tipo de predicciones. Convencidos de que el fin del mundo está a la vuelta de la esquina, algunos han vendido sus propiedades, han abandonado sus trabajos y se han aislado de la sociedad. El fracaso de dichas predicciones no solo ha causado muchas crisis espirituales, sino también mucho desastre financiero.

Pero también nos encontramos este acercamiento vestido de una forma más disimulada. Por ejemplo, Tim LaHaye ha escrito un artículo en el que claramente y de forma repetida afirma la verdad bíblica de que nadie sabe el día y la hora. Pero también dice que "nuestra generación tiene más razones para creer [que Jesús volverá en nuestra generación] que ninguna todas las generaciones anteriores".[21] Y, curiosamente, una de sus "dos razones" es la tradición rabínica antigua que interpretaba que los días de la creación marcaban el curso de la historia mundial, en el que un "día" duraba mil años. Según LaHaye, eso significaba que el año 2000 era la fecha aproximada de la venida de Cristo.[22] Es cierto que LaHaye es cauteloso y se niega a dar fechas exactas. Pero sí sugiere que podemos "establecer límites". En repetidas ocasiones habla de sucesos que hacen posible, por primera vez en la historia, que algunas profecías bíblicas sobre la venida de Cristo se cumplan. Así, de forma implícita está diciendo que las generaciones anteriores a nosotros no estaban en posición de pensar la venida del Señor era inminente. Y eso está totalmente en contra de la enseñanza del Nuevo Testamento.

---

21. Tim LaHaye, "Twelve Reasons Why This Could Be the Terminal Generation", en *When the Trumpet Sounds: Today's Foremost Authorities Speak Out on End-Time Controversies,* ed. Thomas Ice y Timothy Demy (Eugene, Ore.: Harvest House, 1995), 429.
22. *Ibíd.,* 442-43.

A mi entender, el artículo de LaHaye muestra uno de los problemas persistentes de los cristianos cuando tratan el tema de la venida de Cristo: la tendencia de unir la idea de la inminencia a ciertas señales concretas. Al hacerlo, sugieren que la venida de Cristo solo es inminente si las señales, tal como ellos las interpretan, se están dando. Pero esa no es la visión que encontramos en el Nuevo Testamento. Normalmente, afirma la verdad de la inminencia independientemente de las señales. Y cuando menciona señales, son señales bastante generales. Por ejemplo, Jesús nos dice que "cuando veáis todas estas cosas, sabed que el tiempo está cerca" (Mt 24:33). En ese pasaje, "todas estas cosas" incluye guerras, hambrunas, terremotos, persecución, falsos cristos y profetas (vv. 4-25), cosas que siempre han estado presentes a lo largo de la historia de la iglesia.

El peligro de esta visión que estoy criticando es que los cristianos solo adoptarán la perspectiva escatológica apropiada en tiempos de crisis. La Guerra del Golfo contra Iraq en 1991 provocó un renovado fervor escatológico entre los creyentes. Y supongo que es algo bueno. ¿Pero qué pasa durante los años en los que no pasamos por crisis internacionales tan obvias? ¿Dónde está nuestro anhelo por que Cristo vuelva? Creemos que la venida de Cristo es "inminente" porque el Nuevo Testamento así lo afirma. Estamos llamados a vivir de forma constante a la luz del final de la historia, incluso cuando en el mundo que nos rodea no podamos ver señales de su final. Dios puede usar el mundo que nos rodea para despertarnos y ayudarnos a ver la verdad. Pero en última instancia, caminamos "por fe, no por vista".

2 Pedro 3:11-13

Ya que todo será destruido de esa manera, ¿no deberíais vivir como Dios manda, siguiendo una conducta intachable ¹² y esperando ansiosamente la venida del día de Dios? Ese día los cielos serán destruidos por el fuego, y los elementos se derretirán con el calor de las llamas. ¹³ Pero, según su promesa, esperamos un cielo nuevo y una tierra nueva, en los que habite la justicia.

Sentido Original

En 3:3-10, Pedro se ha centrado en enseñar a los cristianos qué creer sobre la venida de Cristo en gloria. Ahora, en los versículos 11-13, se centra en qué deberían hacer los cristianos, a la luz de esa verdad. Es bastante común que en la parte final de las cartas del Nuevo Testamento aparezcan recordatorios 1Co 15:58; Ef 5:10-16; Fil 4:5; Col 4:5; 1Ti 6:14; 2Ti 4:1-5; 1P 5:1-10). Pero como los falsos maestros están atacando la doctrina cristiana ortodoxa precisamente en este punto, burlándose de la idea de una parusía que pondrá punto y final a la historia, Pedro cree que la inclusión de una exhortación escatológica es especialmente importante. No solo debe corregir esa falsa enseñanza, sino que debe mostrar a los creyentes su significado práctico.

En la primera parte del versículo 11, Pedro une su exhortación a la destrucción futura del mundo, como explicó en los versículos 5-10, pero a ese imperativo le añade una nota escatológica positiva: la esperanza de "un cielo nuevo y una tierra nueva" (v. 13). La parusía trae destrucción, pero también trae renovación. Por eso, los cristianos deberían vivir vidas santas no solo porque este mundo no va a durar, sino porque va a ser sustituido por un nuevo mundo. Deberían buscar la justicia para distanciarse de este mundo en descomposición y condenado al fracaso, pero también para prepararse para el siguiente, en el que "habita la justicia" (v. 13).

La relación entre el versículo 11 y el versículo 10 es especialmente estrecha porque Pedro usa el mismo verbo en ambos, *lyo* ("será destruida"). En el versículo 11, la traducción en tiempo futuro de la NVI es posible, pero técnicamente, el verbo está en tiempo presente y Pedro podría haber escogido este tiempo para sugerir que la destrucción de "todas las cosas" ya ha comenzado (*cf.* NJB: "Ya que todo está llegando a un final así").[1] Del mismo modo en el que los cuerpos de los cristianos se van "desgastando" (2Co 4:16), el universo se está descomponiendo progresivamente (Ro 8:21). Dios no construyó este mundo para que durara para siempre.

Ya que eso es así, Pedro pregunta: "¿Qué tipo de gente deberíais ser?" [*N. de la T.* Traducción que encontramos en la NIV inglesa]. La palabra griega que traducimos "qué tipo" (*potapos*) a veces puede tener el matiz de "¡Qué magnífico, qué glorioso!" (ver Mr 13:1; 1Jn 3:1). Ese matiz encajaría bien aquí,[2] pero no encontramos ese significado tantas veces como para asumir que eso es lo que Pedro tiene en mente aquí. No obstante, incluso si no le damos ese matiz (como ocurre en la mayoría de traducciones), Pedro se asegura de que su mensaje llegue alto y claro, e inmediatamente responde su propia pregunta: "Deberíais vivir vidas santas y piadosas" [*N. de la T.* De nuevo, la traducción de la NIV inglesa].

Esta traducción es una paráfrasis legítima del texto griego, que literalmente dice: "Es necesario que viváis con conductas santas y piedades". Estos plurales, que son poco comunes en griego e imposibles en nuestra lengua, expresan la forma múltiple en la que los creyentes deben mostrar una conducta santa y piadosa. Todo lo que hacemos debería ser "santo"; es decir, debería reflejar el carácter santo de Dios, que Dios es diferente y superior a este mundo, una idea que Pedro ya ha plasmado en su primera carta: "Más bien, sed santos en todo lo que hagáis, como también es santo quien os llamó; pues está escrito: "Sed santos, porque yo soy santo" (1P 1:15-16). Y todo lo que hacemos debería ser piadoso, es decir, debería reflejar al Dios que hemos llegado a conocer en Cristo Jesús. Pedro ha convertido esta cualidad de la "piedad" en el ingrediente central de su exhortación inicial a los creyentes (2P 1:3, 6-7). Como vimos cuando comentamos esos versículos, Pedro acaba su carta regresando a algunas de las ideas clave que mencionó ya al principio.

Habiendo empezado su exhortación a vivir vidas santas con un apunte escatológico, Pedro concluye de la misma forma: "esperando

---

1. Ver, p. ej., Mayor, *The Epistle of St. Jude and the Second Epistle of St. Peter*, 161; Kelly, *The Epistles of Peter and of Jude*, 366.
2. Kelly, *The Epistles of Peter and of Jude*, 366-67.

ansiosamente y apresurando la venida del día de Dios" (v. 12a). La actitud de expectación a la que la palabra "esperar" apunta aparece a menudo en las Escrituras como la actitud que corresponde al pueblo de Dios (ver, p. ej., Hab 2:3-4; Mt 11:3; Lc 7:19-20). Pedro usa este verbo tres veces en los versículos 12-14, y por eso se convierte en el tema central de estos versículos. Los cristianos necesitan la motivación que proviene de la mirada al futuro. Necesitan recordar que Dios tiene un plan, que avanza según su voluntad, y que culmina en bendición para su pueblo. Lo que los cristiano anhelan o esperan es "la venida del día de Dios".

En 2 Pedro ya hemos encontrado la palabra "venida" (*parousia*) en dos ocasiones (1:16; 3:4), palabra que se usa a lo largo del Nuevo Testamento para denotar la venida de Cristo en gloria. Pero este es el único lugar en todo el Nuevo Testamento en el que la palabra no va seguida de una referencia personal. Y la expresión "el día de Dios" es muy poco común; "el día del Señor" (ver el comentario de 2:9 y 3:1) es la expresión habitual para referirse al final de los tiempos ("el día de Dios" solo aparece aquí, en Jer 46:10 y en Ap 16:14). La rareza de esta expresión hace que nos preguntemos si Pedro quiere hacernos ver un matiz especial. Quizá quiere darle a la descripción del final de los tiempos un toque más "cósmico", toque característico del resto del capítulo.[3] Pero por otro lado, Pedro es conocido por hacer uso de palabras y construcciones poco comunes, así que deberíamos ser precavidos a la hora de sacar conclusiones, y no decir más de lo que el texto en sí dice.

Según Pedro, los cristianos no solo deben "esperar " ese "día de Dios"; también tiene que "acelerar su venida" o "apresurarla". El verbo que Pedro usa aquí (*speudo*) también puede significar "esforzarse", "luchar por" o "estar ansioso por". Pedro usa una forma de esta palabra con este significado en 1:5; y si aquí tiene ese sentido, entonces la traducción de la NVI es acertada: "esperando ansiosamente la venida del día de Dios". Pero en el resto del Nuevo Testamento, esta palabra tiene el sentido de "apresurar" (Lc 2:16; 19:5, 6; Hch 20:16; 22:18), y la idea de que los creyentes pueden "acercar" o "adelantar" el final de la historia, aunque a primera vista suena extraño, es una idea cuya raíz la encontramos en la enseñanza judía y cristiana.

---

3. *Ibíd.*, 367.

Los rabinos aseguraban que el Mesías solo vendría si todo Israel se arrepentía y obedecía la ley de forma perfecta durante un día, enseñanza que aparece de formas diversas en la literatura judía.[4] Pedro mismo refleja esa tradición en su sermón en templo (Hch 3:19-20): "Por tanto, arrepentíos y volveos a Dios, a fin de que vengan tiempos de descanso de parte del Señor, enviándoos el Mesías que ha había sido preparado para vosotros, el cual es Jesús". Podemos pensar que la idea de que los cristianos "adelantan" la venida de Cristo choca con la soberanía de Dios, ya que, ¿no dice la Biblia que es Dios quien determina cuándo será el fin? Tenemos aquí otro ejemplo de la interacción bíblica entre la acción del ser humano y la soberanía de Dios: los actos de los seres humanos son importantes y significativos, pero aún así Dios es completamente soberano. Como expresa Bauckham, lo que Pedro está sugiriendo es que el Dios de toda gracia, en su determinación en cuanto al final de los tiempos, incluye o tiene en cuenta las acciones de sus hijos.[5]

Si queremos saber más detalles sobre la forma en la que los cristianos "apresuramos" la venida de Cristo, Pedro no nos da una respuesta explícita. Pero ya ha dicho que el aparente tardanza de la parusía se debe a que Dios quiere que todos (o, como defendíamos, todos los hijos de Dios) se arrepientan (la misma idea que aparece en el sermón que Pedro da en el templo, citado más arriba). Los cristianos pueden apresurar la venida de Cristo cuando rechazan de forma sincera y completa el dominio del pecado sobre sus vidas. Al conectar lo que aquí dice sobre apresurar la venida del día de Dios con su exhortación del versículo 11b, Pedro también sugiere que la vida santa de sus hijos es una manera de adelantar el reloj escatológico. Y podemos incluir la evangelización; recordemos las palabras de Jesús: "Y este evangelio del reino se predicará en todo el mundo como testimonio a todas las naciones, y entonces vendrá el fin" (Mt 24:14). Por último, añadimos a la lista las oraciones del pueblo de Dios, ya que se nos ha enseñado a orar "Venga tu reino" (Mt 6:10).

En la última parte del versículo 12, Pedro describe de nuevo los efectos cósmicos del día de Dios: "Ese día los cielos serán destruidos por el fuego, y los elementos se derretirán con el calor de las llamas". "Los cielos" de nuevo hace referencia a la dimensión espiritual invisible del

---

4. Ver Bauckham, *Jude, 2 Peter*, 325, donde aparece una lista comentada de los textos judíos.
5. *Ibid.*, 325.

universo (ver 3:5, 7, 10). "Destruir" (en griego, *lyo*) aparece de nuevo como un verbo clave (ver también los vv. 10-11). La palabra "elementos" (*stoicheia*; ver el comentario del v. 10) o bien se refiere a los cuerpos celestiales o a los componentes elementales de la tierra (lo más probable es que se refiera a esto último). Así, aquí Pedro está anunciando la destrucción de todo el universo: los cielos y la tierra (ver también vv. 5 y 7). La palabra "derretir" es particularmente apropiada en este contexto, ya que se usaba en el Antiguo Testamento para describir los desastres cósmicos que acompañarán al día del Señor:

> ¡Mirad! Ya sale el Señor de su morada;
> ya baja y se encamina
> hacia las cumbres de la tierra.
> A su paso se derriten las montañas
> como la cera junto al fuego;
> se parten en dos los valles
> como partidos por el agua de un torrente. (Mi 1:3-4; ver también Is 63:19-64:1, LXX)

Pero los cristianos no solo "esperan" la destrucción del universo; esperan también su renovación. Dios ha prometido "un cielo nuevo y una tierra nueva". La promesa que Pedro tiene en mente es con casi toda seguridad la de Isaías 65 y 66, el único pasaje del Antiguo Testamento en el que se menciona esta idea:

> Prestad atención, voy a crear
> un cielo nuevo y una tierra nueva.
> No volverán a mencionarse las cosas pasadas,
> ni se traerán a la memoria. (Is 65:17; ver también 66:22)

Apocalipsis 21:1, describe el estado eterno que sigue al milenio y al juicio de Dios, retoma la misma imagen.

El hecho de que Pedro entrelace las predicciones en cuanto a la destrucción del universo y en cuanto a su renovación nos hace preguntarnos sobre la naturaleza exacta de lo que tenemos que esperar cuando pensamos en el día final.[6] Pero lo que realmente importa no es especular sobre la naturaleza exacta de ese "cielo nuevo" y esa "tierra nueva"; lo que importa es que en ellos "habitará la justicia. Vivimos en un mundo donde el mal normalmente prevalece; un mundo en el que en muchos

---

6. En la sección "Construyendo Puentes" retomaremos brevemente esta cuestión.

lugares se persigue a los cristianos por hacer la voluntad de Dios, mientras que mucha gente malvada disfruta de las recompensas de su pecado; un mundo en el que el estallan bombas que matan a gente inocente, y en el que la gente se burla de las leyes de Dios. Todo eso desaparecerá en el próximo mundo. En Apocalipsis 21:3-4, Juan lo explica así:

> "¡Aquí, entre los seres humanos, está la morada de Dios! Él acampará en medio de ellos, y ellos serán su pueblo; Dios mismo estará con ellos y será su Dios. Él les enjugará toda lágrima de los ojos. Ya no habrá muerte, ni llanto, ni lamento ni dolor, porque las primeras cosas han dejado de existir".

El énfasis que 2 Pedro 3 hace en la escatología no es normal en el Nuevo Testamento. Los primeros cristianos estaban convencidos y contentos de que ya estaban en "los últimos días" (ver la sección "Construyendo Puentes" del comentario de 2:1-4). Pero no dejaron que su gozo presente ensombreciera el anhelo del futuro. Porque, aunque los cristianos ya experimentan las bendiciones de la "era venidera", también sufren las dificultades de la "era presente": enfermedad, persecución, tentación, pecado. Así, a menudo pensaban en "las últimas cosas", y a lo largo de todo el Nuevo Testamento encontramos frecuentemente referencias a la parusía y a sucesos relacionados.

Pero lo que llama la atención de 2 Pedro 3 es la orientación cósmica de la descripción de las últimas cosas. Los autores del Nuevo Testamento normalmente se centran en la dimensión personal de la venida de Cristo: el juicio de los pecadores y la transformación (a través del arrebatamiento y la resurrección) de los creyentes (ver, p. ej., Ro 8:18-30; 13:11-14; 1Co 15; 2Co 5:1-10; Fil 3:10-11, 20-22; 1Ts 4:13–5:10; 2Ts 2:1-9). Apocalipsis es el único lugar en el que encontramos el énfasis en los efectos que la venida de Cristo tendrá sobre el mundo físico que caracteriza a 2 Pedro 3. Y, como ya hemos visto, Pedro es el único autor bíblico que predice de forma explícita que el universo será destruido por el fuego (3:7, 10, 12; ver la discusión en la sección "Construyendo Puentes" del comentario de 3:1-7).

Una y otra vez Pedro repite que el día del Señor/de Dios supondrá la destrucción del universo material. Pero a la vez, predice la venida de "un cielo nuevo y una tierra nueva" (v. 13). ¿Qué relación hay entre estas dos ideas? ¿Cree Pedro que el cielo nuevo y la tierra nueva *sustituirán* al universo material actual? ¿O lo que tiene en mente es la *transformación* del mundo existente? Estas preguntas no solo son preguntas académicas, ya que la respuesta que les demos afectarán a un buen número de cuestiones, que van desde nuestra esperanza de resucitar hasta nuestro posicionamiento en cuanto a cuestiones medioambientales.[7]

Pedro no da una respuesta clara a estas preguntas, aunque el lenguaje que usa ("desaparecer", "destruir", "derretir") ciertamente tiende hacia la idea de un recambio o sustitución. Pero otros pasajes bíblicos nos hacen pensar. Jesús habla de un día en el que sentará en su trono y los apóstoles se sentarán con él "en la renovación [o renacimiento, *palingenesia*] de todas las cosas" (Mt 19:28). En su sermón de Hechos 3, Pedro mismo podría estar aludiendo a una idea similar. Más arriba citamos los versículos 19-20 de dicho sermón; en el versículo 21, continúa diciendo: "Es necesario que él [el Mesías] permanezca en el cielo hasta que llegue el tiempo de la restauración de todas las cosas, como Dios lo ha anunciado desde hace siglos por medio de sus santos profetas". Existe debate en torno a la palabra que la NVI traduce por "restauración", porque también puede significar "consumación" o "establecimiento".[8] Pero la traducción "restauración" encaja mejor aquí.[9] La palabra "restauración" no sugiere la idea de destrucción, sino la de transformación. Y el hecho de que Pedro diga que esa restauración será el cumplimiento de las promesas de los profetas también apunta en esa dirección, puesto que el Antiguo Testamento suele concebir los últimos días en términos de una tierra transformada.

Quizá el pasaje más importante en esta dirección sea Romanos 8:19-22. Estos versículos aparecen en medio del reconfortante mensaje de Pedro sobre la certeza de la esperanza del creyente. Los creyentes, que

---

7. Hablamos más de esto en la sección "Significado Contemporáneo".
8. Ver F. F. Bruce, *The Book of Acts*, NICNT, ed. rev. (Grand Rapids: Eerdmans, 1988), 84-85.
9. Ver, p. ej., I. Howard Marshall, *The Acts of the Apostles: An Introduction and Commentary*, TNTC (Grand Rapids: Eerdmans, 1980), 93-94. Marshall apunta a la palabra de la misma raíz que aparece en 1:6.

comparten los sufrimientos de Cristo, pueden estar seguros de que también compartirán su gloria (v. 17). Esa gloria es mucho mayor a los sufrimientos terrenales (v. 18); ciertamente, es la señal de que la creación será transformada. Véase cómo Pablo explica esta idea en el versículo 21: "La creación misma ha de ser liberada de la corrupción que la esclaviza, para alcanzar así la gloriosa libertad de los hijos de Dios". Pablo no solo está anticipando la destrucción del universo presente, sino su transformación.

El tema se complica si pensamos cuál es el lugar del milenio en todo este esquema. Si uno adopta una escatología premileniarista como yo, entonces dejamos margen a un periodo "intermedio" de bendición en la tierra posterior a la venida de Cristo y anterior al estado eterno. ¿Podrían las profecías sobre la transformación encontrar su cumplimiento durante el milenio, y las profecías sobre la destrucción ocurrir justo después? Esta distinción puede ayudarnos en algunos textos, pero no resuelve la tensión. La cuestión es que la mayoría de los textos escatológicos del Nuevo Testamento no dejan margen a la distinción entre el milenio y el estado eterno. Además, a menudo encontramos una tensión en el mismo texto entre el recambio y la transformación. Por ejemplo, en la visión que Juan tiene del estado eterno, ve "un cielo nuevo y una tierra nueva, porque el primer cielo y la primera tierra habían dejado de existir" (Ap 21:1), que suena a recambio o sustitución. Sin embargo, cuatro versículos más adelante, recoge que el Señor dice"¡Yo hago nuevas todas las cosas!" (v. 5), que suena a transformación.

Otra forma de explicar esta tensión es asumir que palabras como "dejar de existir" y "arder" no hace referencia a una aniquilación sino a la purificación. En la Biblia, el fuego es, en muchas ocasiones, un agente purificador. El texto más relevante en este caso es 1 Corintios 2:13-15, en el que Pablo predice que las "obras" de las personas serán probadas "por el fuego" y que algunos creyentes serán salvos "como quien pasa por el fuego". Por tanto, Pedro podría estar prediciendo la purificación del mundo a través del fuego, en lugar de su destrucción. El problema con esta interpretación, como hemos visto (ver la sección "Construyendo Puentes" del comentario de 3:1-7), es que Pedro usa de forma específica la palabra "destrucción".

Nos enfrentamos pues a una tensión que, al parecer, no se puede resolver. Eso no significa que la Biblia se contradiga en el tema del final del mundo. Lo que ocurre es que está describiendo algo único está más allá de nuestra experiencia y comprensión, la transición de del mundo temporal al estado eterno, con lenguaje y analogías de este mundo. Esas analogías no pueden describir la realidad de forma completa; como mucho, cada una de ellas tan solo capta una parte de todo el cuadro. En mi opinión, lo que la Biblia sí deja claro es que la destrucción de este universo presente al final de la historia no significa el final del mundo material. En el paso del cielo presenta y la tierra presenta al cielo nuevo y la tierra nueva hay tanto continuidad como discontinuidad.[10]

Cuando miramos la discusión sobre escatología que Pedro hace en 3:1-13, encontramos tres ideas que los cristianos en la actualidad deberían tener en cuenta.

(1) Los cristianos necesitamos recordar el propósito final de escatología bíblica: ser mejores cristianos aquí y ahora. Un estudio cuidadoso de los pasajes escatológicos de la Biblia es apropiado y necesario. Y nuestra naturaleza humana curiosa naturalmente nos lleva a especular sobre cómo y cuándo ocurrirán los sucesos que aparecen en esos pasajes. Pero no debemos estudiar la escatología como un fin en sí mismo o para satisfacer nuestra propia curiosidad. Los cristianos que se obsesionan con la escatología normalmente acaban teniendo problemas de visión, porque al final lo único que ven es el tema los "los últimos días". Nunca debemos olvidar, como Pedro deja bien claro en el versículo 11, que la escatología bíblica existe para animar a los creyentes a llevar vidas santas y piadosas. De hecho, no encontraremos en el Nuevo Testamento ningún pasaje sobre escatología que no tenga ese enfoque práctico.

(2) Los cristianos necesitamos entender la naturaleza de esta relación estrecha entre la escatología y la exhortación, entre la enseñanza sobre el mundo venidero y la vida en el mundo presente. Todos hemos oído las críticas contra el cristianismo, que solo promete castillos en el aire,

---

10. En cuanto al material incluido en esta sección, estoy en deuda con Murray Harris y su obra *Raised Inmortal: Resurrection and Inmortality in the New Testament* (Grand Rapids: Eerdmans, 1983), 168-70.

y que los cristianos están tan centrados en el cielo que no tienen nada que aportar mientras están en la tierra. Karl Marx hizo una aportación similar cuando dijo que el cristianismo era "el opio del pueblo". Para él, los cristianos eran un grupo de gente tan centrada en la vida venidera que no tenía ningún interés por cambiar el mundo en el que vivía. En la actualidad, los teólogos de la liberación apuntan en la misma dirección, diciendo que la fe cristiana se tiene que renovar para poder convertirse en un movimiento verdaderamente revolucionario.

Pero, como la historiadora Barbara Tuchman ha observado: "Las revoluciones producen otras personas, no personas nuevas".[11] Lo único que puede cambiar este mundo es una fuerza de fuera de este mundo. Y los cristianos encontramos esa fuerza en la gracia de Dios y en el Espíritu Santo. ¿Pero una escatología sólida puede enfriar el ardor de los cristianos por cambiar el mundo?

Hemos de admitir que sí puede, y que así ha ocurrido. Y en cierto sentido, los cristianos siempre mirarán este mundo con algo de pesimismo, porque las Escrituras dejan claro que no podemos esperar una transformación real y permanente hasta que Cristo vuelva. Por tanto, algunos cristianos se olvidan de este mundo, y se centran en su propio camino de santidad, dejando que este mundo se vaya, literalmente, al infierno. Pero la vida santa y piadosa a la que Pedro nos llama a la luz del fin del mundo debe incluir una evangelización apasionada y la preocupación por la justicia social de la que Jesús tanto habló. El modelo bíblico del mundo venidero, "en el que habita la justicia", debería estimularnos a trabajar para ese modelo sea, en la medida de lo posible, una realidad.

Llegado este momento, el equilibrio entre recambio y transformación del que hablamos en la sección "Construyendo Puentes" se vuelve realmente importante. El modelo que 2 Pedro parece respaldar es el modelo de recambio: que el mundo nuevo sustituirá al mundo actual. Pedro conecta la destrucción del mundo con su llamado a una vida santa y piadosa (v. 11). El énfasis en ese recambio o sustitución nos recuerda a los cristianos que no debemos aferrarnos a las cosas terrenales, porque son perecederas.

Recuerdo bien a un estudiante que tuve en una de mis clases hace años, un recién convertido lleno de esa hermosa pasión característica

---

11. Barbara W. Tuchman, *The First Salute* (Nueva York: Alfred Knopf, 1988), 300.

de alguien que está totalmente fascinado ante la gracia de Cristo. Mencioné que me iba de vacaciones y que estaba frustrado por no tener unas lentes adecuadas para mi cámara. Poco después, apareció en mi despacho con unas lentes carísimas diciéndome que me las prestaba. Le dije que no podía aceptar su ofrecimiento, por si se me estropeaban, y que dijo, "Ah, no pasa nada. De todos modos, todo acabará destruido por el fuego". Pensé, y lo sigo pensando, que ese chico había adoptado una actitud muy bíblica hacia las posesiones materiales. Deberíamos repetir más a menudo el viejo dicho: "Eso no te lo podrás llevar". Los cristianos, sobre todo los de Occidente, necesitamos poner las cosas materiales en su lugar, necesitamos verlas como medios para el ministerio o para un fin espiritual, y no dejar que nuestros corazones y nuestras almas se apeguen a ellas.

Sin embargo, si nos quedamos con el modelo de recambio o sustitución, y no miramos más allá, corremos el peligro de desestimar este mundo pensando que no cuenta nada para Dios. El modelo de transformación nos recuerda que el mundo, aunque "sometido a frustración", al final será liberado de esa corrupción que lo esclaviza (Ro 8:21). Eso sugiere que el mundo que Dios creó, aunque está caído, sigue siendo valioso a sus ojos. Creo que esta visión es muy importante para poder dar una respuesta cristiana al movimiento en defensa del medio ambiente. Muchos cristianos que conozco, comprensiblemente ofendidos por la deificación que los ecologistas radicales hacen de la naturaleza, y por su rechazo del ser humanos como la obra maestra de la creación de Dios, no quieren saber nada del movimiento. Algunos dan a entender que los cristianos no deberíamos preocuparnos por la naturaleza, porque, después de todo, "todo acabará destruido por el fuego".

Pero no podemos sacar esta lección de la enseñanza de Pedro sobre el final del mundo. Mostrar un desapego ante las cosas materiales es una cosa prestándole a tu torpe profesor unas lentes carísimas es una cosa; dejar las lentes en la calle bajo la lluvia, otra. Así, aunque los cristianos creemos que el planeta en el que ahora vivimos no durará para siempre y por ello le damos un valor relativo, también creemos que sí tiene valor. A la luz del modelo de transformación, lo correcto es comprometernos a preservar este mundo como mejor podamos.

(3) Un último punto de aplicación de este texto lo encontramos en la visión equilibrada de inminencia que Pedro nos anima a adoptar.

Calvino, comentando los versículos 11-13, habla del equilibrio que Pedro logra en este pasaje en cuanto al tema de la inminencia:

> Casi todos nosotros nos enfrentamos a dos males muy diferentes: demasiada impaciencia y demasiada pereza. A causa de nuestra impaciencia, miramos el día de Cristo y esperamos que ocurra de forma inminente, pero a causa de nuestra pereza, preferimos verlo como algo muy lejano. Por eso, del mismo modo en el que apóstol antes corrigió nuestro ardor insensato, ahora nos zarandea para que despertemos, para que vivamos con la expectativa de que la venida de Cristo puede ser en cualquier momento.[12]

El recuerdo de Pedro de que "para el Señor un día es como mil años" es una reprensión a aquellos que quieren "apropiarse" de la parusía, el tipo de gente que Pablo intenta calmar en 2 Tesalonicenses 2. Como vimos más arriba, en la actualidad aún queda gente así: gente que está obsesionada con ponerle fecha a la venida de Cristo y que se decepciona cuando llega esa fecha y no ocurre nada. Pero muchos más de los que nos pensamos caemos en la segunda categoría: cristianos adormilados que nos conformamos con este mundo y que nos irritaríamos si Cristo viniera y nos sacara de él. Como C. S. Lewis dijo: "La prosperidad une a un hombre al mundo. Siente que está 'encontrando su lugar en él', cuando en realidad el mundo está encontrando su lugar en él".[13] La prosperidad, que muchos ven como un bien sin adulterar, puede ser un serio problema para el cristiano. Darnos cuenta de que Cristo puede volver en cualquier momento nos ayudará a mantener nuestra prosperidad en perspectiva.

---

12. Juan Calvino, *Hebrews and 1 and 2 Peter*, 365; ver la versión en español en la sección "Bibliografía comentada".
13. C. S. Lewis, *Cartas del diablo a su sobrino* (Ediciones RIALP, 2004), 126.

2 Pedro 3:14-18

Por eso, queridos hermanos, mientras esperáis estos acontecimientos, esforzaos para que Dios os halle sin mancha y sin defecto, y en paz con él. ¹⁵ Tened presente que la paciencia de nuestro Señor significa salvación, tal como os escribió también nuestro querido hermano Pablo, con la sabiduría que Dios le dio. ¹⁶ En todas sus cartas se refiere a estos mismos temas. Hay en ellas algunos puntos difíciles de entender, que los ignorantes e inconstantes tergiversan, como lo hacen también con las demás Escrituras, para su propia perdición.

¹⁷ Así que vosotros, queridos hermanos, puesto que ya sabéis esto de antemano, manteneos alerta, no sea que, arrastrados por el error de esos libertinos, perdáis la estabilidad y caigáis. ¹⁸ Más bien, creced en la gracia y en el conocimiento de nuestro Señor y Salvador Jesucristo. ¡A él sea la gloria ahora y para siempre! Amén.

Sentido Original

Pedro cierra la carta con algunas exhortaciones finales dirigidas a los fieles. Marca la transición a un nuevo párrafo con el conector "por eso" (*dio*) y dirigiéndose a sus lectores como "queridos hermanos" o "amados" (*agapetoi*; cf. la misma expresión en los vv. 1, 8). En el versículo 17, el uso de este mismo apelativo marca otro cambio de párrafo, aunque allí no es tan fuerte, ya que Pedro está resumiendo su exhortación de los versículos 14-15a después del paréntesis que hace sobre Pablo y sus cartas (vv. 15b-16). En los versículos 14-15a, Pedro usa el lenguaje y alude a los conceptos que han sido prominentes en el discurso escatológico que ha desarrollado en este capítulo; "esperar" (cf. v. 14a con vv. 12-13) y el hecho de que Dios retrasa la parusía porque pacientemente aguarda a que su pueblo se arrepienta y sea salvo (cf. v. 15a con v. 9). Claramente, en los versículos 14-16 Pedro conecta sus exhortaciones con la perspectiva escatológica que ha explicado en los versículos 3-13.

Pero en última instancia, la exhortación de Pedro en estos versículos va más allá de su contexto inmediato. Veamos cómo ambas exhortaciones retoman el lenguaje que Pedro ha usado ya al principio de la carta:

3:14: *"esforzaos* para que Dios os halle sin mancha y sin defecto, y en paz con él"	1:5: *"esforzaos* por añadir a vuestra fe, virtud"
3:18: "creced en la gracia y *en el conocimiento de nuestro Señor y Salvador Jesucristo"*	1:3: "Su divino poder, al darnos *el conocimiento de aquel* que nos llamó por su propia gloria y potencia, nos ha concedido todas las cosas que necesitamos para vivir como Dios manda"

Al regresar a algunas de las ideas clave del inicio de la carta, Pedro crea una *inclusio*. Estas ideas y exhortaciones enmarcan el contenido de la carta y apuntan al propósito principal: que el conocimiento de Cristo Jesús del que sus lectores disfrutan produzca el fruto de vidas santas.

Este párrafo, aunque breve, se divide en cuatro partes:

Última exhortación escatológica (vv. 14-15a)

Mención de Pablo como confirmación (vv. 15b-16)

Última exhortación general (vv. 17-18a)

Doxología a Cristo (v. 18b)

Última exhortación escatológica (vv. 14-15a)

Los cristianos deben "esperar" el "día de Dios", cuando destruirá y renovará todo el universo. Constantemente deben mirar más allá de las circunstancia de esta vida y medir cada pensamiento y cada acción a la luz del estado eterno que la venida de Cristo en gloria traerá. Pues el día en el que Cristo vuelva, los creyentes "comparecerán ante el tribunal de Cristo, para que cada uno reciba lo que le corresponda, según lo bueno o malo que haya hecho mientras vivió en el cuerpo" (2Co 5:10). A la luz de todo eso ("mientras esperáis estos acontecimientos"[1]), Pedro les insta: "esforzaos para que Dios os halle sin mancha y sin defecto, y en paz con él".

---

1. Aunque algunas versiones como la NIV inglesa traducen al singular ("mientras esperáis esto"), en el texto griego aparece el plural *tauta* ("estas cosas") para hacer referencia a los diversos componentes del día de Dios que Pedro ha mencionado en los versículos anteriores.

La expresión "os halle" tiene connotación legal, pues nos transporta a la escena en el juzgado en la que el juez "halla" a los acusados culpables o inocentes. Ya sugerimos más arriba que Pedro usa este mismo verbo de una forma similar en el versículo 10, cuando dice que la tierra será "hallada" delante de de Dios, es decir, "quedará al descubierto" ante su mirada y su juicio justo e infalible.

En el texto griego, "sin mancha y sin defecto" es una expresión (aunque en algunas traducciones como en la NIV inglesa, donde dice "sin mancha, sin defecto, y en paz con él", no queda demasiado claro). Pedro usó un lenguaje similar para hablar de Cristo en su primera carta, donde los describe como un cordero "sin mancha y sin defecto" (1:19).[2] Esta referencia de 1 Pedro apunta al contexto original de este expresión: el sacrificio. En el Antiguo Testamento a menudo se repite que los sacrificios ofrecidos al Señor tenían que ser "sin mancha y sin defecto". Es difícil saber si la intención de Pedro al usar estas palabras en el versículo 14 es establecer una asociación con los sacrificios, pues cuando él escribe la carta estos términos con frecuencia se usaban para hablar de la pureza moral.

Sea como sea, la idea que Pedro quiere transmitir está clara: motivados por el día del Señor que está por venir, los creyentes deben esforzarse por ser hallados puros y sin mancha cuando Dios en Cristo evalúe sus vidas. Deben esforzarse por ser lo opuesto a los falsos maestros, que son "manchas y suciedad" (2:13). No obstante, recordemos que es una meta hacia la que debemos de avanzar, no una condición que seremos capaces de alcanzar.[3] El Nuevo Testamento deja claro que el creyente siempre tendrá pecado que confesar (1Jn 1:8) y que nuestra lucha con el pecado no acabará hasta que nuestros cuerpos estén "redimidos" (ver Ro 8:23). Pero esta realidad no debería disminuir nuestro esfuerzo sincero por acercarnos a la meta tanto como nos sea posible.

Como hemos visto arriba, el texto griego une "sin mancha" y "sin defecto". "En paz", por tanto, es un elemento aparte, como un pensamiento posterior. Podría referirse a la paz que experimente una conciencia satisfecha, a la tranquilidad que el verdadero creyente puede disfrutar en el momento del juicio sabiendo que Cristo ha solucionado el problema

---

2. El texto griego en 2 Pedro 3:14 dice *aspiloi kai amometoi*; y en 1 Pedro 1:19 *amomou kai aspilou*. Las palabras griegas *amomos* y *amometos* son variantes del mismo término.
3. Ver Calvino, *Hebrews and 1 and 2 Peter,* 366; ver la versión en español en la sección "Bibliografía comentada".

del pecado.⁴ Pero la "paz" que Pedro tiene en mente probablemente sea la paz de la reconciliación: la relación restaurada que el creyente disfruta con Dios a través de la mediación de Cristo (ver, p. ej., Ro 5:1-2).

El mandato del versículo 15 es paralelo al que encontramos al final del versículo 14.⁵ Mientras los cristianos esperan el final de la historia, no solo deben esforzarse para vivir de forma santa, sino que también deben "tener presente que la paciencia de nuestro Señor significa salvación". Por tanto, ante la aparente demora de la venida de Cristo los cristianos deben adoptar la actitud contraria a la que han adoptado los falsos maestros. Estos últimos *consideran* la demora como una señal de la "tardanza" o de la "lentitud" de Dios (v. 9), y concluyen que el juicio no va a tener lugar; por eso, no se preocupan por llevar una conducta moral. Pero los cristianos deben *considerar* la demora como una oportunidad para perseguir la salvación.⁶ Tal como Pedro ya ha dicho (v. 9), la demora de la venida de Cristo a juzgar la tierra es un reflejo de la paciencia de Dios.

Así, la relación entre los versículos 14 y 15, y también el flujo de pensamiento que encontramos en los versículos 12-15 ("día de Dios"; "su promesa"; "nuestro Señor"), apunta a que el término "Señor" del versículo 15 se refiere a Dios Padre, no a Cristo.⁷ Los cristianos deben usar la oportunidad que supone la demora de la venida de Cristo para perseguir la "salvación" (v. 15a). Esto podría significar que deben tener celo por evangelizar, y trabajar para acercar al máximo número de gente posible al conocimiento de Cristo a través del evangelio antes de que sea demasiado tarde. Pedro también podría estar pensando en la oportunidad que supone para los cristianos, para que afiancen su propia salvación. En el Nuevo Testamento, la palabra "salvación" normalmente se refiere a la liberación definitiva del pecado y de la muerte al final de la vida (ese es también el sentido las otras cuatro ocasiones en las que Pedro usa la palabra "salvación" [1P 1:5, 9, 10; 2:2]). Pedro no escribiría en la forma en la que escribe a estos creyentes si, al menos algunos de ellos, no estuvieran en peligro de sucumbir a la influencia perniciosa

---

4. Green, *The Second Epistle General of Peter and the General Epistle of Jude,* 143-44.
5. En el texto griego, el versículo 14 empieza con *kai*, "y".
6. La NVI esconde la relación que hay entre el v. 9 y el v. 15 a usar dos verbos diferentes ("entienden" y "tened presente"), pero en el texto griego es el mismo verbo (*hegeomai*, "considerar").
7. Ver, p. ej., Kelly, *The Epistles of Peter and of Jude,* 370; en contra, p. ej., Bigg, *The Epistles of St.Peter and St. Jude,* 299.

de los falsos maestros. Por eso, quiere que consideren el tiempo que tienen antes de la venida de Cristo como una oportunidad para afianzar su relación ante el Señor.

Mención de Pablo como confirmación (vv. 15b-16)

Con la expresión "tal como" en la mitad del versículo, Pedro apela a los escritos de Pablo para confirmar lo que acaba de decirles a sus lectores en los versículos 14-15a.[8] La forma en la que describe a Pablo ("nuestro querido hermano Pablo") ha llevado a muchos estudiosos a concluir que Pedro no puede ser el autor de esta carta. ¿No estaban Pedro y Pablo enfrentados, representando visiones opuestas en cuanto a la ley y la inclusión de los gentiles en la comunidad cristiana? ¿Es posible que Pedro, el defensor del cristianismo judío tradicional, fuera tan halagador con Pablo, el abogado del cristianismo gentil libre de le ley?[9]

La imagen de una relación hostil entre Pablo y Pedro que se refleja en estas preguntas ha sido asimilada por gran parte de la erudición bíblica, y también por la creencia popular. Esta interpretación descansa principalmente sobre Gálatas 2:11-14, donde Pablo describe un conflicto entre él y Pedro en relación a los temas mencionados en esas preguntas. Pero ese texto es la única evidencia que tenemos para hablar del conflicto entre ambos apóstoles. Si miramos todo el Nuevo Testamento, Pedro y Pablo estaban en el mismo bando teológico (ver, por ejemplo, Hch 11:2-18; 15:7-11; recordemos que el posible amanuense de 1 Pedro, Silvano [=Silas, 1P 5:12] era del círculo de colaboradores de Pablo [Hch 15:40; 1Ts 1:1]). Para Pedro debía ser perfectamente natural llamar a Pablo "querido hermano", y además también encaja con el uso que hacían los primeros cristianos, ya que "hermano" se usa con frecuencia para referirse a los colaboradores en el ministerio el evangelio (ver 1Co 2:13; Fil 2:25; 1Ts 3:2; 1P 5:12).

Aún así, todavía tenemos que analizar los pronombres que Pedro usa en esta expresión. (1) ¿Por qué dice "nuestro" en lugar de "mi" querido hermano? Podría tratarse de un plural literario, con un sentido singular;

---

8. Mayor, *The Epistle of St. Jude and the Second Epistle of St. Peter*, 165, insiste en que el "tal como" solo se refiere a v. 15a. Pero esa restricción no tiene fundamento, porque los versículos 14 y 15a están estrechamente relacionados.
9. Encontrará un ejemplo de este argumento en Kelly, *The Epistles of Peter and of Jude*, 370. Argumenta que el lenguaje que aquí se usa es similar a las descripciones de los apóstoles que encontramos a finales del siglo I y a principios del siglo II (p. ej., *1 Clemente* 5:3-7; Ignacio, *Carta a los Romanos* 4.3).

pero, como dice Bauckham, en el Nuevo Testamento apenas aparece ese uso.[10] Por tanto, "nuestro" podría referirse a los cristianos en general[11] o, más probablemente, a los demás apóstoles (ver v. 2).[12]

(2) ¿A quién se refiere cuando dice que Pablo "*os* escribió"? Los académicos que creen que 2 Pedro fue escrita mucho después de la muerte de Pedro suelen opinar que incluye a todos los cristianos, que ahora poseen el canon de las cartas de Pablo.[13] Pero este tipo de argumento es muy débil; está claro que Pedro se está refiriendo a los receptores de la carta, carta que no está dirigida a todos los creyentes. A la conclusión a la que podemos llegar es que los lectores de 2 Pedro han recibido una o más cartas de Pablo.[14] Pero como no sabemos con exactitud dónde viven los receptores de este carta, no podemos determinar cuáles son las cartas paulinas que Pedro tenía en mente. Y la identificación que Pedro hace sobre el tema de la carta o cartas tampoco ayuda demasiado.[15] Como hemos visto, la expresión "tal como" indica que Pablo escribió a los lectores lo mismo que Pedro ha escrito en los versículos 14-15a. Pero la idea que encontramos en estos versículos es bastante general: los cristianos deben vivir vidas santas a la luz de la venida de Cristo. Y Pablo habla de eso prácticamente en todas las cartas que escribió.

Pablo mismo explica en más de una ocasión que ministra en base a "la gracia que Dios me dio" (Ro 12:3; 15:15; Gá 2:9; 1Co 3:10; Ef 3:2; Col 1:25). Pedro varía la fórmula, diciendo "la sabiduría que Dios le dio".[16] Pablo con frecuencia se refiere a su ministerio como una obra de la gracia de Dios en él y a través de él; el lenguaje de Pedro se centra más en la base en la que descansa lo que Pablo escribió. Lo que escribió en sus cartas no provino del estudio o de su propia imaginación; vino

---

10. Bauckham, *Jude, 2 Peter*, 327.
11. Mayor, *The Epistle of St. Jude and the Second Epistle of St. Peter*, 164.
12. Bauckham, *Jude, 2 Peter*, 328.
13. Kelly, *The Epistles of Peter and of Jude*, 372.
14. Ver Bauckham, *Jude, 2 Peter*, 330.
15. Varios estudiosos han propuesto todo tipo de escenarios basándose en las pistas que Pedro da aquí. Mayor, por ejemplo, cree que 3:15 debe referirse a Romanos, porque explica claramente que la paciencia de Dios lleva al arrepentimiento (2:5) (*The Epistle of St. Jude and the Second Epistle of St. Peter*, 164). Pero, como hemos visto, cuando Pedro menciona a Pablo no solo está pensando en v. 15a.
16. En el texto griego lo que encontramos es una construcción pasiva; por eso algunas versiones traducen "la sabiduría que le fue dada". Pero la forma verbal *dotheisan* es, con casi toda seguridad, una pasiva "divina" (se sobreentiende que Dios es el agente de la acción). Por tanto, la paráfrasis de la NVI es aceptable.

de Dios mismo, que dio a Pablo la sabiduría para entender y aplicar el evangelio a su generación.

Pero Pablo no solo hizo una conexión entre la parusía y una vida santa en lo que escribió a los lectores de 2 Pedro. "En todas sus cartas se refiere a estos mismos temas" (v. 16a). De nuevo, los críticos que piensan que Pedro no es el autor de 2 Pedro creen que esa referencia a "todas" las cartas de Pablo hace preciso que esta carta sea de finales del siglo I o principios del siglo II, cuando las cartas de Pablo ya se habían recopilado.[17] Pero estos críticos caen una vez más en la sobreinterpretación. Lo único que Pedro dice es que Pablo escribió del mismo modo en todas las cartas que *Pedro había visto*. Pedro no está diciendo que Pablo ya había escrito todas sus cartas o que estas ya se habían recopilado. De forma similar, un reportero deportivo podría decir "En todos los partidos de los Bulls, hicieron una buena defensa". Si lo escribe a mitad de temporada, "todos los partidos de los Bulls" significaría "todos los partidos que han jugado hasta el momento"; obviamente, no significaría "todos los partidos de la temporada".

Pedro sigue comentando las cartas de Pablo en general. Encontramos en su comentario dos ideas fascinantes, una explícita, y otra implícita. De forma *explícita*, Pedro destaca que las cartas de Pablo contienen "algunos puntos difíciles de entender" que los "ignorantes e inconstantes" malinterpretan. "Difíciles de entender" es la traducción de una palabra que a veces se aplica a los oráculos griegos, una palabra notablemente ambigua y difícil de aplicar. El oráculo más famoso era la respuesta del oráculo de Delfos a un rey que quería saber si debía ir a la guerra o no: "Si vas a la guerra, destruirás una gran nación". Como vemos, no está claro si se trata de la nación que el rey iba a atacar o de su propia nación. Así, Pedro sugiere que las cartas de Pablo contienen pasajes que pueden tener más de un significado.

Muchos de nosotros nos sentimos aliviados cuando leemos estas palabras de Pedro. ¡Ya no nos sentimos tan mal ante los problemas a la hora de interpretar a Pablo si Pedro, también apóstol, tenía la misma dificultad! Pero el contexto sugiere que Pedro está queriendo decir algo diferente. No es tanto que Pablo escribiera de una forma difícil de entender, sino que, al acercarse a lo que Pablo dijo desde un contexto equivocado o de una forma desequilibrada, es fácil malinterpretarlo.

---

17. P. ej., Mayor, *The Epistle of St. Jude and the Second Epistle of St. Peter*, 165.

Las cartas de Pablo ya revelan situaciones en las que la gente a la que él había enseñado tomaba una de sus enseñanzas, la sacaba de contexto, y llegaba a una conclusión equivocada.[18] Por ejemplo, cuando los corintios usaban como eslogan: "Todo me está permitido" (1Co 6:12), probablemente estaban citando a Pablo. Sin embargo, como Pablo explica, su error era no reconocer otras verdades importantes, además de esa. La carta de Santiago sería otro ejemplo, pues tiene que corregir la mala interpretación que sus lectores hacen de la enseñanza paulina sobre la "justificación por fe".

Dicho de otro modo, Pedro es plenamente consciente de la existencia de personas "ignorantes e inconstantes" que "tergiversan" el significado de lo que Pablo escribió y que lo hacen para su propia destrucción. Con casi toda seguridad se refiere a los falsos maestros a los que ha estado reprendiendo a lo largo de toda la carta. Usa la misma palabra que usó en 2:14 ("inconstantes", *asteriktos*). Por tanto, lo que Pedro sugiere es que esos falsos maestros están "tergiversando" los escritos de Pablo para respaldar sus herejías. Podría estar pensando la escatología desviada de los falsos maestros. Pero es más probable que tenga en mente su conducta libertina, que ya critica en el capítulo 2. Sabemos que no mucho después, varios herejes apelaban a pasajes de Pablo para respaldar su conducta desenfrenada.

La idea *implícita* surge de la afirmación que Pedro hace en cuanto a que los falsos maestros tergiversan las cartas de Pablo "como lo hacen también con las demás Escrituras". La palabra que traducimos por "demás" (*loipos*) muestra que Pedro considera que las cartas de Pablo tienen categoría de "Escrituras".[19] Algunos eruditos creen que eso solo significa que Pedro considera que los escritos de Pablo tienen autoridad.[20] Pero en el Nuevo Testamento, la palabra "Escrituras" (*graphai*) siempre se refiere a aquellos escritos considerados no solo como autoridad sino canónicos; dicho de otro modo, se refiere al Antiguo Testamento (ver la siguiente sección, "Construyendo Puentes"). Por tanto, Pedro

---

18. Ver esp. Bauckham, *Jude, 2 Peter*, 331.
19. Algunos estudiosos han sugerido que quizá esta frase no quiera decir eso; que probablemente Pedro solo está diciendo que tergiversan las cartas de Pablo tal como tergiversan las Escrituras (Bigg sugiere esta interpretación, aunque no queda claro si él la adopta o no; *The Epistles of St. Peter and St. Jude*, 301-2; y lo mismo ocurre con Green, *The Second Epistle General of Peter and the General Epistle of Jude*, 147-48). Pero esta interpretación simplemente no hace justicia a la palabra "demás".
20. P. ej., Bauckham, *Jude, 2 Peter*, 333.

da a entender que las cartas de Pablo tienen un estatus equivalente al del canon del Antiguo Testamento.

De nuevo, hay eruditos que dicen que es imposible que alguien pudiera entender así las cartas de Pablo en una fecha tan temprana como el 63 A.D., fecha aproximada de 2 Pedro si el apóstol Pedro es su autor. Pero tenemos otras evidencias de estas fechas que demuestran que parte del material del Nuevo Testamento ya se veía de esta forma. En 1 Timoteo 5:18, por ejemplo, Pablo recoge como "Escrituras" un versículo del Antiguo Testamento y unas palabras de Jesús.[21] Y no hay duda de que los autores del Nuevo Testamento creen hablar de parte de Dios de un modo que coloca sus escritos en la misma posición que el Antiguo Testamento.

Última exhortación general (vv. 17-18a)

Pedro es consciente de que la mención a las cartas de Pablo le ha desviado de la enseñanza principal. Así que, dirigiéndose de nuevo a sus lectores con el apelativo "queridos hermanos" (*agapetoi*, "amados"), reanuda las exhortaciones que empezó en el versículo 14. Sin embargo, ahora no están tan relacionadas con la escatología; Pedro mira atrás y recuerda a sus lectores el mensaje de la carta. Así, la exhortación negativa del versículo 17 refleja las advertencias sobre los falsos maestros que encontramos en el capítulo 2, mientras que la exhortación positiva del versículo 18a repite una idea clave del capítulo 1.[22]

El "vosotros" (*hymeis*) es enfático, y establece un contraste con los "ignorantes e inconstantes" del versículo 16. Bauckham y otros que piensan que 2 Pedro es pseudónima interpretan la frase "puesto que ya sabéis esto de antemano" como una referencia al apóstol Pedro; es decir, el autor anónimo de la carta les está recordando a los lectores lo que Pedro enseñó.[23] Pero lo que saben es mucho más de lo que Pedro enseñó; hace referencia a las "palabras que los santos profetas pronunciaron en el pasado, y el mandamiento que dio nuestro Señor y Salvador por medio de los apóstoles" (3:2), y quizá a la propia carta de 2 Pedro.

---

21. Ver también *2 Clemente* 2.4; *Epístola de Bernabé* 4.14; Policarpo, *Filipenses* 2.1. Los que dudan de la autoría de Pedro responden que 1 Timoteo también es pseudónima, escrita en nombre de Pablo años después que él muriera. Ver más en la sección "Construyendo Puentes".
22. Kelly, *The Epistles of Peter and of Jude,* 374.
23. Bauckham, *Jude, 2 Peter,* 337.

Si, como pensamos, Pedro es el autor de esta carta, se está refiriendo de forma general a la enseñanza cristiana temprana sobre escatología y sus implicaciones morales que sus lectores han recibido. Lo que Pedro quiere transmitir es que los lectores ya han sido advertidos ampliamente sobre el peligro de la falsa enseñanza. Y si han sido advertidos de antemano, eso quiere decir que deberían estar armados de antemano, listos para resistir las atracciones perversas de las herejías de los maestros.

Los cristianos necesitan constantemente "mantenerse alerta" (el presente de imperativo que aparece en el texto griego apunta a una vigilancia constante). Si no, corren el riesgo de ser "arrastrados por el error de hombres libertinos" (*athesmon*, una palabra que Pedro usa en 2:7 para describir a los falsos maestros). "Error" (*plane*) también puede traducirse por "desviarse", y no está claro si Pedro está pensando en que los falsos maestros se han "desviado" de la fe, o en que están haciendo que otros se "desvíen" de la fe. Quizá no hace falta elegir entre un sentido u otro, pues ambos temas han aparecido de forma repetida en la carta.[24] El peligro de esa "desviación" es que puede llevar a que un creyente "caigan" de su "posición estable".

La conversión a Jesucristo ofrece un fundamento estable, una seguridad, para tener vida espiritual en esta vida y gloria en la venidera. La palabra que Pedro usa da por sentado que los cristianos pueden confiar en ese fundamento. Pero también advierte que pueden "caerse" de ese fundamento. Hablamos brevemente en el comentario de 1:3-11 de que este tipo de advertencias nos lleva a pensar en el tema de la "seguridad eterna" (ver la sección "Significado Contemporáneo en el comentario de 1:3-11). En 3:17 encontramos de nuevo esta típica combinación neotestamentaria: seguridad y advertencia. Está claro; Pedro quiere que los creyentes entiendan que su "seguridad" en Cristo (la entiendan como la entiendan) no justifica una actitud despreocupada hacia la lucha contra el pecado. La seguridad de nuestro estado en Cristo nunca debería llevarnos a dar por sentada la gracia de Dios de tal modo que nos vemos libres de jugar con el peligro de los falsos maestros o de tal modo que no nos esforzamos por vivir en santidad.

Después de esta advertencia final, Pedro cierra con una exhortación positiva: "creced en la gracia y el conocimiento de nuestro Señor y Salvador Jesucristo". Si queremos un "versículo clave" que resuma

---

24. *Ibíd.*, 337.

toda la carta, podría ser este. Aquí, Pedro resume su preocupación principal: que sus lectores, resistiendo la herejía de los falsos maestros, continúen creciendo espiritualmente, y sean cada vez más como el Cristo en el que han creído.

Pedro habla de ese crecimiento en santidad en 1:5-10. La NIV inglesa interpreta que tanto "gracia" como "conocimiento" dependen de "nuestro Señor y Salvador Jesucristo" (por ello solo hay un artículo en singular, que aparece antes de "gracia"). En ese caso, la "gracia de Jesucristo" significa la gracia que él nos otorga. Pero "conocimiento de Jesucristo" puede significar el conocimiento que Jesucristo nos da (ver 1:5-6), o nuestro conocimiento de Jesucristo o relación con Jesucristo (ver 1:2-3, 8). Aunque la palabra griega que Pedro usa aquí parece apuntar a la primera interpretación,[25] la naturaleza general de la exhortación y la relación con el capítulo 1 sugiere que la primera es la correcta. Sin embargo, eso significaría que "nuestro Señor y Salvador Jesucristo" se relaciona con las palabras "gracia" y "conocimiento" de forma diferente: describe la fuerte de la primera, y el objeto de la segunda. No es imposible, pero quizá sea más fácil desligar la palabra "gracia" de la expresión "de nuestro Señor Jesucristo" (p. ej., ver la traducción de la REB: "Creced en la gracia y en el conocimiento de nuestro Señor y Salvador Jesucristo").[26]

Doxología a Cristo (v. 18b)

La mayoría de las cartas del Nuevo Testamento terminan con saludos finales, referencias a colaboradores, un motivo de oración y/o deseos de bendición. No es tan común que acaben con una doxología (atribución de gloria [en griego, *doxa*]); solo encontramos doxologías aquí, y al final de Romanos (asumiendo que en el texto original Romanos 16:25-27 es el final de la carta), de Filipenses (4:20) y de Judas (24-25). No está claro por qué Pedro escoge finalizar su carta de este modo. La ausencia de algunas de las características epistolares comunes podría sugerir que

---

25. La palabra que aquí aparece es *gnosis*, que Pedro usa en el resto de la carta para describir nuestro propio "conocimiento" (1:5-6). Cuando habla de nuestro conocimiento de Cristo, usa la palabra compuesta *epignosis* (1:2-3, 8; 2:20). Ver Bigg, *The Epistles of St. Peter ad St. Jude*, 303-4; Green, *The Second Epistle of Peter and the General Epistle of Jude*, 150-51.
26. Ver, p. ej., Mayor, *The Epistle of St. Jude and the Second Epistle of St. Peter*, 170; Kelly, *The Epistles of Peter and of Jude*, 375; Bauckham, *Jude, 2 Peter*, 337-38.

envía esta carta junto a otras cartas o que ha sido escrita para un grupo de iglesias.

Otra característica poco usual es que se trata de una doxología a Cristo. Normalmente, la gloria se le atribuye a Dios; las únicas doxologías dirigidas a Cristo las encontramos aquí, en 2 Timoteo 4:18 y en Apocalipsis 1:5-6 (aunque encontramos una "bendición" de Cristo como Dios en Romanos 9:5). Pero todo eso encaja a la perfección con la elevada visión de Jesucristo que Pedro tiene desde el principio de la carta (ver esp. 1:1).

Esta doxología presenta otra característica poco común. Los autores del Nuevo Testamento normalmente atribuyen a Dios gloria "para siempre" (en griego, *eis tous aionas*; ver, p. ej., Judas 25). Pero Pedro utiliza una expresión diferente, cuya traducción literal sería "hasta el día de la eternidad". La NVI y otras versiones lo toman como una forma de referirse tanto al presente como al futuro: "ahora y para siempre" (ver también las versiones inglesas KJV; REB; TEV). Pero no es la forma más natural de interpretar el texto griego. A la luz del énfasis que Pedro hace en el capítulo 3, es mejor darle a la palabra "día" un significado escatológico: "el día del Señor/de Dios". La venida de Cristo inaugurará la era escatológica, un "día" que durará por siempre. Glorificamos a Cristo, con los ojos puestos en ese día, que esperamos ansiosamente.

La sugerencia que Pedro hace de que las cartas de Pablo pertenecen a las "Escrituras" no puede entenderse bien si no entendemos la formación del canon de los libros bíblicos y la importancia de esa formación.

La palabra "canon" significa "vara de medir". Los cristianos primitivos la usaban para describir a aquellos libros que estaban consideramos como la "vara de medir" acreditada con la que uno podía determinar qué era ortodoxo y qué era herético. Este es un tema muy discutido, pero hay evidencias claras de que en tiempo de Jesús, los judíos ya tenían un canon *de facto*.

El Nuevo Testamento usa la palabra *graphe*, normalmente en plural, *graphai*, para referirse a ese canon judío o Escrituras judías. Se usa cincuenta veces en el Nuevo Testamento, y siempre hace referencia a los escritos canónicos que llamamos el Antiguo Testamento.

Es más usual el plural, que habla de una colección de libros (p. ej., Lc 24:27: "Comenzando por Moisés y por todos los profetas, [Jesús] les explicó lo que se refería a él en todas las Escrituras"). El singular normalmente se refiere a un texto concreto del Antiguo Testamento (p. ej., Santiago 2:8: "Hacéis muy bien si de veras cumplís la ley suprema de la Escritura: 'Ama a tu prójimo como a ti mismo'"). Algunos académicos dicen que esta palabra también se usa para referirse a pasajes que no se encuentran en nuestro Antiguo Testamento, pero no tienen argumentos de peso.[27] El hecho de que los autores del Nuevo Testamento solo usen la palabra "Escritura" para referirse a los libros que ahora llamamos el Antiguo Testamento sugiere que usaban un canon implícito y cerrado.[28]

Hay otras evidencias que confirman esta conclusión. Por ejemplo, los autores del Nuevo Testamento nunca citan como fuente de autoridad ningún libro que no aparece en el canon del Antiguo Testamento. Cierto, Judas cita pasajes de obras pseudoepigráficas (vv. 9 y 14-15). Hablaremos de ese pasaje en el comentario de Judas, pero por ahora baste decir que no está claro que Judas esté mencionando esos textos como fuente de autoridad, y tampoco los cita como Escritura ni con el tipo de introducción que normalmente aparece cuando se cita la Escritura.

En Mateo 23:35 encontramos una confirmación fortuita de que en tiempos de Jesús ya existía un canon de Escrituras muy similar al nuestro: "Así recaerá sobre vosotros la culpa de toda la sangre justa que ha sido derramada sobre la tierra, desde la sangre del justo Abel hasta la de Zacarías, hijo de Berequías, a quien vosotros asesinasteis entre el santuario y el altar de los sacrificios". Abel aparece en los primeros capítulos de Génesis. El martirio de Zacarías, hijo de Berequías está registrado en 2 Crónicas 24:20-21. La idea es la siguiente: en la Biblia hebrea, 2 Crónicas es el último libro. El orden en el que Jesús cita estos martirios, por tanto, sugiere que estaba familiarizado con una Biblia en

---

27. El pasaje más controvertido es Santiago 4:5, porque el texto no recoge una cita literal del Antiguo Testamento. Por eso, muchos estudiosos creen que se trata de una referencia a una tradición apócrifa. Pero lo más probable es que Santiago se esté refiriendo a la enseñanza del Antiguo Testamento sobre el celo de Dios (ver Douglas J. Moo, *Comentario de la Epístola de Santiago* [Miami: Vida, 2009], 220-23).
28. Encontrará un argumento reciente a favor de esta conclusión en Roger Beckwith, *The Old Testament Canon of the Christian Church and its Background in Judaism* (Grand Rapids: Eerdmans, 1985).

la que Génesis aparecía al principio y 2 Crónicas al final, exactamente como lo tenemos en nuestro Antiguo Testamento.[29]

Así, para evaluar la sugerencia que Pedro hace de que las cartas de Pedro también pertenecen a esta misma categoría, hemos de tener en cuenta todo ese trasfondo. La primera cosa que hemos de observar es que Pedro no dice que las cartas de Pablo sean "Escritura". Es menos directo, pues no identifica las cartas de Pablo como Escritura, sino que simplemente las asocia con la Escritura. Encontramos el mismo tipo de asociación indirecta en 1 Timoteo 5:18, el otro pasaje neotestamentario controvertido: "Pues la Escritura dice: 'No le pongas bozal al buey mientras esté trillando', y 'El trabajador merece que se le pague su salario'". Aquí también encontramos un texto del Nuevo Testamento (Lc 10:7) asociado de forma indirecta con un pasaje del Antiguo Testamento (Dt 25:4).

Ese tipo de alusión indirecta es lo que esperaríamos en ese momento de la historia. Como ocurrió con la mayoría de doctrinas, la idea de los libros del Nuevo Testamento como parte de las Escrituras se desarrolló con el paso de tiempo, a medida que los cristianos primitivos usaban esos libros y descubrían que les eran provechosos. De hecho, pasaron un par de siglos antes de que el proceso de reconocer y aceptar el canon del Nuevo Testamento se completara. Por tanto, Pedro no estaba en posición de referirse al concepto definitivo del canon del Nuevo Testamento.

Entonces, si tuviéramos la oportunidad de pedirle a Pedro que nos clarificara y elaborara un poco más su idea, ¿qué diría? ¿Habría dicho que las cartas de Pablo debían añadirse al canon? Difícilmente, pues como hemos visto, la evidencia del Nuevo Testamento apunta a que en el siglo I había un canon "cerrado". Quizá habría sugerido la creación de un canon adicional al que ya existía; en efecto, el Antiguo y el Nuevo Testamento. Pero el hecho es que no lo sabemos, y es obvio que en este punto Pedro no le había dado vueltas a esta cuestión. Lo importante es que sí sugiere que las cartas de Pablo son como las Escrituras del Antiguo Testamento.

Para Pedro, esto significaba dos cosas. (1) Las cartas de Pablo estaban inspiradas por Dios. En esta misma carta, Pedro habla de esta idea

---

29. El historiador judío Josefo, que escribió entre los años 75-95 A.D., habla de un canon similar (*Contra Apión* 1.37-43).

de la inspiración (ver el comentario de 1:20b-21). Pedro infiere que las cartas de Pablo también son el producto del Espíritu de Dios, que guió a Pablo para que escribiera lo que Dios quería que escribiera. Pablo también dejó claro que la inspiración es una cualidad integral de la Escritura: "Toda la Escritura es inspirada por Dios y útil para enseñar, para reprender, para corregir y para instruir en la justicia" (2Ti 3:16).

(2) Las cartas de Pablo tienen autoridad. La autoridad es una consecuencia de la inspiración. Debido a que Dios, por su Espíritu, habla a través de ellas, las cartas de Pablo deben ser escuchadas como si fueran las palabras de Dios mismo. A Pedro lo que más le interesa es esta idea tan importante como práctica. Ha estado intentando convencer a sus lectores a que acepten la verdad sobre la parusía de Cristo y que en consecuencia vivan vidas santas. Y quiere que sepan que Pablo respalda su manera de ver las cosas, y no la de los falsos maestros (como quizá los falsos maestros estaban diciendo). Asociar las cartas de Pablo a las Escrituras les confiere una autoridad que sus lectores deberían reconocer y obedecer.

En última instancia, claro está, Pedro escribe con el mismo tipo de autoridad que "nuestro querido hermano Pablo". Es imposible saber cómo Pedro veía sus escritos, si había empezado a contemplar la idea de que también eran Escritura. Pero esa parece ser la implicación de lo que Pedro dice sobre las cartas de su compañero el apóstol Pablo.

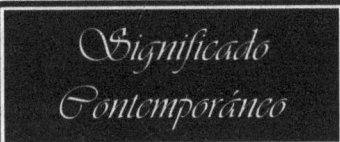

Una de las dificultades a la hora de formular un canon del Nuevo Testamento es la falta de una fuente de autoridad posterior al Nuevo Testamento que respalde los libros del Nuevo Testamento. Para el Antiguo Testamento tenemos el Nuevo Testamento. Pero no tenemos nada así para el Nuevo Testamento.[30] Es por eso que las implicaciones de pasajes como 2 Pedro 3:15-16 son tan importantes, pues al menos nos dan un punto de apoyo sobre el que poder construir la doctrina del canon del Nuevo Testamento. En la sección anterior dibujamos el trasfondo de parte de este desarrollo, y en la sección "Significado Contemporáneo" en el comentario de 1:16-21

---

30. Los católicos romanos apelarían en este momento a la autoridad de la enseñanza de la iglesia, centrada en el Papa.

resaltamos la importancia del la Escritura inspirada. Ahora bastará con reiterar la idea central.

En medio de nuestros debates sobre la naturaleza y las implicaciones de la inspiración, no podemos perder de vista esta verdad esencial: los libros de la Biblia, inspirados por Dios mismo, tienen el poder único de moldear nuestras vidas y, en definitiva, el mundo. Uno de los gigantes del movimiento evangélico moderno fue Frank E. Gaebelein. Conocido sobre todo como editor (p. ej., *The Expositor's Bible Commentary*), Gaebelein rezumaba un amor auténtico y profundo por Dios y por su pueblo. Era claramente una persona con la "mente de Cristo". Aún recuerdo la respuesta que le dio a un entrevistador que le preguntó qué había tenido la mayor influencia formativa en su vida. La lectura diaria de la versión King James de la Biblia, respondió. Una prolongada inmersión en la Palabra de Dios tiene un efecto visible. Es cierto que debemos leerla con atención; es cierto que el Espíritu debe mostrarnos cómo aplicar las verdades que leemos. Pero la Palabra de Dios tiene el poder de renovar nuestras mentes y por tanto cambiar nuestra conducta. No hay otra fuente que pueda hacer eso.

Fíjate en la forma en la que he escrito el final del párrafo: "...de renovar nuestras mentes y *por tanto* cambiar nuestra conducta". La estrecha relación entre la doctrina y la práctica, entre lo que creemos y pensamos y lo que hacemos ha quedado clara a lo largo de toda la carta. En 3:14-18, el apóstol vuelve a establecer esa relación de forma bien clara. Específicamente, porque "esperáis" la venida del Señor, concentraréis vuestros esfuerzos en agradar al Señor (v. 14). La escatología nos lleva a la ética. Los falsos maestros, que habían desechado la idea de la venida de Cristo y del juicio, estaban cayendo en un estilo de vida perezoso y sensual. Si entienden la verdad sobre la venida de Cristo, los creyentes desarrollarán un estilo de vida enérgico y "sobrenatural".

Cuando me disponía a comentar estos versículos, la providencia de Dios hizo que pasara por un susto. Aunque sin duda agrandado por mi propia imaginación hiperactiva, un problema médico por el que estaba pasando apuntaba a que podía tener cáncer. Durante tres días, por primera vez en años, me enfrenté a mi propia mortalidad. Fue horrible. Me costaba dormir y constantemente tenía ansiedad. Pero me di cuenta de que pensaba en Dios y en la eternidad con más frecuencia que de costumbre, que leía la Biblia con más atención de la normal y que me preocupaba mucho menos por lo que comía y por las cosas materiales en general. Confrontar la eternidad agudizó mi apetito espiritual y disminuyó mis impulsos sensuales. Hoy mismo he descubierto que el problema que tengo no es cáncer, sino una enfermedad menor y fácilmente curable. Y ya puedo notar cómo estoy retrocediendo hacia la espiritualidad pasiva más habitual.

Me parece que eso es precisamente de lo que Pedro está hablando: una reflexión seria sobre el fin del mundo hace que veamos este mundo desde la perspectiva correcta. Como dice Michael Green, "'¿Cómo va a hallarme el Señor?' es una pregunta incisiva que el cristiano se debe hacer, ya sea al pensar en la muerte (I.14) o en la parusía".[31] Lo que creemos sobre el curso de la historia, y especialmente sobre su final inminente, afecta la forma en la que vivimos (o debería afectar la forma en la que vivimos). Porque el hecho es que muchos cristianos tienen una visión correcta de la escatología pero no hay en ellos un cambio de actitud o de conducta genuino.

¿Por qué ocurre esto? Porque la escatología es una doctrina que creemos pero no una realidad que sentimos o experimentamos. Creo que esa es la clave para que haya una relación entre la enseñanza y una práctica eficaz y fructífera en nuestras vidas: interiorizar la verdad que escuchamos para tratarla como realidad y no solo como teoría. De algún modo hemos de aprender a sentir la verdad. ¿Cómo? Probablemente todos responderemos: por el ministerio del Espíritu Santo. ¿Pero qué instrumentos utiliza el Espíritu Santo? Uno de ellos es, claramente, la predicación. La iglesia necesita desesperadamente predicadores comprometidos a explicar la Palabra de Dios y a hacerlo con tal pasión, creatividad y energía que la Palabra se vuelva algo vivo y realmente adecuado para los oyentes.[32]

Dado que estamos hablando sobre todo de la escatología, comentaremos de pasada que la iglesia contemporánea parece haberle dado la espalda a la predicación y a la enseñanza sobre escatología. Las antiguas "Conferencias sobre profecías" han sido sustituidas por los "Seminarios para matrimonios" y los "Talleres sobre la mayordomía del dinero". Está claro que en la iglesia tenemos que hablar sobre el matrimonio y sobre la gestión del dinero. Pero estoy hablando de una falta de equilibrio. Con cierto desdén hacia algunos de los debates escatológicos más

---

31. Green, *The Second Epistle General of Peter and the General Epistle of Jude*, 143.
32. Encontrará algunas ideas de la pluma de un predicador apasionado en John Piper, "Preaching as Worship: Meditations on Expository Exultation", *TrinJ* 16 (1995): 29-45.

intricados, muchos pastores y cristianos han abandonado la predicación escatológica. Pero la predicación eficaz sobre "las últimas cosas" puede ser una de las mejores formas de ayudar a los cristianos a interiorizar una cosmovisión que ve la eternidad y este mundo en su justa medida.

En estos versículos encontramos otra implicación de debemos recordar: el carácter definitivo de la parusía. Pedro dice que Dios se está demorando en enviar a Cristo para que muchos tengan tiempo de arrepentirse (v. 9) y lleguen a ser salvos (v. 15). Implícitamente, está diciendo que el arrepentimiento y la salvación solo tendrán lugar hasta la parusía. La venida de Cristo o, para aquellos que no vivamos hasta ese día, la muerte, acaban con la oportunidad de aceptar a Cristo y ser salvo. En palabras de Hebreos: "Está establecido que los seres humanos mueran una sola vez, y después venga el juicio" (Heb 9:27).

Algunos estudiosos aseguran que el Nuevo Testamento apunta de forma implícita a la posibilidad de aceptar el regalo de la salvación incluso después de la muerte. Pero nada más lejos de la verdad. El carácter definitivo de nuestras decisiones en esta vida aparece una y otra vez en el Nuevo Testamento y, como hemos visto, en 2 Pedro 3 también. Quizá haya alguien que esté leyendo estas líneas y que aún no se haya comprometido con Cristo. Si ese es tu caso, las implicaciones llegados a este punto son bien claras: ahora es momento de tomar una decisión; en cualquier momento, la muerte o la parusía pueden poner punto final a la oportunidad que ahora tienes. Para aquellos que ya conocemos al Señor, las implicaciones también son bien claras: ahora es el momento de compartir las buenas noticias de Cristo; con tu vecino, con tu compañero de trabajo, con alguien de tu equipo. Antes de que sea demasiado tarde.

Judas 1-2

Judas, siervo de Jesucristo y hermano de Jacobo, a los que son amados por Dios el Padre, guardados por Jesucristo y llamados a la salvación: ² Recibid misericordia, paz y amor en abundancia.

Las cartas antiguas normalmente empezaban identificando al remitente, identificando a los receptores, y con un saludo. Judas sigue esta convención, pero elabora cada una de esas partes. Vemos que no solo se identifica a sí mismo y los receptores de la carta, sino que en cada parte ofrece una breve descripción que nos ayuda a entender de qué trata la carta. Judas no escribe solo como Judas, sino como representante de Jesucristo, y sus lectores son personas que pertenecen a Jesucristo. Aunque el saludo epistolar típico solía resumirse a una sola palabra, "saludos" (*chairein*), Judas expresa su deseo de que sus lectores puedan disfrutar la relación con Cristo que ya tienen. Además, este saludo es inusual incluso si lo comparamos con los saludos que aparecen en otras cartas del Nuevo Testamento. Es el único saludo del Nuevo Testamento que no incluye la palabra "gracia", y sin embargo es el único que incluye la palabra "amor".

"Judas" es la traducción de una palabra griega (*Ioudas*) que aparece cuarenta y tres veces en el Nuevo Testamento. Encontramos a seis hombres con ese nombre, y estamos bastante seguros de que el Judas que escribe esta carta es el hermano del Señor que aparece en Marcos 6:3 (para más detalles, ver la Introducción). Apenas sabemos nada de él. Como los otros hermanos de Jesús, Judas no siguió al Señor durante sus años de ministerio en la tierra. Pero eso cambió, como vemos en la descripción que hace de sí mismo. Quizá el cambio se dio durante el ministerio de Jesús posterior a la resurrección. Judas es ahora un "siervo de Jesucristo".

"Siervo" también puede traducirse por "esclavo", pues la palabra que tenemos aquí no es *diakonos* ("siervo del hogar") sino *doulos* ("esclavo"). Obviamente, la palabra nos habla de la sumisión de Judas al

Señor, al que ha llegado a conocer y al que ahora entrega todo su servicio. Pero ese título también implica honor. Los grandes líderes del pueblo de Dios en el Antiguo Testamento también recibían el nombre de "siervos" de Dios, como Moisés (Jos 14:7; 2R 18:12) y David (Sal 18:1; Ez 34:23). No deberíamos pasar por algo que en ese título honorífico, Judas ahora puede colocar el nombre "Jesucristo" en el lugar de "Dios" o "el Señor".

Podemos entender por qué Judas se identifica como "siervo de Jesucristo". Como Pablo (*cf.* p. ej., Ro 1:1) y Pedro (2P 1:1), que hacen igual, Judas usa este título para dejar claro su derecho a dirigirse a los cristianos con la autoridad del Señor. No escribe simplemente como un hermano más, sino como alguien que sirve y por tanto representa a Jesucristo mismo. Cabe destacar que, a diferencia de Pablo y Pedro, Judas no se autodenomina "apóstol".

Pero si el título de "siervo de Jesucristo" tiene sentido, es difícil entender por qué a continuación Judas se describe como "hermano de Jacobo". A falta de una descripción más detallada, este "Jacobo" debe referirse al Jacobo más conocido en el Nuevo Testamento: el hermano de Jesús (Ga 1:19), que llegó a ocupar una posición importante en la primera iglesia de Jerusalén (Hch 15:13-21; 21:18; Gá 2:9) y que escribió la carta del Nuevo Testamento que conocemos por el título de Santiago. Quizá Judas añade ese detalle para diferenciarse de otros cristianos de la época que tenían el mismo nombre: él es el Judas que es hermano del famoso Jacobo. O quizá su carta va dirigida a persona que tenían a Jacobo en alta estima. Más curioso aún es el hecho de que no se identifique como "hermano del Señor". Pero, como ya dijimos, la relación carnal con Jesús no le aportaba ningún beneficio espiritual especial. Por tanto, pensando en el objetivo de la carta, ese título es irrelevante.[1]

Judas describe a sus lectores como cristianos. La palabra clave en la descripción que hace es "llamados" (*kletois*). Esta palabra refleja la convicción neotestamentaria de que ser cristiano es producto de la mano misericordiosa de Dios, que se extiende para acercar hacia sí a los pecadores sin esperanza ninguna. "Llamar", por tanto, no significa "invitar", como si Dios estuviera invitando a la gente a una fiesta, y la gente pudiera aceptar o declinar la invitación. Significa "escoger" o "elegir", y la "elección" de Dios, dado que es el Dios soberano quien

---

1. Recordemos que Santiago tampoco usa en su carta el título de "hermano del Señor".

la realiza, es eficaz. Este es el trasfondo que hay detrás de la palabra "llamados". La cuestión es que aquí podemos ver que "los llamados", al igual que "los santos", pasa a ser una forma establecida para describir a los cristianos, a los que forman parte del nuevo pueblo de Dios (ver también Ro 1:1; 1Co 1:1).

Esto es todo lo que podemos saber de Judas a partir de la descripción que el mismo autor hace. En el texto griego, la última parte del versículo 1 es difícil de traducir, aunque la traducción que encontramos en la NVI inglesa y en la mayoría de traducciones parece la mejor opción: "A los que han sido llamados, que son amados por Dios el Padre y guardados por Jesucristo". "Los llamados" es la designación principal, que está complementada por dos descripciones paralelas:

que son amados por Dios el Padre

y [que son] guardados por Jesucristo.[2]

El significado exacto de estas dos descripciones no está del todo claro. Lo que traducimos por "amados por Dios el Padre" también se puede traducir por "amados en Dios el Padre" (NASB; NRSV; REB).[3] En este caso, Judas no está enfatizando la fuerte del amor que experimentamos (Dios el Padre nos ama) sino el contexto en el que experimentamos el amor (el amor es resultado de estar "en" Dios el Padre, de estar en relación con él).[4] Después de considerar todas las opciones, la traducción de la NVI inglesa parece la más acertada, ya que las demás no aclaran quién es el agente del amor.[5] Como los que son llamados y por tanto pertenecemos al pueblo de Dios, disfrutamos la experiencia del amor constante de Dios por nosotros.[6]

Cuando nos acercamos a la segunda descripción nos encontramos con un problema similar. La construcción griega en caso dativo puede indicar dos cosas: que Jesucristo es el que nos "guarda" (NIV inglesa y

---

2. Esta traducción asume que los dos participios, *agapemenois* ("amados") y *teteremenois* ("guardados") complementan a *tois... kletois* ("los llamados").
3. En griego aparece la preposición *en*, que puede ser instrumental ("por") o de lugar ("en"). La traducción de la KJV inglesa "*santificados* por Dios el Padre" descansa en una variante del texto griego.
4. Ver esp. Bauckham, *Jude, 2 Peter*, 26. Bigg sugiere una variación, tomando "en Dios el Padre" con ambos participios: "...llamados, quienes en Dios el Padre son amados y guardados en Jesucristo" (Bigg, *The Epistles of St. Peter and St. Jude*, 324).
5. Ver, p. ej., Kelly, *The Epistles of Peter and of Jude*, 243.
6. La palabra griega que traducimos por "amados" está en tiempo perfecto, apuntado así a un estado continuo.

también la NVI en castellano) o que Jesucristo es aquel "para" el que está siendo guardados (ver, p. ej., NRSV: "guardados para Jesucristo"). Traducir "por" resulta más atractivo, porque entonces tenemos dos descripciones paralelas. Pero quizá la otra opción sea mejor.[7] Normalmente, es Dios mismo el que "guarda" a los cristianos, y la idea de ser "guardados" o "preservados" para Cristo es una idea que aparece a lo largo de todo el Nuevo Testamento. Por ejemplo, 1 Tesalonicenses 5:23b: "Que Dios mismo ... *conserve* todo vuestro ser, espíritu, alma y cuerpo, irreprochable para la venida de nuestro Señor Jesucristo".

"Ser guardados para Jesucristo" significa que Dios durante esta vida ejerce su poder en favor de los cristianos para preservarlos intactos espiritualmente hablando hasta la venida de Jesucristo en gloria.[8] Los creyentes tienen mucho por lo que pasar en esta vida: tentaciones, pruebas y ataques de Satanás y sus subordinados. Pero Dios promete cuidarnos en todo momento, y mantenernos a salvo por el bien de Cristo. Obviamente, eso no quiere decir que podemos relajarnos y dejarle todo a él. Fijémonos cómo Judas vuelve a esta misma idea al final de la carta: "*Manteneos* en el amor de Dios... mientras esperáis que nuestro Señor Jesucristo, en su misericordia, os conceda vida eterna" (v. 21). Dios nos "guarda", pero también nosotros tenemos que "mantenernos" o "guardarnos".

A Judas le encanta agrupar lo que dice en bloques de tres. En el versículo 1 ha descrito a los cristianos como "llamados", "amados" y "guardados". Ahora en el versículo 2, pide a Dios que sus lectores sean llenos de "misericordia", "paz" y "amor". Realmente la traducción más literal sería "llenos de", pero "recibid en abundancia" también capta la idea. "Misericordia" no es una palabra que suela aparecer en los saludos epistolares (no obstante, ver 1Ti 1:2; 2Ti 1:2; 2Jn 3); la palabra más común en estas ocasiones es "gracia". Pero el significado es muy similar: el favor inmerecido que Dios otorga a los pecadores para que puedan ser salvos. Con la palabra "paz", Judas puede estar haciendo referencia al contentamiento que proviene de la relación restaurada con Dios en Cristo; la "paz *de* Dios". Pero lo más probable es que signifique "paz

---

7. Ver, p. ej., Bigg, *The Epistles of St. Peter and St. Jude,* 324; Kelly, *The Epistles of Peter and of Jude,* 243.
8. El participio (*teteremenois*) está de nuevo en tiempo perfecto, lo que apunta a que "ser guardados" es un estado continuo en el que los creyentes se encuentran gracias a su fe en Cristo.

con Dios", es decir, el nuevo estado de reconciliación que Dios nos ofrece en su Hijo. De igual forma, pues, "amor" no significa nuestro amor hacia los demás, sino el amor de Dios por nosotros.[9]

Judas sabe, por supuesto, que los creyentes disfrutan de esas maravillosas bendiciones en Cristo. Pero su oración es que puedan apreciarlas más y más, y beneficiarse de ellas de forma diaria.

El objetivo del traductor es trasladar un texto antiguo a una lengua moderna de tal forma que el impacto en el lector moderno sea el mismo que el texto tuvo en el lector original; un objetivo imposible de alcanzar. ¿Por qué? Porque el texto original es parte de un mundo al que los lectores antiguos pertenecían pero nosotros no. Por eso, incluso las mejores traducciones necesitan el complemento de comentarios, diccionarios y enciclopedias, todos ellos diseñados para explicar bien el trasfondo para que el lector moderno pueda "experimentar" el significado completo del texto original. Pero incluso con todos esos recursos, nunca llegaremos a estar "dentro" de la cultura antigua tal como lo estaban los lectores originales, aunque debemos intentar transmitir algo de lo que el lenguaje original significó para ellos.

En ese sentido, consideremos una expresión tan simple como "siervo de Jesucristo". El significado es bastante claro y al parecer no precisa de mucha explicación. Quizá es útil recordar (como ya hemos hecho más arriba) que la palabra griega tiene la connotación de "esclavo". Pero las personas de esa cultura que conocían el Antiguo Testamento (como parece ser el caso de los lectores de Judas) habrían detectado un matiz importante que a nosotros fácilmente se nos puede pasar. Porque, como ya hemos dicho, "siervo del Señor"/"siervo de Dios" es una expresión muy utilizada en el Antiguo Testamento. Cuando Judas sustituye "el Señor" o "Dios" por "Jesucristo", está diciendo algo inmensamente importante acerca de Jesús: que tiene con Judas una relación similar a la del Señor con Moisés o David.

---

9. Ver, p. ej., Kelly, *The Epistles of Peter and of Jude*, 244, en contra, Green, *The Second Epistle General of Peter and the General Epistle of Jude,* 158.

Este era un paso enorme para un judío como Judas, inmerso en el estricto monoteísmo de su pueblo. Pero esa asociación de Jesús con Dios es aún más impresionante cuando recordamos que Judas había crecido en el mismo hogar que Jesús. Está claro que para que Judas viera a su propio hermano como alguien igual a Dios hacía falta un suceso tan espectacular como la resurrección.

No obstante, no podemos forzar el texto y sacar de la expresión "siervo de Jesucristo" implicaciones que no tienen fundamento. No podemos pensar que Judas había entendido todas las implicaciones teológicas que tenía hablar de Jesús en esos términos. ¡No es que Judas estuviera formulando la doctrina de la trinidad! Pero cuando más adelante los cristianos pusieron nombre al concepto de la trinidad, construyeron su teología basándose en indicaciones ocasionales como la que encontramos en este versículo. Los primeros cristianos tuvieron una experiencia de Jesús que les llevó a describirle usando el lenguaje que en el pasado estaba reservado para Dios. Y entonces, gradualmente, empezaron a darse cuenta de las implicaciones teológicas de lo que estaban diciendo. Pero, de nuevo, la idea clave es que si en verdad queremos apreciar el sentido de lo que Judas dice en su carta, necesitamos "escuchar" los matices teológicos del lenguaje que usa.

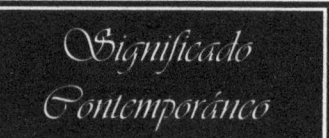

A simple vista, uno se preguntaría qué aplicación se puede sacar de los detalles prosaicos que encontramos en la introducción de esta carta. Pero, como ya hemos visto, Judas ofrece más que simples detalles descriptivos. Las descripciones que hace de sí mismo y de sus lectores tienen su importancia para los cristianos de hoy.

Una vez reconocemos los matices teológicos de la expresión "siervo de Jesucristo", podemos encontrar en esas palabras un recordatorio de la naturaleza elevada de Jesús. Su estado exaltado es algo que, después de siglos de enseñanza ortodoxa, muchos de nosotros damos por sentado. Pero mucha gente no, y hay muchos que le consideran alguien único, pero no le ven igual que a Dios el Padre (p. ej., los testigos de Jehová, los mormones).

Es cierto que no podemos usar la descripción que Judas hace de Cristo como un argumento a favor de su deidad. Pero está claro que esta expresión apunta en esa dirección. De hecho, algunas de las evidencias más claras de la deidad de Jesús en el Nuevo Testamento las encontramos precisamente cuando para describir a Jesús se usa el lenguaje que en el Antiguo Testamento se usa para describir a Dios. Los textos más claros son aquellos en los que, de forma específica, se llama "Dios" a Jesús, como por ejemplo Juan 1:1; 20:28; Romanos 9:5; 2 Pedro 1:1; Tito 2:13, etcétera. Pero aún más impresionantes son las muchas evidencias que encontramos en el Nuevo Testamento en cuanto a que los primeros cristianos, la mayoría de ellos provenientes de trasfondos rígidamente monoteístas, llegaron a ver a Jesús y a hablar de él como si fuera Dios. Lo adoraban (p. ej., Mt 14:33; 28:9, 17; *cf.* Heb 1:6); usaban versículos del Antiguo Testamento que hablaban de Yahvé para describirle (p. ej., Ro 10:13); se dirigían a él en oración (p. ej., Hch 7:59). Aunque son evidencias menos directas y más difíciles de usar como argumentos cuando los testigos de Jehová llaman a nuestra puerta, estas indicaciones de cómo los primeros cristianos veían a Jesús son algunos de los argumentos más valiosos a favor de su deidad.

En la descripción que Judas hace de sus lectores, quiero centrarme particularmente en el significado de "guardados para [*o* por; ver el comentario más arriba] Jesucristo". Lo que Judas dice que es cierto sobre los cristianos es precisamente aquello por lo que Jesús mismo oró: "Ya no voy a estar por más tiempo en el mundo, pero ellos están todavía en el mundo, y yo vuelvo a ti. Padre santo, protégelos [*o* guárdalos; *tereson*] con el poder de tu nombre, el nombre que me diste, para que sean uno, lo mismo que nosotros" (Jn 17:11). Prestamos mucha atención a la gracia de Dios en la conversión, y anticipamos con gozo el día en el que Cristo volverá y la gracia de Dios será manifestada de nuevo. Pero con facilidad nos olvidamos de la gracia de Dios en preservarnos, cuando día a día obra en nosotros y en medio de nosotros de forma poderosa.

En el Nuevo Testamento podemos encontrar muchos ejemplos de esa obra de Dios en nuestro favor. Pedro asegura a los cristianos que están siendo perseguidos que "el poder de Dios [les] protege mediante la fe hasta que llegue la salvación que se ha de revelar en los últimos tiempos" (1P 1:5). Y Juan, cuando escribe a cristianos que estaban siendo engatusados por los falsos maestros y entonces dudaban de su relación con Dios, les dice: "Sabemos que el que ha nacido de Dios no está en pecado: Jesucristo,[10] que nació de Dios, lo protege, y el maligno no llega a tocarlo".

Los cristianos tienen muchas razones para estar ansiosos. Pero hay una cosa de la que no nos tenemos que preocupar: la fidelidad de Dios para mantenernos en nuestra fe. Obviamente, esto no quiere decir que no tenemos parte ni responsabilidad. Judas deja claro que sí somos responsables (v. 21; ver el comentario de ese versículo). Y fijémonos en que Pedro dice en el versículo que acabamos de mencionar que es "mediante la fe" que "el poder de Dios [nos] protege". Pero empezamos, como siempre deberíamos hacer en la vida cristiana, con Dios y su gracia. Él nos protege tanto de los ataques humanos (persecución) como de los ataques espirituales (Satanás). Se nos enseña que no hay nada en la tierra ni en el cielo que pueda "apartarnos del amor que Dios nos ha manifestado en Cristo Jesús nuestro Señor" (Ro 8:39).

Este tipo de recordatorios son importantes porque en medio de la depresión, la tentación o la crisis, es fácil que nos olvidemos de la gracia de Dios para protegernos. Y sin embargo, como cantamos en el conocido himno, es esa gracia maravillosa la que "siempre me libró y... me guiará a mi hogar".

---

10. Ver I. Howard Marshall, *Las cartas de Juan* (Nueva Creación, 1991), 252-53.

Judas 3-4

Queridos hermanos, he deseado intensamente escribiros acerca de la salvación que tenemos en común, y ahora siento la necesidad de hacerlo para rogaros que sigáis luchando vigorosamente por la fe encomendada una vez por todas a los santos. ⁴ El problema es que se han infiltrado entre vosotros ciertos individuos que desde hace mucho tiempo han estado señalados para condenación. Son impíos que cambian en libertinaje la gracia de nuestro Dios y niegan a Jesucristo, nuestro único Soberano y Señor.

Sentido Original

En la mayoría de las cartas del Nuevo Testamento (especialmente las de Pablo), después de los saludos se pasa a una acción de gracias y a una oración. Pero Judas se salta esa parte, pasando directamente al tema central. En estos dos versículos, explica la razón y el tema de su carta.[1] La razón es que en las asambleas cristianas de sus lectores se han infiltrado falsos maestros, gente impía que está viviendo y propagando una forma herética de la fe (v. 4). Para abordar este problema, Judas se centra en un solo tema: la necesidad de mantener la verdad de la fe cristiana que les ha sido encomendada por Cristo y los apóstoles (v. 3).

No tenemos mucha información sobre la identidad de estos falsos maestros. Judas da a entender que decían ser cristianos, pues abusan de la gracia de Dios en Cristo (v. 4). No explica de qué modo abusaban de la gracia. Pero sabemos que llevaban un estilo de vida inmoral, que es lo que el autor critica. En el versículo 4, Judas los llama hombres "impíos" (*asebeis*), una palabra que casi se convierte en "la idea clave de la epístola".[2] Sin embargo, el propósito general de Judas, como vemos en el versículo 3, no es negativo, sino positivo: animar a los verdaderos creyentes a vivir en santidad frente a la impiedad desenfrenada que hay a su alrededor.

---

1. Como John White sugiere, estos versículos se corresponden con la típica introducción al cuerpo de la carta (*The Form and Function of the Body of the Greek Letter*, SBLDS 21 [Missoula, Mont.: Univ. of Montana Press, 1972], 18).
2. Mayor, *The Epistle of St. Jude and the Second Epistle of St. Peter*, 26.

La palabra "amor" juega un papel central en la introducción de la carta: los lectores son "amados" por Dios el Padre (v. 1); Judas pide a Dios que puedan experimentar el amor más y más (v. 2); y ahora se dirige a ellos como personas a las que ama: "amados" (*agapetoi*; en la NVI, "queridos hermanos").

En el versículo 3, Judas explica la situación en la que escribe. Pero podemos interpretarlo de dos maneras diferentes: comparemos las versiones inglesas NRSV y NIV:

NRSV: "Amados, mientras me dispongo a escribiros entusiasmado sobre la salvación que tenemos en común, siento la necesidad de escribiros y rogaros que luchéis por la fe que una vez y para siempre fue encomendada a los santos".

NIV: "Queridos amigos, aunque tenía el deseo ferviente de escribiros sobre la salvación que tenemos en común, he sentido que tenía que escribir y rogamos que luchéis por la fe que una vez por todas fue encomendada a los santos".

La traducción de la NRSV, al usar la palabra "mientras", sugiere que el mensaje sobre "la salvación que tenemos en común" y el llamado a luchar por la fe hablan de la misma carta: la que tenemos delante de nosotros. En esta carta, Judas tiene estos dos propósitos, ya que al luchar por la fe, sus lectores estarán preservando la salvación que tienen en común. Pero la NVI, al usar la palabra "aunque", sugiere un escenario diferente. El mensaje sobre "la salvación que tenemos en común" y el llamado a luchar por la fe hablan de dos cartas diferentes: la primera, una que pretendía escribir, y la segunda, la que escribió (la que nos ha llegado a nosotros bajo el título de Judas).

Esta segunda interpretación es preferible a la primera.[3] Nos imaginamos a Judas entusiasmado, con la intención de escribir sobre la salvación que él y sus lectores tenían en común,[4] cuando se entera del serio

---

3. ¿A qué se debe la diferencia en las traducciones? Ni la palabra "mientras" ni la palabra "aunque" aparecen en el texto griego; ambas son una interpretación de la fuerza del participio (*poioumenos*, "haciendo todo el esfuerzo posible"). Algunos estudiosos ofrecen buenos argumentos a favor de "mientras", pero la repetición del verbo "escribir" es argumento de peso a favor de "aunque" (ver, p. ej., Bauckham, *Jude, 2 Peter,* 29; Kelly, *The Epistles of Peter and of Jude,* 245-46).
4. Algunos comentaristas creen que la primera persona del plural de la frase "la salvación que [nosotros] tenemos en común" se refiere a los judíos y a los gentiles. Es cierto que en el Nuevo Testamento, uno de los temas principales el que la salvación mesiánica es

problema que amenaza la fe de sus lectores: los falsos maestros. Como consecuencia, deshecha la idea que tenía en mente y les escribe para advertirles de esa nueva amenaza.

La intrusión de los falsos maestros es lo que ha hecho pensar a Judas que lo necesario es escribirles "para rogaros que sigáis luchando vigorosamente por la fe encomendada una vez por todas a los santos". Normalmente en el Nuevo Testamento, la palabra "fe" (*pistis*) hace referencia al acto de creer, como cuando decimos que una persona tiene "fe en Cristo". Pero en algunas ocasiones la palabra hace referencia al contenido de lo que esa persona cree; ver, por ejemplo, Gálatas 1:23: "Solo habían oído decir: 'El que antes nos perseguía ahora predica la fe que procuraba destruir'". Ese es el sentido que la palabra "fe" tiene aquí. Describe aquello que los cristianos creen: la muerte expiatoria de Jesús, su resurrección, el Espíritu Santo que viene a morar en nosotros, la salvación por gracia a través de la fe, y (especialmente en la situación de Judas) el estilo de vida santo como consecuencia de la gracia de Dios en Cristo.

Judas dice que estas cuestiones fundamentales no están abiertas a interpretación, pues esta fe "fue encomendada una vez por todas a los santos". Pero esta fe está siendo atacada, por lo que los lectores de Judas deben "luchar" por ella. La palabra que traducimos por "luchar" hace referencia al duro esfuerzo de un atleta, y es similar a la palabra que Pablo usa en 1 Corintios 9:25: "Todos los deportistas se *entrenan* con mucha disciplina. Ellos lo hacen por un premio que se echa a perder; nosotros, en cambio, por uno que dura para siempre". Pablo más adelante usó este mismo término a la defensa energética que él y sus colaboradores hacían del evangelio (Col 1:29; 1Ti 4:10; 6:12; 2Ti 4:7). Así, Judas ruega a sus lectores no solo que resistan la perversión que los falsos maestros están haciendo de la fe, sino que de forma activa luchen por la fe. En los versículos 20-23, Judas detalla algunos de los componentes de esta lucha.[5]

---

tanto para los judíos como para los gentiles; ver el comentario que hicimos de 2 Pedro 1:1 ("una fe tan preciosa como la nuestra"). Pero Judas en ningún momento menciona en su carta el tema de la división judíos/gentiles; y lo más natural es entender la frase de la siguiente manera: "la salvación que vosotros [los lectores] y yo [el escritor] tenemos en común". Ver Kelly, *The Epistles of Peter and of Jude*, 246.

5. Bauckham, *Jude, 2 Peter,* 31-32.

¿Por qué los lectores de Judas necesitan «luchar por la fe»? Porque (al principio del v. 2 hay un «porque»)»se han infiltrado entre vosotros ciertos individuos». "Ciertos individuos" tiene cierto tono despectivo. Judas no se molesta en mencionarlos por nombre ni en decir cuántos son.[6] Quizá su desprecio está provocado por la forma de actuar de esos falsos maestros. En lugar de oponerse a la fe de forma abierta, lo hacen de forma sutil; la REB inglesa traduce: "se han abierto camino entre vosotros como los gusanos".[7] No es que se escondan de sus lectores, actuando en secreto para que los fieles ni si quiera se percaten de ellos. Lo que esconden es su verdadera naturaleza y su propósito real. Jesús ya dijo que nos cuidáramos de los que vienen "disfrazados de ovejas, pero por dentro son lobos feroces" (Mt 7:15); esos falsos maestros son como los lobos de los que habla Jesús.

Judas no nos deja duda alguna sobre lo que opina de esos hombres. Dice cuatro cosas concretas. (1) "Desde hace mucho tiempo han estado señalados para condenación". Aquí Judas sigue el mismo patrón que Pedro: mencionar la condenación a la que los falsos maestros están condenados nada más mencionarlos (ver 2P 2:1-4). La frase "señalados/inscritos desde hace mucho tiempo" suscita mucho debate. Si Judas está usando 2 Pedro para escribir su carta, se podría estar refiriendo a este pasaje.[8] "Desde hace mucho tiempo" puede llevar a pensar que eso imposible, pero la palabra griega (*palai*) puede significar simplemente "ya" (ver Mr 15:44). Aún así, rara vez tiene ese significado; y, aunque yo creo que es posible que Judas usara 2 Pedro (ver la Introducción), no creo que aquí esté haciendo referencia a esa carta.

Otra posibilidad es que Judas tenga en mente *1 Enoc*, ya que cita de ese libro pseudoepigráfico en los versículos 14-16.[9] Pero no parece haber razón alguna para centrarnos exclusivamente en *1 Enoc* cuando Judas también hace referencia a otras fuentes. Kelly cree que Judas podría estar pensando en las "tablas celestiales", unos escritos guardados en el cielo en los que estaban inscritos los nombres de aquellos que merecían castigo, y de aquellos que merecían ser recompensados.[10] Sin embargo,

---

6. Kelly, *The Epistles of Peter and of Jude*, 248.
7. El verbo es *pareisdyno*, y esta es la única vez que aparece en todo el Nuevo Testamento. El verbo que Pedro usa para describir a los falsos maestros en 2 Pedro 2:1 tiene un significado similar.
8. Bigg, *The Epistles of St. Peter and St. Jude*, 326.
9. Mayor, *The Epistle of St. Jude and the Second Epistle of St. Peter*, 24.
10. Kelly, *The Epistles of Peter and of Jude*, 250.

la explicación más sencilla es que Judas introduce así las evidencias de la condenación de los falsos maestros que presentará en el resto de la carta. Citará el Antiguo Testamento (vv 5-8, 11), la tradición judía (vv. 9, 14-16), y la enseñanza de los apóstoles (vv. 17-18).[11] Judas dice que la "condenación" de estos falsos maestros" ya estaba anunciada desde hace tiempo en todas estas fuentes.

(2) "Son impíos". Como vimos más arriba, "impíos" (*asebes*) es una palabra importante en Judas (*cf.* v. 15; también la palabra de la misma raíz que aparece en el v. 18). Para el autor es el mejor término para describir los hombres que secretamente se han infiltrado en la comunidad cristiana y están siendo una amenaza para la fe. La palabra se refiere a una persona "sin religión", que "no adora" (ver también Ro 4:5; 5:6; 1Ti 1:9; 1P 4:18; 2P 2:5-6; 3:7). Es una palabra lo suficientemente amplia para incluir todo tipo de pecados y errores, pero los judíos helenistas la usaban especialmente para referirse a la irreverencia en un sentido ético: "no ateísmo teórico, sino impiedad práctica".[12] Claramente, Judas la usa en este sentido, pues no dice casi nada sobre los errores doctrinales de los falsos maestros, y dice mucho sobre su estilo de vida inmoral.

(3) "Cambian en libertinaje la gracia de nuestro Dios". La palabra "libertinaje" (*aselgeia*) es otra de las palabras clave que tanto Pedro como Judas usan para describir a los falsos maestros. Es un término que apunta especialmente a los pecados de la carne: falta de ética sexual, borracheras, gula, etcétera. Como hicieron otros antes que ellos y después que ellos, estos falsos maestros convierten el perdón gratuito de Dios en Cristo en una puerta abierta hacia la conducta pecaminosa. Es como si dijeran: "¿La esencia de la gracia de Dios no es que en la cruz se hizo cargo completamente de nuestros pecados? Entonces, ¿aún puede haber castigo para el pecado? Podemos vivir como nos plazca". No tenemos forma de saber si los falsos maestros enseñaban eso expresándolo explícitamente, o si simplemente se intuía al observar su estilo de vida. Pero fuera como fuera, el resultado era básicamente el mismo.

(4) "Niegan a Jesucristo, nuestro único Soberano y Señor". Aquí tenemos un debate interpretativo, y la NVI se define claramente al aplicar la expresión "único Soberano" a Jesucristo. El texto griego no es muy claro, y también es posible traducir "el único Señor Dios, y nuestro Señor

---

11. Bauckham, *Jude, 2 Peter*, 35-36.
12. *Ibíd.*, 38.

Jesucristo" (KJV inglesa).¹³ Pero la mayoría de traducciones modernas están en la línea de la NVI, y creemos que es una interpretación justificable.¹⁴ Tenemos aquí otro ejemplo en el que Judas usa para describir a Jesucristo un lenguaje que solo se usaba para describir a Dios.

¿De qué forma los falsos maestros estaban "negando" a Cristo? Quizá lo negaban debatiendo sobre su naturaleza o estado, o enseñando cosas incompatibles con la "fe encomendada una vez por todas a los santos".¹⁵ Pero la combinación "soberano y Señor" pone el énfasis en el derecho de Jesús a demandar obediencia. Por ello, es probable que los falsos maestros estuvieran negando a Jesús de una forma no tanto teórica, sino práctica, comportándose de forma contraria a lo que Dios demanda de sus hijos.¹⁶

Entenderemos Judas 3-4 mejor si prestamos atención a las dos cuestiones siguientes: el lugar de los versículos dentro del argumento de la carta, y la importancia y limitaciones de la tradición en la iglesia primitiva.

La retórica helena y la carta de Judas. Los autores del Nuevo Testamento crecieron en un ambiente "multicultural". La mayoría eran judíos, profundamente influenciados por el Antiguo Testamento y la tradición judía. Sin embargo, también eran ciudadanos del mundo grecorromano, un mundo marcado por las tradiciones de la filosofía y literatura griegas y los conceptos legales romanos. Pensando en los autores del Nuevo Testamento, los académicos están enzarzados en el eterno debate sobre cuál de esas influencias es la más decisiva. La principal controversia gira en torno al apóstol Pablo. Cuando consideramos a Judas, lo que

---

13. Los argumentos principales a favor de esta traducción son (1) que todas las veces que *despotes* ("soberano") aparece en el Nuevo Testamento se refiere a Dios, a excepción de 2Pedro 2:1, y (2) que en la fraseología judía, la expresión "único Señor" se usa para referirse a Dios (ver Mayor, *The Epistle of St. Jude and the Second Epistle of St. Peter,* 26-27; Kelly, *The Epistles of Peter and of Jude,* 252).
14. El argumento principal en favor de esta traducción es el artículo que acompaña tanto a *despoten* ("soberano") como a *kyrion hemon* ("nuestro Señor"). Ver *The Epistles of St. Peter and St. Jude,* 327; Bauckham, *Jude, 2 Peter,* 39.
15. Mayor, *The Epistle of St. Jude and the Second Epistle of St. Peter,* 27; Kelly, *The Epistles of Peter and of Jude,* 252-53.
16. Bauckham, *Jude, 2 Peter,* 40.

enseguida salta a la vista es, obviamente, su carácter judío. Sabemos que creció en un hogar judío en Israel. En su carta, cita y hace referencia al Antiguo Testamento y a tradiciones judíos. Por tanto, parece que lo natural es concluir que para interpretar la carta solo necesitamos tener en cuenta la influencia judía.

Pero esa es una conclusión miope. Aunque era muy judío, Judas no se escapa de la influencia del mundo grecorromano en el que vivía. Los eruditos han demostrado que es imposible establecer una clara distinción entre el "judaísmo palestino" y el "judaísmo heleno". En el siglo I, todo el judaísmo estaba de algún modo "helenizado", es decir, influenciado por las ideas grecorromanas, porque todos los judíos vivían en un ambiente heleno.[17] Por tanto, tenemos que estar al menos abiertos a la posibilidad de que Judas estuviera influenciado por las ideas grecorromanas.

Uno de los énfasis más importantes en este mundo grecorromano era la "retórica". No nos referimos a la ornamentación literaria (como cuando decimos, por ejemplo, "las florituras retóricas del ponente han sido muy emotivas"). En el mundo antiguo, la retórica era el arte de la persuasión. Aristóteles había definido algunas de las formas clásicas de retórica en *El arte de la retórica*, y los romanos, una sociedad muy centrada en el aspecto legal, desarrollaron ampliamente ese arte.

Muchos eruditos bíblicos dicen que varios escritos del Nuevo Testamento o, al menos, porciones de esos escritos, siguen las pautas de la retórica antigua. Los argumentos que presentan para defender esta hipótesis no siempre son convincentes; en muchos casos, uno tiene la impresión de que sus propuestas son totalmente forzadas. Pero Duane Watson sí que presenta argumentos de peso para defender que la carta de Judas sigue los procedimientos retóricas típicos de la Antigüedad.[18] Una perspectiva retórica hace hincapié en la persuasión: Judas está intentando persuadir a sus lectores a que se adhieran a su visión de la fe cristiana y rechacen la visión que los falsos maestros están propagando. No debería sorprendernos si usa el modelo retórico convencional si ese es su objetivo.

---

17. La obra clásica que defiende esta tesis es la de Martin Hengel, *Judaism and Hellenism. Studies in Their Encounter During the Early Hellenistic Period*, 2 vols. (Filadelfia: Fortress, 1980).
18. F. Duane Watson, *Invention, Arrangement, and Style*.

Para elaborar un esquema de la carta de Judas, Watson usa las características típicas de la retórica antigua:

Versículo 3: el exordio, que introduce la tesis que el orador va a intentar demostrar

Versículo 4: la narración, donde se explica las razones que llevan al orador a tratar el tema en cuestión

Versículos 5-16: la argumentación, donde a través de pruebas y argumentos se intenta persuadir a la audiencia a que acepte el punto de vista del orador

Versículos 17:23: la peroración, que repite la argumentación básica y apela a las emociones

Fácilmente podemos ver que el cuerpo de la carta de Judas se corresponde bastante bien con las divisiones de la retórica antigua. Eso no significa necesariamente que Judas adoptara de forma consciente un modelo retórico en particular. Podría ser que de forma inconsciente y natural adoptara el estilo argumentativo que su usaba en la cultura en la que vivía.

En los versículos 3-4, hay al menos dos elementos cuya función retórica destacan de forma especial. (1) Como ya vimos, algunas de las ideas principales de estos dos versículos (y en los vv. 1-2, que Watson llama el "casi-exordio") vuelven a aparecer en la peroración (vv. 17-23):

amor: "amados" y "amor" (vv. 1-2), "amados" o "queridos" (v. 3), y "manteneos en el amor de Dios" (v. 21)

misericordia: "misericordia" (v. 2), "tened compasión de los que dudan" (v. 22)

guardados: "guardados por Cristo (v. 2), y "manteneos en el amor de Dios" (v. 21)

la necesidad de adherirse a la tradición apostólica: "luchando vigorosamente por la fe encomendada una vez por todas a los santos" (v. 3), y "recordad el mensaje anunciado anteriormente por los apóstoles de nuestro Señor Jesucristo" (v. 17)

identificación y caracterización negativa de los falsos maestros: versículo 4 y versículos 18-19

Lo que Judas hace es típico del modelo retórico, que normalmente repetía las ideas esenciales del exordio en la peroración. El análisis retórico presta atención a la importancia que esos conceptos tienen como ideas clave en la estrategia persuasiva de Judas.

(2) El análisis retórico también nos ayuda a entender por qué, en el versículo 4, Judas usa ese tipo de lenguaje. Como los "persuasores" antiguos y modernos saben, lograr que alguien acepte un punto de vista depende tanto de las emociones como de la lógica. (¡Pensemos en los típicos anuncios políticos que vemos en la televisión!). Por ello, los buenos retóricos usan mucho lenguaje emotivo. Y eso es lo que Judas hace en el versículo 4: "*ciertos* individuos" (lenguaje despectivo); "se han infiltrado" (son hipócritas y engañosos); "impíos" (en realidad no adoran a Dios); "libertinaje"; "niegan a Jesucristo". Como dice Watson, el lenguaje transmite "urgencia y repulsion".[19] Desde el principio, no tenemos duda alguna sobre lo que Judas piensa de esas personas, y la fuerza de este lenguaje capta nuestra atención desde el comienzo. Transmite que lo que está diciendo no es un asunto trivial.

Tradición en la iglesia primitiva. La aplicación contemporánea de estos versículos también demanda que conozcamos lo que el Nuevo Testamento enseña sobre la "tradición". Judas toca esta cuestión cuando describe la fe como algo que fue "encomendado una vez por todas a los santos". Muchos eruditos creen que es imposible que alguien que vivía en la era apostólica usara una expresión como esta. Según ellos, eso demuestra que la carta es posterior, quizá del siglo II, cuando la iglesia ya reconoció el conjunto tradicional de dogmas que había estado circulando durante un tiempo. Para estos eruditos, "tradición" es lo contrario a la vitalidad y a la innovación de la comunidad cristiana joven. Es cierto que para todos nosotros, la palabra "tradición" normalmente no tiene una connotación positiva. Pensamos en la canción de *El violinista en el tejado*, en la que el protagonista judío principal insiste en que hay que seguir lo que siempre se ha hecho, cantando "Tradición, tradición" a pleno pulmón. Y muchos de nosotros hemos crecido en iglesias cerradas a cualquier tipo de innovación en aras de la "tradición" ("siempre lo hemos hecho así").

¿Es eso lo a lo que Judas se refiere? ¿Qué entiende el Nuevo Testamento por "tradición"? (1) Tenemos que darnos cuenta de que la tradición

---

19. *Ibid.*, 46.

juega un papel importante en el Nuevo Testamento. El ejemplo más conocido lo encontramos en 1 Corintios 15:1-8:

> Ahora, hermanos, quiero recordaros el evangelio que os prediqué, el mismo que recibisteis y en el cual os mantenéis firmes. Mediante este evangelio sois salvos, si os aferráis a la palabra que os prediqué. De otro modo, habréis creído en vano.
>
> Porque ante todo os *transmití* lo que yo mismo recibí: que Cristo murió por nuestros pecados según las Escrituras, que fue sepultado, que resucitó al tercer día según las Escrituras, y que se apareció a Cefas, y luego a los doce. Después se apareció a más de quinientos hermanos a la vez, la mayoría de los cuales vive todavía, aunque algunos han muerto. Luego se apareció a Jacobo, más tarde a todos los apóstoles, y por último, como a uno nacido fuera de tiempo, se me apareció también a mí.

La palabra que hemos puesto en cursiva, "transmití", es la traducción de la misma palabra griega que en Judas 3 la NVI traduce por "encomendada" (*paradidomi*). Dicho de otro modo, Pablo mismo insiste en que la verdad sobre la muerte, la sepultura y la resurrección de Cristo, (elementos centrales del mensaje del evangelio) le ha sido "transmitida". Parece ser que desde el principio, los primeros cristianos ya habían formulado un conjunto de verdades esenciales sobre la obra de Dios en Cristo, conjunto que transmitían en todo lugar en el que predicaban el evangelio.

(2) Pablo a menudo habla de esa misma "tradición" en las epístolas pastorales. En ellas insiste a Timoteo y a Tito que se centren en la enseñanza "sana" (1Ti 1:10; 6:3; 2Ti 1:13; 4:2; Tit 1:9; 2:1), e insta a Timoteo a cuidar "la preciosa enseñanza que se te ha confiado". Muchos académicos creen que aquí tenemos otro ejemplo de una actitud típica de finales del siglo I o principios del siglo II. Pero es perfectamente natural ver en este énfasis la preocupación de un Pablo cercano a la muerte de transmitir de forma intacta el evangelio tal y como Dios se lo había revelado a los apóstoles. Porque Dios dio a los apóstoles un papel crucial en el desarrollo de la verdad cristiana. La promesa de Jesús de que el Espíritu Santo les enseñaría "todas las cosas y os hará recordar todo lo que os he dicho" (Jn 14:26) probablemente se aplica específicamente

a los apóstoles, quienes se convirtieron en los transmisores y en los guardianes de la verdad sobre Jesús.

Así pues, vemos que ya en tiempos del Nuevo Testamento podemos reconocer claramente la importancia de un conjunto de creencias basadas en las enseñanzas de los apóstoles. Esa es la "tradición" que Judas se esfuerza en salvaguardar del ataque de los falsos maestros.

Cuando reconocemos el carácter retórico de Judas, recordamos el tipo de carta que ha escrito: una defensa apasionada de un punto de vista particular. Al leer una carta como esta, fácilmente podemos caer en un acercamiento demasiado analítico. Está claro que el análisis detallado es necesario; si no, este comentario no sirve de nada. Pero el análisis puede acabar convirtiéndose en un fin en sí mismo o puede hacer sombra al poder y a la idea real de la carta.

Judas escribe con urgencia; necesitamos sentir esa urgencia y, a medida que leemos la carta, hacerla nuestra. Pues hoy en día también hay falsos maestros, y la "fe encomendada una vez por todas a los santos" sigue recibiendo ataques por todas partes. ¿Nos importa? ¡A Judas sí le importaba!

Y esa pasión va acompañada de mucha emoción. El análisis que escribe de los falsos maestros no está falto de emoción: los vapulea y los condena. Deberíamos leer Judas con empatía, dejando que su emoción nos lleve a la acción. Porque Judas quiere que su lenguaje emotivo nos persuada y nos alineemos con su punto de vista. La retórica fue pensada para discursos orales: el abogado defendiendo un caso en el juzgado, el político intentando ganas votos. Quizá si leyéramos Judas en voz alta, poniendo toda la emoción que se desprende de sus palabras, podríamos apreciar su mensaje mejor.

¿Qué es lo que a Judas tanto le apasiona? En una frase, «la fe encomendada una vez por todas a los santos». Tal como dice Charles Bigg, «el lenguaje de Judas sobre la fe es altamente dogmático, altamente ortodoxo y altamente ferviente... Los hombres que usaban una expresión así creían ardientemente en un credo".[20]

---

20. Bigg, *The Epistles of St. Peter and St. Jude*, 325.

En nuestra época, los credos están pasados de moda por dos razones. (1) Muchos de nosotros asistimos a iglesia que no están enraizadas en un credo. El movimiento evangélico contemporáneo ha dado acogida a muchas iglesias sin denominación, o tan solo ligeramente ligadas a una denominación. Sabemos que algunas de las denominaciones históricas son las que más importancia dan a los credos. Sin embargo, incluso en iglesias que aún tienen un fuerte sentido denominacional (p. ej., muchas iglesias episcopales, presbiterianas y luteranas, por no decir la iglesia católico-romana) existe hoy en día una tendencia a minimizar la importancia del papel de los credos.

(2) Esto nos lleva a una segunda razón por la que no prestamos atención a los credos. La propia palabra nos suena a "aburrimiento". Nos trae a la mente imágenes de edificios de iglesias polvorientas y frías, y discusiones académicas soporíferas. Como resultado, muchos evangélicos modernos no tienen raíces. Su comprensión del cristianismo no va más allá de su propia iglesia (que quizá tan solo tiene unos años de vida) o del pastor que ahora la dirige.

Obviamente, no estoy abogando por volver a las tristes riñas eclesiásticas (a veces guerras, más que riñas) que han ensuciado la causa de Cristo a lo largo de los años. Los credos puedes ser estrechos de miras y causar divisiones, por exaltar unas doctrinas en detrimento de las otras y por convencernos que nuestro punto de vista sobre la fe es el único punto de vista correcto. Pero lo que Judas está diciendo es obvio: hay un conjunto de creencias, basadas en la enseñanza y la obra de Cristo, elaborada y transmitida por los apóstoles, que es innegociable. Ser cristiano significa estar de acuerdo con esas creencias, rechazarlas significa dejar de ser cristiano.

Lo complicado es definir cuáles son esas creencias. Muchas definiciones o credos son demasiado extensos, e incluyen cuestiones que son cuestionables o no tienen demasiada importancia en el Nuevo Testamento. Pero otros credos son demasiado simples y no incluyen suficientes elementos. Pienso en algunas de las "confesiones" que han surgido del movimiento ecuménico. Algunas de ellas sugieren que puedes ser cristiano siempre que creas que Jesús es importante en su peregrinaje espiritual. Cualquier credo que adoptemos debe incluir las cuestiones que la tradición apostólica (el Nuevo Testamento) considera esenciales; y no debería incluir aquellas que no son esenciales.

Escribir un credo así, claro está, no es una tarea sencilla; y hemos de reconocer que nunca estaremos de acuerdo en todo. Pero creo que lo que nos ayudaría sería que el movimiento evangélico desarrollara un mayor respeto por la historia. Recientemente di una clase de escuela dominical en mi iglesia, y el tema que me habían dado era "la ortodoxia". Di un resumen a vista de pájaro de la "historia de la iglesia", centrándome en cómo los diferentes periodos de la historia habían contribuido a las diferentes doctrinas. Mi propósito era dar a aquellos creyentes que me estaban escuchando, que nunca habían oído hablar de la mayoría de personas y cuestiones que mencioné, una idea de la "unidad de la cristiandad": personas que en cada siglo han creído básicamente las mismas cosas.

Ser conscientes de la historia resulta en un ánimo tremendo, porque es un recordatorio de que somos parte de una familia inmensa formada por personas, de todo el mundo y de todas las épocas, que han confesado a Cristo y han defendido la verdad. También es un correctivo de los énfasis excesivos y de los puntos ciegos que nuestra cultura puede imponer a nuestra visión teológica. Porque aunque la tradición puede reprimir el crecimiento, la falta de tradición a menudo significa que una iglesia no tiene ancla que la mantenga segura en la fe en medio de los cambios contantes de la cultura y la teología.

Por último, quiero animarnos a recuperar el tipo de pasión por la ortodoxia que Judas tenía. Tal como David Wells y otros han destacado, vivimos en un tiempo en el que los creyentes no están apasionados por la verdad.[21] Nuestro enfoque práctico es rígido y miope, centrado solo en la conducta y excluyendo todo lo demás. Pero una de las cosas que Judas intenta comunicar es que la verdad y la práctica van de la mano. Tener una confesión de fe adecuada es vital si queremos vivir de forma correcta. La verdad de Dios nos hace libres. Si realmente apreciamos el poder del evangelio y las bendiciones que este trae, tendremos más pasión por salvaguardarlo y por defenderlo.

---

21. David Wells, *No Place for Truth or Whatever Happened to Evangelical Theology?* (Grand Rapids: Eerdmans, 1993).

Judas 5-10

Aunque ya sabéis muy bien todo esto, quiero recordaros que el Señor, después de liberar de la tierra de Egipto a su pueblo, destruyó a los que no creían. ⁶ Y a los ángeles que no mantuvieron su posición de autoridad, sino que abandonaron su propia morada, los tiene perpetuamente encarcelados en oscuridad para el juicio del gran Día. ⁷ Así también Sodoma y Gomorra y las ciudades vecinas son puestas como escarmiento, al sufrir el castigo de un fuego eterno, por haber practicado, como aquéllos, inmoralidad sexual y vicios contra la naturaleza.

⁸ De la misma manera estos individuos, llevados por sus delirios, contaminan su cuerpo, desprecian la autoridad y maldicen a los seres celestiales. ⁹ Ni siquiera el arcángel Miguel, cuando argumentaba con el diablo disputándole el cuerpo de Moisés, se atrevió a pronunciar contra él un juicio de maldición, sino que dijo: «¡Que el Señor te reprenda!». ¹⁰ Éstos, en cambio, maldicen todo lo que no entienden; y como animales irracionales, lo que entienden por instinto es precisamente lo que los corrompe.

En el versículo 3, Judas nos dice *qué* está escribiendo: está animando a los creyentes a aferrarse fuertemente a la verdad de Cristo que les ha sido encomendada por los apóstoles. En el versículo 4, explica *por qué* está escribiendo: porque los falsos maestros se han infiltrado en la iglesia y está atacando la verdad de Cristo. Al final de la carta (vv. 17-23), Judas volverá a esa idea positiva que ha introducido en el versículo 3. Pero en los versículos 5-16, desarrolla el versículo 4, describiendo y condenando a los falsos maestros. Estos versículos se pueden dividir en tres secciones principales. En cada una de ellas Judas usa material del Antiguo Testamento o de la tradición judía para describir a los falsos maestros. Y cada una de esas secciones Judas también usa la palabra "estos" (*houtoi*) como transición del ejemplo a la aplicación.

Sección de Judas	Antiguo Testamento/Tradición	Aplicación
vv. 5-10	vv. 5-7 (9)	v. 8 ("estos") y 10
vv. 11-13	v. 11	vv. 12-13 ("estos")
vv. 14-16	vv. 14-15	v. 16 ("estos")

La estrategia de Judas es obvia: al comparar a los falsos maestros con pecadores notorios recogidos en la tradición, logra que sus lectores rechacen a los que se han infiltrado y que los miren con horror.

Muchas versiones inglesas (como la NIV inglesa) y comentaristas dividen los versículos 5-10 en dos párrafos distintos. Pero el patrón retórico del que hemos hablado un poco más arriba sugiere que los ejemplos del Antiguo Testamento que aparece en los versículos 5-7 y su aplicación que aparece en los versículos 8-10 deberían ir en el mismo párrafo. Es cierto que la aplicación se complica por la presencia de una interrupción: la referencia que Judas hace a la tradición apócrifa sobre el arcángel Miguel que lucha con el diablo por el cuerpo de Moisés (v. 9). Pero esta alusión parece más bien una ilustración secundaria, y no tanto un nuevo ejemplo que merezca ir en otro párrafo. Vemos de nuevo la afición de Judas por las tríadas. Menciona tres ejemplos de juicios del Antiguo Testamento (vv. 5-7) y tres pecados concretos de los falsos maestros (vv. 8-10).

Tres ejemplos de pecado y de juicio del Antiguo Testamento (vv. 5-7)

Los escritores antiguos solían pasar de la introducción de la carta al cuerpo de la carta haciendo uso de la llamada "fórmula de revelación". Las más comunes eran "Pero quiero que sepáis" o "Pero quiero recordaros". La primera parte del v. 5, "Aunque ya sabéis muy bien todo esto, quiero recordaros" es una variación de esta fórmula. Sirve para introducir todo el párrafo (vv. 5-16). "Todo esto" podría referirse a lo que Judas acaba de decir en el versículo 3: "aunque ya entendéis 'la fe encomendada una vez por todas a los santos'".[1] Pero la palabra que traducimos por "esto" está en plural (*panta*, "todas estas cosas"), por lo que tiene más sentido pensar que se refiere a lo siguiente: "aunque ya estáis familiarizados con el Antiguo Testamento y con la tradición que voy a mencionar...".[2]

El primer ejemplo que Judas usa es la generación del desierto. Judas les recuerda a sus lectores que "el Señor liberó de la tierra de Egipto a su pueblo". En esta afirmación nos encontramos con una variante textual interesante. Como bien indica la nota a pie de página de la NVI, en algunos manuscritos griegos aparece la palabra "Jesús" en lugar de la

---
1. Bauckham, *Jude, 2 Peter*, 48.
2. Mayor, *The Epistle of St. Jude and the Second Epistle of St. Peter*, 28.

palabra "Señor". Algunos comentaristas creen que esta palabra es la original y que Judas apunta al Jesús preexistente como aquel que sacó al pueblo de Egipto. Como argumento, apuntan a 1 Corintios 10:4, donde Pablo dice que la "roca" que acompañaba a los israelitas en el desierto era Cristo.[3] Otros creen que la palabra original es "el Señor", pero dicen que ese Señor es Cristo.[4] No obstante, el pasaje explica que el que liberó y destruyó al pueblo (v. 5) también encarceló en oscuridad a los ángeles desobedientes (ver el v. 6). Es muy poco probable que Judas esté diciendo que Jesús hizo todas esas cosas. Por tanto, probablemente debamos aceptar la variante "el Señor" y entender que se refiere a "Jehová" Dios.[5]

Así, lo que Judas recuerda a sus lectores es que Dios "liberó a su pueblo de la tierra de Egipto". Obviamente, está haciendo referencia al éxodo (Éx 6:14), el suceso que definió y dio originen al pueblo de Israel. A través de las plagas que Dios envió sobre Egipto por medio de Moisés, Dios forzó al Faraón a dejar marchar a su pueblo; y luego Dios destruyó los ejércitos de Egipto en el Mar Rojo cuando intentaron seguir a los israelitas.

No obstante, como los lectores de Judas y la mayoría de cristianos saben, la gente que Dios liberó de Egipto nunca llegó a experimentar los placeres de la tierra prometida. Desalentados por la fuerza de las gentes que vivían en la tierra de Canaán, no confiaron en que Dios les daría la victoria. Por tanto, Dios determinó que aquella generación de israelitas (a excepción de Josué y de Caleb) deambulara por el desierto hasta que todos hubieran muerto (ver Nm 14). Judas enfatiza la tragedia de este rechazo con dos palabras: "liberó" va acompañada de "una vez por todas" (*hapax*, que la NVI no traduce), y "destruyó" va acompañada de "después" (*deuteran*).[6] La liberación parecía definitiva, pero aún así

---

3. A. R. C. Leaney, *The Letters of Peter and Jude*, CBC (Cambridge: Cambridge Univ. Press, 1967), 88; *cf.* Neyrey, *2 Peter, Jude*, 61-62.
4. Bauckham, *Jude, 2 Peter*, 49.
5. Ver, p. ej., Mayor, *The Epistle of St. Jude and the Second Epistle of St. Peter*, 28-29; Kelly, *The Epistles of Peter and of Jude*, 255.
6. Hay debate en torno a esta traducción, ya que la palabra *deuteran* significa, literalmente, "una segunda vez". Por ello, algunos comentaristas piensan que Judas entiende que la muerte de la generación del desierto es una "segunda" destrucción después de la primera, es decir, la de Egipto (Kelly, *The Epistles of Peter and of Jude*, 252). Green cree que se trata de una referencia a la segunda venida de Cristo (*The Second Epistle General of Peter and the General Epistle of Jude*, 164). Pero tiene más sentido pensar que *deuteran*, siguiendo a *hapax*, significa algo como "en una segunda experiencia

Dios los "destruyó" por su falta de fe. Así, Judas está advirtiendo a sus lectores: no penséis que porque Dios os ha rescatado definitivamente de vuestros pecados, podéis aprovecharos de su gracia y misericordia.

El primer y el tercer ejemplo del juicio de Dios que Judas usa (la generación del éxodo y Sodoma y Gomorra son episodios del Antiguo Testamento muy conocidos. Pero ese no es el caso del segundo ejemplo (v. 6): "...los ángeles que no mantuvieron su posición de autoridad, sino que abandonaron su propia morada". En el pasado, muchos comentaristas creían que Judas se refiere a la caída de los ángeles que tuvo lugar, al parecer, cuando Satanás se rebeló en contra de Dios. Algunos pasajes del Antiguo Testamento podrían referirse a ese suceso, y en la tradición cristiana occidental es bien conocido gracias a la espléndida elaboración de John Milton en su obra *El paraíso perdido*.[7]

Pero en tiempos de Judas había una tradición más popular sobre los ángeles que pecaron que se asociaba a la enigmática referencia que aparece en Génesis 6:1-4 a los "hijos de Dios" que bajaron a la tierra y cohabitaron con "las hijas de los hombres". Basándose en ese texto, los intérpretes judíos habían elaborado una historia en la que los "hijos de Dios" eran ángeles, y ellos, con su influencia perniciosa, eran los causantes de mucho del mal (sino de casi todo) en el mundo. Las versiones más elaboradas de estas historias las encontramos en el libro intertestamentario *1 Enoc*, y dado que Judas cita directamente de ese libro en los versículos 14-15, creo que podemos decir casi con plena seguridad que esta es la historia que Judas tiene en mente.[8]

Judas dice que Dios les había dado a esos ángeles "posiciones de autoridad" (*archen*), es decir, áreas de influencia y ministerio celestiales. Pero abandonaron sus "moradas", rebelándose contra Dios. Por tanto, Dios los juzgó; y "los tiene perpetuamente encarcelados en oscuridad para el juicio del gran Día". "Gran Día" es una variación de la expresión más común "día del Señor", el día al final de la historia en el que el Señor intervendrá para consumar la salvación de su pueblo el juicio eterno de sus enemigos. Esos ángeles rebeldes están destinados para ese juicio.

---

después de aquella primera experiencia". Ver, p. ej., Bigg, *The Epistles of St. Peter and St. Jude*, 328; Bauckham, *Jude, 2 Peter*, 50.

7. Para más detalles sobre esta tradición, ver la sección "Construyendo Puentes" en el comentario de 2 Pedro 2:4-10a.
8. Así lo creen la mayoría de los comentaristas modernos. Para más detalles sobre las historias de *1 Enoc* y la interpretación de Génesis 6, ver de nuevo la sección "Construyendo Puentes" en el comentario de 2 Pedro 2:4-10a.

Pero el juicio de Dios no se espera a ese Día. Judas dice que su castigo ya ha empezado. En el mundo antiguo, la palabra "oscuridad" se usaba comúnmente para describir el juicio divino; los griegos usaban la misma palabra que Judas usa aquí para describir el mundo de ultratumba, el lugar del espíritu de los difuntos. *1 Enoc* también utiliza este lenguaje, como por ejemplo la referencia a las "cadenas". Veamos el paralelismo entre lo que Judas dice aquí sobre el castigo de los ángeles y *1 Enoc* 10:4-6, que describe el juicio de uno de los ángeles principales:

> Y en segundo lugar el Señor le dijo a Rafael: "¡Encadena a Azazel de pies y manos [y] arrójalo en las tinieblas!". E hizo un agujero en el desierto que estaba en Dudael y lo arrojó en él; tiró sobre él piedras ásperas y cortantes. Y le cubrió el rostro para que no pudiera ver la luz; y para que pudiera ser enviado al fuego en el gran día del juicio.[9]

Es muy probable que Judas tuviera en mente este texto cuando escribió Judas 6. Imaginamos que él sabía que sus lectores estaban familiarizados con esas tradiciones y que al mencionarlas su argumentación se volvería más persuasiva. Antes de dejar este versículo, deberíamos fijarnos en la forma en la que Judas sugiere la equivalencia entre el pecado de los ángeles y el juicio que recae sobre ellos: como no "mantuvieron" las posiciones que Dios les había asignado, Dios los "mantiene" en oscuridad. Aquí tenemos el equivalente en negativo a la situación de los justos, a los que Dios "guarda" o mantiene (v. 2) y quienes deben, por tanto, "mantenerse" en el amor de Dios (v. 21).

El versículo 7 introduce el tercero de los ejemplos que Judas usa a modo de advertencia: Sodoma y Gomorra, junto con "las ciudades vecinas" (p. ej., Admá, Zeboyín y Zoar; *cf.* Gn 19:20-22; Dt 29:23). La llamativa historia del juicio de Dios sobre estas ciudades se volvió una historia proverbial; se mencionan a menudo en la tradición judía y en el Nuevo Testamento (ver, p. ej., Lc 17:26-29). Pero Judas no solo menciona el juicio de dios; también explica por qué Dios juzgó a esas ciudades: "…por haber practicado inmoralidad sexual y vicios contra la naturaleza", según la traducción de la NVI.

---

9. La cita está tomada de *The Old Testament Pseudepigrapha*, vol. 1: *Apocalyptic Literature and Testamentos*, ed. James H. Charlesworth (Garden City, N. Y.: Doubleday, 1983), 17. [*N. de la T. 1 Enoc* 10:4-6].

La acusación de "inmoralidad sexual" es fácil de entender, ya que según Génesis 19, los hombres de Sodoma querían tener relaciones con los ángeles que habían venido a visitar a Lot. Pero la segunda acusación que Judas menciona, "vicios contra la naturaleza", no está clara. En el texto griego, de hecho, pone literalmente "ir detrás de otra carne" (*cf.* NASB). Algunos comentaristas han pensado que Judas está condenando a los hombres de Sodoma por querer tener relaciones sexuales con "otra carne" diferente a la de las mujeres. Es decir, que "el vicio contra la naturaleza" de la que fueron culpables era la homosexualidad. "Dejaron las relaciones naturales con la mujer" (Ro 1:27) y buscan "otra" carne que la que Dios les había mandado usar.[10] Pero otros comentaristas creen que se está refiriendo al pecado de tener relaciones sexuales con los ángeles.[11]

Existen algunas evidencias de que la tradición judía asociaba de este modo el pecado de los ángeles (v. 6) y el de los hombres de Sodoma (v. 7). Y encajaría muy bien como transición: del mismo modo en que los ángeles son condenados por tener relaciones sexuales con los hombres, los hombres de Sodoma son condenados por querer tener relaciones sexuales con los ángeles. Pero Génesis 19 no insinúa que los hombres de Sodoma supieran que los hombres con los que querían tener relaciones sexuales eran ángeles. Y la palabra "carne" tampoco se suele aplicar a los ángeles. Por tanto, es muy probable que la interpretación tradicional sea la correcta: Judas relaciona el juicio de Dios sobre Sodoma y Gomorra con las prácticas homosexuales de sus habitantes.

Entonces, Judas concluye que esas ciudades pecaminosas "sirven de ejemplo de aquellos que sufren el castigo del fuego eterno" [NIV inglesa]. Sabemos que el castigo de Dios fue espectacular y definitivo. Según Génesis 19:24: "El Señor hizo que cayera del cielo una lluvia de fuego y azufre sobre Sodoma y Gomorra". Los autores contemporáneos a Judas vieron en la topografía de aquella zona (un hedor sulfúreo, humo y apariencia terriblemente desoladora) una evidencia continua de ese horrible juicio de Dios sobre el pecado.[12] Esa es una de las razones por las que Judas usa el tiempo presente al final del versículo, ya que las ciudades "sirven de ejemplo de aquellos que sufren el castigo del fuego eterno". Esta podría ser también la razón por la que Judas no sigue el

---

10. Ver, p. ej., Mayor, *The Epistle of St. Jude and the Second Epistle of St. Peter*, 32.
11. Kelly, *The Epistles of Peter and of Jude*, 258-59; Bauckham, *Jude, 2 Peter*, 54.
12. Ver, p. ej., Filón, *Moisés* 2.56; ver las notas en el comentario de 2 Pedro 2:7.

orden canónico a la hora de mencionar los tres ejemplos. Si lo hubiera hecho, lo normal hubiera sido encontrarnos primero el pecado de los ángeles (Gn 6), Sodoma y Gomorra en segundo lugar (Gn 19), y la generación del desierto al final (Nm 14). Pero al ordenar estos episodios tal como lo hace, logra que el tema del castigo vaya *in crescendo*: la muerte física (v. 5), aprisionados en oscuridad (v. 6) y el "castigo de un fuego eterno".[13]

Aplicación de los ejemplos a los falsos maestros (vv. 8-10)

Judas no deja lugar a dudas en cuanto a la aplicación de los ejemplos bíblicos. Aunque no especifica quiénes son "estos individuos", por el contexto queda claro que se está refiriendo a los "individuos... que se han infiltrado entre vosotros" (v. 4). Es significativo que en su aplicación, Judas no se centra en el juicio sobre los falsos maestros, sino que se centra en su pecado. "De la misma forma" sugiere que los falsos maestros están cometiendo el mismo tipo de pecados que los israelitas (v. 5), los ángeles (v. 6) y la gente de Sodoma y Gomorra (v. 7). Judas no quiere decir necesariamente que los pecados sean idénticos. La traducción de las primeras palabras del versículo 8 es quizá demasiado contundente; lo que Judas dice es que hay una similitud entre los pecados de los falsos maestros y los pecados de los ejemplos.

Judas enumera tres pecados que los falsos maestros están cometiendo. Como base de mis conclusiones, ofrezco aquí una traducción literal. Los falsos maestros "soñando, contaminan carne", "rechazan autoridad", y "blasfeman glorias". El paralelismo entre estos tres pecados y los del Antiguo Testamento que Judas ha mencionado es claro. Los ángeles y los sodomitas "contaminaron la carne" con sus perversiones sexuales"; la generación del desierto, los ángeles y los sodomitas "blasfemaron contra las glorias" faltando el respeto a los ángeles que habían venido a visitar a Lot.[14] Pero aunque el cuadro general está claro, nos encontramos con una serie de detalles que no lo están. Cada una de estas expresiones precisa de un estudio más pausado.

(1) "Soñando, contaminan carne". La palabra "soñando" resulta un tanto extraña. Algunos comentaristas creen que significa que los falsos

---

13. Watson, *Invention, Arrangement, and Style*, 53-54. Bauckham, sin embargo, piensa que los sodomitas aparecen en último lugar porque su pecado es el más similar al de los falsos maestros (*Jude, 2 Peter*, 55).
14. Ver Bauckham, *Jude, 2 Peter*, 55.

maestros están viviendo en un mundo irreal; eran "soñadores" (en la NVI inglesa), es decir, se creían que a Dios no le desagradaba su conducta.[15] Pero la mayoría de comentaristas está de acuerdo en que Judas está hablando de visiones. El verbo que usa (*enypniazomai*) a menudo se refiere a las visiones que los profetas tenían, como en Hechos 2:17 (donde se cita Jl 2:28), la única otra ocasión en la que el Nuevo Testamento usa esta palabra: "los ancianos tendrán sueños". En la traducción griega del Antiguo Testamento se utiliza el mismo término para referirse a las visiones que los falsos profetas decían tener (p. ej., Dt 13:2, 4, 6). Así, parece ser que los falsos maestros basaban su conducta inmoral en visiones o revelaciones que decían haber recibido.

Al usar la expresión "contaminan carne" ("contaminan su cuerpo") para describir la inmoralidad de los falsos maestros, Judas los asocia con los sodomitas, quienes fueron detrás de "otra carne". No está claro si eso significa que los falsos maestros eran culpables de lo mismo que los sodomitas: la homosexualidad. Quizá tan solo esté diciendo que los falsos maestros, como los sodomitas, eran culpables de inmoralidad sexual.

(2) "Rechazan autoridad". Calvino y Lutero pensaban que aquí dice que los falsos maestros estaban rechazando la autoridad humana, despreciando con arrogancia al gobierno y a los líderes de la iglesia cristiana. Pero en el texto no hay razón alguna para restringir la idea de "autoridad". La palabra que traducimos aquí por "autoridad" (*kyriotes*) proviene de la misma raíz que la palabra "Señor" (*kyrios*), y Judas ya nos ha dicho que los falsos maestros "niegan a Jesucristo, nuestro único Soberano y Señor [*kyrios*]" (v. 4). Por tanto, lo más probable es que Judas está diciendo que los falsos maestros rechazan el señorío de Cristo y/o de Dios.[16]

(3) "Blasfeman glorias". Como bien sugiere la NVI, aquí las "glorias" son "los seres celestiales", es decir, los ángeles (*cf*. también REB; ver la

---

15. Mayor, *The Epistle of St. Jude and the Second Epistle of St. Peter*, 33.
16. Algunos comentaristas creen que se refiere al señorío de Dios (Mayor, *The Epistle of St. Jude and the Second Epistle of St. Peter*, 34); otros, al señorío de Cristo (Green, *The Second Epistle General of Peter and the General Epistle of Jude*, 168; Bauckham, *Jude, 2 Peter*, 56-57); y otros, al señorío tanto de Dios como de Cristo (Kelly, *The Epistles of Peter and of Jude*, 262-63). Dado que la expresión es muy general, la distinción no importa demasiado.

NASB, "majestades angélicas").[17] Y dado que Judas los llama "glorias" y ve la actitud de los falsos maestros hacia ellas como un pecado, lo más lógico es pensar que está pensando en ángeles buenos. Si es así, ¿de qué forma los están maldiciendo? La palabra "blasfemar" también se puede traducir por "denigrar" o "menospreciar". Habla de una actitud despectiva, y a menudo se aplica al discurso o conducta que no respeta a Dios o a sus representantes como se merecen. Así, uno puede blasfemar contra el Espíritu Santo atribuyendo las señales milagrosas de Cristo al diablo (Lc 12:10); blasfemar en contra del evangelio diciendo que promueve el pecado (Ro 3:8); o blasfemar contra Dios quebrantando la ley (Ro 2:24).

Los falsos maestros, pues, podrían estar blasfemando en contra de los ángeles hablando mal de ellos, como hacían algunos herejes gnósticos que decían que los ángeles servían a un dios inferior. Pero, aunque algunos estudiosos relacionan a los falsos maestros de Judas con los gnósticos, no hay argumentos de peso para establecer una relación así. Puesto que el Antiguo Testamento y la tradición judía daban a los ángeles un rol importante en el juicio, podría ser que los falsos maestros estuvieran menospreciando a los ángeles porque están diciendo que el juicio no va a tener lugar.[18] O quizá al rechazar la autoridad de Dios y de su ley, los falsos maestros podrían estar atacando a los ángeles también, pues se pensaba que ellos eran los mediadores y los guardianes de la ley (ver Hch 7:38; Gá 3:19-20).[19]

Cualquiera de estas dos últimas interpretaciones encaja en el versículo 8. Pero tenemos que ver si ambas encajan en el resto del contexto. El versículo 9 no es fácil de interpretar, pero la explicación más natural de por qué Judas lo incluyó es que sirve como contraste a la conducta de los falsos maestros. Judas dice que el arcángel Miguel no "pronunció contra [Satanás] un juicio de maldición". Eso apunta a que los falsos maestros eran culpables de maldecir a Satanás. Si es así, lo más natural es pensar que las "glorias" del versículo 8 son ángeles malvados en lugar de ángeles buenos.[20] Como defendíamos en el comentario de 2 Pedro 2:10b, eso es lo que Pedro parece decir en un pasaje muy similar.

---

17. En cuanto al uso de la palabra "glorias" (*doxai*) con este significado, ver la sección "Sentido Original" del comentario de 2 Pedro 2:10b.
18. Neyrey, *2 Peter, Jude*, 66.
19. Bauckham, *Jude, 2 Peter*, 57-58.
20. Ver, p. ej., Green, *The Second Epistle General of Peter and the General Epistle of Jude*, 168-69.

Y, como dije allí, llamar a los ángeles malvados "glorias" o condenar a alguien por maldecirlos no es tan extraño. Porque, aunque son ángeles caídos, siguen llevando la huella de su estado original y glorioso, y por tanto no deberíamos tratarlos a la ligera.

Entonces, quizá los falsos maestros estaban menospreciando a los ángeles malvados al asumir que podían deshacerse de ellos y de su influencia sobre su conducta con sus propias fuerzas, sin el poder del Señor. Quizá la experiencia de los exorcistas judíos de Hechos 19:13-16 es, en cierto sentido, un suceso similar:

> Algunos judíos que andaban expulsando espíritus malignos intentaron invocar sobre los endemoniados el nombre del Señor Jesús. Decían: "¡En el nombre de Jesús, a quien Pablo predica, os ordeno que salgáis!"[...]. Un día el espíritu maligno les replicó: "Conozco a Jesús, y sé quién es Pablo, pero vosotros ¿quiénes sois?". Y abalanzándose sobre ellos, el hombre que tenía el espíritu maligno los dominó a todos. Los maltrató con tanta violencia que huyeron de la casa desnudos y heridos.

No estoy sugiriendo que los falsos maestros de Judas estaban intentando exorcizar demonios por su cuenta. Pero probablemente sí eran culpables de un modo más general de los errores cometidos por aquellos exorcistas judíos: principalmente, desestimar el poder y la influencia de los ángeles malvados y hacerlo sin el respaldo de la autoridad de Jesús.

Como ya hemos dicho, el versículo 9 es un versículo difícil de entender. Nos encontramos con dos problemas: la fuente de la historia que Judas recoge, y la aplicación de la historia a la falsos maestros.

(1) La palabra "arcángel", que solo aparece una vez más en todo el Nuevo Testamento (1Ts 4:16), hace referencia al rango más elevado de los ángeles, según los rangos que los judíos desarrollaron en el periodo intertestamentario.[21] Miguel, que se menciona tres veces en el Antiguo Testamento (Dn 10:13, 21; 12:1) y una vez más en el Nuevo Testamento (Ap 12:7), siempre aparece en ese grupo y normalmente se le menciona como el más importante dentro de ese alto rango. El problema es que la historia que aquí recoge no apare en ningún lugar del Antiguo Testamento ni en toda la literatura judía existente. Sin embargo, algunos

---

21. A veces hay cuatro ángeles principales, y a veces siete (ver Bauckham, *Jude, 2 Peter*, 60).

padres de la iglesia tempranos nos hablan de un libro con el que estaban familiarizados que sí narraba esa historia. Es el llamado *La asunción de Moisés* o *Testamento de Moisés*.[22] Al parecer, una de las bases de la historia que Judas cita es la visión de Zacarías en Zacarías 3, en la que "el ángel del Señor" y Satanás discuten sobre Josué, el sumo sacerdote:

> Entonces me mostró a Josué, el sumo sacerdote, que estaba de pie ante el ángel del Señor, y a Satanás, que estaba a su mano derecha como parte acusadora. El ángel del Señor le dijo a Satanás: "¡Que te reprenda el Señor, que ha escogido a Jerusalén! ¡Que el Señor te reprenda, Satanás! ¿Acaso no es este hombre un tizón rescatado del fuego?" (vv. 1-2)

Podemos ver que la tradición que Judas cita poner las palabras de represión que aparecen en esta visión en boca de Miguel. No tenemos forma de saber qué pensaban Judas sobre esta historia. Es verdad que no da ninguna indicación de que el libro que está citando tuviera estatus canónico. ¿Pero, pensaba que la historia sobre Miguel y Satanás era cierta, que realmente ocurrió? ¿O simplemente citó una historia conocida por sus lectores que le servía como ilustración? No podemos saberlo (más en la sección "Construyendo Puentes").

(2) Más importante aún es el significado de la historia que Judas recoge. Según la mayoría de traducciones inglesas (la NIV incluida), la idea central es que Miguel, por más arcángel que fuera, "no se atrevió a pronunciar contra él [Satanás] un juicio de maldición". La repetición de la palabra "maldecir" no deja lugar a dudas de la relación de este versículo con el versículo 8. Al parecer, lo que Judas quiere transmitir es que los falsos maestros son presuntuosos hasta el punto de hacer lo que Miguel, el arcángel, se negó a hacer: reprender, sin la autoridad ni el respaldo de Dios, a Satanás y a sus subordinados. Porque Miguel no reprendió a Satanás; le pidió a Dios que lo hiciera. Sin embargo, los falsos maestros menosprecian a los ángeles malvados basándose en su propia autoridad.

Al usar "estos" al principio del versículo 10, Judas regresa a la descripción de los falsos maestros. Por tanto, deberíamos ver el versículo 9 como un breve paréntesis ilustrativo en medio de la crítica que está haciendo de esos herejes. Desafortunadamente, la NIV inglesa interrumpe

---

22. Existe mucha controversia en torno a la existencia y la relación de esos dos libros, y en torno a cuál se está refiriendo Judas. En Bauckham, *Jude, 2 Peter*, 65-76 encontrará más información.

la continuidad léxica que había en los versículos 8 y 9 al traducir el verbo "blasfemar" o "maldecir" por "hablan de forma abusiva contra". Como vemos, la primera parte del versículo 10 cierra la crítica que Judas está haciendo de los falsos maestros por maldecir a los ángeles malvados: maldicen incluso aquello que no entienden.

Sí, Judas llega a decir que hay cosas que no "entienden".[23] Pero las entienden "por instinto, como animales irracionales". Como sugiere el texto paralelo de 2 Pedro 2:12, Judas está describiendo los excesos sexuales de los falsos maestros. En lugar de seguir la "razón" de la palabra de Dios, actúan por puro instinto, como animales, que no tienen sentido moral, ni sentido del bien ni del mal. No es de sorprender que esas cosas les "destruyan". Así, Judas cierra con una idea que ha sido importante a lo largo de todo el párrafo: el juicio escatológico que caerá sobre los falsos maestros que están en las iglesias de Judas, igual que cayó sobre la generación del desierto, los ángeles que pecaron, y Sodoma y Gomorra.

Al pensar sobre el significado que estos versículos tienen para la iglesia cristiana, hay dos cuestiones que debemos mirar con más detenimiento: el uso que Judas hace del material tradicional o tradición, y su referencia a la homosexualidad Sodoma y Gomorra.

Uso de la tradición. En varios lugares a lo largo de este comentario, hemos mirando con detenimiento el uso que el autor hace del material tradicional. Lo hemos hecho porque 2 Pedro y Judas hacen muchas referencias tanto al Antiguo Testamento como a la tradición judía. Y, como hemos dicho, entender la tradición que usan nos ayuda a comprender lo que intentan transmitir a sus lectores. Judas 5-10 es otro pasaje que hace un amplio uso de la tradición. Una mirada más cuidadosa al trasfondo y al significado de esas tradiciones nos ayudará a aplicar estos versículos de forma más eficaz.

---

23. Aquí la NVI crea un juego de palabras que no es evidente en el texto griego; el primer "entienden" es la traducción de la palabra griega *oida*; el segundo, la traducción de la palabra griega *epistemi*.

(1) Deberíamos observar que Judas no es el primero en usar los ejemplos de pecado y juicio que enumera en los versículos 5-7. Los autores judíos ya habían usado la misma combinación de ejemplos:

Ben Sirac 16:7-10	Documento de Damasco 2:17-3:12	3 Macabeos 2:4-7
"antiguos gigantes" [= ángeles de Gn 6] ... que se rebelaron con su fuerza. [Dios] no perdonó a los vecinos de Lot... No perdonó al pueblo condenado"	"los vigilantes de los cielos [ángeles de Gn 6] cayeron. ... Los hombres [del pueblo de Dios] fueron cortados en el desierto"	"Destruiste... a los gigantes. Consumiste con fuego y azufre a los hombres de Sodoma"

Testamento de Neftalí 3:4-5	Tratado Sanedrín 10:3
"...para que no os volváis como Sodoma, que se apartó del orden de la naturaleza. De igual modo los vigilantes se apataron del orden de la naturaleza"	"Los hombres de Sodoma no tienen parte en el mundo venidero. ... La generación del desierto no tienen parte en el mundo venidero"

De hecho, el único de esos textos que sí incluye las tres referencias es el Ben Sirac, y los otros textos aluden a otros ejemplos aparte de estos tres. Pero todos estos textos son una muestra del patrón general de referencia que también encontramos en Judas 5-7.

¿Qué ganamos observando este patrón? (a) Confirma nuestra conclusión de que Judas se está refiriendo a la historia de Génesis 6 cuando menciona a "los ángeles que no mantuvieron su posición" (v. 6). Cuatro de los cinco textos citados arriba hacen referencia a esa historia, llamando "vigilantes" a esos ángeles caídos, como es típico del judaísmo intertestamentario, o refiriéndose a sus descendientes como los «gigantes». Dado que cuando los judíos mencionaban Sodoma y Gomorra y a la generación del desierto, estaban acostumbrados a incluir la historia de los "hijos de Dios" de Génesis 6, tenemos una base para pensar que Judas también lo hace.

(b) Podemos imaginar que los lectores de Judas conocían con ese patrón. Seguro que estaban familiarizados con la tradición que recogían estos incidentes (y similares) para advertirles de los peligros del pecado. Seguro que ya sabían que las personas que cometieron aquellos pecados sufrieron condenación, que "no tenían parte en el mundo venidero" (*cf. Tratado Sanedrín*). Al poner a los falsos maestros en el mismo paradigma, Judas logra que su retórica sea más eficaz. Al relacionarlos con grupos notoriamente pecadores, Judas añade a su condena una fuerte carga emocional. Logra el mismo efecto que cuando hoy llamamos "Judas" a un político del bando contrario, o acusamos a un jefe de estado de ser un "pequeño Hitler".

(c) Otra consecuencia de reconocer la tradición que hay detrás de Judas 5-7 es cierta precaución a la hora de aplicar los detalles de esos ejemplos a los falsos maestros. Judas menciona a estos grupos de pecadores porque formaban parta de la tradición, no porque tienen características exactamente iguales a las de los falsos maestros. Es cierto que según él hay similitud, pero esa similitud no es total. Por ejemplo, no podemos concluir necesariamente que los falsos maestros son culpables de practicar la homosexualidad solo porque los hombres de Sodoma y Gomorra sí lo son. Podría ser que el paralelismo entre ambos grupos no va más allá que la burla de los mandatos bíblicos sobre la sexualidad.

(2) El uso que Judas hace en estos versículos de la tradición suscita otra cuestión: ¿cuánto acepta él de la tradición que cita? La cuestión aparece en primer lugar con el uso que hace de la tradición judía sobre los "hijos de Dios" basada en Génesis 6:1-4. Como dijimos, esa tradición entendía que los "hijos de Dios" eran ángeles que descendieron a la tierra y tuvieron relaciones sexuales con mujeres. El problema con el uso que Judas hace de esta tradición es que muchos estudiosos evangélicos, la mayoría de hecho, defiende que ese no es el significado de Génesis 6:1-4. En la sección "Construyendo Puentes" del comentario de 2 Pedro 2:4-10a hablo de este problema. Baste aquí decir que se puede defender que los "hijos de Dios" son ángeles, y que al menos debemos preguntarnos si el autor bíblico está respaldando la verdad del la historia o si simplemente está citando una tradición que sabe que la gente de su tiempo conocía.

Igual que ocurre en 2 Pedro, no es fácil responder a esta última pregunta. Pero debemos admitir que es difícil pensar que Judas veía esta historia de los ángeles del versículo 6 de forma diferente a la historia de la generación del desierto del versículo 5 y a la historia de Sodoma y Gomorra del versículo 7. Sin embargo, J. Daryl Charles dice que, aunque Judas está de acuerdo con la tradición al nivel de relacionar la caída de los ángeles con el tiempo del diluvio, no está claro que asuma la naturaleza sexual del pecado que cometieron.[24] Charles tiene razón; los autores bíblicos no siempre suscriben todos los detalles que aparecen en la tradición judía que utilizan, y deberíamos darnos cuenta de que Judas no menciona de forma explícita el pecado sexual de los ángeles. Muchos comentaristas creen que eso ya está implícito debido al paralelismo que establece con los hombres de Sodoma y Gomorra. Pero simplemente es algo implícito, y no podemos caer en hacer decir al texto más de lo que realmente dice.

Pero la cuestión del uso que Judas hace de la tradición se vuelve aún más completa en el versículo 9. Porque Judas aquí no hace referencia a un libro canónico, sino a una historia que aparece en un libro, *La asunción de Moisés* o *Testamento de Moisés*, que ningún grupo religioso ha considerado canónico. Ante esta situación tenemos, en mi opinión, dos opciones.

(a) Quizá Judas veía esta historia como una "leyenda" popular con la que tanto él como sus lectores estaban familiarizados y que podía usar para ilustrar lo que estaba intentando transmitir. Veamos una analogía: sería lo mismo que cuando un predicador, para ilustrar el nuevo mundo en el que viven los cristianos exclama: "Como Dorothy le dice a Totó: 'Totó, me parece que ya no estamos en Kansas!'". El predicador no asume que *El mago de Oz* es una fuente de autoridad o que la historia que cuenta es real. Es tan solo una obra de ficción que le sirve para ilustrar una verdad.

¿Vería Judas la historia de Miguel y el diablo del mismo modo? Es totalmente posible. Está claro que sus lectores tenían mucha estima por la literatura apocalíptica como *La asunción de Moisés/Testamento de Moisés*, así que sería muy normal apelar a una historia que conocían bien.[25] No obstante, no podemos estar seguros de ello, y algunos argumentan que para los lectores de Judas habría sido difícil ver la diferencia

---

24. J. Daryl Charles, *Literary Strategy in the Epistle of Jude*, 108-16.
25. Ver Roger Beckwith, *The Old Testament Canon of the Christian Church and Its Background in Judaism* (Grand Rapids: Eerdmans, 1985), 401-5; A. Plummer, *The General Epistles of St. James and St. Jude* (Londres: Hodder & Stoughton, 1891), 424.

entre esta historia y los demás ejemplos (los del Antiguo Testamento) que aparecen en este pasaje en cuestión.

(b) Por tanto, otra opción es asumir que Judas cree que este incidente realmente tuvo lugar. No obstante, eso no significa que Judas crea que el libro de dónde saca la historia sea canónico o totalmente riguroso. Tan solo significaría que Judas cree que esa historia en cuestión es verdad. ¿Y cómo podría saberlo? Creo que aquí debemos regresar a nuestra creencia en la inspiración de la Biblia. Judas escribió bajo la dirección del Espíritu de Dios, quien le guió a esa historia, y le impidió usar otros textos que contienen historias que no son reales.

La cuestión de la homosexualidad. Por último, debemos mencionar el polémico tema de la homosexualidad. En la siguiente sección, hablamos sobre el significado contemporáneo de las alusiones que encontramos en Judas 7. Aquí, trazaremos brevemente el contexto bíblico para la discusión.

La historia de Sodoma y Gomorra en Génesis 19 nunca menciona de forma explícita el pecado de la homosexualidad como la razón por la que Dios destruyó esas ciudades. El Señor le dice a Abraham antes de la destrucción que "el clamor contra Sodoma y Gomorra resulta ya insoportable, y su pecado es gravísimo. Por eso bajaré, a ver si realmente sus acciones son tan malas como el clamor contra ellas que me lo indica" (18:20-21). Los ángeles enviados para investigar la situación dicen más o menos lo mismo justo antes de la destrucción (19:13). Pero, dado que la historia de la visita de los ángeles se centra en el intento de los hombres de Sodoma por tener relaciones sexuales con los ángeles, parece obvio que la razón por la que Dios destruye esas ciudades es ese pecado en particular. Aunque el profeta Ezequiel enumera otros pecados de los que "Sodoma" era culpable, como la arrogancia, el estilo de vida lujoso, y la indiferencia hacia los pobres, en Génesis 19 toda la atención recae sobre la homosexualidad, a la que Lot llama "perversidad" (19:7). La interpretación tradicional de este texto es que la homosexualidad es lo que llevó a Dios a destruir Sodoma y Gomorra; y de ahí que se usen las palabras "sodomía" y "sodomita" para referirse a la actividad homosexual.

Sin embargo, Génesis 19 no es el único texto del Antiguo Testamento que condena la homosexualidad. Se prohíbe claramente en la ley que Dios da a los israelitas:

> Levítico 18:22: "No te acostarás con un hombre como quien se acuesta con una mujer. Eso es una abominación".

> Levítico 20:13: "Si alguien se acuesta con otro hombre como quien se acuesta con una mujer, comete un acto abominable y los dos serán condenados a muerte, de la cual ellos mismos serán responsables".

Durante las etapas finales del periodo intertestamentario, los judíos estaban cada vez más en contacto con el mundo griego, en el que las relaciones homosexuales eran normales. De hecho, muchos griegos valoraban más una relación sexual entre hombres que el sexo heterosexual. La confrontación con un mundo así llevó a los escritores judíos a afirmar con más fuerza la prohibición bíblica de la homosexualidad. Como muy bien resume J. D. G. Dunn: "La antipatía hacia la homosexualidad sigue siendo un distintivo claro de la visión judía sobre la forma en la que el hombre ha sido creado y las implicaciones que eso tiene".[26]

Debemos tener en cuenta todo esto cuando valoremos qué significado tienen las referencias que encontramos en Judas 7 para la práctica de la homosexualidad en nuestros días.

Significado Contemporáneo

La cuestión de la homosexualidad. En la etapa más reciente de la "revolución sexual" moderna, la tolerancia hacia la homosexualidad ha llegado a convertirse en algo normal en un periodo de tiempo sorprendentemente corto. Las actitudes han cambiado tan rápido que lo que se había dado por sentado unas décadas atrás, por ejemplo, que un homosexual declarado no podía ser profesor, ahora uno se ve obligado a tener que defenderlo y, lo más probable es que, después de hacerlo, la mayoría de gente no esté de acuerdo.

Es obvio que los cristianos no son inmunes a estos cambios. Lo queramos o no, nuestras actitudes están profundamente influenciadas por movimientos los culturales de los que irremediablemente formamos

---

26. J. D. G. Dunn, *Romans 1–8*, WMC (Waco, Tex.: Word, 1988), 65-66.

parte. Así, los cristianos están reevaluando su visión de la homosexualidad, y algunos insisten en que debemos revisar nuestra comprensión del tema. Dicen que la iglesia se ha equivocado a la hora de catalogar la homosexualidad como un pecado. La idea de que la homosexualidad es pecaminosa es una mala interpretación de lo que el Nuevo Testamento enseña sobre la cuestión. Por tanto, para aplicar Judas 7, necesitamos estudiar brevemente cómo el Nuevo Testamento trata el tema de la homosexualidad.

Aparte de la mención en Judas 7, en el Nuevo Testamento hay tres pasajes más que condenan la homosexualidad:

> Por tanto, Dios los entregó a pasiones vergonzosas. En efecto, las mujeres cambiaron las relaciones naturales por las que van contra la naturaleza. Así mismo los hombres dejaron las relaciones naturales con la mujer y se encendieron en pasiones lujuriosas los unos con los otros. Hombres con hombres cometieron actos indecentes, y en sí mismos recibieron el castigo que merecía su perversión (Ro 1:26-27).

> ¿No sabéis que los malvados no heredarán el reino de Dios? ¡No os dejéis engañar! Ni los fornicarios, ni los idólatras, ni los adúlteros, ni los sodomitas, ni los pervertidos sexuales, ni los ladrones, ni los avaros, ni los borrachos, ni los calumniadores, ni los estafadores heredarán el reino de Dios (1Co 6:9-10).

> Tengamos en cuenta que la ley no se ha instituido para los justos sino para los desobedientes y rebeldes, para los impíos y pecadores, para los irreverentes y profanos. La ley es para los que maltratan a sus propios padres, para los asesinos, para los adúlteros y los homosexuales, para los traficantes de esclavos, los embusteros y los que juran en falso. En fin, la ley es para todo lo que está en contra de la sana doctrina (1Ti 1:9-10).

En el pasado, los cristianos casi de forma universal han entendido que estos pasajes condenaban toda forma de homosexualidad como pecaminosa y merecedora del juicio de Dios. Pero ahora, algunos académicos están persuadidos de que estos textos no enseñan eso. En general, presentan dos líneas de argumentación, que a veces se solapan.

(1) Algunos sugieren que las palabras clave que Pablo usa en estos versículos tienen un significado restringido. Por ejemplo, J. Boswell argumenta que la palabra que la NVI traduce en 1 Corintios 6:9 por "pervertidos sexuales" (*arsenokoitai*) se refiere a prostitutos que tienen relaciones sexuales tanto con hombres como con mujeres (esta palabra también aparece en 1Ti 1:10 [aquí la NVI sí traduce "homosexuales"]. Dicho de otro modo, si la palabra solo se refiere a los hombres que ejercen la prostitución, el texto no está condenando la práctica homosexual fuera de la prostitución.[27] Pero el significado de la palabra que Boswell defiende es muy poco probable. El término retoma en griego el lenguaje sobre la homosexualidad que se usa en Levítico 18:22 y 20:13; y, como vimos más arriba, ambos textos hablan de cualquier forma de homosexualidad.[28]

(2) Los revisionistas sugieren que aunque algunos textos de Pablo parecen condenar la homosexualidad, no representan la visión real de Pablo. Pablo simplemente usa la tradición judía que ha heredado, pero no la comparte.[29] Pero eso no tiene ningún sentido. ¿Cómo podemos saber cuándo Pablo está de acuerdo con la tradición que cita, y cuándo no? Siguiendo ese procedimiento, podemos desechar casi cualquier enseñanza de Pablo.

Podemos decir que, en este caso como en cualquier otro, los autores del Nuevo Testamento están de acuerdo con la enseñanza del Antiguo Testamento a no ser que de forma explícita indiquen lo contrario. El Antiguo Testamento es claro sobre la naturaleza de la homosexualidad: es un pecado. Y el Nuevo Testamento en ningún momento expresa su desacuerdo; en al menos cuatro pasajes, como hemos visto, respalda la visión del Antiguo Testamento. Cuando además añadimos el hecho de que la enseñanza judía era unánime a la hora de condenar la homosexualidad, intentar argumentar que en el Nuevo Testamento aparece una visión diferente es una ilusión sin fundamento.

El hecho de que tenemos tan pocas referencias no significa que a los autores del Nuevo Testamento no les preocupaba el tema de la

---

27. J. Boswell, *Christianity, Social Tolerance and Homosexuality* (Chicago: Univ. of Chicago, 1980), 341-52.
28. Ver esp. David F. Wright, "Homosexuals or Prostitutes? The Meaning of *Arsenokoitai* (1Co 6:9; 1Ti 1:10)", *Vigiliae Christianae* 38 (1984): 125-53.
29. Ver, por ejemplo, Robin Scroggs, *The New Testament and Homosexuality* (Filadelphia: Fortress, 1983).

homosexualidad; significa que simplemente asumían la visión totalmente aceptada en la cultura judía. Por eso D. F. Wright comenta sobre Pablo: "Para él, la actividad sexual entre el mismo sexo era tan claramente contraria al propósito de Dios en la creación que tiene suficiente que no ve motivos para hacer más que una breve pero elocuente mención".[30] Con el tema de de la homosexualidad, estamos ante otro ejemplo en el que la gente intenta imponer *a* la Biblia las costumbres de la sociedad actual, en lugar de dejar que la Biblia determine esas costumbres.

En este sentido, hemos de reconocer la fuerte tentación del ser humano a encontrar un sistema de valores que respalde el tipo de conducta que ha elegido. En la última novela de León Tolstói, *Resurrección*, el autor describe precisamente esta situación. La novela se centra en los esfuerzos de un noble llamado Nejliúdov por redimir a una mujer, Máslova, a la que había seducido y llevado a una vida de prostitución. Nejliúdov se queda sorprendido cuando Máslova rechaza sus intentos de reformarla y cuando ve que ella no tiene ningún tipo de vergüenza por el tipo de vida que lleva. Tolstói comenta:

> A decir verdad, aquello no tenía nada de sorprendente. Para poder obrar, todos tenemos necesidad de considerar como importante y buena nuestra ocupación. Como resultado, cualquiera que sea la posición de una persona, naturalmente se hace una concepción de la vida que resalta como importante y buena su propia actividad.
>
> Gustosamente, uno se persuade de que el ladrón, el espía, el asesino, la prostituta, se avergüenzan de su oficio o, al menos, lo consideran detestable. Pero no es así. Las personas colocadas por su destino y sus faltas en una situación determinada, por inmoral que ésta sea, se las componen siempre para que su concepción general de la vida haga resaltar como buena y honorable su situación particular. Y para confirmar esa concepción de la vida, se quedan en el círculo de aquellos que tienen un concepto semejante de la vida y del lugar que ellas ocupan en la vida. Uno se asombra al ver cómo los ladrones se enorgullecen de su destreza; las prostitutas, de su corrupción; los asesinos, de su crueldad.

---

30. D. F. Wright, "Homosexuality", en *Dictionary of Paul and his Letters*, ed. Gerald F. Hawthorne y Ralph P. Martin (Downers Grove, Ill.: InterVarsity, 1993), 414.

> Pero uno se asombra solamente porque el círculo y la atmósfera en la que viven esas personas son limitados, y principalmente porque no pertenece a dicho círculo.[31]

Dicho de otro modo, debemos entender que la gente atrapada en el pecado de la homosexualidad buscará justificar su pecado; no deberían sorprendernos los intentos de justificar esa conducta con la Biblia. (Deberíamos añadir que Tolstói, a continuación, condena a la sociedad en general por hacer lo mismo. Quizá cada uno de nosotros también debe preguntarse si por vivir dentro de un "círculo" restringido no ha aprendido a tolerar algunos pecados).

Los cristianos convencidos de la autoridad de la Biblia deben aportar lo que la Biblia dice sobre el tema. No podemos permitir que la cultura cambie nuestros valores, ni podemos comprometer la forma en la que aplicamos esos valores. La conducta homosexual es pecaminosa, una conducta que puede excluir a la gente del reino de Dios (1Co 6:9-10). Como mayordomos del evangelio, se nos ha encomendado ese mensaje.

Pero debemos proclamar este mensaje con el espíritu correcto. A cualquiera que cuestiona la homosexualidad se le tacha de "homófobo", lo cual es ridículo y peligroso, pues implica que cualquiera que habla en contra de la homosexualidad lo hace movido por un miedo irracional. Pero debemos reconocer que la homofobia sí existe dentro de la iglesia, porque algunos cristianos hablan de la homosexualidad con dureza y desde un acercamiento erróneo. Debemos decir lo que la Biblia dice, pero debemos hacerlo porque queremos defender los valores de las Escrituras y porque amamos de los homosexuales. Porque amamos a los homosexuales no nos quedamos callados cuando eligen un estilo de vida que les dirige hacia las puertas del infierno. Porque amamos a los homosexuales les llevamos el evangelio.

Obviamente, lo único que puede romper el círculo de aprobación que Tolstói describe y transformar al homosexual es el poder de Dios que vemos en el evangelio. En el debate sobre la causa de la conducta homosexual, la teoría secular actual cada vez hace más hincapié en la naturaleza. Se nos dice que los homosexuales están genéticamente predispuestos a ese pecado. Pero incluso si eso es así, pues no hay una opinión homogénea sobre los datos científicos, la conducta homosexual no es irreversible. Muchas personas tienen predisposición, por las razones

---

31. León Tolstói, *Resurrección* (XLIV).

que sean, a algunos pecados, y eso no es una excusa ante Dios. Lo importante es que el evangelio ofrece el poder que necesitamos para dejar atrás el pecado. Veamos lo que Pablo dice sobre los corintios, después de describir a todo tipo de pecadores (incluyendo a los homosexuales): "Y eso erais algunos de vosotros. Pero ya habéis sido lavados, ya habéis sido santificados, ya habéis sido justificados en el nombre del Señor Jesucristo y por el Espíritu de nuestro Dios" (1Co 6:11).

El abuso de las visiones. Antes de dejar esta sección de Judas, encontramos otro tema que merece ser mencionado: el abuso de las "visiones". La expresión despectiva "llevados por sus delirios" (v. 8) sugiere que los falsos maestros estaban justificando su conducta apelando a visiones que decían haber recibido. Sabemos que la Biblia da valor a las visiones. Dios a menudo transmitía su palabra a los profetas del Antiguo Testamento a través de visiones, y casi todo el libro de Apocalipsis es un registro de las visiones de Juan. Pero la Biblia también dice que hay personas que abusan de este método de revelación, afirmando de forma fraudulentamente que han recibido visiones de parte de Dios. Hay profetas verdaderos y "profetas falsos" (ver 2P 2:1).

En nuestros días hemos visto resurgir el interés por las visiones y las profecías. En concreto el movimiento *Vineyard* ha hecho mucho énfasis en las "palabras" proféticas que animan y dirigen a la iglesia. Dentro del movimiento, algunos de los portavoces han procurado controlar los abusos estableciendo unas normas bíblicas generales para ejercer el don profético. Pero aún así, se sigue abusando de ese don: hay gente que busca justificar su conducta dudosa o incluso pecaminosa apelando a una visión, o que intenta salirse con la suya en un debate polémico diciendo que ha recibido una visión de parte de Dios.

No podemos simplemente descartar las visiones: Dios aún puede elegir comunicarse así con su pueblo. Pero debemos insistir en que cualquier mensaje o visión llamada profética tiene que conformarse a la verdad de Dios revelada en las Escrituras y debe aceptar el escrutinio por parte de otros cristianos. Pablo mismo dijo que los mensajes de los profetas cristianos debían ser evaluados por otros profetas (u otros cristianos; *cf.* 1Co 14:29).

Judas 11-13

¡Ay de los que siguieron el camino de Caín! Por ganar dinero se entregaron al error de Balaam y perecieron en la rebelión de Coré.

¹² Estos individuos son un peligro oculto: sin ningún respeto convierten en parrandas las fiestas de amor fraternal que celebráis. Buscan sólo su propio provecho. Son nubes sin agua, llevadas por el viento. Son árboles que no dan fruto cuando debieran darlo; están doblemente muertos, arrancados de raíz. ¹³ Son violentas olas del mar, que arrojan la espuma de sus actos vergonzosos. Son estrellas fugaces, para quienes está reservada eternamente la más densa oscuridad.

Judas aún no ha acabado con los falsos maestros. Está tan preocupado por el potencial que tienen de apartar a sus lectores del camino del Señor que lo que ha dicho en los versículos 5-10 no le parece suficiente. Por tanto, les lanza un ataque más. Como el primero, este también empieza con tres ejemplos de pecadores del Antiguo Testamento (v. 11). La segunda parte del párrafo de esta sección (vv. 12-13) también sigue el patrón que Judas ha establecido porque, con la palabra "estos", pone la atención sobre los falsos maestros, y los define con seis breves descripciones muy negativas.

Tres ejemplos del Antiguo Testamento (v. 11)

Existen dos diferencias principales entre este versículo y los versículos 5-7. (1) Los tres ejemplos del Antiguo Testamento que Judas usa sirven para respaldar su "ay" contra los falsos maestros. La palabra griega que traducimos por "ay" es *ouai*, que es una transliteración de la palabra hebrea. Esta palabra la usaban especialmente los profetas del Antiguo Testamento para anunciar el dolor y la aflicción que sobrevendrían sobre el pueblo como resultado del juicio de Dios. Ver, por ejemplo, Isaías 3:11: "¡Ay del malvado, pues le irá mal! ¡Según la obra de sus manos se le pagará!".

Este tipo de oráculo con frecuencia incluía una referencia tanto al juicio de Dios como a la razón por la que Dios enviaba ese juicio. De ese modo, Judas menciona el juicio que los falsos maestros experimentarán ("perecieron") y la razón por la que Dios les juzga: "...siguieron el camino de Caín. Por ganar dinero se entregaron al error de Balaam. [Siguieron el camino de] la rebelión de Coré". [*N. de la T.* Escribimos "Balaam" porque es como aparece en Judas 11 en la NVI en castellano peninsular, que es la que estamos usando, a pesar de que en 2 Pedro 2:15 y en Números 22-24 aparece como Balán].

(2) Una segunda diferencia entre los versículos 5-7 y el versículo 11 es que Judas no solo cita los ejemplos del Antiguo Testamento, para usarlos como ilustración. Lo que hace es aplicar directamente a los falsos maestros la conducta pecaminosa y el juicio que describe al mencionar los ejemplos del Antiguo Testamento. Así, Caín, Balaam y Coré se convierten en "tipos", personas cuya conducta apuntan a la conducta de sus "antitipos" del Nuevo Testamento. Probablemente es por esa razón por la que los tres verbos en este versículo están en tiempo pasado: "siguieron", "se entregaron", "perecieron" en la NVI. Judas lo dice así porque las acciones de los tipos del Antiguo Testamento ocurrieron en el pasado. Pero porque son "tipos", sus acciones, en un sentido, son atemporales. Por tanto, hubiera sido más acertado traducirlo en tiempo presente: "¡Ay de ellos! ¡Porque *siguen* el camino de Caín, se *entregan* al error de Balaam y *perecen* en la rebelión de Coré" (ver la NRSV inglesa).

El primer ejemplo que Judas menciona es Caín, que asesinó a su hermano por envidia (Gn 4:1-16; *cf.* 1Jn 3:11). ¿Qué quiere decir Judas al sugerir que los falsos maestros "siguen el camino de Caín? Podría estar diciendo que del mismo modo en el que Caín mató a Abel, los falsos maestros están "matando" las almas de la gente.

Sin embargo, en la tradición judía Caín se convirtió en ejemplo de un impío escéptico. El Tárgum de Jerusalén, una paráfrasis aramea del Pentateuco, pone en boca de Caín lo siguiente: "No hay juicio, no hay juez, no hay vida futura; los justos no recibirán ninguna recompensa, y los malvados no sufrirán ningún castigo". Entonces, la intención de Judas podría ser reforzar su acusación en contra de los falsos maestros por haber rechazado la autoridad y por blasfemar (ver vv. 8-10).[1] Otra tradición judía retrata a Caín como un corruptor de la humanidad;

---

1. Green, *The Second Epistle General of Peter and the General Epistle of Jude*, 172.

Josefo dice que "a todo el que se encontraba lo incitaba a la lujuria y al pillaje, y se convertía en su instructor de prácticas malvadas".[2] Dicho de otro modo, Judas podría estar apuntando también a las falsas *enseñanzas* de estos individuos impíos. El problema de estas dos últimas interpretaciones es que no podemos saber qué tradición judía tenía Judas en mente (si es que tenía alguna).

Balaam, el segundo personaje en la lista de Judas, es conocido en la Biblia especialmente por su avaricia, un énfasis que Judas retoma diciendo que los falsos maestros siguen el camino de Balaam, porque quieren una "recompensa" o tener un "beneficio" (*misthos*; cp. un énfasis similar, 2P 2:15-16). Según la historia recogida en Números 22-24, Balac, rey de Moab, desesperado por frenar la amenaza de una invasión israelita, intenta contratar a Balaam para que maldiga a Israel. Aunque Balaam al final se niega a hacer lo que Balac le pide, titubea lo suficiente como para criar mala fama y que posteriormente se le recordara como un hombre que llevó a Israel al pecado por obtener de una recompensa económica.[3] Judas podría estar diciendo que los falsos maestros también están enseñando lo que enseñan porque le da dinero. Sabemos que en el mundo antiguo, muchos maestros itinerantes que enseñaban a la gente que estaba dispuesta a pagarles por recibir su enseñanza; quizá estos falsos maestros estaban haciendo lo mismo.

La historia de Coré aparece en Números 16:1-35. Coré "se atrevió a sublevarse contra Moisés" (vv. 1-2), e incitó a otros 250 israelitas prominentes a rebelarse contra el liderazgo de Moisés. En respuesta a ello, Dios hizo que la tierra se abriera y se tragara a Coré, a sus seguidores y a sus familias. El texto también menciona que en ese juicio el fuego estuvo presente; eso también lo recoge un comentario posterior sobre este incidente (Sal 106:16-18). Ya en tiempos de Moisés, la historia de Coré se había convertido en una "señal de advertencia" para aquellos eran tentados a rebelarse contra el Señor y contra los líderes que Él había establecido (*cf.* Nm 26:9-10).

---

2. *Antigüedades* 1.61. Ver también Filón, *Sobre la posteridad de Caín y su exilio* 38-39. Ver esp. Bauckham, *Jude, 2 Peter*, 79.
3. Ver, en el Nuevo Testamento, Apocalipsis 2:14; en la tradición judía, ver especialmente el Tárgum de Números 22–24; Filón, *Moisés* 1.266-68; *Migración* 114. Para ver más información, ver el comentario de 2 Pedro 2:15-16.

La tradición judía dio continuidad a esta visión, y Coré se convirtió en "el clásico ejemplo de hereje antinómico".[4] Por tanto, Judas podría estar asociando a los falsos maestros con Coré porque ellos también se niegan a escuchar a los líderes que Dios ha establecido.[5] Aunque quizá eso es ser demasiado específico, y Judas solo pretende denunciar la actitud antinómica y rebelde de los falsos maestros. Sea como sea, lo más seguro que cite a Coré el último (no siguiendo el orden canónico) por el juicio repentino y espectacular que recayó sobre él y su seguidores. Ese es también el destino de los falsos maestros: "perecerán" en el día del Señor.[6]

Aplicación de los ejemplos a los falsos maestros (vv. 12-13)

En el versículo 8, Judas dejó clara la aplicación de estos ejemplos del Antiguo Testamento al usar la expresión "de la misma manera". Aquí es más abrupto, probablemente porque ya ha asociado a los falsos maestros con los pecados (y con el juicio) de los ejemplos que ha escogido. Y, sin establecer una conexión obvia con los ejemplos mencionados en el versículo 11, sigue con la descripción de los falsos maestros, dividiéndola en seis partes.

(1) "Estos individuos son un peligro oculto: sin ningún respeto convierten en parrandas las fiestas de amor fraternal que celebráis". La palabra griega que la NVI traduce por "peligro oculto" (literalmente, "coral oculto") es de difícil traducción; la palabra también puede significar "manchas". Esta última traducción encuentra respaldo en el texto paralelo de 2 Pedro 2:13, donde, en una descripción de los falsos maestros similar a la que aparece aquí en Judas, Pedro llama a esos herejes "manchas" (*spiloi*).[7] Pero Judas usa aquí una palabra diferente, por lo que quizá deberíamos optar por la primera traducción, "arrecife". En este caso, Judas estaría sugiriendo que los falsos maestros, como los corales ocultos que cortan el fondo de una embarcación, están al acecho para destruir a los fieles.[8]

---

4. Bauckham, *Jude, 2 Peter*, 83. Ver, p. ej., el Tárgum; Josefo, *Antigüedades* 16.1.
5. Green, *The Second Epistle General of Peter and the General Epistle of Jude*, 173.
6. El tiempo pasado que Judas usa aquí (*apolonto*, un aoristo) puede tener un sentido atemporal, o puede evocar al "perfecto profético" hebreo: la profecía se hacía en tiempo pasado para enfatizar la certeza de su cumplimiento (Bauckham, *Jude, 2 Peter*, 84).
7. Bigg, *The Epistles of St. Peter and St. Jude*, 333; Neyrey, *2 Peter, Jude*, 74-75.
8. Ver, p. ej., Mayor, *The Epistle of St. Jude and the Second Epistle of St. Peter*, 40-41; Kelly, *The Epistles of Peter and of Jude*, 270-71; Bauckham, *Jude, 2 Peter*, 85.

"Fiestas de amor fraternal" no es una mala traducción de *agapais*. *Agape* significa "amor"; pero los primeros cristianos también empezaron a usar esa palabra para referirse a las alegres comidas de comunión. Esas comidas normalmente incluían la celebración de la Cena del Señor (lo que llamaríamos la dimensión "vertical") y la celebración de una comida juntos (la dimensión "horizontal"). Al parecer, los falsos maestros continuaban participando de esas comidas comunitarias regulares sin dudarlo (NVI, "sin ningún respeto"; literalmente, "sin ningún miedo"). Así, ponían en peligro a los creyentes, que podían acabar pensando que se podía ser cristiano y a la vez seguir su estilo de vida libertino.

(2) "Buscan sólo su propio provecho" o "pastores que solo se alimentan a sí mismos". "Pastor" es el paradigma de la persona que desinteresadamente mira por los demás. Por eso era un término adecuado para referirse al Señor (p. ej., Sal 23; *cf.* Jn 10:1-18) y a los líderes del pueblo de Dios en el Antiguo Testamento (p. ej., 2Sa 5:2) y en el Nuevo (Hch 20:28; 1P 5:2). Pero los falsos maestros estaban abandonando su responsabilidad natural de cuidar de los demás, y se estaban preocupando tan solo de ellos mismos. Puede que Judas esté haciendo alusión a Ezequiel 34:2: "Hijo de hombre, profetiza contra las ovejas de Israel; profetiza y adviérteles que así dice el Señor omnipotente: '¡Ay de vosotros, pastores de Israel, que tan sólo os cuidáis a vosotros mismos! ¿Acaso los pastores no deben cuidar al rebaño?'". Además, el hecho que Judas use la palabra "pastores" podría apuntar a que los falsos maestros eran líderes en la iglesia.

(3) "Son nubes sin agua, llevadas por el viento". Las últimas cuatro descripciones de los falsos maestros están sacadas del mundo natural; y, sea intencionalmente o no, de las cuatro regiones de la tierra, según los antiguos: el aire (nubes), la tierra (árboles), el mar (olas) y el firmamento (planetas). "Nubes sin agua" es una metáfora normal para describir a aquellos que cumplen lo que prometen (*cf.* Pr 25:14: "Nubes y viento, y nada de lluvia, es quien presume de dar un nunca da nada"). De igual modo, Judas sugiere, por más que los falsos maestros digan de sí mismos y de sus enseñanzas, no tienen nada decente que ofrecer. Además, son inestables, "llevados por el viento".

(4) "Son árboles que no dan fruto cuando debieran darlo; están doblemente muertos, arrancados de raíz". En la NVI inglesa, "árboles de otoño". Un árbol que aún no tiene fruto llegado el otoño (o "finales de otoño", como sugiere la palabra griega) no cumple el propósito de su

existencia. Por lo que "árboles de otoño" apunta a lo mismo que las "nubes sin agua".⁹

¿Pero por qué dice Judas que esos árboles están "doblemente muertos, arrancados de raíz"? En el texto griego, los términos aparecen en ese orden. Las versiones que invierten el orden hacen que sea más difícil entender lo que Judas está queriendo decir. Quizá no está hablando de los árboles; parece que con estas palabras Judas va más allá de la propia metáfora para centrarse en la realidad a la que la metáfora apunta.

Entonces, ¿qué significa para Judas la afirmación de que los falsos maestros han muerto, o morirán, dos veces? Puede que esté pensando en la apostasía de los falsos maestros. Estuvieron una vez "muertos" en sus transgresiones y pecados (Ef 2:1), pero Dios les dio vida en Cristo. Ahora, sin embargo, al rebelarse contra el Señor, han vuelto hacia atrás a un estado de muerte espiritual (ver, p. ej., He 6:4-8; 2P 2:18-22).[10] Una segunda posibilidad es que Judas esté haciendo referencia al juicio futuro de los falsos maestros. El Nuevo Testamento llama al juicio escatológico "la muerte segunda" (Ap 2:11; 20:6, 14; 21:8). Así que esos falsos maestros, Judas estaría diciendo, no solo mirarán físicamente; también morirán espiritualmente y eternamente.[11] Ambas interpretaciones encajan con el contexto; pero quizá la segunda encaja mejor, puesto que los lectores de Judas parecen estar bien familiarizados con los escritos apocalípticos en los que se usa la expresión "muerte segunda" para referirse a la condenación. Y "arrancados de raíz" vendría a completar la imagen del juicio. Toda esta descripción recuerda a la parábola de Jesús sobre la higuera que no daba fruto (Lc 13:6-8).

(5) "Son violentas olas del mar, que arrojan la espuma de sus actos vergonzosos" (v. 13a). Podría ser que Judas tuviera en mente Isaías 57:20: "...pero los malvados son como el mar agitado, que no puede

---

9. Judas podría tener en mente otro pasaje de *1 Enoc* (80:2-3; la cita es de *The Old Testament Pseudepigrapha*, vol. 1: *Apocalyptic Literature and Testaments*, ed. James H. Charlesworth [Garden City, N. Y.: Doubleday, 1983], 58): En los días de los pecadores los años serán acortados y su semilla llegará tarde a sus tierras y campos; todas las cosas sobre la tierra se alterarán y no saldrán a su debido tiempo; la lluvia será retenida y los cielos la retendrán. En esa época los frutos de la tierra serán retenidos, no crecerán a tiempo los frutos de los árboles, serán retardados.
10. Mayor, *The Epistle of St. Jude and the Second Epistle of St. Peter*, 42-43; Green, *The Second Epistle General of Peter and the General Epistle of Jude*, 175-76.
11. Kelly, *The Epistles of Peter and of Jude*, 273; Bauckham, *Jude, 2 Peter*, 88.

calmarse, cuyas olas arrojan fango y lodo."[12] La NIV inglesa traduce "de su vergüenza", pero en el texto griego la palabra "vergüenza" está en plural, así que Judas claramente está pensando en los "actos vergonzosos" que los falsos maestros han cometido.

(6) "Son estrellas fugaces, para quien está reservada eternamente la más densa oscuridad" (v. 13b). En el mundo antiguo la gente creía que el firmamento debía mostrar orden y regularidad. Por tanto tenían dificultad para explicar los planetas, que "vagaban" por el firmamento oscuro aparentemente sin patrón discernible. Judas podría estar refiriéndose a estos planetas (de hecho, el verbo griego "vagar" [*planao*] es la palabra de la que obtenemos la palabra "planeta" en castellano).[13]

Pero cabe la posibilidad de que Judas está refiriéndose a algo más profundo. Como a los antiguos les ofendía la falta de regularidad de los planetas, normalmente atribuían sus movimientos a los ángeles malvados. El libro *1 Enoc*, al que Judas hace referencia en varias ocasiones, ofrece una versión sobre este mito:

> Allí vi siete estrellas (que) eran como grandes montañas, que ardían. (Entonces) el ángel (me) dijo: «Este sitio es el final (definitivo) del cielo y de la tierra: es la prisión de las estrellas y de los poderes del cielo. Y las estrellas que ruedan sobre el fuego son las que han transgredido el mandamiento del Señor, desde el comienzo de su ascenso, porque no han llegado a su debido tiempo" (18:13-15).[14]

Esta comparación de los falsos maestros con los ángeles malvados no está del todo clara. Lo que sí está claro es que Judas ha enfatizado de nuevo la inestabilidad de esos individuos.

Judas concluye este párrafo con el mismo tono con el que acaba cada párrafo y subpárrafo de esta sección: con el juicio:[15] "...para quienes está reservada eternamente la más densa oscuridad". La combinación de "oscuridad" y "fuego" forman una imagen bíblica típica del juicio de Dios

---

12. Santiago también usa la imagen del mar agitado para hablar de la inconstancia espiritual (Stg 1:6).
13. Ver, p. ej., Kelly, *The Epistles of Peter and of Jude*, 274; Bauckham, *Jude, 2 Peter*, 89. Otros comentaristas creen que Judas quizá se refiere a las estrellas fugaces, que caen hasta desaparecer en la oscuridad (Green, *The Second Epistle General of Peter and the General Epistle of Jude*, 176).
14. La cita es de *The Old Testament Pseudepigrapha*, ed. Charlesworth, 23.
15. Ver v. 7b, "castigo de un fuego eterno", v. 10b, "que los corrompe"; v. 11c, "perecieron".

(ver más en la sección "Construyendo Puentes"). Judas utiliza de nuevo su palabra favorita "guardar" (NVI, "reservada"), aquí en el sentido negativo de "mantener bajo sentencia hasta el castigo" (ver también v. 6).

Construyendo Puentes

La última frase de este párrafo, "para quienes está reservada eternamente la más densa oscuridad" plantea un problema de aplicación. ¿Dónde está esa oscuridad en la que los falsos maestros estarán "eternamente"? ¿Y encaja esta afirmación con la afirmación de que esas mismas personas "perecerán" o "serán destruidas" (v. 11; cp. v. 5) y que la gente de Sodoma y Gomorra son "como escarmiento para los que sufren el castigo de un fuego eterno" (v. 7)?

Judas nunca usa la palabra "infierno", ni tampoco enseña sobre él de una forma directa. Pero el lenguaje que usa aquí revela que sí asume la realidad de lo que llamamos infierno. Utiliza el castigo en el infierno como elemento disuasorio, para evitar que sus lectores sigan el camino fatal que los falsos maestros han tomado. ¿Pero cómo hemos de interpretar y de aplicar este lenguaje? Antes de responder a estas preguntas debemos observar qué enseña la Biblia sobre el infierno.

La palabra "infierno" es la traducción de la palabra griega *gehenna*, que a su vez es la transliteración de una expresión hebrea que significa "valle de Hinón". Ese estrecho desfiladero a las afueras de Jerusalén tenía una mala reputación. En el periodo del Antiguo Testamento, allí se habían sacrificado niños (2R 23:10; Jer 7:31; 32:35), y los profetas lo usaron como un símbolo de juicio (Jer 19:6; *cf.* Is 31:9; 66:24). Por tanto, los judíos del periodo intertestamentario empezaron a usar la palabra para describir el juicio final.[16] Jesús tomó la palabra de ese contexto y la usó para referirse al castigo escatológico (Mt 5:22, 29-30; 10:28; 18:9; 23:15, 33; Mr 9:43, 45, 47; Lc 12:5; *cf.* Stg 3:6). Los autores del Nuevo Testamento también usan otras palabras para referirse a ese lugar de castigo para los malvados, como "Hades" (Mt 11:23; 16:18; Lc 10:15; 16:23; Hch 2:27, 31; Ap 1:18; 6:8; 20:13, 14) y "Tártaro" (2P 2:4). Pero lo que normalmente hacen es describir el castigo o usar imágenes para intentar captar la naturaleza del castigo.

---

16. Ver, p. ej., Joachim Jeremias, "γέεννα" *TDNT*, 1.657-58.

El Nuevo Testamento enseña y da por sentado que después de la muerte Dios castigará en el "infierno" a los que en esta vida no han puesto su confianza en Jesús. Pero los cristianos evangélicos no se ponen de acuerdo en cuanto a dos cuestiones: la naturaleza del castigo en el infierno, y la duración del castigo. Vamos a mirar brevemente cada una de esas dos cuestiones, para así entender mejor lo que Judas está intentando transmitir.

(1) La descripción más común del infierno que encontramos en el Nuevo Testamento es como un fuego o un lugar que arde. Judas usa ese tipo de lenguaje en el versículo 8: "el castigo de un fuego eterno". Y como este lenguaje aparece tan a menudo, muchos creyentes a lo largo de la historia de la iglesia han creído que el infierno era un lugar donde las personas eran literalmente quemadas.[17] De hecho, muchos artistas antiguos y modernos han plasmado el infierno como un lugar en llamas.

Pero no creo que Jesús y los autores del Nuevo Testamento tuvieran la intención de que nos tomáramos ese lenguaje de forma literal. Como ya hemos visto, en tiempos de Jesús la palabra "infierno" se asociaba a un lugar físico en llamas (el valle de Hinón). Por tanto, la idea del fuego proviene de una imagen, no de la realidad. Esa misma asociación con el fuego también está provocada por la forma en la que Dios destruyó Sodoma y Gomorra: con una lluvia de fuego y azufre. Además, está claro que a lo largo de las Escrituras, el "fuego" se usa como un "símbolo". Ver, por ejemplo, la descripción de la venida de Dios en el Salmo 18:7-8:

> La tierra tembló, se estremeció;
> se sacudieron los cimientos de los montes;
> ¡retemblaron a causa de su enojo!
> Por la nariz echaba humo,
> por la boca, fuego consumidor;
> ¡lanzaba carbones encendidos!

Esto no significa, claro está, que cada vez que la palabra "fuego" aparece en la Biblia es una imagen. Pero sí muestra que es un símbolo común de la ira de Dios. Aunque quizá el argumento de más peso a favor de tomar la palabra "fuego" como una imagen del juicio es el hecho de

---

17. Una defensa reciente de esta visión la encontramos en John F. Walvoord, "The Literal View", en *Four Views of Hell*, ed. William Crockett (Grand Rapids: Zondervan, 1992), 11-28, esp. 28.

que la Biblia usa un lenguaje contradictorio para describir el infierno. En Judas, por ejemplo, el infierno se describe como un lugar de fuego y como un lugar de "oscuridad" (vv. 8 y 13). Encontramos la misma combinación de imágenes en otros pasajes de la Biblia y en pasajes judíos intertestamentarios, de los que el Nuevo Testamento saca muchas de sus imágenes. Por ejemplo, en los Manuscritos del Mar Muerto, encontramos pasajes que describen el infierno como "la oscuridad del fuego eterno" y como un lugar de "destrucción por el fuego de las regiones oscuras".[18]

Ahora bien, el infierno no puede ser *a la vez* un lugar de fuego y de oscuridad. Por tanto, y así lo reconocen la mayoría de los académicos evangélicos contemporáneos, "fuego" y "oscuridad" son metáforas. Son intentos de captar, usando experiencias comunes de este mundo, el dolor y el horror del infierno. Pero no podemos saber con exactitud en qué consisten esas agonías.[19] No obstante, el simple hecho de que las personas en el infierno están separadas para siempre del Dios que las creó y que las ama es una de las causas principales del tormento (ver 2Ts 1:9: "Ellos [los pecadores] sufrirán el castigo de la destrucción eterna, lejos de la presencia del Señor y de la majestad de su poder"). Sin embargo, no podemos restringir las agonías del infierno a la experiencia negativa de estar privados de la presencia de Dios; las palabras "fuego" y "oscuridad", aunque son metafóricas, apuntan a que también hay castigo.

(2) ¿Cuándo durará ese castigo? Tradicionalmente, los cristianos siempre han dicho que el castigo es eterno. Como en Judas 7, el Nuevo Testamento una y otra vez dice que los castigos del infierno son "eternos" (cp. también "perpetuamente encarcelados" en el v. 6; también Mt 25:41; Mr 9:43, 48; Lc 16:22-24; Ap 14:9-11). Pero algunos cristianos siempre han cuestionado que el castigo del infierno sea eterno, y en los últimos años las interpretaciones alternativas que ofrecen están ganando seguidores entre los evangélicos.

La interpretación alternativa más popular es el "aniquilacionismo". Según esta interpretación, los malvados serán aniquilados cuando

---

18. Las citas son de *The Rule of the Community* (1QS) 2:8 y 4:13 (citado en *The Dead Sea Scrolls Translated: The Qumran Texts in English*, ed. Florentino García Martínez, 2a ed. [Grand Rapids: Eerdmans, 1996], 4, 7).
19. Encontrará una buena defensa reciente de esta perspectiva en William V. Crockett, "The Metaphorical View", en *Four Views of Hell*, 43-76.

mueran o después de la muerte, después de sufrir un breve periodo de castigo. El argumento de más peso que utilizan los defensores de esta interpretación también está en Judas: el uso de la palabra "destruye" o "corrompe" para referirse al destino de los malvados (v. 10; cf. v. 5; también 1Co 3:17; Fil 3:19; 1Ts 5:3; 2Ts 1:9; 2P 2:1, 3; 3:7; Heb 10:39). También argumentan que es más compatible con el amor y la justicia de Dios.[20]

Es cierto que el aniquilacionismo tiene puntos a favor; no deberíamos descartarlo automáticamente por no ser una visión ortodoxa. Pero en última instancia no explica de forma justa las evidencias que encontramos en las Escrituras. En los textos que hemos mencionado, la palabra "destrucción" y derivados no significa necesariamente "dejar de existir"; las palabras griegas que se usan pueden significar "dejar de ser lo que uno era antes". Dicho de otro modo, cuando la Biblia dice que los malvados son "destruidos" en el juicio, significa que dejan de ser el tipo de personas que habían sido. El juicio supone una transformación tal de las circunstancias presentes que desde la perspectiva de este mundo es como una "destrucción".

El argumento de más peso a favor de la interpretación tradicional es uso de la palabra "eternidad" y derivados cuando se habla del infierno. Es cierto que hemos de interpretar ese lenguaje bíblico con mucho cuidado; no siempre significa "para siempre", sino que también puede significar "por un largo periodo de tiempo". Pero encontramos evidencias convincentes de que "castigo eterno" significa "castigo para siempre" en textos como Mateo 25:41, donde el "fuego eterno" es paralelo a la "vida eterna" (Mt 25:46). La Biblia sí parece enseñar que los malvados experimentarán en el infierno un castigo consciente y eterno.

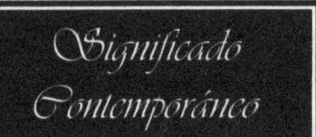

La palabra "infierno" trae a la mente imágenes de llamas y de un personaje de rojo, con cola, cuernos y tridente. El infierno y el demonio se han convertido en un elemento muy recurrido en los chistes y entre los humoristas. La idea del infierno se ve como una idea "medieval", palabra que para la mayoría

---

20. Encontrará un resumen de estos argumentos en Clark H. Pinnock, "The Conditional View", en *Four Views of Hell*, 135-66 (de hecho, Pinnock defiende un tipo de aniquilacionismo llamado "inmortalidad condicional" o "condicionalismo").

de contemporáneos habla de intolerancia, superstición e ignorancia. Las encuestas demuestran que la mayoría de gente cree en el cielo, pero que casi nadie cree en el infierno.

Por tanto, los cristianos reciben una presión considerable por parte de la sociedad en general para que desechen la idea del infierno o al menos la suavicen. Pero sospecho que muchos encuentran en la propia tradición cristiana razones para evitar el tema. Se avergüenzan de las referencias al infierno extremistas e insensibles que hacen algunos evangelistas cristianos. El ejemplo histórico más famoso es el sermón "Pecadores en manos de un Dios airado", pronunciado por el pastor y teólogo de Nueva Inglaterra Jonathan Edwards a principios de la década de 1700. Con el deseo de que sus oyentes se arrepintieran, Edwards describe con todo detalle los tormentos del infierno:

> El cuerpo se llenará de tormento hasta que ya no quepa más, y todas las partes del cuerpo estarán llenas de tormento. Experimentarán un dolor extremo; cada articulación, cada nervio estará lleno de un tormento inexplicable. El tormento les llegará hasta las puntas de los dedos. Todo el cuerpo estará lleno de la ira de Dios. Sus corazones y sus entrañas y sus cabezas, sus ojos y sus lenguas, sus manos y sus pies estarán llenos de la ferocidad de la ira de Dios.[21]

Hoy en día, cuando muchos hacen teología de "eslóganes", vemos a muchos cristianos lanzando mensajes de advertencia como "¡Arrepiéntete o quémate!".

Está claro que los cristianos podemos ser culpables de presentar el infierno de una forma insensible y poco misericordiosa. Pero el problema, sospecho, es que muchos cristianos simplemente quieren evitar el tema. No encaja en la cultura contemporánea cristiana, tan centrada en el amor de Dios y en ayudar a las personas a "sentirse bien consigo mismas". Sin embargo la fidelidad al mensaje bíblico y una visión equilibrada del amor y de la santidad de Dios exigen que mantengamos y proclamemos una doctrina clara del infierno. Y, de hecho, el Señor usó la predicación de Edwards para que se diera un gran avivamiento espiritual.

Como ya hemos visto, Judas no mide las palabras cuando habla sobre el destino de los falsos maestros: "perecerán" (v. 11; cf. v. 10); "sufrirán el castigo de un fuego eterno" (v. 7); "para quienes está reservada

---

21. Cita tomada de Crockett, "The Metaphorical View", 48.

eternamente la más densa oscuridad" (v. 13). A veces se dice que Jesús habló del infierno más que ningún otro personaje de la Biblia. Y en sentido, es verdad: Jesús usa la palabra "infierno" (en griego, *gehenna*) más veces que ningún otro autor bíblico. Pero, como ya hemos dicho, los autores bíblicos normalmente hablan del "infierno" sin usar la palabra, y yo me pregunto si no hay otros autores del Nuevo Testamento que enseñen sobre el infierno más de lo que lo hizo Jesús.

Sea como sea, a Jesús no le importa hablar de la realidad del infierno para animar a sus oyentes a que obedezcan. Y Jesús no solo usa la palabra "infierno"; para describirlo también usa imágenes tan pintorescas como los elementos que encontramos en el famoso sermón de Jonathan Edwards. En Marcos 9:43, por ejemplo, Jesús anima a sus seguidores a volverse del pecado, y para ello les advierte del "infierno, donde el fuego nunca se apaga". Unos versículos después (9:48), presenta el infierno como un lugar donde "su gusano no muere, y el fuego no se apaga".

Pablo también es bastante directo en cuanto al destino que les espera a aquellos que rechazan a Cristo y persiguen a su pueblo (2Ts 1:6-10):

> Dios, que es justo, pagará con sufrimiento a quienes os hacen sufrir. Y a vosotros que sufrís, os dará descanso, lo mismo que a nosotros. Esto sucederá cuando el Señor Jesús se manifieste desde el cielo entre llamas de fuego, con sus poderosos ángeles, para castigar a los que no conocen a Dios ni obedecen el evangelio de nuestro Señor Jesús. Ellos sufrirán el castigo de la destrucción eterna, lejos de la presencia del Señor y de la majestad de su poder, el día en que venga para ser glorificado por medio de sus santos y admirado por todos los que hayan creído, entre los cuales estáis vosotros porque creísteis el testimonio que os dimos.

Es importante fijarse en la base teológica de Pablo para predecir el castigo de los malvados: "el juicio de Dios es justo" (v. 5) "Dios es justo" (v. 6). Dicho de otro modo, la base teológica del infierno es la santidad y la justicia de Dios. Preocupados por presentar a un Dios bueno, un Dios de amor y de gracia, a menudo perdemos de vista la santidad majestuosa de Dios. Cuando hablamos de la visión que tenemos de Dios, es muy fácil perder el equilibrio, muy fácil dejar a un lado uno u otro lado de su carácter. Creo que la iglesia de nuestros días tiende a enfatizar más el amor de Dios que su santidad.

Como han dicho los teólogos y los psicólogos, mucha gente ve al Padre celestial en función del padre terrenal que han tenido. Ahora bien, los padres terrenales tienen diferentes personalidades. Pero vivimos en una era en la que al hablar de la paternidad se hace más énfasis en la comprensión y el cuidado que en la disciplina. Por decirlo de una forma extrema, a menudo la imagen de padre que se presenta en nuestra cultura es la de un flojo. Y no lo podemos evitar: al final proyectamos esa imagen sobre Dios. Le vemos como un "abuelito" que nos ama, que no tiene problema con perdonarnos, y que, obviamente, nunca nos va a castigar. Pero Dios no es así. Él es tan santo que las personas de la Biblia que se acercaban a él caían de rodillas con temor. Su santidad requiere que castigue a los pecadores.

Todo esto sugiere que, en nuestra predicación del evangelio, no deberíamos evitar la parte "negativa" del cuadro. El evangelio no significa que la aceptación de las buenas noticias de Dios en Cristo nos ofrece paz con Dios y la promesa de la vida eterna; también debemos advertir a la gente que el rechazo de ese mensaje significa el castigo eterno. Es cierto que la Biblia no deja claro en qué consiste ese castigo. Creemos que "fuego" y "oscuridad" son metáforas, experiencias dolorosas del ahora que apuntan al tormento en el infierno que les espera a los malvados. Incluso podríamos escoger otras imágenes que transmitieran mejor a nuestros contemporáneos la realidad y el horror del infierno. Pero siempre, pidiéndole a Dios que nos libre del deseo de venganza o de disfrutar los tormentos de los malvados. Debemos predicar sobre el infierno, pero siempre con lágrimas en los ojos.

Judas 14-16

También Enoc, el séptimo patriarca a partir de Adán, profetizó acerca de ellos: «Mirad, el Señor viene con millares y millares de sus ángeles ¹⁵ para someter a juicio a todos y para reprender a todos los pecadores impíos por todas las malas obras que han cometido, y por todas las injurias que han proferido contra él».¹⁶ Estos individuos son refunfuñadores y criticones; se dejan llevar por sus propias pasiones; hablan con arrogancia y adulan a los demás para sacar ventaja.

Judas remata su denuncia de los falsos maestros con una profecía. En sí, esto no es inusual; los autores del Nuevo Testamento a menudo aplican las profecías antiguas a sus propias situaciones. Pero lo inusual de esta profecía es la fuente de la que procede. Enoc es un personaje bíblico, pero ningún libro del Antiguo Testamento contiene la profecía que aquí se cita ni, de hecho, ninguna profecía de Enoc. Pero encontramos un texto realmente parecido en el libro intertestamentario de *1 Enoc*. Obviamente, el hecho de que use como fuente de autoridad un libro que no es parte del canon suscita algunas preguntas (ver la discusión en la sección "Construyendo Puentes").

Podemos entender por qué Judas decide citar esta profecía, ya que refuerza las dos ideas clave en torno a los falsos maestros. (1) Son "impíos" (v. 4; *cf.* también el v. 18). Esta palabra aparece tres veces en la profecía (*cf.* v. 15) y puede ser lo primero que llamara la atención de Judas. (2) Los falsos maestros sufrirán la condenación del Señor. Vemos también que la profecía de Enoc anuncia la venida del Señor como juez.

Como ya he hecho en los otros dos párrafos de esta sección dedicada a los falsos maestros (vv. 5-10, 11-13), Judas sigue con su método de hacer referencia a la tradición para luego aplicarla a la situación presente. Por tanto, en los versículos 16 encontramos la palabra "estos" una vez más, para aplicar lo que la profecía dice a los falsos maestros.

Enoc era un descendiente de Adán de la línea de Set, hijo de Adán. En el Antiguo Testamento solo aparece en genealogías (Gn 5:18-24;

1Cr 1:3), pero es un personaje destacado debido al comentario que de él se hace: "Y como anduvo fielmente con Dios, un día desapareció porque Dios se lo llevó" (Gn 5:24).[1] Aparentemente, este versículo significa que Enoc no murió, sino que, como Elías (2R 2:1-13) fue llevado directamente al cielo; suposición confirmada por Hebreos 11:5, que dice: "Por la fe Enoc fue sacado de este mundo sin experimentar la muerte; no fue hallado porque Dios se lo llevó".

La combinación de este reconocimiento extraordinario por parte de Dios y el silencio casi total sobre Enoc en las Escrituras convirtieron a Enoc en un personaje fascinante para los judíos. Por eso encontramos varias leyendas sobre él en la literatura intertestamentaria; hay al menos dos libros de visiones apocalípticas escritos durante ese periodo que se le atribuyen a él.[2] El que Judas cita es uno de esos libros: *1 Enoc* (que en realidad es una compilación de diversas piezas literarias).

En tiempos de Judas, ese libro era muy popular, y tanto él (*cf.* v. 6) como Pedro (1P 3:19-20; 2P 2:4) lo citan. Debido a que los judíos contaban de forma inclusiva (es decir, al contar, incluían al primero y al último de la serie), Enoc estaba considerado como el "el séptimo patriarca a partir de Adán"; la línea genealógica es: Adán, Set, Enós, Cainán, Malalel, Jared, Enoc (Gn 5:1-24). Tanto el autor de *1 Enoc* (60:8; 93:3; *cf.* también otro libro intertestamentario, *Libro de los Jubileos* [7:39]) como Judas probablemente llamaron a Enoc "el séptimo" porque ese número simbolizaba la perfección.

No está claro si Judas pretende decir que "Enoc profetizó acerca de esos hombres también [es decir, además de hacerlo a cerca de los malvados de su época]", o si "Enoc también [es decir, además de esos otros textos] profetizó acerca de esos hombres".[3] Pero probablemente la segunda interpretación, que es la que encontramos en la NVI, sea la más acertada. Como otros autores del Nuevo Testamento, Judas asume que las profecías encuentran su cumplimiento en Cristo y en la iglesia que él fundó. Por eso pueden aplicar las palabras de los profetas a sus propias circunstancias.

---

1. El "Enoc" que se menciona en Gn 4:17-28 como hijo de Caín es otra persona.
2. Esos libros son lo que llamamos pseudoepigráficos, que significa que son obras anónimas atribuidas a figuras históricas conocidas.
3. En cuanto a lo primero, ver Bigg, *The Epistles of St. Peter and St. Jude,* 336; en cuanto a lo último, ver la mayoría de comentaristas, incluyendo, p. ej., Kelly, *The Epistles of Peter and of Jude,* 276.

El tema de la profecía de Enoc es un tema recurrente entre los autores apocalípticos judíos: la venida del Señor para juzgar a los malvados. El texto que Judas cita es *1 Enoc* 1:9. En una de las traducciones al inglés más recientes de este libro, pone:

> Mirad, Él vendrá con diez millones de sus santos para ejecutar el juicio sobre todos. Aniquilará a los impíos y castigará a toda carne por todo lo que han hecho, por todo lo que los pecadores y los impíos han cometido contra Él.[4]

La profecía original que Judas está citando probablemente tenía la palabra "Dios" o "Señor" como sujeto, pero Judas, entendiéndola a la luz de Cristo, presenta al "Señor Jesús" como aquel que va a venir. Tanto el Antiguo Testamento (p. ej., Dn 7:10) como el Nuevo afirman que en la parusía Jesús vendrá acompañado de multitud de ángeles (cp. Mt 25:31).

El propósito de Jesús al regresar es "juzgar". En este contexto está claro que este juicio es el juicio para condenar. Porque aunque está dirigido "a todos", las palabras que siguen dejan claro que la profecía está hablando de "todos los pecadores impíos". En la cita que Judas hace de la profecía, hace un inciso para enfatizar el carácter "impío" de esas personas. De hecho, la aparición de la palabra tres veces en la misma frase (v. 15) hace que la frase suene extraña: "...a reprender a todos los *impíos* por todas las obras *impías* que han cometido de una forma *impía*" (NIV inglesa). ¡No es difícil adivinar lo que Judas quiere transmitir!

Pero esa gente no solo va a ser juzgada por hacer las cosas de una forma impía; también han pecado contra Dios profiriendo injurias contra él. Aquí, Judas podría estar aludiendo a otra parte de *1 Enoc*, quizá 27:2: "Este barranco maldito es para aquellos que están malditos para siempre; ahí serán reunidos todos los malditos que con su boca pronuncian palabras indecorosas contra el Señor y ofenden su Gloria". El hecho de que en el texto original que Judas citó probablemente no había ninguna referencia a las injurias sugiere que esta es, para Judas, una idea importante. Presumiblemente la añadió, porque los falsos maestros estaban pecando especialmente en ese ámbito (ver vv. 8 y 10).

---

4. Esta traducción está basada en la versión etíope de *1 Enoc*. El libro también existe en griego, y existen fragmentos en arameo y en latín. Los estudiosos debaten qué versión debió usar Judas, y la mayoría cree que usara la que usara, debió hacer su propia paráfrasis en griego. Ver especialmente Bauckham, *Jude, 2 Peter*, 94-96.

Judas sigue centrado en ese pecado cuando en el v. 16 aplica esa profecía a los falsos maestros. La transición de los versículos 14-15 al versículo 16 parece ser de la siguiente forma: Enoc profetizó acerca de los impíos que serían juzgados por el Señor"; "estos individuos" son aquellos impíos. Judas dice que son "refunfuñadores y criticones". ¿A quiénes les están refunfuñando y a quiénes están criticando. Algunos dicen que a los líderes de la iglesia. Pero el trasfondo bíblico del término "refunfuñar" sugiere que esos falsos maestros están dirigiendo sus quejas contra Dios mismo. La palabra que aparece en este versículo aparece con frecuencia en pasajes del Antiguo Testamento en los que los israelitas "murmuran" contra Dios por haberles sacado de Egipto y haberles llevado al desierto inhóspito (ver, p. ej., Éx 16:7-12; 18:3; Nm 14:27-29; 17:5, 10).[5] Quizá los falsos maestros están quejándose de que las restricciones de la ley de Dios coartan su "libertad" a comportarse como quieran.

La segunda descripción que Judas hace de los falsos maestros en el versículo 16 retoma la referencia a sus "obras impías" que aparece en la profecía de Enoc: "...se dejan llevar por sus propias pasiones". Esas pasiones o malos deseos quizá probablemente abarca tanto la lujuria sexual de los falsos maestros como su avaricia (ver vv. 8, 10-11).[6]

Según la NIV inglesa, la tercera acusación en contra de los falsos maestros es que "se jactan de sí mismos". Pero esa traducción es cuestionable. Una traducción más literal sería: "y su boca habla cosas altivas [o pretenciosas]". Es cierto que ese discurso altivo podría haber tomado la forma alarde o jactancia. Pero el contexto sugiere la idea de un discurso arrogante sobre e incluso contra Dios.[7]

La crítica final de Judas regresa a la avaricia de los falsos maestros, a la que ya ha hecho referencia brevemente en el versículo 11. Aquí emplea un modismo bíblico que denota parcialidad o favoritismo.[8] No

---

5. Ver, p. ej., Kelly, *The Epistles of Peter and of Jude*, 278; Bauckham, *Jude, 2 Peter*, 98.
6. Ver, p. ej., Kelly, *The Epistles of Peter and of Jude*, 278.
7. Kelly, *The Epistles of Peter and of Jude*, 279; Bauckham, *Jude, 2 Peter*, 99. Estos comentaristas respaldan su punto de vista sugiriendo que Judas podría estar aludiendo al libro *La asunción de Moisés*, donde aparece una idea similar. Pero aunque Judas alude a ese libro en el v. 9, no está claro que aquí también esté haciendo otra referencia.
8. En griego significa, literalmente, "maravillarse ante el rostro". Es el reflejo de la traducción griega de un modismo hebreo que aparece en el Antiguo Testamento para referirse a la parcialidad: "levantar, o considerar, el rostro" (ver Gn 19:21; Lv 19:15; Dt 10:17; Pr 24:23; Am 5:12). Santiago usa una expresión similar (ver Stg 2:1).

tenemos forma de saber qué forma tomaba ese favoritismo motivado por la avaricia. Puede que los falsos maestros estaban haciendo favores a los ricos e ignorando a los pobres. Puede que, como muchos de sus compatriotas antiguos, solo estuvieran enseñando a los ricos porque eran los únicos que podían pagar bien.[9]

En estos versículos, la enseñanza de Judas es bien directa: el Señor volverá para juzgar a los impíos, tales como los falsos maestros que están perturbando sus iglesias. Pero el mensaje se complica por la forma en la que la "lanza": con una "profecía" de un libro que no forma parte del canon bíblico. Para hablar del tipo de problema que tenemos aquí, los expertos en el arte de la interpretación usan como analogía la idea de "oír". Si, por ejemplo, voy en el coche escuchando en la radio un partido de fútbol, mi capacidad para seguir la transmisión podría verse alterada por un "ruido". Este ruido podría provenir de la radio misma, si de repente empieza a perder la señal y hay interferencias. O podría venir de dentro del coche, si mi familia insiste en seguir conversando mientras yo intento escuchar el partido. El ruido es lo que nos impide oír y apreciar un mensaje.

Del mismo modo, una persona que intenta "escuchar" un mensaje escrito podría tener dificultades en entenderlo debido al "ruido": esas ideas preconcebidas que se interfieren y disminuyen nuestra capacidad de escuchar lo que el autor está intentando decir. En los versículos 14-15, la mayoría de nosotros tiene dificultades para apreciar el mensaje directo de Judas sobre la venida del Señor debido al ruido que hacen los que nos advierten de que usa una fuente que no es canónica. No podemos apreciar lo que quiere decir, ni tomarlo en serio ni creerlo, porque lo hace de una forma aparentemente no ortodoxa. Lo que estoy intentando transmitir es que no podremos aplicar el mensaje de Judas hasta que no logremos eliminar parte del ruido que sus citas provocan. Por ello, quiero que pensemos en algunas cuestiones y opciones que se nos presentan cuando consideramos la cita que Judas toma de 1 Enoc.

Realmente, ¿cuál es el ruido que la cita que Judas toma de 1 Enoc provoca? La idea de que Judas pueda estar citando como fuente de autoridad un libro que no está en el canon de la Escritura. Y es importante

---

9. Ver Bauckham, *Jude, 2 Peter,* 99-100. Él hace referencia a Mal 2:9.

destacar que *ningún* grupo religioso ha otorgado a *1 Enoc* el estatus oficial de canónico. Nunca ha estado en el canon judío ni entre los libros apócrifos (los libros aceptados por la iglesia católica romana, y rechazados por los protestantes). Entonces, ¿*1 Enoc* no supone un problema para nuestra creencia en que Dios ha inspirado solo los libros que aparecen en nuestras Biblias y en que esos son los únicos libros que podemos usar como fuente de autoridad? Si Judas puede apelar a *1 Enoc*, ¿por qué no podemos usar del mismo modo 2 Macabeos, Ben Sirac o, ya puestos, *Mero Cristianismo* de C. S. Lewis?

Estas preguntas no son nuevas. Los teólogos de la iglesia primitiva también se las hicieron. Y llegaron a tres conclusiones diferentes. (1) Basándose en la forma en la que Judas lo usa, algunos padres de la iglesia consideraban el libro de *1 Enoc* como n libro inspirado.[10] (2) Otros tomaron la postura opuesta: como Judas cita un libro no canónico, Judas no pertenece al canon.[11] (3) Agustín de Hipona pensaba que la referencia de Judas mostraba que *1 Enoc* tenía partes inspiradas, pero decía que eso no significaba que todo el libro fuera inspirado.[12] Como sabemos, la iglesia finalmente adoptó esta tercera opción, o algo parecido. La carta de Judas fue aceptada en el Nuevo Testamento, mientras que *1 Enoc* fue oficialmente rechazado del canon del Antiguo Testamento.[13] ¿Podemos hoy justificar esa decisión? ¿Cómo podemos explicar el uso que Judas hace de *1 Enoc*?

Muchos comentaristas dan por sentado o argumentan que la referencia de Judas a *1 Enoc* muestra que él pensaba que era un libro inspirado y con la misma autoridad que, por ejemplo, Génesis o Isaías. Y dicen que Judas no solo lo cita, sino que usa el verbo "profetizar" para introducir la cita y hace alusiones al libro en otras partes de la carta (la más clara en el v. 6). Pero a continuación explicaré dos razones por las que creo que esta conclusión no está justificada.

(1) Como dije en la sección "Construyendo Puentes" en el comentario de 2 Pedro 3:14-18, tenemos evidencias sólidas de que los judíos y los cristianos del siglo I ya contaban con un canon "cerrado" del Antiguo Testamento. La forma en la que Jesús apela a las Escrituras, el claro

---

10. Clemente de Alejandría, *Eccl. Proph.* 3; Tertuliano, *De cultu fem.* 1.3; *De Idol* 15.6; cf. *La Epístola de Bernabé* 16.5.
11. Jerónimo registra esas dudas; cf. *De vir. ill.* 4.
12. Ver *La ciudad de Dios* 15.23.
13. Ver las *Constituciones apostólicas* 6.16.3 (aprox. 380 A.D.).

patrón de citación que se da a lo largo de todo el Nuevo Testamento (solo se llama Escritura los libros que aparecen en el canon), la falta de evidencias de que los judíos y los primeros cristianos discutieran por este tema; estas y otras evidencias sugieren que existía un grupo de escritos ampliamente aceptados como fuentes de autoridad. Podría ser diferente con Judas, pero no deberíamos afirmarlo sin contar con evidencias claras.

(2) Es crucial darnos cuenta que Judas no presenta *1 Enoc* como Escritura; es decir, no usa la palabra *graphe* ("Escrituras"). El verbo de la misma raíz, *grapho*, aparece en el Nuevo Testamento para introducir citas del Antiguo Testamento, "como está escrito", y Judas tampoco utiliza esta fórmula. Además, en otros lugares del Nuevo Testamento encontramos citas de fuentes que nadie consideraba canónicas. Pablo, por ejemplo, en su discurso a los atenienses cita al filósofo pagano Arato (Hch 17:28); obviamente no pensaba que el libro que cita, *Phaenomena*, fuera un libro canónico. Sí es cierto que Judas dice que Enoc "profetizaba". Pero esta palabra no significa necesariamente "escribió un libro profético inspirado"; podría significar, simplemente, "en ese momento preciso pronunció una profecía". Dicho de otro modo, podría estar refiriéndose solo a ese pasaje y no al libro entero.

Mi conclusión es que lo más probable es que Judas no viera el libro de *1 Enoc* como un libro inspirado y canónico. No tenemos evidencias suficientes para pensar que difería del consenso sobre esta cuestión que aparentemente había entre los judíos y los primeros cristianos. ¿Pero, cómo veía este pasaje en concreto? El hecho de que use de la palabra "profecía" y que coloque la cita donde la coloca (como cierre de la denuncia que hace de los falsos maestros) sugiere que para él este texto sí tenía autoridad sobre sus lectores.

La expresión "sobre sus lectores" es importante. Como J. Daryl Charles ha demostrado, la carta de Judas parece haber sido escrita a cristianos que aficionados a ideas y tradiciones apocalípticas. Quizá Judas citó esta profecía en particular, porque sabía que sería de peso para sus lectores.[14] Valoraban mucho ese libro, e incluir una cita podía servir para motivarles a estar de acuerdo con él.[15]

---

14. Esto es lo que se llama un argumento *ad hominem*.
15. Charles, *Literary Strategy in the Epistle of Jude*, 160-61.

Claramente, Judas pensaba que el contenido de la profecía era verdad; si no, no la habría citado. ¿Pero creía que el Enoc histórico realmente hizo esta profecía? Es perfectamente posible, Dios podría haber hecho que el autor de *1 Enoc* incluyera en esa parte del libro una profecía de Enoc. Pero también es posible que Judas solo esté diciendo que el "Enoc" del libro que tanto él como sus lectores conocen pronunciara esa profecía.

Después de eliminar, espero, parte del "ruido" de fondo provocado por el uso que Judas hace de *1 Enoc*, intentemos escuchar con atención lo que él quiere transmitir en estos versículos. Nos encontramos con dos ideas clave.

La venida del Señor y la evangelización. El Señor va a volver para juzgar. Enoc, sea quien sea, sin duda alguna se refería a Dios el Señor, a Jehová. Su profecía suena a los muchos textos del Antiguo Testamento que predicen la venida de Dios al final de la historia para dar victoria y salvación a los justos y condenar a los injustos (ver, p. ej., Is 40:10; 66:15; Mi 1:3-5; Zac 14:5).

Esta venida de Dios al final de la historia normalmente se veía como paralela a la venida de Dios en el monte Sinaí, cuando Dios su ley a Israel. Ver, por ejemplo, la similitud entre la profecía de Enoc que Judas cita con Deuteronomio 33:2:

> El SEÑOR vino del Sinaí
> y les esclareció desde Seir;
> resplandeció desde el monte Parán,
> y vino de en medio de diez millares de santos;
> a su diestra había fulgor centellante para ellos. [LBLA]

Sin embargo, como es típico de los autores del Nuevo Testamento cuando citan el Antiguo Testamento, para Judas "el Señor" es Jesús. Y de la misma forma en la que Dios vino primero a redimir y constituir su pueblo (el Éxodo y Sinaí) y luego prometió que volvería a librarles y a juzgar, también Jesús, que vino a redimir y a constituir su pueblo (la cruz y la resurrección), volverá para redimir y juzgar.

Como creyentes, anhelamos el día de la venida de Cristo; es la "bendita esperanza" que nos alienta en nuestras aflicciones presentes y nos anima a llegar una vida de santidad (ver Tit 2:13-15). Pero, tal como este texto de Judas nos recuerda, Cristo vuelve también para juzgar. ¿Cómo debería eso hacernos ver a la gran mayoría de gente que hay a nuestro alrededor? ¿Cómo vemos a la gente que no conoce a Cristo?

La respuesta es obvia, aunque es muy difícil tomarla en serio y dejar que marque nuestro día a día. Vemos el juicio como algo del futuro; o, peor aún, nos convencemos de que Dios no juzgará a las personas que han sido relativamente "buenas". No obstante, la Biblia es clara: Cristo vendrá a juzgar "a todos los pecadores impíos" (Jud 15); y "No hay un solo justo, ni siquiera uno; no hay nadie que entienda, nadie que busque a Dios. Todos se han descarriado, a una se han corrompido. No hay nadie que haga lo bueno; ¡no hay uno solo!" (Ro 3:10-12). Si no tienen una relación con Jesucristo, toda esa gente "buena" a nuestro alrededor es, a los ojos de Dios, "impía"; y por tanto están destinados a sufrir la condenación cuando Cristo vuelva.

Steve Green canta "La gente necesita al Señor".[16] ¿Realmente lo creemos? ¿Lo creemos lo suficiente como para hacer algo al respecto? ¿Lo creemos lo suficiente como para que la evangelización y las misiones sean una parte igual de prominente en nuestras iglesias como el bienestar y la edificación de los creyentes? ¿Lo creemos lo suficiente como para dar de forma sacrificada a los que están en la primera línea de los ministerios evangelísticos y misioneros? ¿Lo creemos lo suficiente como para compartir las buenas noticias de Jesucristo con ese compañero de trabajo que es tan buena persona, o con ese vecino que lleva una vida ejemplar? Nunca deberíamos leer los textos bíblicos sobre el juicio final sin que preguntas como estas removieran nuestras conciencias.

La venida del Señor y la autoevaluación. Hay otro tipo de preguntas que estos pasajes bíblicos sobre el juicio deberían traer a nuestra mente. Como creyentes, deberíamos desear con gozo el día de la venida de Cristo, pues seremos liberados de forma definitiva del pecado, la tentación y la debilidad de nuestros cuerpos. Pero mirar ese día también debería llevarnos a una seria autoevaluación. Porque aunque debemos tener el rechazo y la condenación, sabemos que Cristo escudriñará nuestras vidas, preguntándonos qué hemos hecho con las preciosas bendiciones que él no ha confiado (ver Mt 25:31-46; 2Co 5:10).

---

16. En castellano, la canción se conoce bajo el título "Tienen que saber".

Aquí tenemos, pues, la segunda idea que debería venir a nuestras mentes cuando leemos Judas 14-16. Judas dice que Cristo va a volver a juzgar a los "impíos". Aunque los creyentes ya no estamos en la categoría de "impíos", si somos honestos reconoceremos la impiedad que aún hay en nosotros. Por tanto, recordar que Cristo viene a juzgar a los impíos no debería crear en nosotros una satisfacción engreída por no estar entre los que van a ser juzgados; debería movernos a preguntarnos sobre la impiedad que aún forma parte de nosotros.

¿Qué es "impiedad"? Se trata de un término muy amplio, que abarca todo aquello que Dios no aprueba. Con casi toda seguridad, Judas usa este término precisamente porque es muy amplio. Pero también se centra en los versículos 15b-16 en el pecado de la altivez, el orgullo o la arrogancia. Los impíos en los que Judas está pensando (los falsos maestros) "hablan contra" Dios; "se jactan de sí mismo" (o "hablan con arrogancia") o "su boca habla cosas altivas". Aquí tenemos una forma de impiedad que hoy es una plaga.

De hecho, muchos teólogos creen que el orgullo es la raíz de todo el pecado. Desde Adán, todo el mundo ha querido ser "como Dios", y nos fastidia la idea de un Dios al que debemos adorar y obedecer. Nuestra sociedad, debido a todos los logros alcanzados en el campo de la ciencia, la medicina, la literatura, etcétera, es orgullosa y deja cada vez menos espacio a Dios. O, si deja algo de espacio a algún dios, sería un dios creado por nosotros, hecho a nuestra medida y a lo que nosotros pensamos que son nuestras necesidades. Sí sentimos la necesidad de adorar, de dar espacio a la espiritualidad, y creamos el dios de la "nueva era" porque apreciamos la naturaleza.

Podría dar muchos más ejemplos. Pero lo que quiero decir es que los cristianos no estamos exentos de esa actitud arrogante que pretende que Dios encaje con nuestras expectativas y nuestras necesidades. La historia de la iglesia revela que los cristianos de todas las épocas a menudo intentaron desarrollar una visión de Dios que encajara con su propia cultura. Por eso, debemos preguntarnos: ¿de qué forma hemos adaptado nuestra visión de Dios para que encaje con nuestra situación? O, volviendo a la analogía que usé en la sección anterior, ¿qué "ruido" de nuestra cultura está impidiendo que podamos escuchar a Dios y el mensaje que tiene para nuestra generación? Daré dos ejemplos, uno del ámbito de la teología, y otro del ámbito práctico.

(1) Sé que mi ejemplo teológico será polémico. Así que antes de nada quiero decir que no estoy, espero, cometiendo el pecado del que voy a escribir: asumir de forma arrogante que mi teología es la correcta. Quiero dejar claro que los cristianos comprometidos pueden tener opiniones diferentes sobre esta cuestión. Me refiero al debate entre arminianos y calvinistas. Generalmente mi posición se decanta más bien hacia el lado calvinista. Lo que aquí sugiero es que algunas personas que están en desacuerdo con el calvinismo (y cuyo discurso a veces se vuelve violento) pueden ser culpables del tipo de arrogancia del que estamos hablando. (Por favor, mis hermanos y hermanas arminianas, fíjense que digo "pueden" ser culpables de, y no "son" culpables de, pues conozco a muchos arminianos que no cometen este error. Y los calvinistas pueden ser igual de culpables de este tipo de arrogancia).

Una vez leí un ensayo sobre este tema escrito por una de mis alumnas, cuyo único argumento era que Dios nunca elegiría a unos y a otros no, porque Dios es un Dios de amor; simplemente Dios no puede ser así. Ahora bien, si la estudiante hubiera respaldado con la Biblia que el amor de Dios implica que en última instancia no puede tomar decisiones sobre el destino eterno de las personas, no habría tenido ningún problema con su argumento, solo con la conclusión. Pero no lo hizo. Simplemente escribió eso porque encajaba con la idea que ella tenía de Dios. Y esa idea la llevó a rechazar la visión calvinista sobre la soberanía de Dios. No se había parado a examinar su visión de Dios contrastándola con la Biblia para ver si encajaba con *toda* la Palabra de Dios.

Después de muchas conversaciones sobre este tema con estudiantes o miembros de iglesia, creo que este problema está muy extendido. ¿Pero no nos damos cuenta de que así, diciendo que como la visión calvinista de Dios no encaja con mi visión de Dios, la visión calvinista está equivocada, nos colocamos peligrosamente como jueces de Dios? La visión calvinista puede ser correcta, o puede ser incorrecta. Pero ante esta cuestión teológica, al igual que ante cualquier otro tema, debemos escuchar con humildad lo que las Escrituras enseñan, y estar dispuestos a someternos a sus enseñanzas incluso si estas no encajan con nuestras ideas preconcebidas.

(2) Un ejemplo práctico de cómo los cristianos no escuchamos a Dios es la tendencia general en el mundo occidental, debido a nuestro sistema económica capitalista y del bien estar, a acallar el llamado de Dios a compartir las cosas materiales y a "atender a los huérfanos y a las

viudas" (Stg 1:27). Por ejemplo, mientras escrito, los políticos están debatiendo sobre una reforma social para todo el país. Asumo que los cristianos comprometidos pueden tener opiniones diferentes en cuando a la forma en la que el gobierno debería ayudar a los pobres. Pero lo que me preocupa cuando oigo a algunos cristianos hablar de este tema es su acercamiento puramente económico, o, si llamamos a las cosas por su nombre, puramente materialista. Obviamente, los cristianos no deberíamos tratar este tema como un asunto económico; deberíamos hablar de qué modos la iglesia de hoy puede cumplir ese mandato y reflejar la preocupación de nuestro Padre por los desamparados.

La cuestión del canon. Antes de dejar esta sección, quiero hacer un último comentario sobre la importancia de la cuestión del canon, de la que hablé en la sección "Construyendo Puentes". Quizá es algo obvio, pero merece la pena tratarlo. Si para Judas *1 Enoc* es un libro canónico, entonces la idea de un canon cerrado puede ponerse en cuestionamiento. La iglesia siempre ha insistido en que tan solo las cuestiones incluidas en los libros canónicos tienen autoridad sobre la iglesia y pueden instruirnos en cuanto a qué pensar y qué hacer. Históricamente, esto ha sido tema de disputa entre los católicos romanos (que incluyen en su canon los apócrifos del Antiguo Testamento) y los protestantes (que no los incluyen).

Pero en la actualidad, algunos académicos están diciendo que podemos abandonar por completo la idea del canon. Y ese es un paso mucho más radical. La idea de tener un canon es una cuestión práctica: nos dice a qué fuentes debemos ir los cristianos para poder entender qué creer sobre Dios y qué quiere que su pueblo haga. Si no tenemos un canon fijo, entonces los cristianos pueden apelar a cualquier fuente y crear diferentes versiones del "cristianismo".

No quiero minimizar los problemas reales en torno al proceso histórico por el que la iglesia estableció el canon.[17] Pero los cristianos creen que Dios supervisó ese proceso y que Él mismo está detrás del canon de la Escritura que ahora poseemos. Ponemos la fe en peligro si no defendemos la idea del canon.

---

17. Sobre esta cuestión, ver especialmente David G. Dunbar, "The Biblical Canon", en *Hermeneutics, Authority, and Canon*, ed. D. A. Carson y John D. Woodbridge (Grand Rapids: Zondervan, 1986), 299-360, 424-46.

De la idea del canon, se desprenden otras dos implicaciones específicas. (1) Deberíamos valorar estos libros mucho más de lo que valoramos cualquier otro libro. Sabemos que cualquier cristiano estaría de acuerdo con este principio. Pero en la práctica, y con la proliferación de la ficción cristiana, veo que muchos creyentes dedican una proporción muy pequeña de su lectura "espiritual" a leer la Biblia. Lo que ocurre pues es que las mentes de muchos cristianos no está siendo formada por la Biblia sino por libros sobre la Biblia o libros ligeramente relacionados con el mensaje bíblico. Y a mi entender eso es una negación implícita del canon.

(2) Debemos valorar *todos* los libros de la Biblia. Los cristianos siempre pueden caer ante la tentación de construir un "canon dentro del canon", un conjunto de libros de la Biblia que se convierten en más importantes que los demás. Por ejemplo, Martín Lutero fue uno de los que cayó. Estaba tan enamorado de la enseñanza de Pablo sobre la justificación por la fe que elevó algunas de sus cartas en detrimento de otros libros (como Santiago) que no encajaban con el mensaje de Pablo. Obviamente, el peligro de esto es tener al final un cristianismo desequilibrado, tener una visión de la fe basada en una selección reducida de libros y pasajes. El antídoto a este problema es forzarnos a estudiar todo el espectro de la revelación bíblica. En nuestra lectura personal de la Biblia, deberíamos cubrir de forma sistemática toda la Biblia, o al menos asegurarnos de que estamos leyendo secciones que representan todas las enseñanzas de la Biblia. Del mismo modo, los predicadores deberían elaborar una planificación que exponga a la congregación a toda la verdad de Dios, no solo a aquellos libros que les interesan o a aquellos temas que les entusiasman.

Judas 17-23

Queridos hermanos, recordad el mensaje anunciado anteriormente por los apóstoles de nuestro Señor Jesucristo. ¹⁸ Ellos os decían: «En los últimos tiempos habrá burladores que vivirán según sus propias pasiones impías». ¹⁹ Éstos son los que causan divisiones y se dejan llevar por sus propios instintos, pues no tienen el Espíritu.

²⁰⁻²¹ Vosotros, en cambio, queridos hermanos, manteneos en el amor de Dios, edificándoos sobre la base de vuestra santísima fe y orando en el Espíritu Santo, mientras esperáis que nuestro Señor Jesucristo, en su misericordia, os conceda vida eterna.

²² Tened compasión de los que dudan; ²³ a otros, salvadlos arrebatándolos del fuego. Compadeceos de los demás, pero tened cuidado; aborreced hasta la ropa que haya sido contaminada por su cuerpo.

Judas es conocido por su denuncia de los falsos maestros. Por ello, muchos estudiantes de la Biblia de forma inmediata piensan que esta carta tiene un mensaje esencialmente negativo, y que por tanto no es aplicable a los cristianos que no están enseñando un mensaje falso. Es fácil entender que la gente tenga esa impresión, ya que en los versículos 5-16 Judas no hace más que criticar y condenar a las personas que están enseñando falsas doctrinas y viviendo vidas que no agradan a Dios.

Pero en la carta de Judas hay mucho más. No deberíamos olvidar que su carta no está dirigida a los falsos maestros; está dirigida a un grupo de cristianos fieles. Esos creyentes, ante el ataque a sus iglesias de parte de los falsos maestros, necesitaban afirmación y dirección. Y eso es lo que Judas ofrece en su carta. Así, la extensa sección negativa de la carta (vv. 5-16) debe verse como parte del propósito más amplio del que habla en los versículos 3-4 y 17-23.

Estos dos pasajes tienen mucho en común. Ambos empiezan con la expresión "queridos hermanos" (literalmente, "amados", *agapetoi*). Ambos hablan sobre "hombres impíos" (*cf.* v. 4 con vv. 19-19). Ambos apelan a la enseñanza anterior: la condenación de los falsos maestros estaba escrita "hace mucho tiempo" (v. 4); los apóstoles ya habían "anunciado" la llegada de falsos maestros (v. 17). Y, del mismo modo en que Judas instó a los creyentes en el versículo 3 a luchar por "la fe encomendada una vez por todas a los santos", ahora también nos exhorta a los creyentes a "edificarnos sobre la base de nuestras santísima fe" (v. 20). Así, Judas muestra que lo que hace es retomar el tema del principio de la carta: la forma en la que los cristianos deberían responder a la falsa enseñanza.

De forma específica, Judas dice a los creyentes que tienen que hacer tres cosas. (1) Tienen que recordar que los apóstoles habían predicho que llegarían falsos maestros como los que ahora hay entre ellos (vv. 17-19). Desde la perspectiva humana, los falsos maestros "se han infiltrado" entre ellos secretamente (v. 4). Pero Dios ya sabía que eso iba a ocurrir. Este recordatorio asegura a los lectores de Judas que Dios sabe lo que está ocurriendo en medio de ellos. Él sigue al control. (2) Los lectores de Judas tienen que esforzarse en su propio crecimiento espiritual (vv. 20-21). No deben permitir que los falsos maestros impidan su crecimiento en la fe. (3) Los lectores de Judas tienen que alcanzar a los afectados por la falsa enseñanza (vv. 22-23). No deben aislarse centrándose tan solo en su propia espiritualidad; los lectores de Judas deben hacer todo lo que esté a su alcance para rescatar a esas personas antes de que sea demasiado tarde.

Un recordatorio de la enseñanza apostólica (vv. 17-19)

Las palabras "queridos hermanos" marcan una clara transición en la carta, como ocurrió en el versículo 3. En el texto anterior, esas cariñosas palabras introducían el cuerpo de la carta que aparece después de una breve introducción (vv. 1-2). Aquí, marcan un cambio de temática: pasa de la denuncia de los falsos maestros (vv. 5-16) a la exhortación a los fieles.

La construcción que Judas usa aquí es enfática, para que quede claro que va a establecer un contraste con lo que acaba de decir. Los falsos maestros, impíos y altivos, serán juzgados; "pero en cuanto a *vosotros*, amados...".[1] Ahora que Judas habla a los fieles, lo primero que hace es recordarles algo. Aquí encontramos otro paralelismo con el principio de la carta, aunque esta vez no con los versículos 1-5, sino con el versículo 5, donde Judas "recuerda" a sus lectores el juicio que Dios envió en el pasado sobre los falsos maestros. Dicho de

---
1. Judas usa el pronombre personal nominativo *hymeis*, normalmente una señal de énfasis.

otro modo, aunque en cuanto al contenido y en cuanto a quiénes van dirigidos, los versículos 4-16 y los versículos 17-23 siguen una misma "forma": ambos empiezan con un recordatorio sobre los falsos maestros.[2]

Cuando Judas pide a sus lectores que "recuerden" lo que los apóstoles dijeron, no solo les está pidiendo que hagan un ejercicio mental. Como vimos en el comentario de 2 Pedro 1:12-15, "recordar" en la Biblia implica no solo la mente, sino también la voluntad. Al recordar lo que Dios ha hecho o dicho en el pasado, tenemos que tomarlo en serio de tal modo que afecte nuestra manera de pensar y nuestra conducta. En consecuencia, Judas quiere que sus lectores, al recordar "el mensaje anunciado anteriormente por los apóstoles de nuestro Señor Jesucristo", aprendan cómo deben responder a los falsos maestros.

Muchos comentaristas creen que la expresión que Judas usa aquí es una prueba de que la carta fue escrita o a finales del siglo I o a principios del siglo II. Dicen que "los apóstoles de nuestro Señor Jesucristo" suena como la descripción de un grupo de apóstoles conocido y bien establecido y que la forma en la que Judas habla de su profecía sugiere que está hablando de un pasado lejano.[3] Pero ninguno de esos argumentos está claro. "Los apóstoles" no tiene por qué incluir a los doce apóstoles; Judas podría estar refiriéndose solo a los apóstoles que ayudaron a fundar las iglesias a las que escribe. Fijémonos que Judas personaliza su testimonio en el versículo 18: "Ellos *os* decían".

Además, aunque la profecía se dio en el pasado, no tiene porque ser un pasado muy distante. Como Bauckham constata, Pablo escribió a sus iglesias básicamente en los mismos términos pocos años después o pocos meses después de haberlas fundado; ver, por ejemplo, 2 Tesalonicenses 2:5: "¿No recordáis que yo os hablaba de esto cuando estaba con vosotros?".[4] En este texto no hay nada que Judas, el hermano del Señor, no podría haber escrito en cualquier momento a mediados o a finales de la época apostólica (aprox. 50-90 A.D.).

---

2. Bauckham enfatiza este paralelismo, diciendo que por tanto los vv. 17-19 continúan la denuncia de los vv. 5-16 (*Jude, 2 Peter*, 102-3). Esta sugerencia tiene parte de verdad, como hemos visto; pero el contraste que se establece con lo que aparece anteriormente es más importante aún (ver, p. ej., Kelly, *The Epistles of Peter and of Jude*, 282; Neyrey, *2 Peter, Jude*, 84-85).
3. Ver, p. ej., Kelly, *The Epistles of Peter and of Jude*, 281.
4. Bauckham, *Jude, 2 Peter*, 103.

En el versículo 18, Judas ofrece el "texto" de la profecía apostólica que quiere que sus lectores recuerden: "En los últimos tiempos habrá burladores que vivirán según sus propias pasiones impías". No tenemos ninguna profecía de alguno de los apóstoles que diga exactamente eso. La más cercana es 2 Pedro 3:3: "En los últimos días vendrá gente burlona que, siguiendo sus malos deseos, se mofará". Sí son textos muy cercanos; por ejemplo, la palabra griega que traducimos por "burladores" o "gente burlona" (*empaiktai*) aparece en ambos textos, y no vuelve a aparecer en ningún otro lugar del Nuevo Testamento.

La mayoría de estudiosos, en concordancia con la teoría general sobre la relación entre ambas cartas, creen que Pedro está parafraseando a Judas. Pero es igual de posible que sea al revés. Después de todo, Pedro es un apóstol y Judas no lo es; tendría todo el sentido del mundo citar 2 Pedro 3:3 como profecía apostólica. Aunque Judas habla de "apóstoles" en plural. De este modo, está indicando que más de un apóstol hizo este tipo de predicción (para más ejemplos, ver Hch 20:29-30; 1Ti 4:1-3; 2Ti 3:1-5). Pero sigue habiendo evidencias, como ya hemos visto, que apuntan a que Judas toma estas palabras de 2 Pedro.

Muchos estudiosos piensan que el uso que Judas hace de una profecía sobre "los tiempos finales" demuestra que él creía que la historia iba a llegar a su fin en breve. Pero los autores del Nuevo Testamento usan esta expresión, u otras similares, para describir el periodo que va desde la muerte y la resurrección de Jesús en adelante (p. ej., Hch 2:17-19; Heb 1:2; 1Jn 2:18). Creían que el periodo final y culminante de la historia de la salvación ya se había iniciado con la venida del Mesías. Por tanto, lo que los apóstoles predijeron era que ese periodo de tiempo estaría caracterizado por la aparición periódica de "burladores".

Cuando Pedro se refiere a "gente burlona", el contextos muestra que estaba pensando en gente que se burlaba de la idea del regreso de Cristo en gloria (ver 2 Pedro 3:4). En Judas en ningún momento se menciona de forma explícita este escepticismo escatológico. La similitud entre Judas 18 y 2 Pedro 3:3 podría sugerir que Judas se refiere al mismo tipo de burladores que Pedro. Pero no podemos saberlo. La descripción que Judas hace de los falsos maestros se centra en su estilo de vida libertino y en su actitud arrogante hacia Dios. Y la última expresión en la profecía que Judas cita, "que vivirán según sus propias pasiones impías", sugiere esta misma idea. Entonces, lo más probable es que Judas esté presentando a los falsos maestros como personas que se burlan de

Dios y de sus demandas morales. Están tan empeñados en satisfacer sus deseos egoístas y carnales que no dan cabida a Dios. Al describir sus deseos o pasiones como "impías", Judas nos recuerda la acusación principal contra ellos (ver vv. 4, 15).[5]

Judas cierra esta breve sección del mismo modo que ha cerrado otras de las secciones (ver vv. 5-10, 11-13, 14-16), refiriéndose a las personas o ejemplos de los que ha estado hablando como "estos", los falsos maestros que se han infiltrado en las iglesias de sus lectores. De nuevo detectamos un tono de acusación y burla en esa forma de dirigirse a ellos: "Estos, que vienen a vosotros con sus afirmaciones grandilocuentes".

La primera descripción que Judas hace en el versículo 19 de su impiedad no es fácil de entender, porque usa una palabra griega muy poco común (*apodiorizo*). Basándose en la forma en que Aristóteles la usa, algunos comentaristas creen que la palabra debe significar "hacer una distinción (lógica)". Así, creen que los falsos maestros distinguían entre dos tipos de cristianos. Como ejemplo, apelan a los gnósticos, que dividían a los creyentes en dos categorías: los que estaban apegados a esta vida y no evolucionaban, y los que eran capaces de llegar al verdadero "conocimiento" y apreciar las cuestiones espirituales.[6] Podría ser que los falsos maestros estuvieran haciendo una distinción de este tipo. Porque, aunque en el siglo I el gnosticismo aún no se conocía como tal (eso no ocurriría hasta el siglo II), sí existían ideas similares a las del gnosticismo.

Pero el término del que estamos hablando no nos da toda esa información, así que probablemente esto sea pura especulación. Esta palabra también tiene la acepción de "hacer separaciones", en el sentido de "crear divisiones".[7] Sabemos que uno de los resultados inevitables de la falsa enseñanza es la división dentro de la iglesia. Siempre habrá los que están dispuestos a escuchar cualquier cosa nueva y diferente, que están dispuestos a dejarse llevar por cualquier viento nuevo de enseñanza. Sin embargo, otros, mejor anclados en su fe, resisten. Y como resultado, se da una división (cp. NVI).

---

5. La palabra griega "impío" (*asebeion*) ocupa el último lugar en la frase, una posición enfática. Está en genitivo; y la NVI, como la mayoría de versiones modernas, la interpreta como un genitivo descriptivo (*cf.* también Green, *The Second Epistle General of Peter and the General Epistle of Jude*, 182). Pero también podría ser genitivo subjetivo, "pasiones que provienen de motivaciones impías" (Mayor, *The Epistle of St. Jude and the Second Epistle of St. Peter*, 47), o genitivo objetivo, "pasiones por cosas impías" (Kelly, *The Epistles of Peter and of Jude*, 283; Bauckham, *Jude, 2 Peter*, 337).
6. Ver, p. ej., Kelly, *The Epistles of Peter and of Jude*, 284-85.
7. Ver Bauckham, *Jude, 2 Peter*, 105.

Cuando la NVI dice "que se dejan llevar por sus propios instintos", la palabra en griego es *psychikoi* (literalmente, "gente con alma"). Normalmente nosotros pensamos en la palabra "alma" en un sentido espiritual y positivo. Pero Pablo usa esta palabra en un sentido negativo, contrastándola con la palabra "espiritual" (1Co 2:14; 15:44; *cf.* también Santiago 3:15). Dado que el "alma" es lo que todas las personas tienen simplemente por haber nacido, la palabra puede referirse simplemente a aquello que es "natural", en el sentido de lo que es natural para el mundo. Por tanto, puede apuntar a una perspectiva o conducta reducida que se centra exclusivamente en este mundo y sus valores. Claramente, Judas usa la palabra en este sentido, y por ello la traducción de la NVI no está desencaminada.

Por si no hemos acabado de entender lo que está queriendo decir, Judas nos saca de dudas añadiendo que estos falsos maestros "no tienen el Espíritu". Del mismo modo en que todas las personas al nacer físicamente tienen "alma", todas las personas que han sido redimidas tiene el Espíritu de Dios (ver Ro 8:8-10). Judas podría haber escogido este lenguaje para hablar de los falsos maestros con tono irónico, si ese era el lenguaje que ellos usaban. Quizá estaban jactándose de ser "espirituales" (recordemos la mención que Judas hace de las experiencias visionarias de los falsos maestros en el v. 8). Y Judas responde que, lejos de estar avanzados en las cosas del Espíritu, los cierto es que esos individuos no tienen el Espíritu.

Un llamado a mantenerse firmes (vv. 20-21)

"Queridos hermanos" (ver v. 17) de nuevo señala una transición; Judas ahora vuelve a centrarse en los creyentes y empieza a decirles concretamente lo que tienen que hacer en respuesta a los falsos maestros. Empieza con una serie de mandatos que ponen el énfasis en la necesidad de mantenerse firmes en su fe. Aquí está el primer mandato que deben cumplir cuando aparezcan falsos maestros: asegurar su posición espiritual. Solo entonces estarán listos para alcanzar y confrontar a aquellos dudan (vv. 22-23).

Aunque en la NVI no queda muy claro, en los versículos 20-21 tenemos cuatro mandatos:

(1) "edificaos sobre la base de vuestra santísima fe";

(2) "orad en el Espíritu Santo";

(3) "manteneos en el amor de Dios";

(4) "esperad que vuestro Señor Jesucristo, en su misericordia, os conceda vida eterna".

Aquí podemos observar dos tríadas características de los cristianos primitivos: fe, amor y esperanza (1, 3 y 4); y Padre, Hijo y Espíritu Santo (3, 4, y 2).

(1) El uso frecuente que el Nuevo Testamento hace de la idea de "edificar" para describir el desarrollo espiritual de la comunidad probablemente venga de la idea de que la iglesia cristiana es el nuevo templo de Dios (1Co 3:9-15; 2Co 6:16; Ef 2:19-22; 1P 2:4-10). Los creyentes del nuevo pacto ya no necesitan un templo físico, porque ahora ellos mismos son el lugar en el que Cristo reside. "Edificaos", por tanto, significa que los cristianos deben animarse los unos a los otros a aferrarse firmemente a la verdad de Cristo y a mantener un estilo de vida que refleje esa verdad (encontramos una idea similar en Col 2:7).

Como en la expresión similar del v. 3, "fe" aquí hace referencia a aquello que los cristianos creen: las doctrinas y los mandatos éticos de la identidad cristiana. Eso era lo que los falsos maestros estaban atacando; por eso, los verdaderos creyentes deben dedicarse a la fe de forma entregada. Es posible traducir "edificaos *por medio de* vuestra santísima fe".[8] Pero la imagen de "edificar" sugiere que la traducción de la NVI es acertada, pues entiende que "vuestra santísima fe" es el fundamento sobre el cual deben construir (ver REB: "debéis hacer de vuestra sagrada fe el fundamento de vuestras vidas").[9]

El resto del Nuevo Testamento pone a Cristo como el fundamento de la iglesia (1Co 3:7-17) o incluso a "los apóstoles y profetas" (Ef 2:20-22). Está claro que no estamos ante imágenes que se contradigan, sino que se complementan. En primer lugar Cristo acredita a los apóstoles y profetas, quienes, a su vez, presentan y guardan la "fe encomendada una vez por todas a los santos". Cristo es el "fundamento definitivo", pues él es el único que salva. Y los apóstoles y las enseñanzas que nos han dejado son fundamentos secundarios, pero necesarios. Nos revelan el significado de Cristo y nos protegen de cualquier intento de diluir quién es él y lo que ha hecho.

---

8. En griego es una construcción en dativo, que puede tener este significado instrumental (ver Bigg, *The Epistles of St. Peter and St. Jude,* 340).
9. Ver, p. ej., Kelly, *The Epistles of Peter and of Jude,* 285-86.

(2) La forma de la palabra en el texto griego podría sugerir que el segundo mandato es un medio por el cual podemos cumplir el primer mandato, es decir, "orando en el Espíritu Santo" podemos edificarnos los unos a los otros en la fe.[10] Muchos comentaristas creen que Judas está ordenando a los creyentes que participen de una oración claramente "carismática", incluyendo hablar en lenguas, aunque no limitada solo a hablar en lenguas. Dicen que en tipo de oración quien pone las palabras es el Espíritu.[11] No quiero minimizar la importancia y el valor de este tipo de oración, pero dudo que Judas aquí sea tan específico. Toda oración digna del nombre será una oración hecha "en el Espíritu", esto es, incitada, guiada e infundida por el Espíritu Santo.[12] Ver Efesios 6:18a: "Orad en el Espíritu en todo momento, con peticiones y ruegos".

(3) La tercera exhortación de Judas forma, junto a su descripción de los creyentes en el versículo 1, una pareja de ideas instructiva e interesante. Judas ha dicho que los cristianos están "guardados por Jesucristo"; ahora les anima a "guardar el amor de Dios" (o "mantenerse en el amor de Dios"). Aquí encontramos ese acercamiento a la vida cristiana típico del Nuevo Testamento: la vida cristiana tiene dos caras de una misma moneda. Dios ha hecho en Cristo todo lo que necesitamos para ser salvos; sin embargo, debemos responder a Dios si queremos asegurar nuestra salvación. Dios "nos guarda"; nosotros tenemos que "guardarnos". Ambas afirmaciones son verdad, y si sacrificamos cualquiera de ellas perdemos un elemento esencial de la búsqueda cristiana de la piedad.

Mientras escribía estas palabras, Judas quizá tenía en mente el mandamiento de Jesús de Juan 15:9: "Permaneced en mi amor". Cristo nos ama, incondicionalmente; no obstante tenemos la obligación de permanecer en su amor por nosotros. Esta evocación es particularmente apropiada porque en el siguiente versículo Jesús continúa explicando que tenemos la capacidad de permanecer en su amor cuando obedecemos sus mandamientos. Justamente, los falsos maestros no están manteniéndose en el amor de Dios porque no están obedeciendo sus mandamientos.

(4) La última exhortación de Judas, acertadamente, les hace mirar al futuro. La misericordia de Dios siempre está presente, pero las

---

10. El griego, la forma del verbo "orar" es un participio.
11. Ver Bauckham, *Jude, 2 Peter*, 113.
12. Green, *The Second Epistle General of Peter and the General Epistle of Jude*, 184.

Escrituras a menudo asocian su misericordia con la salvación en el día final (ver, p. ej., Mt 5:7; 2Ti 1:18). Así, "la misericordia de nuestro Señor Jesucristo" es algo que se nos anima a "esperar". El verbo que traducimos por "esperar" a menudo a parece en contextos escatológicos. Es un término que denota una espera ansiosa pero paciente y el tipo de estilo de vida que debería acompañar a esa esperanza de salvación (ver el uso de esta palabra en 2 Pedro 3:12-14).

La conexión entre "vida eterna" y el resto del versículo no está del todo clara. La NVI interpreta que acompaña a "la misericordia de Jesucristo" (*cf.* también la NRSV: "la misericordia de nuestro Señor Jesucristo *que lleva a* la vida eterna").[13] Pero puede ir con el mandamiento "mantenerse": "manteneos en el amor de Dios... para que podáis experimentar la vida eterna", aunque la distancia que hay entre ese mandamiento y "vida eterna" hace que esta opción sea menos probable. Vemos que Judas está instando a sus lectores a mirar más allá de las distracciones creadas por los falsos maestros, y mirar a esa expresión final de la misericordia de Cristo en el día en que vuelva en gloria para llevar a su pueblo al disfrute eterno de la vida que él da.

Un llamado a alcanzar a otros (vv. 22-23)

Judas ha instado a sus lectores a que se aseguren de que están firmes en la fe (vv. 20-21). Confiados de condición espiritual, puede alcanzar a otros cuya posición no es segura. Por eso exhorta a sus lectores a que sirvan a aquellas personas de la comunidad que están siendo atraídas, de una forma u otra, por los falsos maestros.

Pero no está claro qué es lo que Judas les anima a hacer exactamente, principalmente porque no estamos completamente seguros de qué escribió Judas en los versículos 22-23. En este punto, los manuscritos de la carta de Judas presentan un número desconcertante de variantes: al menos existen seis formas distintas de este texto. La dificultad a la hora de decidir qué escribió Judas queda reflejada en que en las principales traducciones al inglés encontramos cuatro de esas seis variantes, y una quinta en varios comentarios bíblicos de peso. A continuación incluimos esas variantes textuales, dividiéndolas en aquellas que contienen dos mandatos, y aquellas que contienen tres:

---

13. Ver, p. ej., Kelly, *The Epistles of Peter and of Jude,* 287.

Las que contienen dos mandatos

Arrebatad a algunos del fuego; pero de los que disputan, tened misericordia con temor.¹⁴

De algunos tened compasión, haciendo una diferencia: y a otros salvad con temor, arrebatándolos del fuego. (KJV)¹⁵

Mostrad misericordia a quienes tienen dudas; salvadlos, arrebatándolos del fuego.

Asimismo mostrad misericordia mezclada con temor, a otros también. (TEV cp. NEB)¹⁶

Las que contienen tres mandatos

Sed misericordiosos con los que dudan; arrebatad a otros del fuego y salvadles; a otros mostrad misericordia. NIV; *cf.* NRSV; NASB; REB; NJB)¹⁷

Y convenced a algunos, que dudan; salvad a algunos, arrebatándolos del fuego; de algunos tened misericordia con temor. (RSV; cp. JB)¹⁸

Una rápida mirada a estas opciones revela que entre las traducciones recientes hay una preferencia por la primera del grupo de las que contienen tres mandatos. Por ejemplo, tres de las traducciones principales, en sus últimas ediciones han cambiado de variantes que contenían dos

---

14. Esta traducción es de Bauckham, *Jude, 2 Peter*, 108, que adopta esta lectura; cp. también Neyrey, *2 Peter, Jude*, 85-86. El texto griego en el que se basa esta traducción aparece en el papiro p. 72.
15. El texto de esta traducción aparece en algunos unciales tardíos, K, L, P, S.
16. El texto en el que se basa esta traducción es el importante uncial Vaticanus (B); la respalda, p. ej., Kelly, *The Epistles of Peter and of Jude*, 287-88.
17. Esta traducción está basada en el importante uncial Sinaiticus (א). Es el texto adoptado por los dos Nuevos Testamentos griegos más usados (el Nestle-Aland *Novum Testamentum Graece* [27a ed.; Stuttgart: Deutsche Bibelgesellschaft, 1993] y el *The Greek New Testament* de las Sociedades Bíblicas Unidas [4a ed.; Nueva York: United Bible Societies, 1993]). Dos artículos elaboran una sólida defensa: Sakae Kubo, "Jude 22-23: Two Division Form or Three?" en *New Testament Criticism: Its Significance for Exegesis. Essays in Honour of Bruce M. Metzger*, ed. E. J. Epp y Gordon D. Fee (Oxford: Clarendon, 1981), 239-53; Carroll D. Osburn, "Discourse Analysis and Jewish Apocalyptic in the Epistle of Jude", en *Linguistics and New Testament Interpretation: Essays on Discourse Analysis*, ed. David Alan Black (Nashville: Broadman, 1992), 292 (aquí deja atrás su preferencia anterior por las variantes que contienen dos mandatos).
18. La base textual para esta traducción es el uncial Alexandrinus (A); *cf.* Green, *The Second Epistle General of Peter and the General epistle of Jude*, 186-87.

mandamientos a variantes que contenían tres (NRSV/RSV; NJB/JB; REB/NEB). Creo que esta preferencia está justificada. Aunque la situación es tan compleja que no podemos saber a ciencia cierta cuál es el texto original, este texto parece preferible a los demás. No podemos hablar aquí de forma detallada de los argumentos a favor y los argumentos en contra. Pero hay dos factores que hacen que la balanza se decante levemente a favor de este texto: sigue el patrón de Judas claramente establecido de las tríadas, y parece ser la variante que mejor explica la existencia de todas las demás variantes.[19]

Asumiendo pues que el texto de la NVI representa lo que Judas escribió originalmente, vemos que insta a los creyentes fieles de entre sus lectores a alcanzar a tres grupos diferentes de personas.

(1) Los creyentes deben "tener compasión de los que dudan" (v. 22). El verbo traducido por "dudar" (cuya raíz es *diakrino*) también se puede traducir por "disputar", que es el sentido que tiene este verbo en la otra ocasión que Judas lo usa (v. 9: "Ni siquiera el arcángel Miguel, cuando argumentaba con el diablo *disputándole* el cuerpo de Moisés").[20] Pero en el resto del Nuevo Testamento, el significado más común de esta palabra es "dudar", y tiene más sentido pensar que los creyentes deben tener "compasión" de los que dudan que de los que disputan. Podemos suponer que esas personas que "dudan" son cristianos de la iglesia que están siendo influenciados por los falsos maestros. Están vacilando de "la fe encomendada una vez por todas a los santos".

Sería fácil para los santos evitar a esas personas o abuchearlas por sus dudas. Pero Judas quiere que los fieles les muestren misericordia. Los cristianos han recibido sin merecerlo la misericordia de Dios (ver v. 2); deberían mostrar una misericordia similar a las personas que están dudando. Porque la misericordia es más útil que la represión para mantenerlas dentro del rebaño de la fe.

(2) El segundo grupo que los fieles tienen que alcanzar son aquellos que ya han avanzado mucho por el camino marcado por los falsos maestros. De hecho, han avanzado tanto que corren el peligro de sufrir la condenación eterna. Esto es, con casi toda seguridad, lo que la

---

19. Encontrará más el amplio tema de la crítica textual del Nuevo Testamento en la sección "Construyendo Puentes".
20. Ver, p. ej., Mayor, *The Epistle of St. Jude and the Second Epistle of St. Peter*, 50; Bauckham, *Jude, 2 Peter*, 115. No obstante, su decisión de traducir "disputar" refleja de algún modo su elección en este punto de un texto diferente.

palabra "fuego" significa en este contexto; como hemos visto, el fuego es una metáfora bíblica común para referirse al infierno (ver v. 8 y la sección "Construyendo Puentes" del comentario de los versículos 11-13). Algunos cristianos de entre los destinatarios de esta carta se han dejado influir tanto por los falsos maestros que están tambaleándose al borde del infierno. Los cristianos fieles de la comunidad tienen que "arrebatárselos" al fuego y salvarlos antes de que sea demasiado tarde.

La simbología de Judas probablemente sea un reflejo de Zacarías 3:1-4:

> Entonces me mostró a Josué, el sumo sacerdote, que estaba de pie ante el ángel del SEÑOR, y a Satanás, que estaba a su mano derecha como parte acusadora. El ángel del SEÑOR le dijo a Satanás: «¡Que te reprenda el SEÑOR, que ha escogido a Jerusalén! ¡Que el SEÑOR te reprenda, Satanás! ¿Acaso no es este hombre un tizón rescatado del fuego?».
>
> Josué estaba vestido con ropas sucias en presencia del ángel. Así que el ángel les dijo a los que estaban allí, dispuestos a servirle: «¡Quitadle las ropas sucias!».
>
> Y a Josué le dijo: «Como puedes ver, ya te he liberado de tu culpa, y ahora voy a vestirte con ropas espléndidas».

Este pasaje juega un papel importante en Judas. Las palabras "¡Que el Señor te reprenda!" que encontramos en el versículo 9, aunque originalmente están tomadas del *Testamento/La asunción de Moisés*, claramente refleja el pasaje de Zacarías. Y Judas también toma en este pasaje la imagen de las "ropas sucias".

(3) Judas centra su atención ahora en un tercer grupo de personas: "Compadeceos de los demás, pero tened cuidado; aborreced hasta la ropa que haya sido contaminada por su cuerpo". El fuerte lenguaje que usa al final del versículo nos hace pensar que ahora está hablando de los falsos maestros, o al menos de miembros de la iglesia que se han adherido a ellos. La "misericordia" de la que Judas habla podría ser "pena" o "dolor" ante su terrible condición (como Lutero pensaba). Pero es más probable que la misericordia se tenga que demostrar orando por ellos. Incluso aquellos que se han entregado a los falsos maestros no están fuera del alcance de la redención, y Judas quiere que los creyentes continúen intercediendo por ellos.

Pero deben tener misericordia con "temor" (*N. de la T.* La NVI dice "tened cuidado"). El "temor" en la Biblia normalmente denota el asombro y la reverencia con la que los creyentes deben ver al Dios santo y majestuoso. Y este podría ser el sentido aquí: cuando son misericordiosos con los pecadores, los creyentes deberían temer al Dios que demanda santidad absoluta y que juzgará a todas las personas en el día final.[21] Pero las palabras que aparecen después de "con temor" apuntan más bien a una interpretación diferente: que los creyentes deben temer la sutil influencia de los falsos maestros. Cuando les muestren misericordia, al mismo tiempo tienen que tener cuidado mientras tienen contacto con ellos, no vaya a ser que también les contagien con la falsa enseñanza.[22]

Y así, la última frase de este versículo desarrolla aún más esta idea. El lenguaje de Judas es muy gráfico. La palabra "contaminada" parece ser la traducción que Judas hace de la palabra hebrea "sucias" que aparece en Zacarías 3:3 (ver el texto arriba). Esta palabra hace referencia al excremento humano. Y la palabra que Judas usa para "ropas" (*chiton*) hace referencia a la ropa que uno lleva más pegada al cuerpo. Dicho de otro modo, Judas describe la enseñanza y las prácticas pecaminosas de esas personas como ropa interior manchada de heces.

¿Cuál es la causa de que estén sucias? "La carne contaminada" o "su cuerpo". En griego solo aparece la palabra "carne" (*sarx*). Las versiones que añaden la palabra "corrupta" son aceptables, pues Judas usa la palabra "carne" en su sentido negativo muy común en el Nuevo Testamento (y especialmente en Pablo), refiriéndose a los instintos pecaminosos. Los falsos maestros y sus discípulos están siguiendo "sus propios instintos" y no están prestando atención al Espíritu (v. 19). Están produciendo una enseñanza y una conducta que ofende a Dios. Y, según Judas, también debería ofender a los creyentes. Deberían "odiar" ese tipo de conducta. Y mientras actúan con misericordia hacia esas personas que han caído, pidiéndole al Señor que las vuelva a traer a la fe, no deben olvidar en ningún momento la conducta terrible y destructiva de la que están participando.

---

21. Kelly, *The Epistles of Peter and of Jude,* 289; Bauckham, *Jude, 2 Peter,* 116.
22. Ver Green, *The Second Epistle General of Peter and the General Epistle of Jude,* 188.

Construyendo Puentes

Si queremos trasladar el mensaje de Judas 17-23 a nuestra era, primero debemos, como paso básico, determinar qué dicen estos versículos. A algunos lectores esto sonará estúpido; ¿no es obvio que en Judas 17-23 dice lo que dice en mi Biblia? Pero ese es justamente el problema. La mayoría de gente sabe que una traducción de la Biblia como la NVI está basada en el texto griego. Pero no todo el mundo sabe que el texto griego es algo que los académicos han construido, ya que no tenemos ninguno de los manuscritos "originales" de los libros del Nuevo Testamento.

Dicho de otro modo, no tenemos el ejemplar de la carta que Judas escribió. Lo que tenemos son muchos manuscritos que son copias de lo que él escribió. Algunos pocos podrían ser copias hechas directamente del papiro en el que Judas escribió su carta. Pero la mayoría serán copias de copias, por ejemplo, una copia de una copia de una copia del original. En el caso de Judas 22-23, como ya hemos visto, los manuscritos del Nuevo Testamento griego que tenemos nos ofrecen al menos seis versiones diferentes. ¿Cuál es la que Judas escribió? Se trata de una pregunta muy importante. Porque, ¿cómo vamos a aplicar el texto si no sabemos lo que dice exactamente? ¿De qué sirve hablar de un texto infalible si de hecho no sabemos por qué versión debemos optar? A continuación trataré estas cuestiones de forma breve.

Lo ilustraré con una situación contemporánea. Digamos que es un día de clase, y ha caído una nevada enorme. Imaginemos también que la mayoría de mis estudiantes, a pesar de todos sus esfuerzos por no perderse mi clase, no han podido llegar hasta el campus. De los treinta y cinco alumnos, solo han aparecido tres; llamémosles Nancy, Tom y Richard. Mientras doy la clase toman apuntes, y los treinta y dos que se la han perdido tendrán que copias de los apuntes que ellos han tomado. Algunos estudiantes, entre ellos Susan, se copian los apuntes directamente de los de Nancy. Otros, se esperan hasta justo antes del examen final. Otro estudiante, Aarón, le pide a Susan los apuntes y los copia. Otra, Melinda, le pide los apuntes a Sam, que los copió de Christy, que a su vez los copió de Richard.

Ahora imaginaos que alguien, por alguna extraña razón, quiere saber qué dije exactamente, y se pone a investigar. Ninguno de los estudiantes está disponible para una entrevista. Lo único que tiene son los treinta y cinco sets de apuntes de lo que aquel día fue mi clase, ¡y ninguno es exactamente igual, ni siquiera los de Nancy, Tom y Richard! Los estudiantes no lo captan todo, y el registro de lo que captan no es perfecto. Cometen errores. ¿Cómo va a saber el investigador qué ejemplar o ejemplares recogen realmente las palabras que yo dije?

Esa es, en esencia, la tarea a que el crítico textual del Nuevo Testamento se enfrenta. Tenemos más de cinco mil manuscritos del Nuevo Testamento griego. Hay que decir que muchos de esos manuscritos solo contienen algunos versículos; tan solo unos pocos contienen todo el Nuevo Testamento. Pero muchos de ellos contienen gran parte del Nuevo Testamento: por ejemplo, las cartas paulinas o los evangelios. Tampoco tenemos el mismo número de manuscritos de los diferentes libros del Nuevo Testamento. Dos de los manuscritos más valiosos, porque son los más antiguos, son los "papiros" (llamados así porque están escritos sobre papiro) y los "unciales" (llamados así por el tipo de letra [letras griegas en mayúscula llamadas unciales] en la que están escritos). El Evangelio de Mateo, o porciones de él, aparecen en dieciocho papiros y en setenta y seis unciales; pero la carta de Judas, en tres papiros y en doce unciales.

Lo que dificulta el trabajo de los críticos textuales es el hecho de que no hay dos manuscritos que sean idénticos. Las diferencias a veces son nada significativas, y otras, sí son algo más importantes. Porque los escribas que copiaban el Nuevo Testamento griego no eran perfectos; cometían errores, igual que los estudiantes que toman apuntes en mi clase cometen errores. Algunos de esos errores se pueden detectar fácilmente. ¿Cuántas veces he leído, por ejemplo, en el trabajo de un alumno un "el" al final de una página, y otro "el" al principio de la siguiente? Obviamente, el estudiante, sin darse cuenta, escribió la palabra dos veces. En los manuscritos del Nuevo Testamento griego encontramos ese tipo de errores.

Pero algunos de los errores que encontramos son más sustanciales y más difíciles de detectar. Imaginad, por ejemplo, que cuando explico el significado Romanos 3:25 Nancy y Tom escriben que, en mi opinión, presenta a Jesucristo como nuestro "propiciatorio". Sin embargo Richard ha anotado que yo dije que presenta a Jesucristo como nuestra "expiación". El resto de estudiantes copia de los tres sets de apuntes; pero como Richard es más popular y vive en la residencia del campus, más estudiantes copian de sus apuntes que de los de Nancy y de los de

Tom. De ese modo, nuestro hipotético investigador se encuentra con veinte sets de apuntes donde aparece "expiación" y quince donde aparece "propiciatorio". ¿Cómo va a determinar qué es lo que yo dije?

Tanto él como los críticos textuales del Nuevo Testamento buscarían básicamente dos tipos de evidencias. En primer lugar, las que llamamos evidencias "externas": evidencias que encontramos en las treinta y cinco copias. A primera vista, la tentación será optar por la versión que aparece en la mayoría; pues, después de todo, lo más probable es que la palabra original se haya preservado en la mayoría de manuscritos. Y ese es, de hecho, el procedimiento que los defensores del llamado "Texto mayoritario" siguen a día de hoy para reconstruir el Nuevo Testamento griego. Normalmente, aunque no siempre, este procedimiento da como resultado un texto similar al usado por la versión inglesa King James. En Judas 22-23, por ejemplo, vemos que la KJV ha adoptado un texto de los de dos líneas.

Pero por lo general, los críticos textuales modernos insisten en que, en el caso del Nuevo Testamento, no vale mirar qué dicen la mayoría de los manuscritos. Ya que los manuscritos se han catalogado en diferentes grupos, según sus similitudes. A esos grupos los llamamos "familias". Por ejemplo, en el ejemplo que hemos puesto, podríamos encontrar veinte sets de apuntes que tienen algunas partes claramente en común: la de Richard y los diecinueve copiados directamente de sus apuntes. De mismo modo, podríamos detectar que hay diez de la familia de Tom, y cinco de la familia de Nancy. Lo que quiero decir es que realmente no tenemos treinta y cinco registros independientes e igual de importantes: solo tenemos tres. Si hiciéramos un voto, no tendríamos veinte contra quince, a favor de "expiación"; tendríamos dos contra uno, a favor de "propiciatorio".

La mayoría de los críticos textuales cree que con el Nuevo Testamento ocurre algo similar. Un gran número de manuscritos refleja un tipo de texto que generalmente es posterior e inferior a los demás. Sería como si Richard fuera malísimo tomando apuntes. Esa es la razón por la que las Biblias modernas, basadas en los textos griegos más recientes, contienen un texto diferente al de la KJV. Y esa es la razón por la que es muy poco probable que el texto de Judas 22-23 que la KJV usa sea el original.

Pero hay un segundo tipo de evidencias a tener en cuenta a la hora de investigar estas cuestiones textuales: las evidencias "internas". Aquí el investigador se pregunta: ¿qué es lo que el autor original probablemente quiso decir? Tomemos de nuevo el ejemplo de mi clase. Un investigador que intentara reconstruir la clase miraría cuidadosamente el contexto de la palabra en cuestión, y quizá concluiría que ese contexto hace que sea más probable que yo dijera "propiciatorio" que "expiación". Probablemente también averiguaría si yo he escrito algo sobre ese tema. Quizá se toparía con mi comentario de Romanos, donde también encontraría evidencias de que hay más probabilidades de que yo dijera "propiciatorio" que "expiación".

Ya sabemos que el crítico textual de Judas no tiene ningún otro escrito de Judas para buscar este tipo de evidencias. Pero sí puede observar detalladamente el contexto de Judas. Aquí, se acordará de la afición de Judas a agrupar sus ideas en grupos de tres. Así, el crítico textual podrá concluir que es más probable que Judas escribiera tres mandatos que dos mandatos.

Claro está que la tarea del crítico textual del Nuevo Testamento es mucho más compleja de lo que ilustra el ejemplo que he dado. (Supongamos, por ejemplo, que Richard y Tom compararon sus apuntes y que elaboraron un ejemplar mezclando las dos versiones). La crítica textual es un arte que precisa de mucha formación, mucho trabajo duro y, en última instancia, mucho sentido común. Pero es importante que entendamos un poco la situación para que podamos tener algo de idea de por qué las traducciones de Judas 22-23 difieren tanto la una de la otra.

Quiero acabar con un mensaje de confianza y tranquilidad. Los cristianos que descubren el tipo de dificultades textuales que acabamos de observar podrían llegar a la conclusión de que el texto del Nuevo Testamento es bastante confuso; que existen muchas versiones contradictorias entre sí y que no podemos saber qué es lo que los autores bíblicos realmente escribieron. Quiero subrayar enfáticamente que eso no es así, y no lo es por varias razones. (1) Tenemos muchas más evidencias del texto del Nuevo Testamento que de cualquier otro libro antiguo. Por ejemplo, no se ha encontrado ninguna copia de muchas de las obras de los grandes dramaturgos griegos, y de otras tantas solo se han encontramos algunos manuscritos. En comparación, tenemos muchísimas más evidencias de todos los libros del Nuevo Testamento.

(2) La inmensa mayoría de las diferencias entre los manuscritos son o alguna palabra deletreada de forma diferente o alguna diferencia

gramatical que no afectan al significado, o alguna diferencia menor que no afectan al sentido del texto.

(3) Todas las variantes defendibles del texto del Nuevo Testamento griego enseñan lo mismo sobre los puntos importantes de la ética y la doctrina cristianas. Por ejemplo, muchas veces insistimos en las grandes diferencias que hay entre el texto del la KJV y, digamos, el de la NRSV. Pensamos en textos como el final del Evangelio de Marcos (16:9-20) o la historia de la mujer que es sorprendida cometiendo adulterio (Juan 7:53-8:11). Sin embargo, lo que es sorprendente es el increíble grado de similitud entre ambas versiones. La KJV se basa en unos cincuenta manuscritos, el más temprano del siglo V. La NRSV está basada en más de cinco mil manuscritos, algunos de los cuales se remontan incluso al siglo II. El hecho de que los textos del Nuevo Testamento en los que estas dos Biblias se basan coincidan en un noventa y nueve por ciento es evidencia de que la providencia de Dios nos ha hecho llegar el texto que Él inspiró.[23]

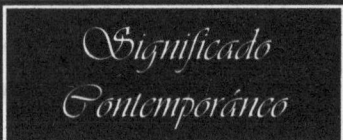

Los versículos 17-23 son una parte muy importante de la carta de Judas, porque es aquí donde Judas explica de qué forma quiere que sus lectores persigan el propósito por el que les escribe: que luchen "por la fe encomendada una vez por todas a los santos" (v. 3). Judas menciona tres cosas que sus lectores deben hacer: recordar la advertencia apostólica sobre los herejes (vv. 17-19); mantenerse en la fe (vv. 20-21); y rescatar a las personas que corren peligro espiritualmente hablando (vv. 22-23). Estas tres exhortaciones son tan relevantes hoy como lo eran hace dos mil años.

"Hombre prevenido nunca fue vencido". Este refrán es muy cierto en diversas áreas de la vida, y también en el área espiritual. Judas quiere que estemos preparados para enfrentarnos al peligro de los falsos maestros y los herejes de todo tipo. Jesús nos advirtió de ese tipo de

---

23. Los lectores que quieran investigar más sobre el tema de la crítica textual deberían consultar uno de los siguientes libros de referencia: Bruce M. Metzger, *The Text of the New Testament: Its Transmission, Corruption, and Restoration*, 3a ed. (Nueva York: Oxford Univ. Press, 1992); Kurt y Barbara Aland, *The Text of the New Testament: An Introduction to the Critical Editions and to the Theory and Practice of Modern Textual Criticism*, 2a ed. (Grand Rapids: Eerdmans, 1989).

personas, llamándolos "lobos feroces" disfrazados de ovejas (Mt 7:15). Pablo advirtió a la iglesia de Éfeso del mismo peligro: "Aun de entre vosotros mismos se levantarán algunos que enseñarán falsedades para arrastrar a los discípulos que los sigan" (Hch 20:30). Juan también dijo que vendrían "muchos anticristos" (1Jn 2:18). Así que la mención que Judas hace de los apóstoles en general es totalmente justificada.

Y de hecho, las predicciones de los apóstoles han resultado ser ciertas. Las cartas del Nuevo Testamento revelan que muy poco después de que la verdad del evangelio empezara a ser proclamada, ya surgió gente que empezó a tergiversar el mensaje para que éste encajara con su propia visión o sus ideas preconcebidas. De hecho, gran parte del Nuevo Testamento es una respuesta a ese tipo de retos. Y la historia de la iglesia está plagada de ejemplos similares: de los gnósticos y los montanistas del siglo II y III, pasando por los socinianos del siglo XVI, a los seguidores de la Nueva Era de nuestros días.

Por tanto, no debería sorprendernos encontrar, en nuestras iglesias, gente que "niega a Jesucristo, nuestro único Soberano y Señor" (v. 4), ya sea con su enseñanza o con su conducta o, como ocurre en la mayoría de ocasiones, con ambas. Pero Judas, como ya hemos visto, se centra en un tipo específico de falsos maestros: los "burladores", aquellos que se burlan de Dios y de sus demandas para una vida santa. Hoy en día, encontramos mucha gente así fuera de la iglesia. Por ejemplo, ahora mismo estoy leyendo un libro escrito por un ecologista radical. Con tono de burla, se alegra de que por fin hayamos superado la ridícula "superstición cristiana" y de la nueva libertad que eso supone para la humanidad.

Pero Judas está pensando en gente que dice ser parte de la iglesia. Y, tristemente, hoy también encontramos ese tipo de "burladores". A veces, la burla es verbal. Pienso, por ejemplo, en un teólogo "cristiano" que ha escrito burlándose de la idea de que Jesús caminara sobre el agua y que multiplicará unos panes y unos peces para dar de comer a cinco mil personas. Pero creo que es más frecuente encontrarnos con gente que habla piadosamente de Dios y de su fe, pero que con su conducta se burlan de él. De forma consciente desoyen los mandatos que Dios nos ha dado para que seamos santos como él es santo, y se toman a la ligera sus palabras de juicio.

Judas quiere que estemos alerta. No debería sorprendernos cuando en nuestras iglesias encontramos gente que enseña o vive mentiras. Obviamente, estar alerta no significa andar vigilando a todo el mundo, para saltar inmediatamente sobre el que diga algo que, en nuestra opinión, suena un tanto desviado. Pero tampoco podemos ser ingenuos, dando por sentado que cualquiera que ha hecho una profesión de fe, que asiste regularmente a la iglesia, o que incluso tiene una posición de liderazgo, ya está exento de reprobación.

Pensemos, por ejemplo, el camino que han tomado algunas denominaciones cristianas en las últimas décadas. Algunas de ellas, hace tan solo unos sesenta años eran doctrinalmente sanas, fieles a "la fe encomendada una vez por todas a los santos", y un ejemplo en la evangelización y la misión. Pero con el paso de los años se han desviado hasta el punto que sus líderes niegan muchos de las verdades cardinales de la fe, ¡incluyendo la necesidad de evangelizar! Y sin embargo en sus iglesias sigue habiendo cristianos fieles. A veces les pregunto a esos cristianos qué están enseñando los líderes de su denominación. Normalmente no lo saben. Si menciono alguna idea herética que el seminario de su denominación está propagando, simplemente no me creen. Para mí, esas personas son cristianos que no toman en serio las advertencias que encontramos en el Nuevo Testamento sobre los falsos maestros que se infiltran en la iglesia de Jesucristo.

Dicho de otro modo, aunque es cierto que no debemos caer en juzgar a los demás, tampoco podemos ser ingenuos. Parte de nuestro problema es, como he sugerido en muchas ocasiones a lo largo de todo el comentario, que vivimos en una era en la que la verdad no es muy importante. Nos interesa más si algo funciona; la verdad, aún en el caso de que pudiéramos encontrarla, no es un valor al que demos prioridad. Como Michael Green ha dicho: "En general hemos perdido de vista la naturaleza diabólica de la falsa enseñanza, y la diferenciación que hacemos entre la verdad y la falsedad es tan tenue como la distinción que hacemos entre la conducta correcta y la conducta incorrecta".[24]

"Luchar por la fe" no solo significa luchar contra los herejes para salvaguardar la verdad cristiana. También significa luchar contra nuestras propias debilidades y tentaciones para que podamos mantener nuestra propia fe. Judas sabe que la condición espiritual de una persona no

---

24. Green, *The Second Epistle General of Peter and the General Epistle of Jude*, 97.

podemos darla por sentado. Por eso, antes de decirles a sus lectores cómo confrontar a aquellos que han sido influenciados por la falsa enseñanza, les recuerda que deben evaluar su propia condición (vv. 20-21).

La exhortación de Judas a los creyentes en estos versículos es un reflejo de lo que era la enseñanza cristiana temprana en cuanto al crecimiento espiritual. Veamos, por ejemplo, los paralelismo que encontramos con el texto de Colosenses 2:6-7: "Por eso, de la manera que recibisteis a Cristo Jesús como Señor, vivid ahora en él, arraigados y edificados en él, confirmados en la fe como se os enseñó, y llenos de gratitud". Tanto Pablo como Judas instan a los creyentes a fijarse en los orígenes de su experiencia cristiana, ("la fe como se os enseñó"/"vuestra santísima fe"), a ser "edificados" en esa fe, y a orar.

En estos versículos, vemos tres ideas que son particularmente importantes para la experiencia cristiana hoy.

(1) Avanzar en la vida cristiana a menudo implica mirar al pasado. El crecimiento del que Judas está hablando es crecimiento en "vuestra santísima fe", esa "fe encomendada una vez por todas a los santos" (v. 3). Antes de edificar, debemos asegurar el fundamento. No podremos crecer lejos de nuestras raíces; solo podremos crecer por medio de ellas. En la iglesia de hoy, existe un flirteo creciente con lo que es nuevo. Queremos saber qué dice el cristianismo sobre la última novedad o el último tema de actualidad; queremos aprender cosas nuevas. Pero en ese deseo (legítimo) de seguir avanzando, de aumentar nuestra comprensión, de presentar a nuestros contemporáneos que la iglesia es relevante, siempre tenemos que andar con cuidado y "cubrirnos las espaldas". No creceremos si no tenemos una comprensión sólida de la doctrina cristiana, esa comprensión que cambia el corazón y la mente.

(2) El uso que Judas hace del lenguaje de la construcción está sacado, como hemos visto, de la metáfora de la iglesia como el nuevo templo. Eso significa que Judas nos está instando a formar parte de una experiencia colectiva. En Occidente tenemos un problema con esto. Idolatramos al "individualista", y de forma natural tendemos a ver la experiencia espiritual como una cuestión básicamente personal. Además, en la iglesia protestante encontramos un mejor campo de cultivo para el pensamiento individualista. Ya que a diferencia de la iglesia católica romana que ha convertido a la iglesia en el centro neurálgico

de la salvación, tradicionalmente la iglesia protestante ha subrayado la importancia del individuo.

Y obviamente, la visión protestante está justificada: cada persona debe decidir por sí mismo si acepta o rechaza a Jesús, y cada uno de nosotros tendrá que rendir cuentas al Señor. Pero la Biblia deja claro que la experiencia espiritual nunca es una cuestión puramente individual. Dios siempre obra en las personas y a través de las personas (ver, p. ej., Ef 4:1-16). "Edificaos", por tanto, no solo significa que nuestra experiencia personal con Jesús crezca y se fortalezca, sino asegurarnos de que la iglesia, el cuerpo de Cristo como un todo, crezca y se haga más fuerte. Y en última instancia, nosotros solo creceremos como debemos si participamos en la vida de la iglesia. Nadie puede madurar en su fe sin el ánimo, el consejo y la amonestación de otros creyentes.

Gracias a Dios, veo en la iglesia de hoy una preocupación creciente por este tipo de experiencia colectiva bíblica. Parece que los días de los predicadores de la televisión han quedado atrás y que los creyentes reconocen que no pueden recibir el alimento espiritual que necesitan viendo un programa de televisión cristiano. Uno de los movimientos que más está haciendo por crear este tipo de comunidad es la organización cristiana para hombres "Promise Keepers". Los hombres normalmente son más individualistas que las mujeres, y está organización está haciendo un buen trabajo animando al os hombres a adorar, orar y servir juntos.

Pero de hecho, el lugar en el que debe darse esta comunidad genuina es en la iglesia local. Y de nuevo, debemos dar gracias a Dios por lo que estamos viendo en nuestros días. Muchos creyentes se quejan de que, en los últimos años, muchas iglesias han dejado de celebrar el culto del domingo por la tarde y el culto de oración del miércoles por la noche. Y es cierto que eso ha supuesto una pérdida. Pero si se sustituye, como muchas iglesias han hecho, por encuentros de grupos pequeños en los que poder tener comunión, estudiar la Biblia y orar juntos, no creo que el cambio sea tan malo. Después de todo, el tamaño de la iglesia local del Nuevo Testamento probablemente era el mismo que el de muchos de nuestros grupos pequeños. Cuando una iglesia llega a tener unos dos cientos miembros, es mucho más difícil que se den el tipo de experiencias que propician un crecimiento auténtico (por ejemplo, rendirse cuentas). Dicho de otro modo, si está bien organizado, los grupos pequeños pueden, y deben, jugar un papel principal en la "edificación en la fe" de la que Judas habla en estos versículos.

(3) Por último, deberíamos recordar el mandato de Judas a los creyentes que dice "manteneos en el amor de Dios". Estas palabras provocan en nosotros la siguiente pregunta: Si el amor de Dios es incondicional, ¿por qué tengo que hacer algo para "mantenerme" en él? O, por ponerlo de otro modo: Si soy "guardado por Jesucristo" (o "guardado por Dios para Jesucristo", v. 1), ¿por qué debo esforzarme para "mantenerme" en el amor de Dios?

En la sección "Sentido Original" ya dijimos que aquí Judas refleja de forma resumida la combinación neotestamentaria típica de la soberanía de Dios y la responsabilidad humana. En el ámbito teológico, la tensión entre estos dos polos se ha resuelto de formas diversa. Por ejemplo, los arminianos insisten en que el poder de Dios para guardar, aunque es eficaz, no es finalmente irresistible. Por otro lado, los calvinistas dicen que nadie, ni siquiera el creyente, puede frustrar el poder de Dios para guardar.

En lugar de centrarme en la cuestión teológica, quiero centrarme más en la cuestión práctica sobre la que tanto calvinistas como arminianos están de acuerdo. Dios, en su gracia, a diario ejerce su poder e influencia para "guardarnos", para guardar a sus hijos, en su amor (o para "mantenerlos" en su amor). El mundo nos lanza pruebas y tentaciones sin cesar; nuestra carne siempre nos empuja hacia nuestro estilo de vida anterior. Pero Dios nos ofrece todo lo que necesitamos para resistir a esas fuerzas y a mantener nuestro compromiso con el Señor. No obstante, los creyentes no pueden pensar que gracias a ese poder, ya se pueden relajar; somos responsables de aprovechar lo que ese poder nos ofrece. Y eso es lo que Judas está queriendo transmitir en el versículo 21.

La última parte de las exhortaciones habla de la responsabilidad que los creyentes tienen con los que dudan de su fe. Como ya hemos dicho, Judas menciona a tres grupos de personas. En primer lugar, los que tienen dudas sobre su fe. A estos, dice Judas, tenemos que mostrarles misericordia (v. 22). A continuación, los que han escuchado mucho a los falsos maestros y están muy cerca de abandonar la fe. A estos hay que intentar salvarlos, arrebatándolos de la condenación con la que están flirteando (v. 23a). Y en último lugar, los que se han comprometido totalmente con las enseñanzas de los falsos maestros. A esto, también hay que tratarlos con misericordia.

Podemos encontrar en estos mandatos una guía para saber qué hacer cuando aparecen falsos maestros. Aunque Judas nos dice que tengamos misericordia o compasión con el primer y el tercer grupo, el contexto sugiere que no se refiere exactamente a lo mismo. La gente del primer grupo está dudando; no se ha comprometido con los falsos maestros pero tampoco están fuertemente enraizados en la fe. Mostrar misericordia a estas personas significará pasar tiempo con ellas, intentando entender las luchas que tienen y a la vez animándoles a entregarse de forma plena a la fe como Jesús y los apóstoles nos enseñaron. Podríamos decir que en este grupo estarían los que son jóvenes en la fe, que no saben exactamente qué hacer con lo que dicen los mormones o los testigos de Jehová. O podrían estar aquellos que llevan más tiempo en la fe que están siendo tentados a tener relaciones sexuales fuera del matrimonio. Judas sugiere que, mientras estas personas estén haciéndose preguntas, no debemos escandalizarnos o evitarlas, sino que debemos tratarlas con compasión.

No obstante, en cuanto a los que han empezado a flirtear en serio con la falsa enseñanza, Judas sugiere un acercamiento más directo. Por el lenguaje que usa, queda claro que para Judas, las personas que se han desviado en pos de ideas heréticas o que están siguiendo un estilo de vida alejado de la Biblia corren el claro peligro de ir al infierno. Están al filo del abismo, y los creyentes deben "arrebatarlos" para alejarlos del borde antes de que sea demasiado tarde. El tipo de persona que Judas tiene en mente podría ser alguien que nos dice que acaba de decidir optar por las ideas de la "nueva era", o convertirse al Islam, o renunciar a la moral bíblica para poder llevar un estilo de vida pecaminoso. Su compromiso con esas falsas creencias aún no es sólido; simplemente está balanceándose en el filo. Nuestra tarea es rogarles urgentemente que no den ese paso, revisar con ellos la verdad del evangelio, y orar fervientemente pidiéndole al Espíritu que intervenga antes de que sea demasiado tarde.

Por último, tenemos a los devotos de la falsa enseñanza. Sin embargo, y puede que nos sorprenda, Judas también dice que les tengamos misericordia. Lutero, como ya vimos, pensaba que eso solo significaba "tenerles pena", porque ya estaban perdidos para siempre. Pero esa es una aplicación muy poco usual de la idea de "mostrar misericordia".

Probablemente Judas quiere decir que tenemos que orar por esas personas, y quizá esa es toda la "misericordia" que debemos mostrar en este caso. Ya que el resto del versículo, que dice que "temamos" la enseñanza y "odiemos" el pecado que esas personas están practicando, sugiere que nos apartemos de ellas.

Normalmente, el Nuevo Testamento pide a los creyentes que actúen de forma drástica cuando se encuentran a gente que dice ser cristiana pero que está entregada a creencias o a un estilo de vida contrarios a la Biblia. Pablo le dice a la iglesia de Corinto "entregad a este hombre a Satanás" (1Co 5:5). Juan les dijo a los creyentes que no recibieran "en casa" a los falsos maestros; aunque probablemente no se refiere a la vivienda de los creyentes, sino a la iglesia (2Jn 10-11). El Nuevo Testamento deja claro que es necesario ser así de drástico tanto por el bien del pecador, para que se dé cuenta de la seriedad de su pecado y se arrepienta, como por el bien de la iglesia, para que esta no sea contaminada por la falsa enseñanza y el pecado (cp. especialmente 1Co 5:5-8).

Esa última idea es la que a Judas más le preocupa. No quiere que los creyentes, empeñados en rescatar a los que se han entregado a la falsa enseñanza, también sucumban a ella. Siempre debemos ser conscientes del peligro que corremos, y no debemos asumir que seremos inmunes a la falsa enseñanza y al pecado que estamos intentando reprender.

Llegado este punto, nos surge una pregunta: ¿cómo podemos determinar en qué categoría encaja una persona en particular? ¿Cuándo tiramos la toalla y cortamos con la relación? Estas preguntas no tienen respuestas sencillas. Pero hay dos ideas que nos serán útiles. (1) La decisión de "excomulgar" a una persona siempre debería tomarla el conjunto de la iglesia, o los líderes de la iglesia. Pablo lo deja claro en el consejo que da a la iglesia de Corinto (1Co 5:1-5), y también lo vemos en la enseñanza de Jesús (Mt 18:15-17). (2) La excomunión solo se puede ejercer cuando alguien ha violado de forma grave los mandamientos bíblicos, y solo cuando la persona se ha negado a arrepentirse después de haberla advertido en repetidas ocasiones.

Judas 24-25

¡Al único Dios, nuestro Salvador, que puede guardaros para que no caigáis, y presentaros sin tacha y con gran alegría ante su gloriosa presencia, ²⁵ sea la gloria, la majestad, el dominio y la autoridad, por medio de Jesucristo nuestro Señor, antes de todos los siglos, ahora y para siempre! Amén.

Sentido Original

Muchos lectores de la Biblia están familiarizados con el final con el final de la carta de Judas, aunque lo más probable es que no sepan que viene de Judas. Esta doxología se usa frecuentemente en las iglesias como liturgia final, principalmente porque es una de las doxologías más largas y más bellas del Nuevo Testamento. Judas expande la doxología usual (ver la sección "Construyendo Puentes"). Algunos de los elementos que ha añadido quizá simplemente los ha tomado de la fraseología tradicional, pero otros tienen que ver con temas que ha tratado en la propia carta.

También deberíamos ver qué es lo que falta en este final: faltan los elementos característicos del final de las cartas del Nuevo Testamento, los saludos y los motivos de oración. La omisión de estos elementos característicos le da a Judas un tono de sermón. En el judaísmo, era usual que los sermones concluyeran con una doxología, y por eso Judas encajaría bien en la categoría de sermón.

Todo el versículo 24 describe al único que es digno de recibir gloria. Aquí, Judas añade bastantes detalles para que su doxología realmente sirva como final de carta. Uno de los temas clave ha sido la idea de "guardar", tanto en sentido positivo (Dios guarda a los cristianos en su amor, vv. 1 y 21), como en sentido negativo (Dios "reserva" a los pecadores para el juicio, vv. 6 y 13). Judas ahora toca la parte positiva de la melodía, aunque aquí escoge un verbo diferente: "guardaros" es la traducción del verbo griego *phylasso*.

El propósito de "guardarnos" es librarnos de "caer". Judas podría referirse a que Dios busca mantenernos alejados del pecado (en Santiago 3:1 encontramos otra forma de esta misma palabra). Pero lo que Judas está diciendo, con casi toda probabilidad, es que Dios está obrando para guardarnos de la ruina en el juicio final.[1] La segunda parte de la descripción de Dios que Judas hace desarrolla más esta idea: Dios puede "presentaros sin tacha y con gran alegría ante su gloriosa presencia".

Judas de nuevo se refiere al día del juicio, el día en el que todos tendremos que rendir cuentas ante Dios. Judas les asegura a sus lectores que Dios es completamente capaz de hacernos aparecer ante él aquel día "sin tacha". Originalmente, la palabra griega detrás de esta expresión (*amomos*) se aplicaba a los sacrificios (*cf.* Heb 9:14; 1P 1:19), pero luego pasó a usarse de forma más general para describir la pureza moral. Suele aparecer en este tipo de contexto escatológico (Ef 5:27; Col 1:22; Ap 14:5). Está claro que por nuestro propio poder nunca lograríamos presentarnos ante el Señor "sin mancha". Pero Él es el "Salvador" (v. 25); y a través de Cristo, Dios provee la pureza moral que nos falta. Por eso podemos presentarnos ante Él "con gran alegría" o "con júbilo" (otra palabra que con frecuencia aparece en los textos escatológicos; *cf.*, p. ej., 1P 1:6).

La gente que está acostumbrada a oír esta doxología en la liturgia, en este punto espera oír "al único y *sabio* Dios" (como leemos en la KJV inglesa). Pero la palabra "sabio" no debería aparecer; probablemente fue añadida en algún momento por algún escriba que conocía bien la doxología de Romanos 16:25-27. El título "único Dios" es común en el judaísmo; por lo que es muy poco probable que Judas usara esta expresión sobre todo para contestar a unos falsos maestros de ideas gnósticas.[2]

El Nuevo Testamento con frecuencia llama "Salvador" a Jesús (en quince ocasiones); son menos las veces que la palabra "Salvador" hace referencia a Dios (en siete ocasiones además de la de este versículo). Aunque Jesús, a través de su sacrificio en la cruz, ha logrado nuestra salvación, Dios es que inicia el proceso.

En este punto, todas las traducciones inglesas modernas añaden un verbo. En griego no hay ningún verbo, está claro que es necesario poner un verbo. Sin embargo, no está claro que la forma verbal tenga que ser "sea" (con esta traducción, el sentido es que el deseo de la doxología es que a Dios se le asignen esos atributos). La forma verbal "son" encaja bien también, y en ese caso la doxología es una afirmación sobre quién

---

1. Kelly, *The Epistles of Peter and of Jude*, 291.
2. En contra, Kelly, *ibíd.*, 291-92.

es Dios, en lugar de un llamado a atribuirle las virtudes mencionadas.³ Como en griego no hay verbo, es imposible saber a ciencia cierta qué opción es la acertada.

Las cuatro virtudes que aparecen aquí son virtudes que normalmente asociamos a Dios: "gloria" (su presencia majestuosa, su peso), "majestad" (su condición de rey; *cf.* también Heb 1:3; 8:1), "poder" (su control del mundo), y su "autoridad" (su derecho intrínseco a gobernar sobre todas las cosas). La NVI une "por medio de Jesucristo nuestro Señor" al verbo que se ha añadido: es por medio de Él que atribuimos a Dios esas virtudes. Esa traducción puede ser correcta, aunque la proposición también podría ir con "Dios nuestro Salvador": Dios es nuestro Salvador por medio de Jesucristo.⁴

La doxología de Judas es una conclusión perfecta para esta carta/sermón. Ha advertido a la iglesia de la aparición en la iglesia de una falsa enseñanza peligrosa. A los creyentes les ha pedido que no solo "cierren las escotillas" y le alejen de la tormenta, sino que hagan lo posible por rescatar a los que se están ahogando. Los creyentes pueden hacer eso porque su posición con el Señor está segura: él tiene el poder para mantenerlo intactos hasta el día del juicio.

Entender una poco más el trasfondo y la forma habitual de las doxologías del Nuevo Testamento nos ayudará a apreciar mejor el propósito que Judas tiene al cerrar la carta de la forma en la que lo hace.

La palabra "doxología" proviene del término griego *doxa*, "gloria", que es la principal virtud que se le atribuye a Dios en estas breves fórmulas de alabanza. Sin duda alguna, los primeros cristianos tomaron la doxología del judaísmo. Los judíos a menudo usaban doxologías, aunque las bendiciones ("Bendito sea el Señor...") eran mucho más comunes. A veces usaban las doxologías para concluir una oración o un sermón. Quizá es por esa razón que las doxologías del Nuevo Testamento normalmente aparecen al final de la carta o al final de una sección importante de la carta (p. ej., Ro 16:25-27; Ef 3:20; Fil 4:20;

---

3. Ver Bauckham, *Jude, 2 Peter*, 119; Kelly, *The Epistles of Peter and of Jude*, 293.
4. Ver, p. ej., Green, *The Second Epistle General of Peter and the General Epistle of Jude*, 192.

1Ti 6:15-16; 1P 4:11; 5:11; 2P 3:18). Naturalmente, los autores creyeron una buena forma de concluir sus sermones en forma de carta era con un recordatorio de quién es Dios.

Las doxologías del Nuevo Testamento suelen seguir un patrón común, con cuatro elementos básicos:

(1) La persona a la que se alaba (normalmente Dios);

(2) Una palabra de alabanza (normalmente "gloria" [*doxa*]; de ahí el nombre "doxología");

(3) Una indicación temporal (normalmente "para siempre" o "por siempre y siempre");

(4) "Amén".

Estas doxologías "cristianizan" su contenido añadiendo la expresión "por medio de Jesucristo", como Judas hace. La doxología de Judas sigue este patrón común, Judas la desarrolla por lo que es una de las doxologías más largas del Nuevo Testamento. Los elementos que añade hacen que encaje perfectamente con la carta que cierra. Por ello, aunque es lícito usar la bella doxología de Judas como parte de un culto de adoración, también deberíamos valorar la función que tiene dentro de la carta.

¿Qué podemos decir en unas pocas frases de las verdades gloriosas que encontramos en esta doxología? ¿Y cómo podemos decirlo para no perder de vista la sencilla belleza de esta atribución de gloria a Dios? No es la primera vez que siento que comentar un texto es casi una impertinencia; ¿quién soy yo para añadir a lo que Judas ya ha dicho? Pero sugeriré algunas cosa que debemos aprender de este texto.

Lo más importante es que estas palabras no se conviertan en una repetición inconsciente o incluso hipócrita. Ese es el peligro de usar la doxología de Judas como liturgia en un culto de adoración. Escuchamos las palabras con tanta frecuencia que pierden su significado; las recitamos casi sin pensar en lo que estamos diciendo. Por eso, necesitamos detenernos y reflexionar en lo que estas palabras significan, ¡y estar dispuestos a vivir de acuerdo a su significado!

Pensemos en la maravillosa seguridad que se nos promete en el versículo 24: Dios puede guardarnos para que podamos presentarnos ante él en el día final, sin mancha, perdonados, seguros de que tenemos un hogar eterno en los cielos. En nuestro peregrinaje aquí en la tierra, la duda y la ansiedad son, constantemente, nuestros compañeros de viaje. Nos preocupamos por la salud, por el dinero, por nuestros hijos, por nuestros trabajos. En algunos momentos incluso nos preocupamos por la muerte. Dios no promete quitarnos estas preocupaciones, pero sí nos quita nuestra mayor preocupación: dónde pasaremos la eternidad. ¿Nuestra forma de vivir refleja esa confianza? ¿Valoramos el cielo lo suficiente como para que las preocupaciones terrenales, aunque a veces insoportables, se desvanezcan bajo la luz de nuestro destino eterno?

O pensemos en las simples palabras "único Dios". No nos cuesta creer esto, aunque, a la luz de esta verdad, muchos de nosotros deberíamos tener cuidado con la forma en la que hablamos del Padre, del Hijo y del Espíritu Santo. En ocasiones nos acercamos peligrosamente al "triteísmo", la creencia en tres dioses diferentes. ¿Pero vivimos como si esta afirmación es verdad? ¿Qué ídolos podríamos estar adorando incluso mientras recitamos estas palabras? Dios es el único Dios; Él demanda toda nuestra adoración y toda nuestra obediencia, y nada más debe ocupar su lugar en nuestro corazón.

Santiago, usando una imagen bíblica familia, compara a Dios con la novia con la que estamos comprometidos. Por eso puede acusar a sus lectores de adulterio, porque al intentar seguir siendo "amigos" del mundo, han dejado de ser fieles al Señor, que es celoso (Stg 4:4-5). Si decimos que Dios es el "único Dios", entonces debemos asegurarnos de que realmente Él es el único Dios *para nosotros*. Él no tolera tener un rival. Dicho de otro modo, debemos asegurarnos de que nada, sea malo (sexo ilícito, amor al dinero, deseo de promoción o protagonismo) o bueno (nuestras familias, nuestros ministerios), se vuelve más importante que Dios.

Por último, consideremos las implicaciones de adscribirle a Dios "¡la gloria, la majestad, el dominio y la autoridad... antes de todos los siglos, ahora y para siempre!". Recitar estas palabras debería ayudarnos a crear en nuestra mente una imagen clara del poder maravilloso de Dios. Quizá la única forma de apreciar lo que estas palabras significan sea considerarlas detenidamente, meditar en ellas. Y así, inevitablemente caeremos rendidos en adoración.

Nos agradaría recibir noticias suyas.
Por favor, envíe sus comentarios sobre este libro
a la dirección que aparece a continuación.
Muchas gracias.

Vida@zondervan.com
www.editorialvida.com

www.ingramcontent.com/pod-product-compliance
Lightning Source LLC
Chambersburg PA
CBHW011958150426
43201CB00018B/2323